普通高等教育"十一五"国家级规划教材
全国医药高等学校规划教材

供高专、高职临床医学等相关专业使用

五官科学

（第三版）

主　编　叶文忠　薛正毅
副主编　李晓兰　柴其宇　万澎波
编　者　（以姓氏笔画为序）
万澎波（商丘医学高等专科学校）
马连会（承德护理职业学院）
叶文忠（商丘医学高等专科学校）
冯彩霞（漯河医学高等专科学校）
李晓兰（重庆医药高等专科学校）
张　陈（邢台医学高等专科学校）
张国富（三峡职业技术学院医学院）
柴其宇（贵阳护理职业学院）
薛正毅（雅安职业技术学院）

科学出版社
北　京

内 容 简 介

本书按照培养应用型医学专科人才的要求,在保持以往版本优点的基础上,坚持以执业准入为标准,遵循三贴近的原则。全书共分为包括眼科学、耳鼻咽喉科学和口腔科学三篇,内容包括五官各器官的解剖生理、各科检查操作技术及常见病多发病的病因、发病机制、流行病学、临床表现、诊断、治疗和预防。在每章节内容的编写上,都从学习目标、教学内容、目标检测三个方面入手。同时,附有必要的插图,对有必要进一步说明和引导的地方插入了典型案例及链接,并采取正文与非正文系统的编写方式,其目的是使教材更具有针对性、系统性和可读性。

本书可供高专、高职临床医学等相关专业学生使用。

图书在版编目(CIP)数据

五官科学 / 叶文忠,薛正毅主编 . —3 版 . —北京:科学出版社,2012.9
普通高等教育"十一五"国家级规划教材 · 全国医药高等学校规划教材
ISBN 978-7-03-034157-0

Ⅰ. 五… Ⅱ. ①叶… ②薛… Ⅲ. 五官科学-医学院校-教材 Ⅳ. R76

中国版本图书馆 CIP 数据核字(2012)第 208095 号

责任编辑:许贵强 / 责任校对:朱　明
责任印制:李　彤 / 封面设计:范璧合

科学出版社 出版
北京东黄城根北街 16 号
邮政编码: 100717
http://www.sciencep.com
北京虎彩文化传播有限公司 印刷
科学出版社发行　各地新华书店经销
*
2003 年 8 月第　一　版　开本:850×1168　1/16
2012 年 9 月第　三　版　印张:10 1/4
2023 年 6 月第十四次印刷　字数:325 000

定价: 39.80 元

(如有印装质量问题,我社负责调换)

前　　言

随着现代医学的迅猛发展，眼、耳鼻咽喉、口腔科学的基础与临床研究进步迅速。为适应医学模式的转变和医学专科教育改革的需要，以培养实用型人才为目标，我们组织了全国多所院校工作在临床、教学第一线具有丰富临床和教学经验的专家、学者，在广泛参考国内外最新文献资料基础上，结合各自的经验和业务专长编写了本教材，供高职高专临床医学及医学相关专业学生学习、参考。

本书共分3篇，内容包括眼、耳鼻咽喉、口腔等疾病的诊断与治疗，编写宗旨是坚持面向临床，重视临床实践，注重理论与实践相结合，以临床常见病、多发病为出发点，进一步突出常见病、多发病的防治，将临床医疗、预防、康复与保健融为一体，并汲取各学科领域中的新技术、新方法及新进展作为教材更新的主要内容，保证教材的科学性、先进性、实用性。本教材着重阐明五官科学的基础理论和基本知识，使用时可根据各校具体情况和各专业的需要，适当掌握。

在本教材的编写过程中，得到各位编者所在单位的大力支持与帮助，各编委以认真、负责的态度，经历了初稿审核、交叉审稿、定稿及统稿过程，最终得以付梓印刷。尽管各位编者已经全力改正错误、更新内容，但由于我们的水平有限，还可能存在一些缺点或欠妥之处，恳望广大师生批评指正。

编　者

2012年5月

目　录

第1篇　眼　科　学

第2篇　耳鼻咽喉科学

第3篇　口腔科学

第1篇 眼 科 学

第1章 眼的应用解剖与生理

学习目标

了解视路的组成及其生理。

理解眼附属器的组成及其作用。

掌握眼球壁各层的解剖及其生理特点，眼内容物的组成及其生理特点，房水的生成部位、流经途径及作用。

眼为视觉器官，是人体重要的感觉器官，包括眼球、视路和眼附属器三部分。

眼球和视路的功能是感受光的刺激，辨别图形和颜色，即外界景物来的光线，经过眼的透明物质投射到视网膜上，视网膜上的感光细胞将光的刺激转变为神经冲动，通过视路传到大脑的视中枢而形成视觉，就能感觉物体的形态、颜色和运动。而附属器则起保护、运动眼球的辅助作用。

第1节 眼球的应用解剖及生理

眼球位于眼眶内，近似球形，前后径为24mm，水平径为23.5mm，垂直径为23mm。眼球分为眼球壁和眼内容物两部分。眼球壁由3层膜构成：外层为纤维膜，中层为葡萄膜，内层为视网膜，由此形成一个封闭的空腔，具有保护、容纳眼内容物的作用，以及有暗室作用；内容物包括房水、晶状体和玻璃体三种透明物质，具有屈光作用(图1-1)。

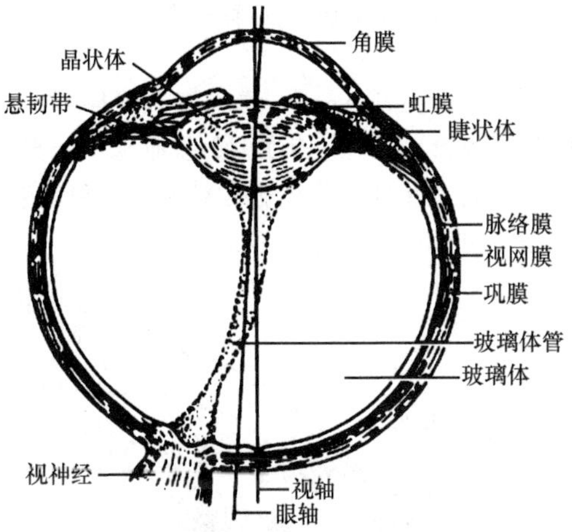

图1-1 眼球剖面图

一、眼 球 壁

眼球壁由三层组成，即外层、中层和内层。外层包括角膜和巩膜，中层为葡萄膜，内层是视网膜。

(一) 外层(纤维膜)

外层质地坚韧，由纤维结缔组织组成，纤维膜构成一个完整封闭的外壁，有维持眼球的形状及保护眼内容物的作用。前1/6透明的称角膜，后5/6不透明的称巩膜，两者移行处为角巩膜缘。

1. 角膜(cornea) 略呈横椭圆形，位于眼球前部，为稍向前凸的透明薄膜。横径为11.5~12.0mm，垂直径为10.5~11.0mm，角膜周边厚度约为1.0mm，中央稍薄为0.5~0.57mm。角膜前表面曲率半径为7.8mm，后面为6.8mm。

(1) 角膜的组织结构：组织学上角膜由前向后分为5层。①上皮细胞层：由5~6层无角化的鳞状上皮细胞构成，再生能力强，损伤后可以再生，不遗留瘢痕。②前弹力层：为一层均质透明膜，损伤后不能再生。③基质层：占据角膜厚度的90%，约由200层与角膜表面平行的胶原纤维束薄板构成，抵抗力较强，损伤后不可再生，由瘢痕组织代替。④后弹力层：为坚韧的透明薄膜，损伤后可再生。⑤内皮细胞层：由单层六角形扁平细胞组成，具有角膜-房水屏障功能，损伤后不能再生，由邻近的内皮细胞扩展和移行来填补缺损。

(2) 角膜的生理特点：①透明，我们所看到的黑眼珠部分就是角膜，但角膜并不是黑的，而是透明的，所看到的黑色实际上是其后方虹膜的颜色。角膜是外界光线进入眼内的窗户，而且具有屈折光线使之聚焦的功能，是屈光系统的重要组成部分。如发生病变，透明度下降，则影响视力。②无血管，是角膜透明的需要，以保证光线毫无阻挡地进入眼内，其营养来自角膜缘的毛细血管、泪液和房水。③感觉敏锐，角膜上有丰富的感觉神经末梢，故知觉非常灵敏，角膜上任何细小异物或损伤等不良刺激时都会引起疼痛、流泪、闭眼，以保护眼球免受损害。

2. 巩膜(sclera)　呈瓷白色，为眼球壁外层的后5/6，由坚韧致密、相互交错的纤维组织构成。巩膜前接角膜，后至视神经处巩膜分为内、外两层，外2/3移行为视神经鞘膜，内1/3较薄的网状结构，称为巩膜筛板，视神经纤维束由此处穿出眼球。巩膜表面有眼外肌附着。正常成人巩膜颜色呈乳白色或瓷白色；儿童呈淡青色，因巩膜较薄而显现出内面的色素组织；老人呈浅黄色，因脂肪沉着引起。巩膜具有保护球内组织的作用。

3. 角巩膜缘(limbus)　角膜与巩膜移行处，呈半透明状，宽约1mm，内有角膜缘血管网、施莱姆(Schlemm)管及小梁网等前房角结构。角巩膜缘是内眼手术常用的切口部位(图1-2)。

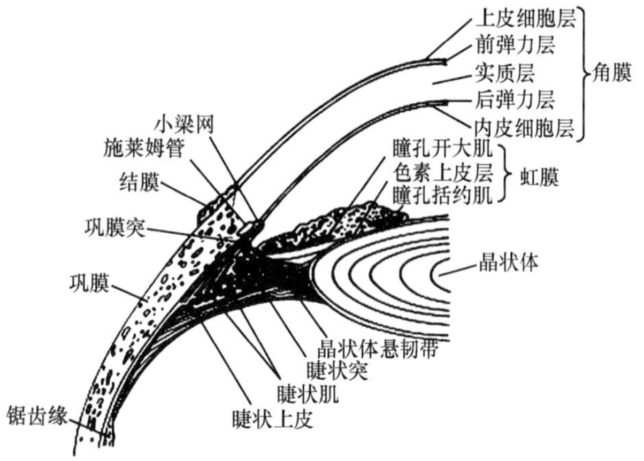

图1-2　眼球前部经向切面示意图

角巩膜缘血管网由两层组成：浅层位于结膜内，由结膜血管分支构成；深层位于巩膜浅层，由睫状前血管分支构成。当结膜有炎症时，可引起结膜血管充血，位置较浅，颜色鲜红，血管能被推动，临床上称为结膜充血；当角膜、巩膜、虹膜、睫状体有炎症时，则可引起睫状血管充血，因位置较深，颜色暗红，血管不能移动，临床上称为睫状充血。

由于施莱姆管、小梁网等前房角的结构是房水排出的主要通道，同时角巩膜缘又是内眼手术切口的重要通路，使得角巩膜缘在临床中非常重要。但同时，此处组织结构薄弱，眼球受外伤时，容易破裂。

（二）中层(葡萄膜层)

中层富含血管和色素，呈棕褐色，又称血管膜或色素膜，具有遮光和营养眼内组织的作用。葡萄膜由前向后依次为虹膜、睫状体、脉络膜三个相连续部分，各部分的形状和功能不尽相同。

1. 虹膜(iris)　位于角膜后方、晶体的前方，颜色因种族不同而异，中国人的虹膜呈棕褐色。虹膜为一圆盘状薄膜，中间有一孔，称瞳孔，直径2.5~4mm，是外界光线进入眼内的唯一通道，类似照相机的光圈。虹膜表面有辐射状凹凸不平的皱褶，称虹膜纹理和隐窝，当虹膜发炎时，虹膜充血肿胀，纹理不清，隐窝消失。虹膜将眼球前后腔隙分隔成前房和后房，内充满房水。虹膜根部较为薄弱，眼球挫伤时容易断离，称虹膜根部断离。瞳孔括约肌呈环状排列于虹膜内，受副交感神经支配，司缩瞳；瞳孔开大肌呈放射状排列于虹膜周边部，受交感神经支配，司散瞳。虹膜的功能是调节进入眼内的光线，保证视网膜成像清晰。虹膜内血管丰富，炎症时以渗出反应为主。

虹膜的神经支配：受三叉神经的睫状神经支配，分布周密，感觉特别敏锐，故虹膜炎症时疼痛明显。

2. 睫状体(ciliary body)　为环形三角形膜样组织，前接虹膜根部，后续脉络膜，宽约6mm。睫状体前1/3较肥厚称睫状冠，宽约2mm，内表面有70~80个纵行放射状突起，称睫状突。睫状突的上皮细胞产生房水，营养眼内的组织，并维持眼内压。后2/3薄而扁平，称睫状体平坦部。平坦部和脉络膜连接处称锯齿缘。睫状体内的睫状肌含有纵行、放射状和环形3种平滑肌纤维，受副交感神经支配，其收缩与舒张可以松弛或拉紧悬韧带，从而调节晶状体厚度，使眼的屈光力得到加强或减弱，有利于人们观察远近不同的物体。睫状体含有丰富的血管和三叉神经末梢，炎症时疼痛剧烈。

3. 脉络膜(choroid)　为葡萄膜的最后部，内邻视网膜，有丰富的血管和色素，对视网膜外层有营养作用；并有遮光和暗房作用，有效地遮挡从眼球各方向散射来的光线，免除了对视网膜集焦成像的干扰，保证视觉质量。脉络膜血管丰富，血容量约占眼球血液总量的65%。因其不含感觉神经纤维，故发炎时无疼痛感。

（三）内层(视网膜层)

内层即视网膜(retina)，相当于照相机的底片，为神经组织，是眼球的感光部分，为一层透明的薄膜，位于脉络膜与玻璃体之间，前起锯齿缘，后至于视盘。按胚胎发育来源，视网膜分为两层，外层为视网膜色素上皮层，内层为视网膜神经感觉层，两层之间有一潜在空隙，临床上视网膜脱离即由此分离。

视网膜上视神经纤维集中穿出眼球的部位，该处为境界清晰的淡红色圆形结构，称为视盘(又称视乳头)，直径约1.5mm，视盘因仅有神经纤维，没有感光细胞，故无视觉。其中央凹陷区，称生理凹陷。视盘颞侧3~4mm处为黄斑区，是视网膜上视觉最敏锐的部位。该区无血管,含有较多的色素,其中央有一小凹称为黄斑中心凹。

组织学上视网膜由外向内分为10层:色素上皮层、视杆与视锥细胞层、外界膜层、外颗粒层、外丛状层、内颗粒层、内丛状层、神经节细胞层、神经纤维层、内界膜层。视网膜外五层由脉络膜血管供应,内五层由视网膜血管供应(图1-3)。

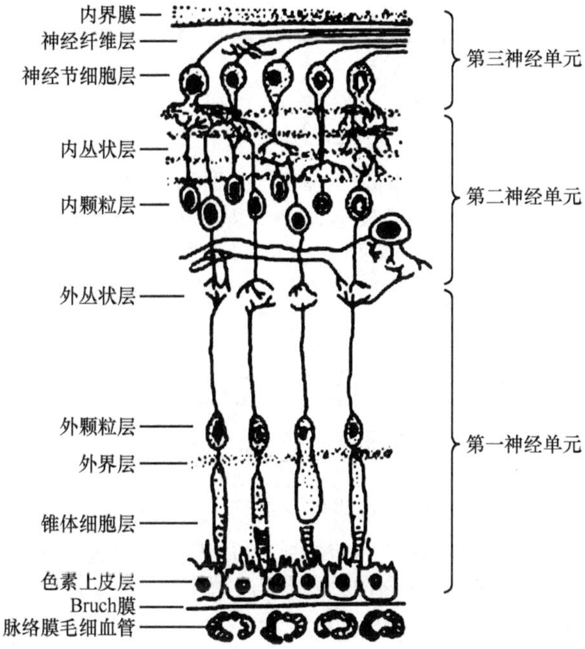

图1-3　视网膜的组织示意图

视网膜内有3级神经元传递视觉信息,即光感受器-双极细胞-神经节细胞。光感受器细胞是视网膜上的第一级神经元,分视锥细胞和视杆细胞两种。视锥细胞主要聚集在黄斑区,司明视觉、形觉及色觉,如视锥细胞受损则发生色盲。视杆细胞多分布在黄斑以外的视网膜周围部,司暗视觉和无色视觉,如视杆细胞受损害则发生夜盲。双极细胞为视网膜上的第二级神经元,起到联络第一级和第三级神经元的作用。神经节细胞为第三级神经元,其轴突向视盘汇集,形成视神经,起传导神经冲动作用。

二、眼球内容物

眼内容物从前向后依次为房水、晶状体和玻璃体,均透明,无血管和神经,与角膜一起构成眼的屈光系统,是外界光线进入眼内的通道。经过此通道,光线发生折射,聚焦成像于视网膜上。

(一)房水

房水为透明液体,由睫状体的睫状突上皮细胞产生,总量为0.15~0.3ml,主要成分是水,含少量氯化物、蛋白质、糖、维生素C、葡萄糖、谷胱甘肽和无机盐等。房水呈弱碱性,充满前房和后房。

房水的循环途径:由睫状突上皮细胞产生后进入后房,经瞳孔到达前房,再经前房角小梁网进入施莱姆管,再经集液管和房水静脉而入巩膜表面睫状前静脉而回到血液循环。另有少量房水在虹膜表面隐窝处被吸收。房水不断生成,不断排出,保持动态平衡,以维持眼内压。如房水生成过多或排出障碍,可致眼压升高,引起青光眼。房水除有屈光作用外,还有营养眼内组织以及维持眼内压的功能。

(二)晶状体

晶状体位于虹膜之后,玻璃体之前,形状类似双凸透镜。晶状体前面弯度较后面小,直径9~10mm,厚4~5mm,借晶状体悬韧带与周围睫状体相连,而悬吊于虹膜和玻璃体之间。晶状体是由晶状体囊膜和晶状体纤维两部分组成。随着年龄的增长,晶状体纤维出现生理性的老化,新生的纤维将旧的纤维挤向中心,并逐渐硬化形成晶状体核,核外较新的纤维称为晶状体皮质,所以晶状体纤维又包括晶状体核和晶状体皮质。且随着年龄的逐渐增长,晶状体核逐渐变大、变硬,囊膜弹性减弱,调节力降低而出现老视。

晶状体是屈光间质的重要组成部分,其屈光力为19D;能过滤紫外线,对视网膜具有保护作用;晶状体本身无血管,其营养主要来自于房水,当晶状体囊膜受损或房水代谢发生病理变化时,晶状体都会变混浊而产生白内障。

(三)玻璃体

玻璃体为无色透明胶体,类似鸡蛋清,充满在眼球后4/5的玻璃体腔内,主要由胶原纤维及98.5%~99.7%的水组成。玻璃体无神经、血管,其营养来自脉络膜和房水。

玻璃体也是屈光间质的重要组成部分,并有支撑视网膜,维持眼球形状和维持眼内压的功能。如果因周围组织发生外伤、炎症和出血,均可致玻璃体混浊,影响视力。

第2节　视路的应用解剖及生理

视路是传导视觉冲动的神经通路,即视网膜在感光时发生的生物电流通过眼球后电缆样的视神经传到大脑枕叶的视觉中枢。视路包括视神经、视交叉、视束、外侧膝状体、视放射及枕叶视中枢等六部分。

一、视　神　经

视神经(optic nerve)起于视盘,止于视交叉,全长约50mm,由视网膜神经节细胞发出的神经纤维汇集而成。由前到后包括眼内段、眶内段、管内段及颅内段四部分,而临床上所称的球后视神经炎就是对后三段而言的。

1. 眼内段　长约1mm，是由约120万根神经节细胞轴突组成的神经纤维，从视盘开始成束穿过巩膜筛板出眼球段。筛板前的纤维无髓鞘包裹，筛板以后的纤维开始有髓鞘包裹。

2. 眶内段　长25～30mm，呈S形弯曲，以利眼球转动。此段视神经外面有三层由相应的脑膜延续而来的鞘膜包裹。因鞘膜间隙与大脑鞘膜相通，且内有脑脊液，故颅内压增高时常引起视盘水肿。

3. 管内段　长6～10mm，为通过颅骨视神经管的这部分视神经，其鞘膜与骨膜紧密相连，以固定视神经。

4. 颅内段　长10mm，是出视神经管进入颅内到达视交叉前脚的这部分视神经。

二、视　交　叉

两侧视神经入颅后，在蝶鞍处形成视交叉（optic chiasm），双眼视网膜鼻侧的纤维交叉至对侧，而来自视网膜颞侧的纤维不交叉。因此，当邻近组织有炎症或肿块压迫影响时，即可出现颞侧偏盲。

三、视　　束

视束（optic tract）是神经纤维经视交叉后重新排列的一段神经束，终止于外侧膝状体。因为每一视束同时包括同侧的颞侧纤维与对侧的鼻侧纤维，所以当一侧视束有病变时常出现同侧偏盲。

四、外侧膝状体

外侧膝状体（lateral geniculate body）位于大脑脚外侧，视丘枕的下外方，属于间脑的一部分。就是在外侧膝状体，由视网膜神经节细胞发出的神经纤维更换神经元后进入视放射的。

五、视　放　射

视放射（optic radiation）是视路中的中枢神经元，为换神经元后发出的神经纤维，经内囊和豆状核的后下方呈扇形散开，到达大脑枕叶视中枢。因为视放射经过的部位在大脑半球占有较大范围，所以如果邻近部位有病变，即可影响视放射而产生视野缺损。

六、视　皮　质

视皮质为人类视觉的最高中枢，位于大脑枕叶，全部视觉纤维终止于此。

视路中的神经纤维分布、走向和投射的部位在各段排列不同，所以在视路系统不同部位发生病变或损害时，可出现相应的视野改变，因此根据视野缺损的特征可作出视路病变的定位诊断（图1-4）。

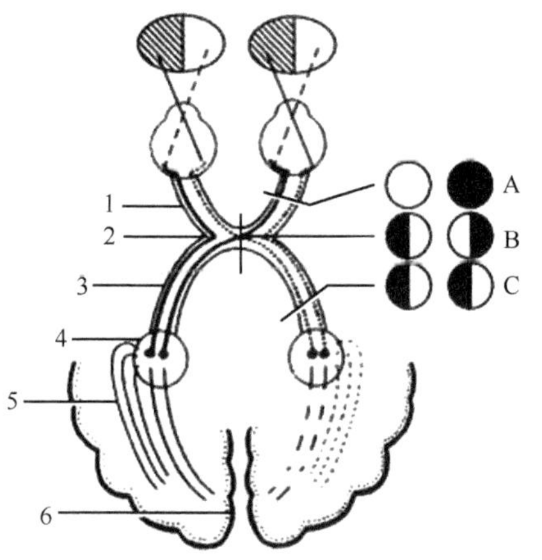

图1-4　视路及其损害与视野的相应关系

A. 视神经损害（单眼失明）；B. 视交叉损害（双眼异侧偏盲）；C. 视束损害（双眼同侧偏盲）

1. 视神经；2. 视交叉；3. 视束；4. 外侧膝状体；5. 视放射；6. 视皮质

第3节　眼附属器的应用解剖及生理

人只有眼球及视路还不能形成正常视觉，一定要有眼附属器的保护和协助才能完成。眼附属器包括眼眶、眼睑、结膜、泪器和眼外肌等五部分，对眼球具有保护、运动和支持作用。

一、眼　　眶

眼眶是容纳眼球的骨性空腔，呈漏斗状，尖端向后，底向前，深4～5cm，由上颌骨、蝶骨、腭骨、额骨、筛骨、泪骨、颧骨7块骨构成。眶内除眼球、泪腺、眼外肌外，还有眼的血管、神经及筋膜，其间隙充满脂肪组织。在解剖关系上，眼眶与周围组织关系密切：首先与鼻窦相邻，上为额窦、下为上颌窦、内侧为筛窦、后为蝶窦；同时眶壁上又有视神经孔、眶上裂和眶下裂，为神经和血管的通道，故眼眶与鼻窦和颅腔在某些疾病上可互为因果。

眼眶有四个壁构成，分别为眶上壁、眶下壁、眶内壁和眶外壁（图1-5）。

1. 眶上壁　即眶顶。泪腺窝位于眶上壁前部的外侧，容纳泪腺。视神经孔呈卵圆形，位于眶上壁后部之尖端，直径4～6mm，有视神经和眼动脉通过。

2. 眶下壁　即眶底。主要由上颌骨的眶面构成。在眶下缘中下约4mm处有眶下孔，其内有眶下神经及眶下动脉通过。

3. 眶内壁　在眶内壁前方有泪囊窝，泪囊居于其中。眶内壁是眶壁中最薄的骨壁，中部为筛骨纸板，容易因外力损伤。

4. 眶外壁　眶外壁乃眶壁中最坚固的骨壁。眶下裂在眶外壁与下壁之间，三叉神经第二支及眶下动脉由此通过。在眶外壁与眶上壁的分界处，视神经孔外侧有眶上裂，其中有动眼神经、滑车神经、展神经、三叉神经第一支及眶上静脉通过。

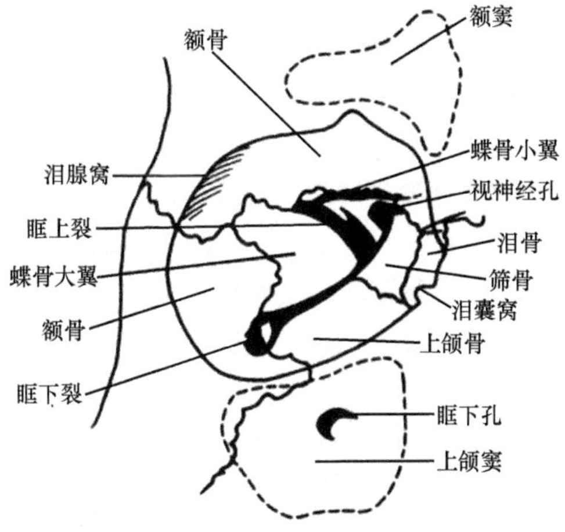

图 1-5　眼眶前面

二、眼　　睑

眼睑(eye lids)就是人们平常所说的"眼皮"，分上、下眼睑，位于眼球前面。两睑间的裂隙称睑裂，正常平视时睑裂高度约 8.0mm，上睑遮盖角膜上缘 1.0~2.0mm。眼睑的游离缘称睑缘，睑缘分前唇和后唇，两唇间有一条灰线称唇间灰线，为皮肤和黏膜交界处。前唇钝圆，其上有睫毛生长，皮脂腺(zeis 腺)和汗腺(moll 腺)开口于毛囊。后唇呈直角，与眼球表面密切接触，其上有一排细孔，为睑板腺开口处。上、下睑缘内侧各有一乳头状突起，中央有一小孔称为上下泪点。上下睑缘之内外侧相连接处分别称为内眦和外眦，即人们常说的内眼角和外眼角。内眦处有肉状隆起称泪阜。泪阜周围的浅窝为泪湖。眼睑的副泪腺可分泌泪液，睑板腺可分泌脂质。眼睑的主要功能是保护眼球(图 1-6)。

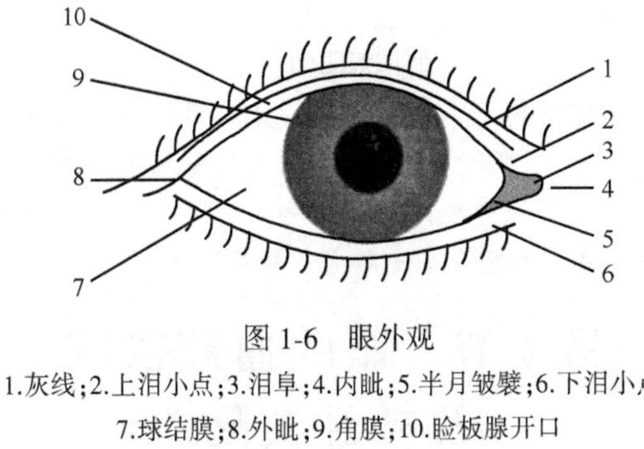

图 1-6　眼外观

1.灰线；2.上泪小点；3.泪阜；4.内眦；5.半月皱襞；6.下泪小点；7.球结膜；8.外眦；9.角膜；10.睑板腺开口

眼睑由外向内依次分为以下 5 层(图 1-7)。

1. 皮肤层　是人体最薄的皮肤之一，细嫩而富有弹性，易形成皱褶。

2. 皮下组织层　由疏松结缔组织和少量脂肪构成，炎症和外伤时易发生水肿和皮下淤血。

3. 肌层　主要有眼轮匝肌、提上睑肌和米勒肌。①眼轮匝肌：位于皮下组织之后，其肌纤维分布环绕于上下睑，是由面神经支配的横纹肌。收缩时眼睑闭合。当面神经麻痹时，易发生暴露性结膜角膜炎，是因眼轮匝肌失去其收缩作用，致使眼睑不能闭合所致。②提上睑肌：具有提睑作用，受动眼神经支配。该肌起自于眶尖总腱环，一部分穿过眼轮匝肌止于上睑皮肤，一部分止于睑板上缘。当动眼神经麻痹或提上睑肌先天发育不全时，可出现上睑下垂。③米勒肌：司交感神经兴奋时睑裂特别开大，受交感神经支配。

4. 睑板层　为眼睑的支架组织，由致密结缔组织及弹力纤维构成，质硬似软骨。睑板内有垂直于睑缘排列的睑板腺，开口于睑缘，分泌油脂状物，具有润滑睑缘、减少摩擦和防止泪液外溢的作用。若睑板腺阻塞，分泌物潴留，即可发生睑板腺囊肿。

5. 睑结膜层　紧贴在睑板内面并与睑板紧密相连的黏膜组织，透明而光滑，有清晰的微细血管分布，不能移动。

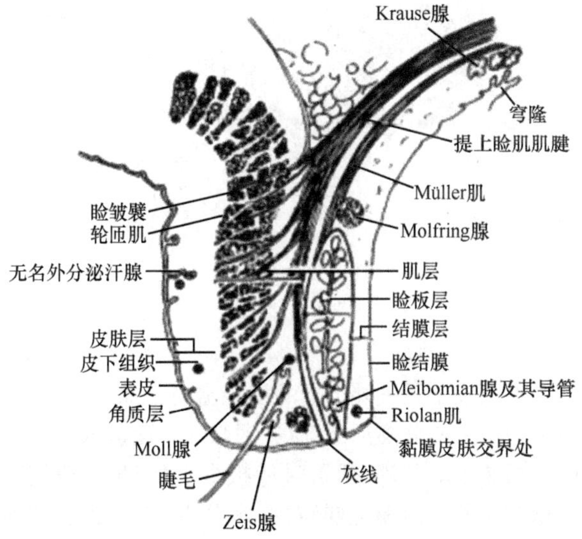

图 1-7　眼睑矢面观

链　接

人为什么经常眨眼？

眨眼在医学上称为瞬目，正常人眨眼的次数为每分钟 15~20 次。眼睑不断地眨眼，就将泪液及脂质均匀涂布于眼球表面，湿润眼球特别是角膜表面，使角膜保持光泽，并可清洁结膜囊内灰尘及细菌，眼睛也能得到短暂的休息。人在注意力集中时，眨眼次数减少，久之就会感到眼干、眼疲劳。另外，任何有害于眼球的刺激可立即引起眼睑闭合。

三、结　　膜

结膜是一层菲薄光滑而透明的黏膜组织，覆盖于眼睑的后面及眼球前部的巩膜表面。按其所在的部位不同分为睑结膜、球结膜和穹隆结膜。附着于眼睑内表面的为睑结膜,较牢固,不能推动,可见其下的小血管,距上睑缘约2mm处有一与睑缘平行浅沟,称睑板下沟,常为小异物存留处。覆盖在前部巩膜表面的为球结膜。睑结膜与球结膜连接部为穹隆结膜。球结膜与穹隆结膜下组织疏松,可推动,有利于眼球运动,也是结膜下注射药物的常用部位。以上三部分结膜所形成的潜在腔隙称为结膜囊,通过睑裂与外界相通。结膜上有分泌少量浆液的副泪腺和分泌黏液的杯状细胞,两者共同分泌液体湿润角膜表面,防止角膜干燥。另外,结膜囊光滑而湿润,以减少眼睑与眼球接触面的摩擦,具有保护眼球的功能。

四、泪　　器

泪器(lacrimal gland)包括分泌泪液的泪腺与排泄泪液的泪道两部分(图1-8)。

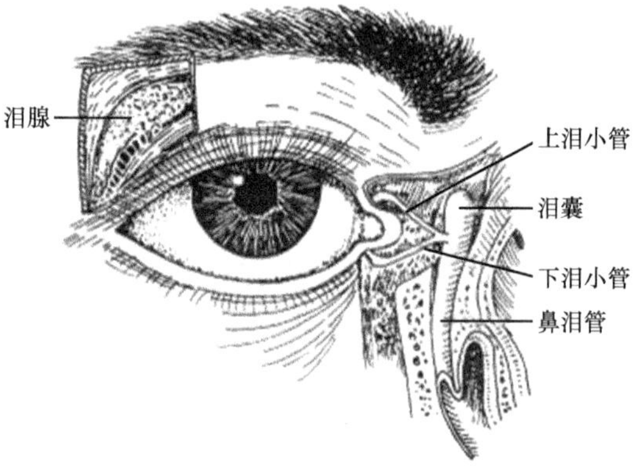

图1-8　泪器

(一)泪腺

泪腺位于眼眶外上方的泪腺窝内,平时看不到也摸不到。主要分泌泪液,通过泪腺导管而流入结膜囊内。泪液不断分泌,但平时量极少,仅满足一般润滑眼球的需要。泪液呈弱碱性,水分占98%,含有营养成分、溶菌酶、免疫球蛋白和补体等,泪液在眼球表面形成泪膜。泪液具有湿润结膜、角膜,维护其生理功能和清洁、杀菌的作用。

(二)泪道

泪液的排出通道称为泪道。泪道由泪小点、泪小管、泪囊和鼻泪管组成。

1. 泪小点　上下各一,位于上下睑缘后唇近内眦部的乳头状突起上,贴附于眼球表面。

2. 泪小管　始于泪小点,自泪小点垂直向下1~2mm,然后转为水平方向约8mm进入泪囊。

3. 泪囊　位于眶内缘泪囊窝内,长约10mm,宽约3mm,上端为盲管,下与鼻泪管相接。

4. 鼻泪管　位于骨性鼻泪管内,全长约18mm,上端与泪囊相接,下端开口于下鼻道。

正常情况下,泪液由泪腺分泌,经排泄管进入结膜囊,依靠瞬目运动和接触眼表面的泪小点和泪小管的虹吸作用,经泪小点、泪小管、泪囊、鼻泪管而排泄至下鼻道。若某一部位发生阻塞,泪液排出障碍即可产生泪溢。

平时泪液完成其作用后,一部分蒸发,一部分从泪小点流入泪小管、泪囊、鼻泪管,最后流入下鼻道,因为量少,所以平时感觉不到。但当大哭时或眼部受刺激时,泪液分泌量增加,大量泪液流至鼻腔由鼻孔流出,即感“痛哭流涕”,其余来不及经泪道排出的则直接流出眼外,这就是我们所说的“流泪”。

五、眼　外　肌

巩膜表面不同的方位有肌肉附着,称之为眼外肌。每只眼有上、下、内、外4条直肌和上、下2条斜肌,共6条。上、下、内、外4条直肌和上斜肌均起于眼眶尖部视神经周围的总腱环,止于巩膜表面,下斜肌起于眶骨内下缘稍向后的骨质浅凹处,止于巩膜表面。眼外肌的收缩使眼球向不同方向转动(表1-1),各条肌肉各司其职,但又相互配合及协调一致,使眼球可以灵活的随意转动,又能同时集中到一个目标,实现双眼单视,如果眼外肌的功能不协调,眼球位置就会偏斜,称为斜视,并可导致弱视及立体视觉障碍。表1-1列出了眼外肌的运动功能。

表1-1　眼外肌的运动功能

肌肉	主要作用	次要作用	神经支配
外直肌	外转	无	展神经
内直肌	内转	无	动眼神经
上直肌	上转	内转内旋	动眼神经
下直肌	下转	内转外旋	动眼神经
上斜肌	内旋	下转外转	滑车神经
下斜肌	外旋	上转外转	动眼神经

链接 >>>

何谓双眼单视?

两眼注视一个目标时,物体在两眼视网膜黄斑中心凹上分别成像,视觉冲动通过每眼的视觉传导系统,传到视中枢,视中枢将它们融合成一个完整的、具有立体感的单一物像,称双眼单视。

第4节　眼的血液供应及神经支配

一、血液供应

(一)动脉系统

眼的血液供应主要是眼动脉分出的视网膜中央

血管系统和睫状血管系统。视网膜中央动脉属终末动脉，营养视网膜内5层。视网膜血管是人体唯一用检眼镜可直接观察到的血管。睫状后短动脉在视神经周围穿入巩膜，营养脉络膜及视网膜外层。睫状后长动脉在视神经鼻侧和颞侧稍远处，斜穿巩膜进入脉络膜上腔前行达睫状体后部，分支营养虹膜、睫状体。睫状前动脉是由眼动脉分布于眼球表面4条直肌的肌动脉而来，分支供应角膜、球结膜及虹膜睫状体的营养。

（二）静脉系统

静脉系统与动脉系统基本并行。主要有视网膜中央静脉、涡静脉、睫状前静脉、眼上下静脉，最后汇入海绵窦，再流入颈内静脉。眼上下静脉与面静脉、海绵窦、鼻腔静脉、翼静脉丛间都有丰富的血管相吻合，且缺乏静脉瓣，故血液可以相互流通。因此，鼻唇或颌面部炎症处理不当，炎症可扩散到眶内或颅内，造成严重后果。

二、神经支配

（一）视神经

视神经传导视觉神经冲动。

（二）运动神经

运动神经包括动眼神经、滑车神经、展神经、面神经和自主神经。

1. 动眼神经　支配上直肌、下直肌、内直肌、下斜肌、上睑提肌、瞳孔括约肌及睫状肌，司眼球运动、开大睑裂、缩小瞳孔及调节作用。

2. 滑车神经　支配上斜肌，司眼球转动。

3. 展神经　支配外直肌，司眼球外转。

4. 面神经　支配眼轮匝肌，司眼睑闭合。

5. 自主神经　分交感神经和副交感神经。交感神经支配虹膜的瞳孔开大肌司瞳孔开大；副交感神经支配瞳孔括约肌及睫状肌，司瞳孔缩小。

（三）感觉神经

感觉神经来自三叉神经的第一、第二分支，司眼睑和眼球的感觉。

第Ⅲ和第Ⅴ脑神经与自主神经在眼眶内形成特殊的神经结构。

1. 睫状神经节　位于视神经外视神经孔前1.0cm。眼内手术施行球后麻醉时，即阻断此神经节。

2. 鼻睫状神经　为第Ⅴ脑神经眼支的分支，司眼部的感觉。

链接

全国爱眼日

我国学者王延华、徐广第、耿贯一、董坚等于1992年9月25日首倡设立全国爱眼日。1996年1月19日卫生部等12个部委在《关于开展"爱眼日"宣传教育活动的通知》中将每年6月6日确定为全国爱眼日。每年的全国爱眼日都有一个活动主题，目的在于深入宣传眼保健和防盲知识，推动全社会的防盲工作，提高全民的眼保健意识。

（冯彩霞）

目标检测

一、名词解释

视路　结膜　视盘

二、填空题

1. 眼球包括______、______和______三部分。
2. 屈光系统由______、______、______、______构成。
3. 正常瞳孔直径为______。
4. 角膜的生理特点有______、______、______。
5. 泪道由______、______、______、______构成。
6. 眼睑由外向内依次分为______、______、______、______和______5层。

三、选择题

1. 下列哪项不属于眼球壁的结构(　　)
   A. 角膜　B. 虹膜
   C. 结膜　D. 巩膜
   E. 视网膜
2. 分泌房水的组织是(　　)
   A. 睫状体　B. 晶状体
   C. 玻璃体　D. 泪腺
   E. 前房
3. 以下哪项不参与泪道的组成(　　)
   A. 泪腺　B. 泪点
   C. 泪小点　D. 泪囊
   E. 鼻泪管
4. 眼球结构中具有调节作用的是(　　)
   A. 睫状体　B. 瞳孔括约肌
   C. 房水　D. 瞳孔
   E. 眼睑
5. 角膜组织中具有再生功能的是(　　)
   A. 上皮细胞层　B. 上皮细胞层和内皮细胞层
   C. 前弹力层　D. 基质层
   E. 上皮细胞层和后弹力层

四、问答题

1. 试述眼球壁各层的解剖结构及生理特点。
2. 眼球内容物有哪几部分组成？各自有何生理功能？
3. 试述房水的生成、循环途径以及房水的作用。
4. 眼附属器包括哪几部分？它们的主要生理功能有哪些？

第 2 章　眼科常用检查法

学习目标

掌握视功能检查项目及临床意义，视力、视野、色觉及眼压检查，并能正确记录检查结果，眼附属器及眼球前段的顺序检查。

第 1 节　视功能检查

视功能检查包括视力、视野、色觉、暗适应和立体视觉等方面，这些检查大部分属于主观检查。因此，检查者要态度和蔼，动作轻巧，以取得被检查者的理解和配合，获得准确的结果，作为眼病诊断、治疗及护理的依据。

一、视力检查

视力即视锐度，是眼辨别最小物像的能力，反映了黄斑部中心凹的功能，亦称中心视力，可分为远视力和近视力。

（一）远视力检查

5m 或 5m 以外的视力称为远视力。常用“E”字型国际远视力表和对数远视力表检查，前者以小数点记录视力；后者将视标大小用对数处理后，视标的增进率相等，任何相邻两行视标大小之比为 1.258926…，并采用 5 分记录法。

远视力表悬挂处光线要充足，最好用人工照明，悬挂高度以 1.0 行与被检查眼等高为宜，检查距离为 5m 远。检查时两眼分别进行，先右后左，自上而下，逐行辨认，能全部看清最小视标的那一行，其旁的数字即表示该眼的视力。正常视力标准为 1.0。如果在 5m 处看不清第一行视标（视力低于 0.1），则嘱其向前走，直至认出为止。此时，其视力按每米为 0.02 计算，如在 3m 处看清第一行视标，则记为 $0.02\times3=0.06$，其余类推。

对在 1m 处（视力低于 0.02）仍不能辨认第一行视标者，应检查其眼前分辨指数的能力，记录其最远距离，如为 30cm，则记为“指数/30cm”。如果眼前 5cm 也不能分辨指数，则将手掌放在被检查者眼前摆动，如能辨认，则记作“手动”。

对在眼前也不能判断手动者，应在暗室内测光感。用小灯光或手电光测试被检者能否正确判断眼前有无亮光，如能则记为“光感”，并记其最远的光感距离，一般到 5m 为止，否则记为“无光感”。对有光感者，还要检查光定位，即用点光源，在被检眼前 1.0m 处，检查上、下、左、右、正前方、左上、左下、右上、右下九个方位，测试患者能否正确判断光源的方向，有光感的方位记“+”号，反之记“-”。

（二）近视力检查

常用标准近视力表。在充足照明下，将近视力表放在距离被检眼前 30cm 处，两眼分别检查，以能看清的最小视标，为该眼的近视力。正常近视力标准为 1.0。如被检者对 1.0 行辨认不清，可让被检者自行调节距离，把改变的距离及查得的近视力一并记录，如 1.0/20cm。

检查远近视力后，在记录时注明裸眼视力或矫正视力。如为矫正视力，应注明矫正镜片的屈光性质和度数。在实际工作中十分重视矫正视力。

正常小儿出生时视锐度略低于 0.1，出生后视力迅速发育增长，在 6 个月已达 1.0，幼儿时期如视力发育发生障碍，则有形成弱视终生无法提高的危险。所以婴幼儿的视力检查对早期发现疾病和及时治疗有重要意义。虽不能得到小儿的合作，但可检查注视和跟随反射是否存在，以大致了解其视力情况。即将手电灯光或不同大小色泽鲜亮的物体置于被检小儿的前方，观察其是否注视灯光和物体，在目标移动时，其眼球或头部是否跟随目标移动。此外，如有一眼失明，则在遮盖盲眼时小儿安静如常，在遮盖健眼时则躁动不安，并试图移去或避开遮盖物。如要精确了解小儿的视力，可做视觉诱发电位检查。

各种类型的视力下降如下。

1. 一过性视力下降　指视力丧失在 24h（通常在 1h）内恢复正常。常见于视盘水肿、一过性缺血发作、体位性低血压、精神刺激性黑矇、视网膜中央动脉痉挛、癔症、过度疲劳、偏头痛性视神经病变。

2. 突然视力下降、无眼痛　常见于视网膜动脉或静脉阻塞、缺血性视神经病变、玻璃体积血、视网膜脱离、视神经炎等。

3. 逐渐性视力下降、无眼痛　见于白内障、开角型青光眼、慢性视网膜疾病、屈光不正等。

4. 突然视力下降、并眼痛　急性闭角型青光眼、葡萄膜炎、角膜炎症及水肿等。

二、视野检查

视野是眼向正前方固视不动时所见的空间范围，反映视网膜周边部功能，故亦称周边视力。距注视点30°以内的范围称为中心视野，30°以外称为周边视野。视野检查对眼底病、视路疾病及青光眼的诊断有重要价值。

（一）周边视野检查法

1. 对比法　此法不需要任何设备，但检查者视野须正常。检查者与被检者相距0.5m，对视而坐，眼位等高。检查右眼时，检查者以左眼与被检者右眼彼此注视，各遮盖另眼，检查左眼则相反。检查者以手指或视标置于两人等距离处，从周边向中心移动，如被检者能在各方向与检查者同时看到视标，其视野大致属正常。

2. 弧形视野计检查法　被检者颏部固定于颏架上，被检眼水平注视视野计固视目标，将另眼遮盖。检查常用直径为3~5mm的白色视标，将视标沿弧弓的内侧面，由周边向中心缓缓移动，直到被检眼刚能看清视标为止，将此处弧弓所标刻度，标记在图上。再转动弧弓30°，依次检查12个径线，将各径线在图上的标记点连起来，即为该眼的视野范围。正常视野范围：上方55°，鼻侧60°，下方70°，颞侧90°（图2-1）。

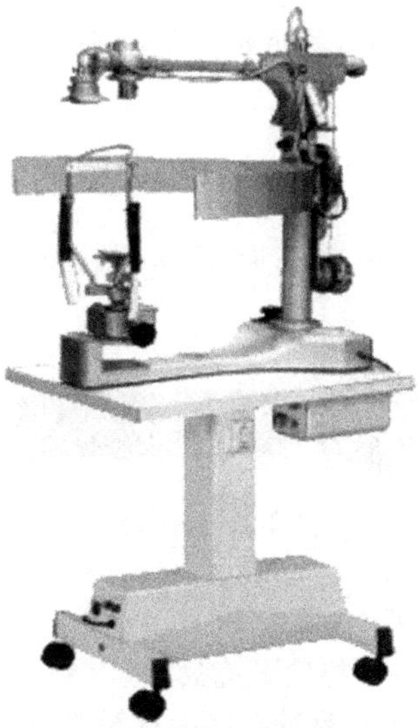

图2-1　弧形视野计

（二）中心视野检查法

常用平面视野计检查。让被检者坐在黑色屏前1m处，遮盖一眼，被检眼注视屏中心的注视点，眼位与之平高。常用直径3mm的白色视标，先测出生理盲点的位置和大小，再沿各径线检查视野中有无暗点或视野缺损，如有则以大头针加以标记，最后转录在中心视野记录卡上。生理盲点呈椭圆形，垂直径7.5°，横径5.5°，中心位于注视点以外15.5°水平线下1.5°处，为视盘在视野屏上的投影。

（三）Amsler方格表

本表为边长10cm的黑底白线方格表，检查距离为33cm，相当于10°范围的中心视野，该图表主要用于检查黄斑功能或测定中心、旁中心暗点。

（四）自动化视野计检查

为目前最新型的视野计，能自动按照程序在视野的各个点显示由弱到强的光刺激，并根据受检查者的应答（以按钮的方式表示看见与否），以图形、记号及数字形式在检查后打印报告。

病理性视野：在视野范围内，除生理盲点处，出现其他任何暗点均为病理性暗点。

1. 向心性视野缩小　见于视网膜色素变性、青光眼晚期、球后视神经炎、周边部视网膜脉络膜炎等。

2. 偏盲　以注视点为界，视野的一半缺损称为偏盲。见于视路病变，它对视路疾病定位诊断极为重要。

三、色觉检查

色觉是眼分辨颜色的能力，反映了视锥细胞的功能。色觉障碍大多为先天性异常，属于性连锁隐性遗传病，其发病率男性为5%，女性为0.3%；后天性者继发于视网膜、视神经或视中枢病变。色觉障碍按轻重可分为色盲和色弱，色盲分为红色盲、绿色盲和全色盲3种。常见者为红绿色盲。色觉障碍者不能从事运输、化学、美术、医药学等职业。

色觉检查法：一般用色盲检查图在室内良好的自然光线下进行，被检者双眼同时看图，距离约0.5m，让其在5秒钟内读出图中数字或图形，辨认困难，读错或不能读出，属色觉障碍，可按所附说明书判断其色觉为正常、色盲或色弱，同时是何种色觉障碍。

四、暗适应检查

当眼从强光下进入暗处，起初一无所见，随着对光敏感度的增进，逐渐能看清周围暗处的物体，这一过程称为暗适应，它反映了视杆细胞内视紫红质复原的过程。暗适应检查常用夜光表在暗室内行对比法检查。检查时将夜光表放在暗室桌上，打开光源，暗适应正常的检查者与受检者同时注视桌面5分钟，然后关灯，注视夜光表的发光，若检查者与受检者同时发现亮光为正常。

五、立体视觉检查

立体视觉又称深度觉，是视器对外界客观景物三维空间的视知觉。它是双眼视觉的最高层次，对周围物体的远近、深浅、凹凸和高低有精细的分辨能力。常用同视机或立体视觉检查图检查。

第2节 眼各部检查

一、眼附属器检查

（一）眼睑

观察眼睑有无红肿、淤血、瘢痕或肿物；两侧睑裂大小及闭合功能是否正常；睑缘有无内翻或外翻，睫毛有无倒睫。

（二）泪器

注意泪腺有无肿大，泪点有无外翻或闭塞，泪囊区有无红肿或瘘管，用手指压泪囊部有无分泌物自泪点溢出。对泪溢症者可采用泪道冲洗法检查有无狭窄或阻塞以及病变部位。

（三）结膜

将眼睑向上下翻转检查睑结膜及穹隆部结膜，注意颜色、是否透明光滑，有无充血、水肿、乳头、滤泡、结石、异物、瘢痕、溃疡、睑球粘连、分泌物。检查球结膜时，以拇指和示指将上下睑分开，嘱患者向各方向转动眼球，观察有无充血，特别注意区分睫状充血与结膜充血，有无疱疹、出血、异物、色素沉着或新生物。

（四）眼球位置及运动

观察眼球运动是否正常，注意两眼直视时，角膜位置是否位于睑裂中央，高低位置是否相同，有无眼球震颤和斜视。注意眼球大小，有无突出或内陷。

（五）眼眶

观察眼眶是否对称，眶缘触诊有无缺损、压痛或肿物。

二、眼球前段检查

检查眼球前段常用带有聚光灯泡的电筒，用斜照法或配合放大镜进行检查。

（一）角膜

注意角膜大小、弯曲度、透明度及表面是否光滑。有无异物、混浊、新生血管及角膜后沉着物（KP）。对角膜的细微病变可应用裂隙灯显微镜检查。

1. 角膜知觉检查法　用消毒镊子从消毒棉签抽捻出一束细棉丝，从眼外侧轻轻触及角膜表面，立即发生瞬目反射者为知觉正常，否则为异常。

2. 角膜染色法　用消毒玻璃棒蘸无菌1%~2%荧光素钠液，涂于结膜囊内进行染色，如角膜上皮有缺损或溃疡，则病变区被染呈黄绿色。

3. 角膜弯曲度检查　Placido板是最简便检查角膜弯曲度的方法。通过观察Placido板在角膜上影像有无扭曲来评估角膜的弯曲度。正常者影像为规则而清晰的同心圆；椭圆形表示有规则散光；扭曲者表示有不规则散光。

（二）巩膜

观察巩膜有黄染、充血、结节及压痛。

（三）前房

观察两眼前房深度是否一致，有无变深或变浅，房水有无混浊、积血、积脓。

链接

前房角镜检查

前房角的前壁起于角膜后弹力层的终点Schwalbe线，白色，继之为小梁网，其外侧为巩膜静脉窦；前壁终点为巩膜突，呈白色；隐窝由睫状体前段即睫状体带构成，呈灰黑色，后壁为虹膜根部。利用前房角镜，通过光线折射或反射观察前房各种结构。判断前房角的宽窄和开闭对青光眼的诊断、分类、治疗和预防具有重要意义。

（四）虹膜

观察虹膜颜色、纹理，注意有无新生血管、萎缩、粘连、色素脱落、结节，有无根部离断及缺损，有无震颤。

（五）瞳孔

正常瞳孔直径2.5~4mm。检查时应注意两侧瞳孔是否等大、等圆、位置居中，瞳孔边缘是否整齐，对光反射和视近反射是否灵敏。

（六）晶状体

观察晶状体有无混浊、脱位，必要时散大瞳孔进行检查。

三、眼球后段检查

眼球后段通常在暗室内用检眼镜进行检查（图2-2）。

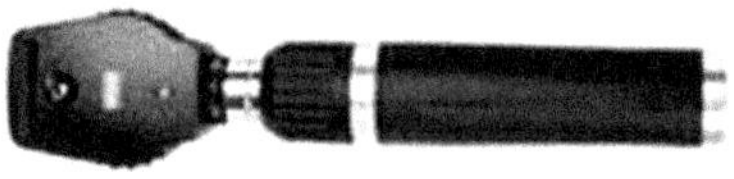

图2-2　检眼镜

（一）玻璃体

常于散瞳后，将检眼镜盘转至+8~+10D，距被检眼10~20cm处，观察瞳孔区内有无浮动性黑影。

（二）眼底

眼底检查就是应用检眼镜在暗室内通过瞳孔检查眼底的方法。常用的检眼镜有直接和间接两种。直接检眼镜所见眼底为正像，放大约16倍，可见范围小，是临床上广泛应用的一种检查方法。间接检眼镜为双目立体检眼镜，所见眼底为倒像，放大4倍，可见范围较大。

直接检眼镜检查眼底，通常在暗室内自然瞳孔下进行检查，如瞳孔过小或欲详查眼底各部，可滴快速散瞳剂,散大瞳孔后再详细检查。检查者手持检眼镜,示指置转盘处以便拨动转盘。检查右眼时,检查者站在被检者右侧,右手持检眼镜,用右眼观察;检查左眼时,则站在左侧,改用左手和左眼,先将检眼镜移近至受检眼前约2cm处,将转盘拨动到"0~2"范围,如果检查者和被检眼都是正视眼,则可清晰看清眼底,看不清时可拨动转盘至看清为止。

眼底检查并记录的内容:视盘大小、形状、颜色、边界和病理凹陷,视网膜血管的管径大小、颜色、动静脉比例、形态、有无搏动及交叉压迫征,黄斑部及中心凹光反射情况,视网膜有无出血、渗出、色素沉着或脱失,描述其大小形态、数量等。

正常眼底呈橘红色,可见一圆形或椭圆形的视盘,边界清晰,颜色淡红,中央有一凹陷称视杯,正常视杯与视盘的比值为0.3,视杯处有视网膜血管通过,动静脉管径之比为2∶3。视盘颞侧约两个视盘直径稍偏下处,有一个暗红色无血管区称为黄斑,其中心有一针尖样的反光点,为中心凹光反射,是视力最敏锐处。

第3节　眼科特殊检查

一、眼压测量

眼压是指眼内容物对眼球壁所施加的压力。眼压测量对青光眼的诊断及治疗具有重要意义,正常眼压范围为1.33~2.80kPa(10~21mmHg)。

(一) 指压法

被检者放松眼睑,两眼向下注视,检查者将两手示指尖放在上睑板上缘的皮肤面,两指交替轻压眼球,借指尖触知的硬度和抵抗力来判断眼压的高低,必要时与健眼作对比(图2-3)。记录方法:眼压正常记为Tn;眼压增高:偏高记为T+1,很高记为T+2,极高记为T+3;眼压降低:偏低记为T-1,很低记为T-2,极低记为T-3。

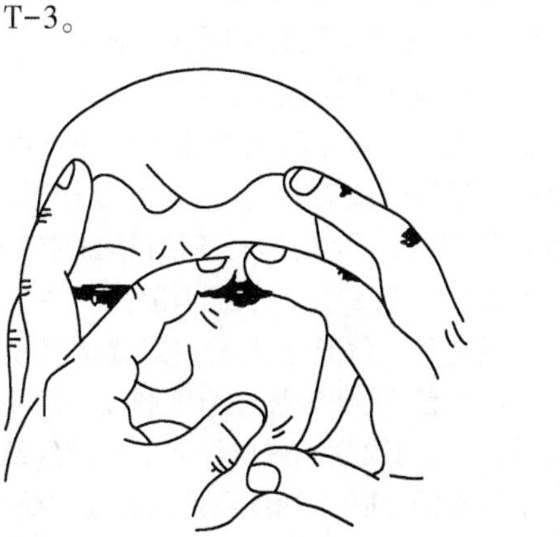

图2-3　眼压指测法

(二) 眼压计测量法

临床应用的眼压计可分为压陷式、压平式和非接触式3种。

1. 修兹(Schiotz)眼压计　被检者低枕仰卧,滴0.5%~1%丁卡因2~3次。在等待麻醉期间,应检查眼压计是否灵敏,在试板上试测指针是否指零,并用75%酒精棉球拭底板待干。测量时嘱被检者两眼直视眼前一目标或自己手指,使两眼角膜保持水平正中位置,检查者右手持眼压计,左手拇指及示指分开上下眼睑,并固定于上下眶缘,不可压迫眼球。将眼压计底板垂直放在角膜中央,观察指针刻度,如读数小于3,就更换更重的砝码再量(图2-4)。测量毕,结膜囊内滴抗生素滴眼液,并嘱闭目休息片刻。记录方法,用分数表示,例如砝码为5.5g,刻度读数为5,查换算表数值为2.31kPa,则记录为5.5/5=2.31kPa。

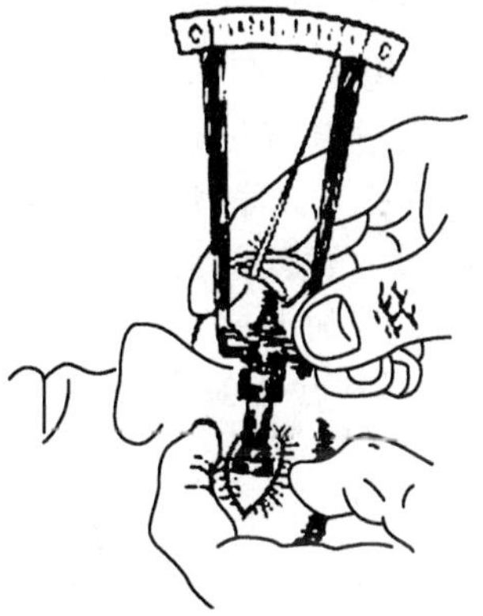

图2-4　眼压计测量法

2. Goldman压平眼压计　这是目前国际较通用的眼压计,是一种压平眼压计,附装在裂隙灯显微镜上,用显微镜观察,坐位测量。测量结果不受球壁硬度影响。

3. 非接触眼压计　也是一种压平眼压计,其原理是利用可控的空气脉冲,其压力具有线性增加的特性,使角膜压平到一定的面积,通过监测系统感受角膜表面反射的光线,并记录角膜压平到某种程度的时间,将其换算为眼压值。

二、眼屈光检查

屈光检查即验光,用以测定患者的屈光状态,并以此作为配镜或治疗的依据。

(一) 主觉验光法

常用插片法。不散瞳,根据患者的裸眼视力,通过试镜求得最佳视力,所戴球、柱镜片的度数与轴位,即为该眼屈光不正的大概度数。如远视力低于1.0近视力在1.0以上,则可能为近视眼,此时可加凹球镜片,如视力增进-0.25D开始递增,至患者能清晰看到1.0行。如远、近视力都不好，则可能为远视眼，可试凸球镜片，至视力增加至最好。如只用球镜片视力不能矫正满意，再加用凹或凸柱镜片，并转动柱镜的轴位，直至达到最佳视力。此法简单易行，但易受调节作用的影响，不够精确，供验光时参考。

（二）他觉验光法

此法又称检影检光法，是一种准确的客观测量屈光不正的方法。先滴用散瞳剂，使睫状肌充分麻醉，然后在暗室内用检影镜观察被检眼瞳孔区的影动，寻找中和点，确定屈光不正的度数。

（三）电脑验光法

电脑验光仪操作简单，可迅速测定患眼的屈光度，但不很准确，需要再行主观试配进行调整，方可配镜。

三、裂隙灯显微镜检查

裂隙灯显微镜由可调的光源照明系统和双目显微镜组成。通过调节焦点和光源宽窄，可将透明的眼组织切成一个光学切面，经显微镜放大后，能详细观察结膜、角膜、前房、虹膜及晶状体等组织的细微变化。若加上前置镜、前房角膜镜和三面镜，还可以详尽地检查前房角、玻璃体和眼底的变化（图2-5）。

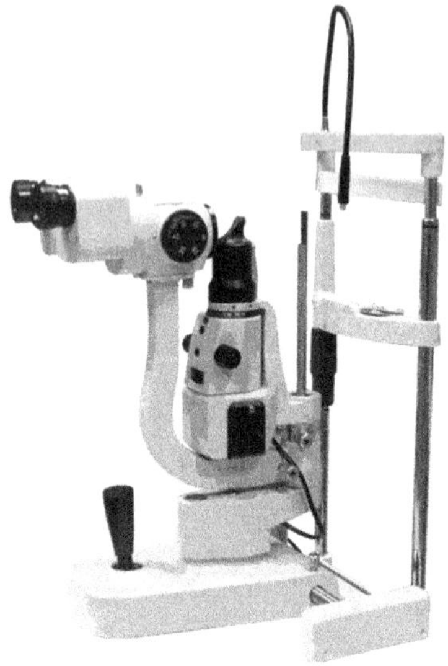

图2-5 裂隙灯生物显微镜

四、眼底血管造影

眼底血管造影是将造影剂注入体内，利用装有特定滤光片的眼底照相机拍摄眼底视网膜和脉络膜血液循环情况的检查方法。分为荧光素眼底血管造影（FFA）和吲哚青绿血管造影（ICGA）两种。前者是以荧光素钠为造影剂，侧重于观察视网膜血管情况；后者以吲哚青绿为造影剂，侧重于观察脉络膜血液循环情况。根据眼底血管灌注情况，组织的着染情况及时间，有助于眼底疾病的诊断、分型和治疗效果的评估，通过观察造影剂在视网膜血管及脉络膜充盈的时间和形态以及是否有渗漏现象等，可以查明检眼镜下不能发现的视网膜及脉络膜病变。检查过程中若被检者出现过敏反应，如发生荨麻疹应及时处理，严重过敏反应者应紧急抢救。注射荧光素钠后，尿、汗、皮肤可出现黄染，要向被检者讲清原因及恢复的时间（图2-6）。

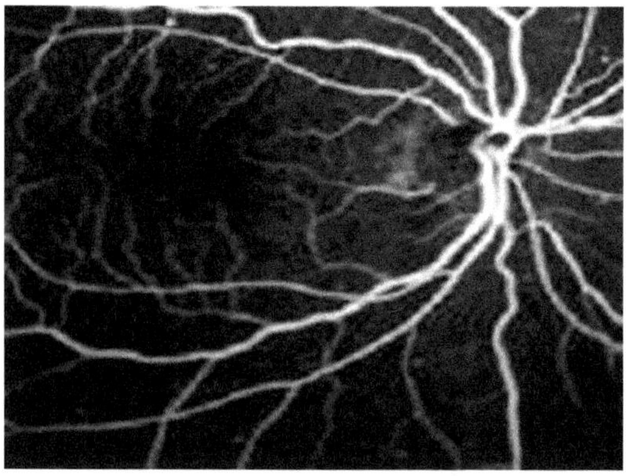

图2-6 眼底荧光血管造影图

五、视觉电生理检查

视觉电生理检查是应用视觉电生理仪测定视网膜受到光刺激时，在视觉系统中产生的生理电活动，以了解视觉系统的功能及相关疾病。视觉电生理检查包括眼电图（EOG）、视网膜电图（ERG）及视觉诱发电位（VEP），为视觉系统疾病的诊断、预后及疗效评定提供依据。

（一）眼电图（EOG）

眼电图记录的是眼的静息电位，产生于RPE（视网膜色素上皮）层。产生EOG的前提是光感受器细胞与RPE的接触与离子交换。所以，EOG异常可反映RPE光感受器细胞的疾病以及中毒性视网膜炎。

（二）视网膜电图（ERG）

视网膜电图记录闪光或图形刺激视网膜后的动作电位。通过改变背景光、刺激光及记录条件，分析ERG不同的波，可辅助诊断各种视网膜疾病。

（三）视觉诱发电位（VEP）

视觉诱发电位是由大脑皮层枕区对视觉刺激发生的一簇电信号，代表神经节细胞以上的视信息传递情况，故从视网膜到视皮质任何部位神经纤维病变都可产生异常的VEP。视皮质外层纤维主要来自黄斑，所以VEP也是判断黄斑功能的一种方法。

链接

超生生物显微镜检查

超生生物显微镜检查（UBM）是利用超高频超声技术，观察眼前节断面图像的一种新的影像学检查装置。基本原理：与普通B超不同处在于其探头的频率高达40～100MHz，但探测深度为4～5mm，分辨率高达20～60μm。设有频率换能器，以选择不同的探测深度和分辨率。探头进行扫描同时收集反射信号，经放大及加工后，通过转换技术处理，在视屏监视器显示出图像。主要结构：由主机，监视器和操作台等组成。适应证：角膜、房角、前房、后房、睫状体及前部视网膜脉络膜检查。

六、眼的影像学检查

近年来影像学检查发展很快，已逐渐成为眼科临床诊断的常用方法，包括超声、CT扫描、磁共振成像及图像分析等高新技术。眼科影像学检查主要从形态学角度出发，为眼部病变的诊断提供较为直观的图片资料。不仅可以显示病变自身情况，而且可以显示病变与周围组织结构之间的毗邻关系，为眼科医疗及科研提供了重要手段。

链接

光学相干断层扫描（OCT）

OCT是一种高分辨率活体组织断层成像的检查技术，可以在眼内获得接近10μm高分辨率的图像，它的分辨率比B超高约10倍。可用于眼底病和青光眼的辅助诊断，也可做视网膜厚度及视网膜神经纤维层厚度的测量。

适应证：黄斑囊样水肿、黄斑裂孔和玻璃体视网膜牵引、中心性浆液性视网膜脉络膜病变、年龄相关性黄斑变性、视网膜前膜、遗传性黄斑病变、视盘水肿、视网膜挫伤、糖尿病视网膜病变、青光眼等。

（冯彩霞）

目标检测

一、名词解释

视力　视野　眼压

二、填空题

1. 视功能检查包括_______、_______、_______、_______、_______、_______等方面。
2. 正常视野范围：_______、_______、_______、_______。
3. 电生理检查包括_______、_______和_______。
4. 眼压计可分为_______、_______和_______三种。

三、选择题

1. 远视力检查的距离为（　　）
   A. 3m　B. 2m　C. 1m
   D. 6m　E. 5m
2. 视功能检查不包括（　　）
   A. 裂隙灯显微镜检查　B. 视力检查
   C. 色觉检查　D. 视野检查
   E. 暗适应检查
3. 测量远视力时，被检查者在3m处看清0.1行视标，则其视力为（　　）
   A. 0.1　B. 0.2　C. 0.3
   D. 0.06　E. 1.0
4. 国内通用标准近视力表阅读距离为（　　）
   A. 20cm　B. 30cm　C. 40cm
   D. 50cm　E. 60cm
5. 测量远视力时，被检查者在4m处看清0.1行视标，则其视力为（　　）
   A. 0.1　B. 0.2　C. 0.3
   D. 0.08　E. 1.0
6. 色觉检查反映了下列哪种细胞功能（　　）
   A. 视锥细胞　B. 双极细胞
   C. 视杆细胞　D. 视锥细胞和视杆细胞
   E. 以上均不是
7. 指测法测眼压，正常眼压记录表示为（　　）
   A. Tn−1　B. Tn+1　C. Tn+2
   D. Tn+3　E. Tn
8. 色觉检查辨认的时间分界是（　　）
   A. 5分钟　B. 5秒钟　C. 3分钟
   D. 3秒钟　E. 10秒钟

四、问答题

1. 简述远近视力的定义、检查方法及意义。
2. 简述视野的定义、检查方法及意义。
3. 简述眼压的定义、检查方法及意义。
4. 简述眼底的检查方法及意义。

第3章　眼睑与泪器疾病

学习目标

了解睑腺炎、睑板腺囊肿、睫毛及眼睑异常、慢性泪囊炎的病因。

掌握睑腺炎、睑板腺囊肿、睫毛及眼睑异常、慢性泪囊炎的临床表现和治疗方法。

案例3-1

患者,女性,45岁,发现右上睑硬结2周。检查:Vod1.0,右眼上睑皮下可扪及一黄豆大小圆形包块,边界清,与皮肤无粘连,无压痛,相应的睑结膜面局部呈紫红色,余无异常发现。

问题:1. 该患者的诊断是什么?

2. 最佳治疗方案是什么?

第1节　眼睑疾病

一、睑　腺　炎

睑腺炎又称麦粒肿,是眼睑腺体的急性化脓性炎症。多由金黄色葡萄球菌通过睑腺在睑缘的开口入侵而引起。发生在睫毛根部皮脂腺为外睑腺炎,发生在睑板腺为内睑腺炎。

【病因】　常为金黄色葡萄球菌感染眼睑腺体所致。本病的诱发因素多为营养不良、糖尿病、抵抗力低下、长期便秘和屈光不正等。该病可发生于任何年龄,但以青少年多见。

【临床表现】

1. 症状　自觉眼睑疼痛,且内麦粒肿疼痛较外麦粒肿明显,因睑板腺被致密的睑板纤维组织包绕所致。如此时患者抵抗力较差或感染严重时,可伴有畏寒发热、头昏头痛、全身乏力和食欲下降等全身症状。

2. 体征　外麦粒肿炎症反应位于睑缘皮肤面,红肿弥散,内麦粒肿炎症反应位于睑板腺内,红肿较局限;红肿中央可扪及硬结,压痛明显,一般于3~5天后硬结软化形成脓点,一般外麦粒肿脓点出现在眼睑皮肤面,内麦粒肿脓点出现在眼睑睑结膜面;脓肿可以自行破溃流脓,逐渐痊愈。

【治疗】

1. 局部湿热敷　用于炎症早期。每日2~3次,每次15~20分钟,以促进局部血液循环和炎症吸收,消散硬结。

2. 抗生素　选用0.1%利福平、0.25%氯霉素或0.3%环丙沙星等滴眼液,每日滴眼4~6次;0.5%红霉素或0.5%四环素眼膏每晚睡前涂眼。重症者全身应用抗生素。

3. 切开排脓　用于脓点已出现或局部有波动感未破溃,或虽已破溃但排脓不畅者。外睑腺炎在睑皮肤面平行于睑缘切开,应与眼睑皮肤纹理一致而不影响外观;内睑腺炎在睑结膜面垂直于睑缘切开,以避免过多损伤睑板腺腺管。

睑腺炎尚未完全成脓时不宜切开,更不可挤压排脓,以防炎症扩散引起眶蜂窝织炎,甚至海绵窦静脉炎。

二、睑　缘　炎

睑缘炎是指睑缘表面、睫毛毛囊及其腺体的亚急性或慢性炎症,为眼睑常见病。依据临床特点,可分为鳞屑性睑缘炎、溃疡性睑缘炎及眦部睑缘炎三种类型。

（一）鳞屑性睑缘炎

【病因】　是由于皮脂腺或睑板腺分泌旺盛,皮脂溢出刺激睑缘,再加上轻度感染所致。屈光不正、营养不良、理化因素刺激及机体抵抗力下降为其诱因。

【临床表现】

1. 症状　自觉睑缘刺痛、痒及烧灼感。

2. 体征　睑缘充血,睫毛根部和睑缘有灰白色鳞屑附着,清除鳞屑后露出充血而完整的睑缘,但无溃疡,无脓点,睫毛易脱落,但能再生。如长期炎症不愈,可使睑缘肥厚、外翻、泪溢。

【治疗】

1. 去除诱因　矫正屈光不正、避免理化因素刺激、培养良好的卫生习惯、增强抵抗力等。

2. 局部处理　先用生理盐水或3%硼酸溶液清洁睑缘,去除鳞屑,然后涂抗生素眼膏,如红霉素眼膏,3次/天;炎症消退后再持续用药2~3周,以防复发。

（二）溃疡性睑缘炎

【病因】　是睫毛毛囊及其腺体的亚急性或慢性化脓性炎症,多为金黄色葡萄球菌感染所致。屈光不正、营养不良、不良卫生习惯及机体抵抗力下降等可能为本病的诱因。

【临床表现】

1. 症状 自觉睑缘刺痒、烧灼、疼痛等,较鳞屑性睑缘炎更为严重,晨起分泌物可使睫毛黏着成束状。

2. 体征 睑缘红肿,睫毛根部散在小脓疱及黄色痂皮,清除脓痂后可见睫毛根部有小脓疡;睫毛常与脓痂粘连,随脓痂的剥脱而脱落,因毛囊被破坏,故睫毛脱落后不再生,日久并发秃睫;长期不愈者,致睑缘肥厚变形,甚至泪点外翻而泪溢。

【治疗】 治疗同鳞屑性睑缘炎。本病较顽固,治疗必须彻底。

(三)眦部睑缘炎

【病因】 多因莫-阿双杆菌感染所致,或与维生素 B_2缺乏有关。

【临床表现】

1. 症状 常双眼发病。自觉局部刺痒、异物感和烧灼感。

2. 体征 多见外眦部睑缘及邻近皮肤充血、糜烂,结膜也常伴有充血、肥厚等慢性炎症。严重者内眦部也可受累。

【治疗】 局部滴用0.5%硫酸锌眼液,3~4次/天,以抑制莫-阿双杆菌产生的蛋白酶对组织的破坏作用;眦部皮肤可涂抗生素眼膏,口服维生素 B_2或复合维生素B。

三、睑板腺囊肿

睑板腺囊肿又称霰粒肿,因睑板腺排出导管阻塞,腺分泌物潴留,刺激周围组织导致肉芽组织增生而引起的慢性炎性肉芽肿。好发于青少年。

【病因】 是由于各种原因致睑板腺开口阻塞或因睑板腺分泌过度旺盛,致使分泌物在睑板腺内潴留,对腺体及其周围组织产生慢性刺激而形成。

【临床表现】

1. 症状 一般无自觉症状。如囊肿较大,眼睑可有重坠感;如囊肿自行破溃,可有异物感;如继发感染,可有疼痛感。

2. 体征 眼睑皮下可触及大小不一的与皮肤不粘连的无痛性硬结,一个或多个,相应的结膜面呈局限性紫红色。继发感染时局部可有压痛。

老年人的睑板腺囊肿,尤其是复发性的,应将切除物进行病理检查,以排除睑板腺癌。

【治疗】

1. 小而无症状者 无须治疗,有时可自行消散。

2. 稍大者 可采取局部热敷、理疗或向肿物内注射类固醇激素等方法促其消散。

3. 大者 可行睑板腺囊肿切除术,仔细将囊内容物和囊壁摘净,以防复发。

四、睑内翻与倒睫

(一)倒睫

倒睫(trichiasis)是指睫毛向后生长倒向眼球(图3-1)。

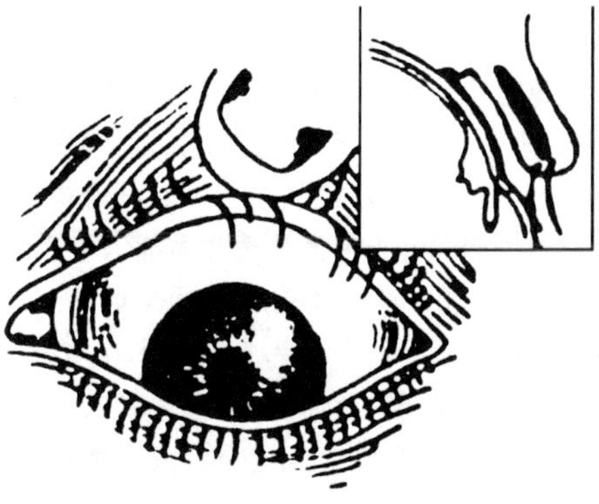

图3-1 倒睫

【病因】 凡能引起睑内翻和睑缘部瘢痕收缩的各种原因,均能造成倒睫,以沙眼常见,特别是瘢痕期沙眼,其他还有睑缘炎、睑腺炎、睑外伤、眼睑手术等。

【临床表现】

1. 症状 持续性异物感、眼痛、流泪和眼睑痉挛等。

2. 体征 可见1~2根倒睫;也可见一部分或全部睫毛倒向眼球摩擦角膜,刺激角膜引起角膜上皮脱落,进而引起角膜混浊,甚至形成角膜溃疡。

【治疗】 去除倒睫。

1. 拔睫毛法 对于倒睫较少的,可用拔睫毛镊拔除,但拔除后又可再生。

2. 电解法 这是较彻底的去除倒睫的方法(图3-2)。

3. 手术 如倒睫较多,应手术矫正,方法与睑内翻矫正术相同。

4. 防治原发病 积极预防和治疗沙眼等原发病。

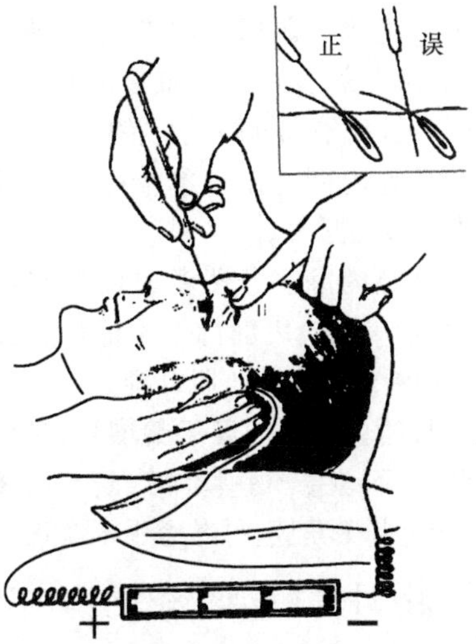

图3-2 电解倒睫术

链接 >>>

电解倒睫术

适应证：不伴有明显眼睑内翻的少数睫毛倒长或乱生。

术前准备及麻醉：①术前应检查用于电解的电源。②倒睫部位的皮下用2%利多卡因作很小的浸润麻醉。③75%乙醇溶液对局部睑缘及周围的皮肤进行消毒。

手术步骤：①将电解器的正极锌片（或铜片）包以盐水湿纱布，紧贴于面颊部的皮肤。②将与电解器的阴极相连的电解针沿待电解的睫毛方向插入毛囊，深度约为2mm。③接通电解器的电源。通电时间为20秒钟左右，见毛囊根部有细小白色气泡冒出即可取出电解针，拔出后用睫毛镊轻轻将睫毛拔除，如电解后倒睫仍拔出困难，表明毛囊尚未充分破坏，应重复电解。

（二）睑内翻

睑内翻(entropion)为睑缘向眼球方向翻转，同时睫毛倒向眼球。因此睑内翻和倒睫常同时存在。

【病因】 睑内翻按病因可分为以下三类。

1. 瘢痕性睑内翻　常见于沙眼瘢痕期，也可见于结膜烧伤等，是由于睑结膜和睑板发生瘢痕性收缩弯曲而引起。

2. 痉挛性睑内翻　分为急性和慢性两种。急性痉挛性睑内翻是由于炎症刺激，引起眼轮匝肌，特别是近睑缘的轮匝肌反射性痉挛，导致睑缘向内倒卷形成睑内翻，多由于结膜炎、结膜异物、角膜炎的刺激所引起。慢性痉挛性睑内翻常见于老年人，由于皮肤松弛、眶组织萎缩、脂肪减少，眼睑后方缺乏足够的支撑而引起。

3. 先天性睑内翻　多见于婴幼儿，女性多于男性，大多由于内眦赘皮牵拉，体质肥胖及鼻根部发育不够饱满所致，主要见于婴幼儿下睑内眦部。

【临床表现】

1. 症状　刺痛、畏光、流泪、眼睑痉挛等。

2. 体征　睑缘向眼球方向卷曲，倒睫毛刺激角膜，可造成角膜溃疡、角膜新生血管和角膜混浊。

【治疗】 针对不同原因进行治疗。

1. 瘢痕性睑内翻　需手术治疗，可采用睑板楔形切除术或睑板切断术。

2. 痉挛性睑内翻　急性者积极控制炎症，病因治疗；老年性痉挛性睑内翻行手术治疗，切除多余的松弛皮肤和切断部分眼轮匝肌纤维。

3. 先天性睑内翻　随着年龄增长，鼻梁发育，有可能自行消失，不必急于手术治疗，若5~6岁时，内翻仍未消失，严重刺激角膜，可考虑手术矫正。

五、睑外翻与眼睑闭合不全

（一）睑外翻

睑外翻(ectropion)是指睑缘向外翻转离开眼球。轻者睑缘离开眼球，重者睑结膜暴露，甚至眼睑全部外翻。

【病因】 睑外翻按病因可分为4类。

1. 瘢痕性　由于眼睑外伤、烧伤、眼睑溃疡、眶骨骨髓炎或睑部手术不当等所造成的皮肤瘢痕牵引所致。

2. 痉挛性　由于眼睑皮肤紧张，眶内容充盈、眼轮匝肌痉挛压迫睑板上缘(下睑的睑板下缘)所致。常见于患泡性结角膜炎的小儿或高度眼球突出的患者。

3. 麻痹性　仅见于下睑，由于面神经麻痹，眼轮匝肌收缩丧失，下睑依其本身的重量下垂而形成外翻。

4. 老年性　仅见下睑，由于老年人的眼轮匝肌收缩功能减弱，眼睑皮肤及外眦韧带也较松弛，使睑缘不能紧贴眼球，因下睑本身重量下坠而外翻。加上外翻引起的泪溢、结膜炎，使患者频频向下擦泪，加剧了外翻的程度。

【临床表现】

1. 症状　溢泪，伴有角膜病变时，可有疼痛、畏光等。

2. 体征　眼睑外翻，睑结膜不同程度暴露在外，暴露部分的睑结膜充血、肥厚。严重者可导致眼睑闭合不全，日久形成暴露性角膜炎。

【治疗】

1. 病因治疗　消除引起眼睑痉挛或麻痹的因素，使睑缘恢复到正常位置。

2. 抗生素　为防止眼球干燥，保护角膜，需经常在结膜囊内涂抗生素眼膏。

3. 手术　对于瘢痕性睑外翻或合并睑裂闭合不全者，或经过病因治疗无效者，行手术治疗。

（二）眼睑闭合不全

眼睑闭合不全(lagophthalmus)俗称"兔眼"，是指上下眼睑不能完全闭合，导致部分眼球暴露的异常征象。

【病因】

（1）引起严重睑外翻的各种因素。

（2）先天性眼睑缺损；眼球因眼眶肿瘤或甲状腺功能亢进等因素而突出，造成闭眼困难。面神经麻痹引起眼轮匝肌功能丧失。

（3）全身麻醉、昏迷或衰竭的患者，角膜失去知觉，瞬目反射消失，也可出现暂时的功能性睑闭合不全。

【临床表现】 轻度眼睑闭合不全时，仅有下方球结膜外露，引起结膜充血干燥，不会造成严重损害；较重时，角膜亦暴露在外，由于结角膜长期暴露，致使结膜充血肥厚，角膜干燥混浊，上皮脱落，严重者形成暴露性角膜炎，如继发感染可形成角膜溃疡，甚至角膜穿孔。

【治疗】

1. 病因治疗　针对引起眼睑闭合不全的不同病因进行治疗。

2. 保护角膜　在病因未去除前,应及早采取保护措施。轻者可点人工泪液,睡前涂抗生素眼药膏包扎,或戴亲水软性角膜接触镜;严重者可用"湿房"保护角膜,必要时行睑缘缝合术。

六、上睑下垂

上睑下垂(ptosis)是指上睑部分或全部下垂,不能提起,即眼球注视正前方时,上睑缘遮盖角膜上部超过2mm。上睑下垂是由于提上睑肌和Müller平滑肌的功能不全或丧失所致。

【病因】　可分为先天性和后天获得性两种。

1. 先天性上睑下垂　是由于提上睑肌本身或支配提上睑肌的动眼神经发育不良所致。

2. 后天获得性上睑下垂　由多种不同病因所致,如动眼神经麻痹、动眼神经及提上睑肌受损、重症肌无力、交感神经损害、眼睑炎症、肿瘤等。

【临床表现】　先天性上睑下垂常为双侧,也可为单侧,表现为不同程度的睑裂变窄。重者上眼睑遮盖部分或全部瞳孔,为克服视物困难,患者常仰头视物,或借额肌牵引而睁视,日久则形成一种仰头皱额的特殊姿态,即额皮横皱、额纹加深、眉毛高竖。同时,重度的上睑下垂患者,因眼睑遮盖瞳孔导致视力发育受阻,可造成失用性弱视。

后天性获得性上睑下垂多有相关病史或伴有其他表现,如动眼神经麻痹性上睑下垂可伴有其他眼外肌麻痹的表现;交感神经损害所致的上睑下垂伴有Horner综合征;重症肌无力性上睑下垂有晨轻午后重的现象,注射新斯的明后明显减轻。

【治疗】　主要是防止视力减退,改善外观,针对病因治疗。先天性者以手术治疗为主,单侧下垂遮挡瞳孔者更应争取早期手术,以防形成弱视。后天性者要积极进行病因治疗,无效方考虑手术。手术方式可采取提上睑肌缩短术或额肌悬吊术等。

第2节　泪器疾病

案例3-2

患者,女性,50岁,双眼反复流泪3年,加重3个月,曾使用过抗生素滴眼液滴眼。检查:结膜慢性充血,泪囊区稍隆起,压迫有脓性分泌物自下泪点流出。

问题:1. 该患者的诊断是什么?

2. 最佳治疗方案是什么?

泪器由分泌泪液的泪腺和排泄泪液的泪道两部分构成。泪腺病和泪道病统称泪器病,泪器病的主要症状是流眼泪,包括流泪和泪溢。流泪是泪道排出通畅,而泪腺分泌增多所致;泪溢是泪腺分泌正常,而泪道排出受阻所致。泪囊炎是常见的泪道疾病,泪腺病相对较少,通常表现为炎症或肿瘤。

一、慢性泪囊炎

慢性泪囊炎(chronic dacryocystitis)是一种常见的眼病,好发于中老年妇女,多为单侧发病,是发生在泪囊黏膜的慢性炎症,病程较长,药物难以根治。

【病因】　由于鼻泪管阻塞或狭窄,病原菌致泪囊黏膜感染,形成慢性炎症。好发于中老年女性。由肺炎双球菌、葡萄球菌和链球菌等感染引起,沙眼、泪道损伤、慢性肥厚性鼻炎、下鼻甲肥大等为本病诱因。

【临床表现】

1. 症状　泪溢。

2. 体征　①近内眦部下睑皮肤出现充血、糜烂等湿疹样改变,内眦部结膜充血;②压迫泪囊区可见黏液或黏液脓性分泌物自上下泪小点溢出;③冲洗泪道,泪道不通,可见黏液或黏液脓性分泌物自上下泪小点反流。④若分泌物大量滞留,在内眦部可见隆起的包块,触压为囊性。

慢性泪囊炎作为一个感染病灶,危害在于泪囊炎的分泌物中含有大量致病菌,使结膜囊长期处于带菌状态。如此时角膜发生外伤或要施行内眼手术,均可导致角膜炎甚至化脓性眼内炎从而失明,故在内眼手术前,对病灶要预先处理。

【治疗】

1. 使用抗生素　挤压排空泪囊后滴抗生素眼液,如0.3%诺氟沙星、0.25%氯霉素等;或用生理盐水冲洗泪道后注入抗生素药液(图3-3),后再滴眼液效果更好。但均只能缓解症状不能根治。

2. 泪道探通术　适用于鼻泪管阻塞、狭窄或泪小管狭窄阻塞(图3-4),若探通2~3次无效,可考虑手术治疗。

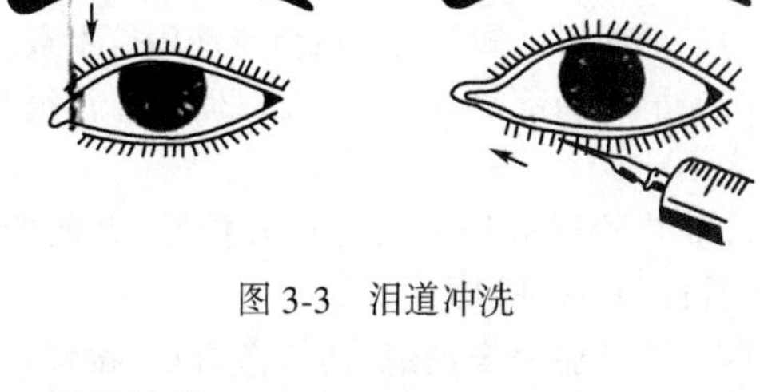

图3-3　泪道冲洗

3. 手术治疗

(1) 鼻腔泪囊吻合术或造口术:长期泪溢,鼻泪管阻塞而泪小管通畅的患者,在炎症控制后,行鼻腔

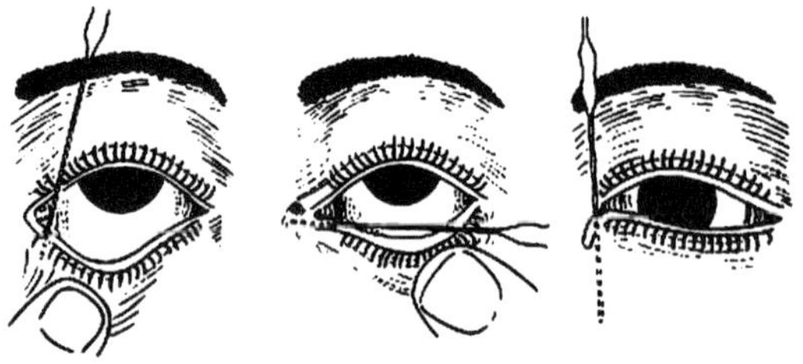

图 3-4 泪道探通术

泪囊吻合术,可起到根治目的。

链 接

泪囊鼻腔吻合术

泪囊鼻腔吻合术是在泪囊的内侧与相邻鼻黏膜之间建立一条新通道代替原已闭塞的鼻泪管,既解除泪囊长期积脓的隐患,又能恢复排泪的功能,是当前治疗慢性泪囊炎泪道再造手术效果较佳的一种手术。

(2) 泪囊摘除术:年老体弱或有全身其他疾病不能做该手术者可考虑泪囊摘除术,以去除感染病灶,但术后仍会泪溢。

二、急性泪囊炎

急性泪囊炎(acute dacryocystitis)大多在慢性泪囊炎的基础上急性发作,是发生于泪囊及其周围组织的急性化脓性炎症。

【病因】 常见致病菌为金黄色葡萄球菌或溶血性链球菌。多在慢性泪囊炎基础上,因机体抵抗力弱,或治疗不得当如泪道探通或挤压等,使感染扩散到泪囊周围组织所致。个别病例因致病菌毒力过强而引起原发性急性泪囊炎。

【临床表现】

1. 症状 泪溢,泪囊区疼痛,严重时可伴有发热、乏力等全身不适症状。

2. 体征 泪囊区皮肤红肿,局部压痛明显,严重时可波及上下睑、鼻根部等部位,甚至引起眶蜂窝织炎,伴见耳前淋巴结肿大;数日后红肿局限化脓,可自行破溃排脓而炎症减轻,有时也可形成泪囊瘘管。

【治疗】

(1) 早期根据病情局部或全身使用抗生素。

(2) 早期局部热敷或理疗,以促进血液循环,控制炎症。

(3) 脓肿形成后应及时切开排脓,并放置引流条,每日换药,致脓尽为止。

(4) 待炎症完全消退,伤口愈合后,按慢性泪囊炎处理。

目标检测

一、名词解释

睑腺炎 睑板腺囊肿 上睑下垂 睑内翻

二、填空题

1. 睑缘炎可分为________、________和________三种类型。
2. 睑内翻按病因可分________、________和________三种类型。
3. 内睑腺炎手术切口部位是________,外睑腺炎手术切口部位是________。
4. 睑外翻按病因可分________、________、________和________四种类型。
5. 上睑下垂分为________和________两种类型。

三、选择题

1. 慢性泪囊炎的临床表现下列哪项错误( )
   A. 泪溢 B. 结膜充血
   C. 视力减退 D. 眼睑皮肤潮红、糜烂
   E. 黏液脓性分泌物多
2. 某患者,右眼睑疼痛3天,查体右上睑皮肤局部充血、肿胀,形成小硬结,中央呈黄白色,可考虑为( )
   A. 内麦粒肿 B. 倒睫 C. 急性结膜炎
   D. 外睑腺炎 E. 慢性泪囊炎
3. 能引起弱视的疾病是( )
   A. 上睑下垂 B. 睑缘炎 C. 睑腺炎
   D. 倒睫 E. 慢性泪囊炎
4. 霰粒肿是由于( )
   A. 化脓菌感染 B. 睑板腺导管阻塞
   C. 睑板腺急性炎症 D. 维生素缺乏
   E. 倒睫
5. 易导致暴露性角膜炎的疾病是( )
   A. 眼睑内翻 B. 上睑下垂 C. 眼睑外翻
   D. 外睑腺炎 E. 内睑腺炎
6. 下列哪项不属于泪器病术前护理的内容( )
   A. 进行泪道冲洗
   B. 患眼应滴抗生素滴眼液3天
   C. 鼻腔冲洗
   D. 指导患者练习床上活动
   E. 应耐心给患者解释手术治疗的重要性
7. 睑内翻主要造成下列哪个部位损伤( )
   A. 眼睑 B. 睑缘 C. 结膜
   D. 角膜 E. 巩膜

四、思考题

1. 睑腺炎的临床表现及治疗原则是什么?
2. 上睑下垂的临床表现及治疗方法是什么?
3. 慢性泪囊炎的临床表现及治疗方法是什么?
4. 何谓睑内翻?何谓倒睫?两者分别应做何种治疗?

(冯彩霞)

第4章 结 膜 病

学习目标

了解沙眼、急慢性结膜炎、病毒性结膜炎、翼状胬肉的病因,病毒性结膜炎的预防措施。

理解沙眼的危害性,变态反应性结膜炎的治疗原则。

掌握变态反应性结膜炎的类型及特点,沙眼、急慢性结膜炎、病毒性结膜炎、翼状胬肉临床表现及治疗方法。

案例4-1

患者,女性,25岁,诉双眼红伴晨起分泌物增多3天。体检见结膜充血,下方穹隆部见较多黏脓性分泌物,分泌物涂片见大量多形核白细胞。

问题:1. 该患者的诊断是什么?

2. 最佳治疗方案是什么?

第1节 结膜炎概述

结膜起始于上、下睑缘后唇,是覆盖于眼睑内面和眼球前的一层半透明的黏膜组织,如以睑裂为开口,角膜为底,结膜呈囊袋状,故称结膜囊。结膜的大部分表面暴露于外界,当眼表的防御能力减弱或外界致病因素增强时,就会引起结膜组织的炎症发生,这种炎症统称为结膜炎。结膜炎是眼科最常见的疾病,其次为结膜变性性疾病。

【病因】 结膜炎(conjunctivitis)是常见的眼病、其病因可归纳为两大类。

1. 感染性 由细菌、病毒、真菌、寄生虫、立克次体等所引起的结膜炎。可经空气、灰尘、水或污染的手、毛巾、用具等途径传染而来,也可由邻近组织的病变波及,如眼睑、泪器、角膜、眼眶等的炎症。

2. 非感染性 由机械性、物理性(热、辐射、电)、化学性(酸、碱)等物质的刺激而来,也可因过敏反应而引起,如泡性结膜炎、春季结膜炎、药物过敏性结膜炎等。

【分类】 按病情及病程的不同,可分为急性、亚急性及慢性;按病因可分为细菌性、衣原体性、病毒性、真菌性及变态反应性等。

【临床表现】

1. 症状 自觉痒、烧灼、异物感,分泌物增多,除非侵犯角膜,一般无剧疼。

2. 体征 主要有结膜充血、分泌物、乳头增生、结膜水肿和滤泡。

(1) 结膜充血:睑、球结膜均充血,为结膜炎的主要体征,但必须与睫状充血鉴别,以免误诊(表4-1)。

表4-1 结膜充血与睫状充血的鉴别

	结膜充血	睫状充血
性质	浅层结膜血管的充血状态	深层前睫状血管的充血状态
部位	以穹隆部最显著	以角膜周围最显著
颜色	鲜红	紫红
形态	血管呈网状,粗而弯曲,互相吻合,压迫褪色,可随结膜移动	血管细直,不分支,不吻合,压迫不褪色,不随结膜移动
疾病	见于结膜疾病	见于角膜、虹膜睫状体、巩膜疾病及青光眼

(2) 分泌物:急性炎症时,分泌物多为黏液、黏液脓性或膜性;慢性炎症时,则多呈丝状或泡沫状,附着在睑缘及眦部。

(3) 结膜水肿:炎症急剧者,可以出现球结膜水肿、出血甚至眼睑红肿。

(4) 乳头增生及滤泡形成:为长期慢性炎症的结果,睑结膜上皮组织增生,出现乳头肥大,如果结膜上皮下尚有淋巴细胞局限性聚集,呈半球形隆起,即为滤泡形成。

(5) 耳前淋巴结肿大:病毒性者常引起此症,有压痛。

【检查及诊断】

1. 临床检查 是最基本、最重要的诊断依据。临床症状和主要体征出现的部位不同,有助于结膜炎的鉴别诊断。此外,分泌物的多少和性质、耳前淋巴结是否肿大,都有助于诊断。

2. 病原学检查 结膜分泌物涂片和刮片,可确定有无细菌感染;必要时可做细菌和真菌的培养;血清学检查,有助于病毒性结膜炎的诊断。

3. 细胞学检查 不同类型的结膜炎细胞反应不同。细菌性结膜炎涂片中,多形核白细胞占多数;病毒性结膜炎则是淋巴细胞占多数;衣原体性结膜炎涂片中中性粒细胞和淋巴细胞各占一半;过敏性结膜炎涂片中,可见嗜酸粒细胞和嗜碱粒细胞。

【治疗原则】

(1) 治疗原则在于控制炎症,阻止其蔓延扩散,以局部用药为主。

(2) 禁止包扎患眼,因包扎可使分泌物滞留,结膜囊内温度升高,有利于致病菌的繁殖。

(3) 冲洗结膜囊。结膜囊内分泌物多者应清洁冲洗,常用的冲洗剂为生理盐水或 3%~4% 硼酸溶液。

(4) 防止健眼感染,两眼同时用药,先点健眼,头偏向患侧,勿使患眼分泌物流入健眼。

【预防】

1. 个人卫生　勤洗手,勤剪指甲,不用手揉眼,不用别人的手帕、毛巾。

2. 集体卫生　提倡流水洗脸,当发现"红眼"患者时,应进行隔离,对患者用的面盆、毛巾可用开水烫及煮沸消毒。加强理发店、游泳池的卫生管理,公用毛巾要做到用一次消毒一次。如有"红眼"暴发性流行,游泳池应暂停开放。

3. 环境卫生　消灭苍蝇,改进防尘设备。

4. 加强卫生宣传　利用电视、广播,进行卫生宣传,教育群众自觉讲究卫生。

第 2 节　沙　　眼

沙眼(trachoma)是一种慢性传染性结膜角膜炎,因在结膜表面形成许多细小沙粒状的乳头和滤泡,故名沙眼。沙眼常反复感染,能迁延数年甚至十多年之久,男女发病相等,以青少年多见。新中国成立前,沙眼是造成失明的常见眼病,新中国成立后由于我国对沙眼开展了广泛的防治,该病的发病率已大大降低,病情也较轻,但在卫生条件差、缺水、风沙大的边远山区和农村发病率仍较高。因此,防治沙眼仍然是一项重要任务。

【病因】　沙眼的病原体为沙眼衣原体,患者的分泌物是传染媒介。传播途径主要有两个:患眼→水→健眼、患眼→手或物→健眼,即患眼的分泌物通过手、水、毛巾或脸盆等媒介直接接触健眼而传播。

链 接 >>>

沙眼衣原体

沙眼衣原体是由我国学者汤飞凡、张晓楼等于 1955 年用鸡胚培养法在世界上首次分离出来的,其抗原型为 A、B、C 或 Ba。此病原体能通过细菌滤器,寄生在细胞内,并形成包涵体,故有别于细菌。它的大小、形态与一般病毒不同,它具有 RNA 和 DNA 及一定的酶,以二分裂的方式繁殖,具有细胞壁及膜并对抗生素敏感,故有别于病毒。

【临床表现】　多见于儿童及少年时期,常双眼发病,潜伏期 5~14 天,平均 7 天。

1. 急性期

(1) 症状:眼红、畏光、流泪、异物感,黏液脓性分泌物。

(2) 体征:睑球结膜充血显著,睑结膜乳头增生(图 4-1),上下穹隆部结膜布满滤泡(图 4-2),角膜上皮灰白色点状浸润,此期如能正确诊断治疗可痊愈,不留瘢痕。

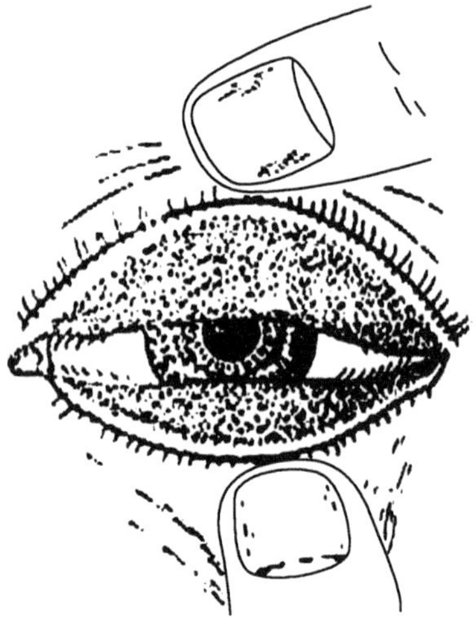

图 4-1　沙眼乳头

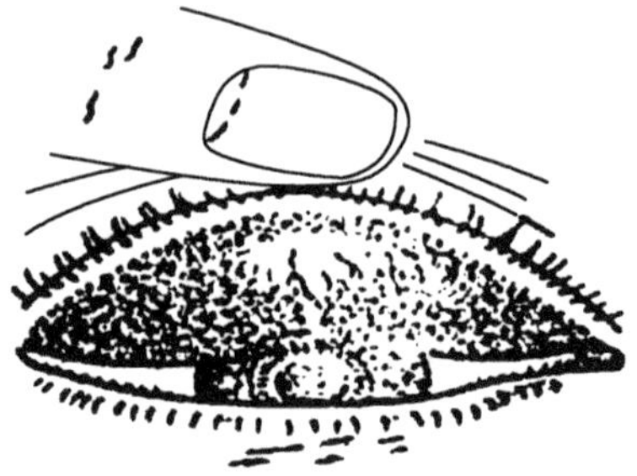

图 4-2　沙眼滤泡

2. 慢性期　在急性期如未治愈,经过 1~2 个月后进入慢性期。

(1) 症状:可无明显不适或仅感眼易疲劳,偶有眼干、眼痒、眼异物感、少量黏液性分泌物。

(2) 体征:①睑结膜充血、肥厚;②乳头增生,乳头小而微突起,多发于上睑内外眦部结膜,外观呈红色天鹅绒状;③滤泡形成,大小不一,呈圆形、椭圆形或不规则隆起,呈黄红色或暗红色胶样、半透明颗粒,以上穹隆部及睑板上缘处最多;④在慢性期,滤泡发生坏死,愈合后结膜出现点状、星状、网状瘢痕;⑤角膜新生血管形成,开始于角膜上缘,呈垂帘状生长,称沙眼性角膜血管翳(图 4-3),新生血管末端可有浸润性改变。

【并发症与后遗症】　沙眼的危害性不在于沙眼

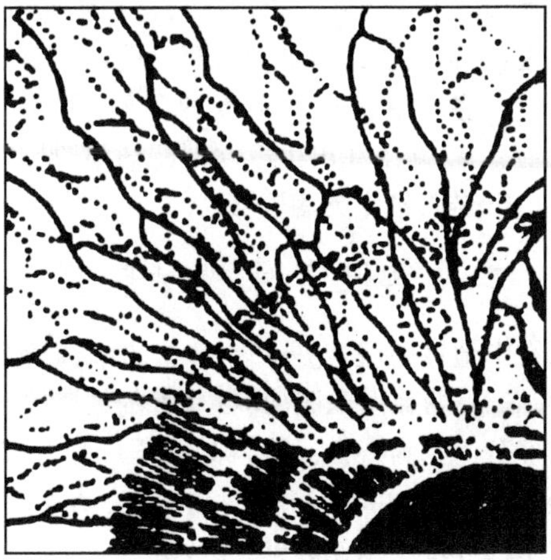

图 4-3 角膜血管翳

本身,而在于沙眼形成瘢痕后可发生的并发症和后遗症,其表现如下。

1. 睑内翻及倒睫 这是沙眼常见的并发症。多发生于上睑,是因为睑结膜睑板瘢痕收缩使睑缘内卷,部分或全部睫毛倒向眼球,摩擦角膜,使之损伤,发生角膜炎,是致盲的主要因。

2. 上睑下垂 睑结膜及睑板因沙眼病变而肥厚,重量增加,Müller 肌或提上睑肌受炎性细胞浸润,提上睑作用减弱,因而可引起上睑下垂。

3. 睑球粘连 常见于下穹隆结膜,多为穹隆部结膜因瘢痕收缩而缩短,结膜囊变浅甚至完全消失,导致眼球运动障碍。

4. 实质性角结膜干燥症 因上睑结膜的广泛瘢痕,破坏了结膜上的杯状细胞和副泪腺,同时泪腺的排泄管口也因瘢痕而闭塞,使泪液减少,不能湿润眼球,致使结膜角膜干燥、上皮角化、失去透明性,影响视力,甚至完全失明。

5. 角膜混浊 严重的角膜血管翳、沙眼性角膜溃疡、睑内翻、倒睫、实质性角结膜干燥症,均可导致角膜混浊。

6. 慢性泪囊炎 沙眼病变日久累及泪道黏膜,使鼻泪管狭窄或阻塞,导致慢性泪囊炎。

【诊断及分期】

1. 诊断依据 现用 1979 年我国第二届全国眼科学会上制订的沙眼诊断标准:①上睑结膜和上穹隆部结膜充血、血管模糊,乳头增生或滤泡形成,或两者兼有;②用放大镜或裂隙灯显微镜检查可见角膜血管翳;③上穹隆部或上睑结膜出现瘢痕;④结膜刮片染色检查有沙眼包涵体。

在第一项的基础上,兼有其他三项之一即可诊断为沙眼。

2. 分期 我国 1979 年在全国第二届眼科学术会议上制订的分期法。

Ⅰ期(活动期):上睑结膜乳头与滤泡并存,上穹隆部结膜组织模糊不清,有角膜血管翳。

Ⅱ期(退行期):上睑结膜自瘢痕开始发现至大部分变为瘢痕,仅留少许活动病变。

Ⅲ期(完全瘢痕期):上睑结膜活动性病变完全消失,代之以瘢痕,无传染性。

【治疗】 沙眼的治疗,原则上以局部滴药治疗为主,辅以手术疗法,重症沙眼,可结合全身治疗。

1. 局部治疗 常用 0.1% 利福平、10%～15% 磺胺醋酰钠、0.3% 诺氟沙星滴眼液,4～6 次/天。晚上结膜囊涂四环素、红霉素眼膏等,持续治疗 10～12 周。

2. 全身治疗 急性期或严重的沙眼应全身使用抗生素,可用红霉素、螺旋霉素、多西环素或四环素等,7 岁以下儿童、孕妇、哺乳期妇女忌用四环素。疗程均为 3～4 周。

3. 手术治疗

(1) 海螵蛸棒摩擦术:适用于沙眼乳头较多者(图 4-4)。

(2) 滤泡压榨术:适用于沙眼滤泡较多者(图 4-5)。

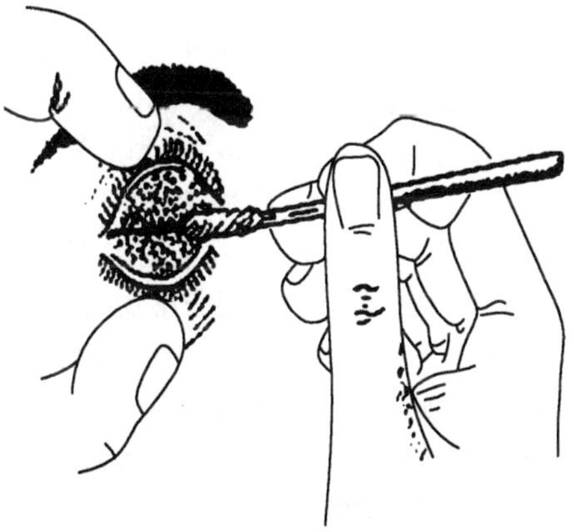

图 4-4 摩擦沙眼术

图 4-5 滤泡压榨术

(3) 并发症治疗:对并发症可行手术治疗:如睑内翻倒睫者可行内翻倒睫矫正术;睑球粘连者可行睑球分离术;角膜混浊者必要时可行角膜移植术。

【预防】 主要是切断沙眼的传播途径。加强公共场所卫生管理;培养良好的卫生习惯,不用手、袖口、不洁毛巾等擦眼,坚持一人一巾一盆,毛巾、手帕要勤洗、勤晒;加强传染源管理,用过的生活及医疗用品要严格消毒,废弃物集中焚之;医护人员诊治患者后要严格消毒双手以防交叉感染。

第3节 细菌性结膜炎

一、淋球菌性结膜炎

淋球菌性结膜炎(gonococcal conjunctivitis),又叫超急性细菌性结膜炎,是一种传染性极强、破坏性很大的化脓性结膜炎。以眼睑高度水肿、结膜囊大量脓性分泌物、短期可导致角膜溃疡及穿孔为其特点。

【病因】 病原体为淋球菌。成人多为自身感染,儿童主要通过患有淋病的父母的手、毛巾、洗涤用具、水等感染,新生儿则通过患有淋菌性阴道炎的母体产道分泌物直接感染。

【临床表现】 潜伏期2~3天,双眼或单眼发病。

1. 症状 病情急剧发展,疼痛,畏光,流泪。

2. 体征 眼睑高度水肿,睑球结膜充血,球结膜水肿,重者突出于睑裂外。早期分泌物为浆液性或血性,不久变为脓性,自睑缘源源不断流出,故称脓漏眼。约10天或数周后脓性分泌物逐渐减少。常伴耳前淋巴结肿大,严重者可导致角膜溃疡和穿孔。

新生儿淋菌性结膜炎,一般在出生后2~3天内发病,双眼同时受累,症状与成人相似,但相对较重,预后差。

【治疗】

1. 局部治疗 用生理盐水、1∶10000高锰酸钾溶液或1000U/ml青霉素液彻底冲洗结膜囊,直至分泌物消失。眼局部用15%磺胺醋酰钠、0.1%利福平眼液、0.25%氯霉素或自配5000~10000U/ml青霉素眼液频繁滴眼,病情缓解后逐渐延长滴药间隔时间,晚上睡前用抗生素眼膏涂眼。如角膜受到侵犯,应按角膜炎治疗。

2. 全身治疗 应全身及时使用足量的抗生素。新生儿用青霉素10万U/kg·d静滴或分4次肌注,连用7天,或用头孢曲松钠0.125g,肌注,连续7天。成人大剂量用青霉素或头孢曲松钠,连续5天,对青霉素过敏者可用喹诺酮类药物。

【预防】 淋菌性结膜炎患者应隔离,防止交叉感染。患者用过的生活及医疗用品要严格消毒,废弃物集中焚之;医护人员诊治患者后要严格消毒双手并戴保护眼镜。患有淋菌性尿道炎的孕妇,须在产前治愈。未治愈者,新生儿出生后立即清洁眼睑同时结膜囊滴1%硝酸银、抗生素滴眼液。

二、急性卡他性结膜炎

急性卡他性结膜炎是一种常见的细菌感染性结膜炎,起病急,常累及双眼,其以显著的结膜充血和大量黏脓性分泌物为特征,故俗称“红眼”或“火眼”,具有传染性,多发生在春秋季,常在学校、幼儿园、家庭等集体生活环境中迅速蔓延,导致流行。

【病因】 由细菌感染引起,常见的细菌为科-威杆菌、肺炎双球菌、葡萄球菌等。一般通过接触感染,传播途径与沙眼相同。

【临床表现】 起病急,双眼同时或先后发病,其潜伏期为1~3天,3~4天达高峰期,整个病程约持续1~2周。

1. 症状 眼部异物感、灼热感、痒感、流泪;黏液脓性或脓性分泌物较多,上下睑睫毛易粘在一起,患者表现为晨起睁眼困难;因分泌物较多,患者可有暂时性视力下降,偶有虹视。

2. 体征 眼睑肿胀,结膜显著充血,可伴有结膜下点状出血,结膜囊内有黏液脓性分泌物。

重症者可合并卡他性边缘性角膜浸润或溃疡,表现为畏光、流泪、疼痛。

【治疗】

1. 早期冷敷 眼部严禁遮盖和热敷,因遮盖后分泌物引流不畅,且局部温度升高,更适宜于细菌在结膜囊内生长繁殖,加重病情。

2. 保持结膜囊清洁 分泌物多者,可用生理盐水或3%硼酸溶液冲洗结膜囊。

3. 局部抗感染治疗 常选用2~3种抗生素类滴眼液交替频繁滴眼,如0.1%利福平、0.3%诺氟沙星、0.3%氧氟沙星等滴眼液。睡前涂抗生素眼膏,如金霉素眼膏、红霉素眼膏等。

【预防】

(1) 个人要养成良好的卫生习惯,如勤洗手、不用手揉眼、不留长指甲、不和其他人共用毛巾和洗脸盆等。

(2) 医务人员接触患者后应立即洗手消毒,检查用具亦应消毒,以防交叉感染。

三、慢性卡他性结膜炎

慢性卡他性结膜炎(chronic catarrhal conjunctivitis)是因各种原因引起的结膜的慢性炎症,为眼科常见病,主要特征是轻度结膜充血和少量黏液性分泌物,多双侧发病。

【病因】

1. 感染性因素 可为急性细菌性结膜炎未愈而转为慢性,也可能为毒力不强的细菌直接感染而表现为慢性炎症。常见致病菌有葡萄球菌、链球菌、变形杆菌、莫-阿双杆菌、大肠杆菌等。

2. 非感染性因素 如粉尘和化学烟尘刺激、眼部长期应用有刺激性的药物、睡眠不足、饮酒、屈光不正等。

3. 继发因素 可继发于其他眼病,如倒睫、睑缘炎、慢性泪囊炎、眼干燥症等。

【临床表现】

1. 症状 自觉眼痒、眼干涩、眼部异物感和视疲劳。

2. 体征 外眦部常有白色泡沫状分泌物,睑结膜轻度充血,有少量乳头增生和滤泡形成,久病者可有睑结膜肥厚,但无瘢痕形成。

【治疗】

1. 去除致病因素 改善生活和工作环境;饮食清淡,少饮酒,保证充足睡眠;治疗眼部慢性病;矫正屈光不正等。

2. 局部治疗 细菌感染者可选用广谱抗生素滴眼液滴眼,如氯霉素、氧氟沙星、妥布霉素眼液等,3~4次/天,晚上涂抗生素眼膏,如红霉素眼膏等。效果不理想者可作细菌培养及药物敏感试验,然后根据结果选择敏感抗生素眼液。非感染因素者首先应去除病因,再局部用0.25%~0.5%硫酸锌滴眼液,3~4次/天。

第4节 病毒性结膜炎

一、流行性角结膜炎

流行性角结膜炎(epidemic keratoconjunctivitis)是一种接触性传染病,传染性强。本病特点为结膜有大量滤泡,并伴有角膜病变。

【病因】 由腺病毒8、19、29和37型引起,潜伏期5~7天。本病为接触传染,凡是与患眼接触过的物品均可成为传染媒介。

【临床表现】 发病急,双眼可先后发病。

1. 症状 异物感、刺痒、烧灼感、水样分泌物。当病变累及角膜时异物感加重,出现畏光、流泪、视物不清。

2. 体征 眼睑水肿,结膜显著充血水肿,偶见结膜下点状出血,48小时内睑结膜和穹隆结膜出现大量滤泡,睑结膜也可形成假膜,伴见耳前淋巴结肿痛。起病7~10天后,急性结膜炎表现逐渐消退,开始出现角膜损害,初期为浅层点状角膜炎,随后角膜上皮下和浅基质层出现点状浸润,伴有角膜知觉减退,数月后角膜混浊斑点可逐渐吸收,也可持续数年,偶有患者愈后残留角膜斑翳,但对视力影响不大。

【治疗】 以局部药物治疗为主,常用0.1%疱疹净、0.1%阿昔洛韦、4%吗啉胍等抗病毒滴眼液,如合并细菌感染则同时加用抗生素滴眼液。

【预防】 控制传染源,切断传播途径。患者用过的用具应隔离并严格消毒。医师应规范洗手,避免交叉感染。

二、流行性出血性结膜炎

流行性出血性结膜炎(epidemic hemorrhagic conjunctivitis)为暴发流行的自限性眼部传染病,传染性极强,多发生于夏秋季节。本病具有起病急,刺激症状重,伴结膜下出血、角膜上皮病变和耳前淋巴结肿大等特点。

【病因】 由肠道病毒70型引起,偶可见于柯萨奇病毒A24型引起。潜伏期短,多在24小时内发病。

【临床表现】

1. 症状 潜伏期短,患眼一般在24小时内出现剧烈眼痛、畏光、流泪、异物感、水样分泌物。

2. 体征 眼睑红肿,结膜显著充血水肿,睑结膜滤泡增生,球结膜下点状或片状出血,角膜上皮点状剥脱,伴耳前淋巴结肿大。本病自然病程5~10天。

【治疗与预防】 同流行性角结膜炎。

第5节 变态反应性结膜炎

案例4-2

患者,男性,20岁,双眼眼痒伴眼红反复3年,春夏加重,秋冬季缓解。睑结膜近穹隆部见乳头增生呈"铺路石样",角膜缘见胶胨样增生结节。结膜刮片检见肥大细胞和嗜酸粒细胞。

问题:1. 该患者的诊断是什么?

2. 最佳治疗方案是什么?

一、春季结膜炎

春季结膜炎是一种季节性反复发作的免疫性结膜炎,常累及双眼,无传染性,春夏季节发作,秋冬季缓解。多见于儿童,男性多见,有自愈倾向。

【病因】 尚不明确。很难找到特殊的致敏原。通常认为和花粉敏感有关,各种微生物的蛋白质成分、动物皮屑和羽毛等也可能致敏,也可能与过敏体质有关。

【临床表现】

1. 症状　此病的临床主要表现是眼睛烧灼、奇痒难忍，亦可有流泪、异物感及怕光流泪表现。

2. 体征　按照炎症发生的部位，该疾病可分为3型。

（1）睑结膜型：主要发生在上睑结膜，不累及穹隆结膜，很少累及下睑结膜。表现为结膜中度充血，可见到肥大的扁平的乳头，色乳白或粉红，典型者呈“铺路石”样外观。结膜面有黏胶样分泌物，擦拭时有“拉丝”现象。

（2）角膜缘型或称球结膜型：常见于上方及睑裂部，球结膜可呈扇形充血，变厚呈胶样隆起。病变可扩展波及整个角膜缘，呈现环形灰黄色或污秽的暗红色，其间可见到多个黄白色结节。

（3）混合型：上述两型同时存在，眼部刺激症状明显。

【诊断】　根据好发于青少年男性，季节性反复发作，奇痒，上睑结膜铺路石样乳头增生，分泌物涂片或结膜刮片发现嗜酸粒细胞等特点，即可给予诊断。

【治疗】　由于过敏原难以确定，即使确定也难以避免接触过敏原，所以治疗完全是对症处理，缓解症状，减少分泌物，目前仍无根治方法。冰敷，以及在有空调房间，可使患者感觉舒适。药物方面多主张在易发季节局部应用如下药物。

1. 肥大细胞稳定剂　如2%色甘酸钠滴眼液，可抑制免疫活性物质释放。通常起效较慢，约2周，故对于反复发作患者，应嘱其在好发季节来临之前提前用药以期预防或减轻症状。

2. 血管收缩剂　含0.1%肾上腺素溶液滴眼液。

3. 抗组胺药物点眼或口服　含马来酸氯苯那敏等抗组胺药物滴眼液，都有很好的止痒效果。严重者可口服扑尔敏、特非那丁等抗组胺药物。

4. 非甾体类消炎滴眼液　如吲哚美辛滴眼液等。

5. 糖皮质激素滴眼液　症状严重者可短期应用糖皮质激素滴眼液，可用0.1%地塞米松滴眼液。但长期应用可继发青光眼、白内障，诱发角膜炎、真菌感染等并发症。

【预防】　春季结膜炎季节性明显，随秋冬季到来可自行缓解消失，预后良好，大多是一种自限性疾病，其临床病程在2~10年结膜的改变最终会消失，遗留一些无症状的瘢痕。

二、泡性角结膜炎

泡性角膜结膜炎是角膜或结膜上出现一种以泡性结节为主要特征的角膜结膜病变，故又称泡性眼炎。

【病因】　目前认为是由于结核杆菌或其他细菌毒素引起的迟发性变态反应。好发于营养不良、身体素质差的儿童和青少年。不良的卫生习惯及阴暗潮湿的居住环境可成为其诱因。

【临床表现】　结膜和角膜可单独或同时发病。

1. 症状　发生于球结膜者仅有轻度异物感或灼热感，如侵及角膜则出现眼刺痛、畏光、流泪和眼睑痉挛等症状。

2. 体征　本病的特征是上皮下淋巴细胞结节状浸润。在球结膜上者形成灰红色实性疱疹，直径1~4mm，其周围有局限性充血，疱疹易破溃，顶端形成溃疡，1周左右愈合不留痕迹。在角膜上或角膜缘者，表现为灰白色圆形结节，边界清楚，易形成浅溃疡，可向角膜中央扩展，伴有新生血管伸入，愈合后遗留薄翳。

【治疗】　去除病因，加强营养，增强体质。可口服维生素B_2、鱼肝油和钙剂。局部可用0.1%地塞米松或0.5%可的松与氯霉素或0.1%利福平滴眼液交替滴眼，晚间涂四环素可的松眼膏。

第6节　翼状胬肉

翼状胬肉（pterygium）是睑裂处球结膜及结膜下组织发生变性、增生、肥厚，呈三角形向角膜发展的一种慢性进行性眼病，因其性状似虫翼状而得名，是眼科常见病，可单眼或双眼发病。

【病因】　本病病因不明，可能是睑裂部的球结膜长期受外界风沙、日光和冷热等刺激，致使发生退行性病变而增生肥厚，并侵袭到角膜。因此，多见于长期户外作业的人，特别是中老年渔民、农民，过度劳累和长期夜晚工作也可成为本病诱因。也有人认为与结膜的慢性炎症的刺激有关。

【临床表现】

1. 症状　一般无自觉症状，偶有轻度眼部异物感、流泪，如胬肉侵入瞳孔区可影响视力。

2. 体征　单眼或双眼，单侧或双侧发病，常发生于睑裂部鼻侧球结膜上，初期球结膜充血、肥厚，呈三角形，角膜缘发生灰白色混浊，胬肉尖端伸入角膜中央称为头部，角膜缘处为颈部，在球结膜部分为体部。

根据病变发展情况，临床上分为两类：①静止期，胬肉头部扁平，体部较薄、表面平滑，其表面血管纤细；②进行期，胬肉头部隆起，体部肥厚，表面不平，其血管粗大（图4-6）。

【诊断】

1. 诊断要点　睑裂处球结膜及其下组织发生增生、肥厚，呈三角形向角膜中央发展，尖端指向瞳孔区。

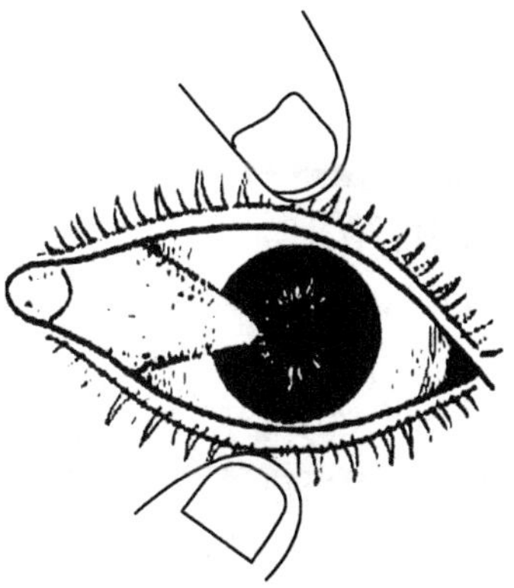

图 4-6 翼状胬肉

2. 鉴别诊断

(1) 假性翼状胬肉：可发生在眼球任何部位，但没有翼状胬肉的形态特点，多因化学性烧伤或其他外伤所致。

(2) 睑裂斑：呈黄白色，其基底朝向角膜，为睑裂处球结膜长期暴露及老年变性所致。

【治疗】 药物治疗对胬肉不能奏效，绝大多数应行手术切除。但胬肉小而静止者，只要未侵入瞳孔区，不需手术。若进展快，接近或侵入瞳孔区的则作手术切除。手术方式有：胬肉切除术、胬肉转位术、胬肉切除联合球结膜转位术、胬肉切除联合羊膜移植术。为防止复发，手术应在滴药控制炎症后进行，术后可用 β 射线照射或滴用 1∶5000 噻替哌溶液。

(冯彩霞)

目标检测

一、名词解释

急性卡他性结膜炎　沙眼　淋菌性结膜炎　翼状胬肉

二、填空题

1. 沙眼的活动性病变是指________、________、________。
2. 细菌性结膜炎的特征是________和________。
3. 沙眼的并发症有________、________、________、________、________、________。
4. 角膜刺激征包括________、________、________和________。
5. 结膜炎最基本体征是________。

三、选择题

1. 沙眼的治疗应选用(　　)
   A. 青霉素　B. 利福平　C. 链霉素
   D. 庆大霉素　E. 两性霉素
2. 为防止急性结膜炎的分泌物传染他人，下列措施哪项不妥(　　)
   A. 物品专用
   B. 及时正确用眼药
   C. 患者不要到游泳池游泳
   D. 包盖患眼
   E. 不用手擦眼
3. 病毒性结膜炎的传染途径是(　　)
   A. 血液　B. 接触　C. 饮食
   D. 空气　E. 垂直
4. 引起沙眼的病原体是(　　)
   A. 病毒　B. 衣原体　C. 支原体
   D. 细菌　E. 真菌
5. 患者，男性，20 岁，右眼红 3 天就诊，检查：右眼颞下方球结膜充血，相应部位的角膜缘处可见 2 个实性疱疹，角膜透明，诊断为(　　)
   A. 右眼急性结膜炎　B. 右眼慢性结膜炎
   C. 可能为病毒性结膜炎　D. 泡性角膜结膜炎
   E. 滤泡性结膜炎
6. 结膜炎最基本的症状是(　　)
   A. 发痒　B. 流泪　C. 疼痛
   D. 异物感　E. 畏光
7. 角膜近瞳孔区的翼状胬肉治疗首选(　　)
   A. 局部用滴眼液
   B. 局部用滴眼液配合眼药膏
   C. 手术切除
   D. 塞替派滴眼液
   E. 射线照射
8. 流行性角结膜炎的病因(　　)
   A. 衣原体　B. 腺病毒 8 型
   C. 单纯疱疹病毒　D. 金黄色葡萄球菌
   E. 过敏
9. 结膜炎最明显的体征是(　　)
   A. 结膜充血　B. 分泌物　C. 流泪
   D. 滤泡形成　E. 乳头增生
10. 患者，男性，20 岁，因双眼痒、畏光、流泪就诊，过去有类似发作史，均在每年 4 月份发作，检查见双眼上睑结膜处大小不一扁平乳头，呈铺路石样，角膜透明，诊断为(　　)
    A. 包涵体性结膜炎　B. 春季结膜炎
    C. 流行性角膜结膜炎　D. 泡性角膜结膜炎
    E. 枯草热性结膜炎
11. 急性出血性结膜炎的主要病因是(　　)
    A. 衣原体　B. 细菌　C. 柯萨奇病毒
    D. 腺病毒　E. 肠道病毒

四、问答题

1. 沙眼的病因、临床表现及治疗方法是什么？
2. 急性细菌性结膜炎的病因、临床表现、治疗方法是什么？
3. 春季结膜炎的分型、临床表现及治疗方法是什么？

第5章 角膜、巩膜病

学习目标

了解角膜软化症的病因，描述其临床表现，说出其治疗原则。

理解巩膜炎的病因，描述其临床表现，说出其治疗原则。

掌握角膜炎的病因，描述其临床表现，说出其治疗原则。

案例5-1

患者，男性，26岁。主诉：右眼被谷穗击伤后剧烈疼痛、畏光、流泪、视物模糊1天。

既往视力1.5，检查：右眼视力0.02，角巩膜缘呈放射状暗红色充血明显，角膜中央圆盘状灰白色混浊，底部污浊，有坏死组织覆盖，荧光素钠染色阳性，角膜知觉灵敏。

问题：1. 该患者的诊断是什么？

2. 应该对该患者做哪些进一步检查？目的是什么？

3. 对该患者最重要的处理措施是什么？

第1节 角膜炎概述

眼球壁从外向内由纤维膜、葡萄膜、视网膜构成，纤维膜由前1/6角膜和后5/6巩膜构成，因角膜与外界直接接触，所以受到损伤以及感染的机会也较多。角膜无色透明，是重要的屈光介质之一，组织学上角膜从外向内分为上皮层、前弹力层、基质层、后弹力层和内皮层共五层，上皮层损伤后可以再生，不留瘢痕；角膜前弹力层受损后不能再生，由上皮细胞或瘢痕组织填充；角膜基质层损伤后由瘢痕组织修复填补，使角膜失去透明性，若角膜瘢痕位于瞳孔区则可严重影响视力；角膜后弹力层受损后可以由内皮细胞分泌再生；内皮细胞的屏障功能遭到破坏后，伤口缘的后弹力层收缩并向基质层卷曲，数小时之内，毗邻的内皮细胞向伤口区迁徙，通过细胞重组、增大和迁徙，重建完整的内皮单层结构。角膜是机体神经末梢分布密度最高的器官之一，感觉神经纤维从睫状长神经发出分支，穿过前弹力层在上皮下形成上皮下神经丛，因而角膜敏感度是结膜的100倍，所以角膜病变（角膜异物、角膜擦伤、角膜炎症）都导致疼痛、畏光、流泪、眼睑痉挛等症状，眼睑运动（特别是上眼睑）可使疼痛加剧；单疱病毒性角膜炎除外，因为该病使角膜知觉减退。角膜疾病包括炎症、外伤、变性、营养不良、先天异常，以角膜炎最常见，是我国主要的致盲眼病之一，做好角膜炎的防治对防盲治盲工作有重要意义。角膜移植是重要的复明及治疗手段，虽然角膜移植是器官移植中成功率最高的一种，但在某些抗原刺激下，尤其当病变角膜出现新生血管时，角膜移植亦会出现免疫排斥反应。

【病因】

1. 感染源性　主要病原微生物为细菌、病毒、真菌，其他还有棘阿米巴、衣原体、结核杆菌和梅毒螺旋体等，可导致感染性角膜炎。感染性角膜炎又可根据致病微生物的不同进一步细分为细菌性、病毒性、真菌性、棘阿米巴性、衣原体性角膜炎等。感染性角膜炎至今仍是世界性的常见致盲眼病，约20%盲人因眼部感染而失明。

2. 内源性　一些自身免疫性全身疾病如类风湿关节炎，可出现角膜病变，可导致免疫性角膜炎。某些全身病也可以波及角膜，如维生素A缺乏引起角结膜干燥或角膜软化。

3. 局部蔓延　邻近组织的炎症可波及角膜，如结膜炎、巩膜炎、虹膜睫状体炎等。

【病理过程】　角膜炎的病因虽然不相同，但有共同的病理变化过程，分为浸润期、溃疡期、溃疡消退期和愈合期四个阶段。

1. 浸润期　致病因子侵袭角膜，引起角膜缘血管网的充血扩张，炎性渗出液及炎症细胞侵入病变区，角膜组织被破坏，形成局限性灰白色浸润灶，称角膜浸润（corneal infiltration）。如果经及时治疗后角膜浸润可完全吸收，角膜能恢复透明。

2. 溃疡期　如果角膜浸润进一步发展，可导致角膜上皮坏死和基质脱落形成角膜溃疡（corneal ulcer）。如果角膜溃疡继续发展，可导致角膜基质进行性溶解变薄，甚至发生角膜穿孔，房水急剧涌出，虹膜被冲至穿孔口，部分脱出；若穿孔口位于角膜中央，则常引起房水不断流出，致穿孔区不能完全愈合，可形成角膜瘘（corneal fistula）。角膜穿孔或角膜瘘的患眼，极易发生眼内感染，可致全眼球萎缩而失明。严重的角膜炎，可引起虹膜睫状体炎，多为毒素所致的反应性、无菌性炎症。值得注意的是，真菌性角膜炎即使角膜未发生穿孔,其病原体也可侵入眼内,发生真菌性眼内感染。

3. 溃疡消退期 如果给予药物治疗,以及患者自身的体液、细胞免疫反应,抑制了致病因子对角膜的侵袭,以及阻止了基质胶原的进一步损害,则角膜溃疡边缘浸润减轻,溃疡消退,可有新生血管进入角膜,此期患者症状和体征明显改善。

4. 愈合期 若角膜溃疡区上皮再生,前弹力层和基质缺损由成纤维细胞产生的瘢痕组织修复,则角膜溃疡面愈合,根据溃疡深浅程度的不同,而遗留厚薄不等的角膜瘢痕。浅层的瘢痕性混浊薄如云雾状,通过混浊部分仍能看清后面虹膜纹理者称角膜云翳(corneal nebula)。混浊较厚略呈白色,但仍可透见虹膜者称角膜斑翳(corneal macula)。混浊很厚呈瓷白色,不能透见虹膜者称角膜白斑(corneal leucoma)。如果角膜瘢痕组织中嵌有虹膜组织时,便形成粘连性角膜白斑(adherent corneal leucoma),提示病变角膜有穿破史。若白斑面积大,而虹膜又与之广泛粘连,则可能堵塞房角,房水流出受阻致使眼压升高,引起继发性青光眼。高眼压作用下,混杂有虹膜组织的角膜瘢痕膨出形成紫黑色隆起,称为角膜葡萄肿(corneal staphyloma)。

【临床表现】

1. 角膜刺激症状 表现为患眼刺激性疼痛、反射性畏光、流泪、眼睑痉挛等,可持续存在直到炎症消退。

2. 睫状充血 其特点为越靠近角膜缘充血越明显,充血呈紫红色。

3. 角膜混浊 角膜浸润、水肿、溃疡、瘢痕等病理变化使角膜混浊,角膜炎常伴有不同程度的视力下降,尤以炎症深达基质层、侵犯瞳孔区域者视力下降更明显。荧光素染色可使角膜上皮缺损区更加清晰。根据病变的性质和大小、位置不同,角膜浸润及溃疡的形态和部位也不同。革兰阳性细菌性角膜炎通常表现为病变局限的角膜脓肿性病灶,而革兰阴性细菌性角膜炎则为进展迅速的广泛角膜基质液化性溶解坏死。真菌角膜炎通常是羽毛状或牙膏状角膜浸润,伴有卫星病灶或伪足。角膜炎引起的前房反应从轻度的房水闪辉到前房积脓不等。

4. 角膜新生血管 表现为结膜血管侵入角膜,位于角膜瞳孔区的新生血管可影响视力。浅层新生血管呈树枝状,色鲜红;深层新生血管呈毛刷状,色暗红。角膜新生血管可促进角膜组织修复,同时也影响了角膜的透明性。

5. 虹膜反应 严重角膜炎者可并发虹膜睫状体炎,房水混浊、瞳孔缩小以及虹膜后粘连提示患眼发生了虹膜睫状体炎并发症。

角膜刺激症状、睫状充血、角膜浸润或溃疡是角膜炎的基本临床表现。

【治疗】 角膜炎的治疗原则是去除病因、控制感染、促进溃疡愈合、减少瘢痕形成。

对细菌性角膜炎宜选用敏感的抗生素进行治疗。抗真菌药物仍是治疗真菌性角膜炎的重要手段,但目前缺乏高效、低毒、广谱抗菌的理想药物。临床上多采用联合用药的方法以提高疗效,病情严重者可配合全身用药。单疱病毒性角膜炎可使用高选择性抗疱疹病毒药物治疗,联用干扰素可提高疗效。糖皮质激素的应用要严格掌握适应证,若使用不当,可致病情恶化甚至角膜穿孔致盲。细菌性角膜炎急性期一般不宜使用糖皮质激素,慢性期病灶愈合后可酌情使用。真菌性角膜炎禁用糖皮质激素。单疱病毒性角膜炎原则上只能用于非溃疡型的角膜基质炎。变态反应性角膜炎,应用糖皮质激素可取得良好的治疗效果。并发虹膜睫状体炎者,应散瞳治疗。防止复发也是治疗的重点,但目前尚无特效药物。药物治疗无效的溃疡穿孔或即将穿孔者,应采取治疗性角膜移植术,清除病灶,术后继续药物治疗。绝大部分患者可保存眼球,还可恢复一定视力。

第2节 细菌性角膜溃疡

【病因】 常见致病菌有表皮葡萄球菌、铜绿假单胞菌、链球菌、肺炎双球菌、金黄色葡萄球菌、肠道杆菌、大肠杆菌等。常有角膜外伤史(如指甲戳伤、锐物戳伤、树枝擦伤、稻谷弹伤、弹枪弹伤等),剔除角膜异物后感染,角膜接触镜擦伤后感染。其次,与干眼状态、倒睫、眼部长期使用糖皮质激素药物、昏迷、角膜暴露、无菌操作不严格、滴用污染的表面麻醉剂及荧光素等有关。本病的临床特点为起病急,常在角膜损伤后24~48小时发病,病情进展快。

【临床表现】

1. 症状 角膜刺激症状较重,表现为患眼刺激性疼痛、反射性畏光、流泪、眼睑痉挛等。视力急骤下降。

2. 体征 睫状充血明显。角膜溃疡特点:革兰阳性球菌感染者,多表现为圆形或椭圆形局灶性病变;革兰阴性球菌感染者,角膜溃疡迅速发展,角膜溶解、坏死、穿孔,特别是铜绿假单胞菌感染者(铜绿假单胞菌性角膜溃疡),若未及时控制,数日内可发生角膜坏死穿孔,眼内容物脱出或全眼球炎;肺炎双球菌感染者(匐行性角膜溃疡),角膜溃疡呈圆盘状,较深,荧光素钠染色阳性,溃疡底部污浊,有坏死组织覆盖,从溃疡边缘刮取材料作涂片或培养,常可找到致病菌,溃疡位于角膜瞳孔区可影响视力,可向深部及周围潜行扩展,溃疡易穿孔,易并发虹膜睫状体炎。角膜新生血管、角膜知觉灵敏是其典型表现。匐行性角膜溃疡和铜绿假单胞菌性角膜溃疡可发生前房积脓,表现为在前房下方形成一个黄白色液平面(图5-1)。

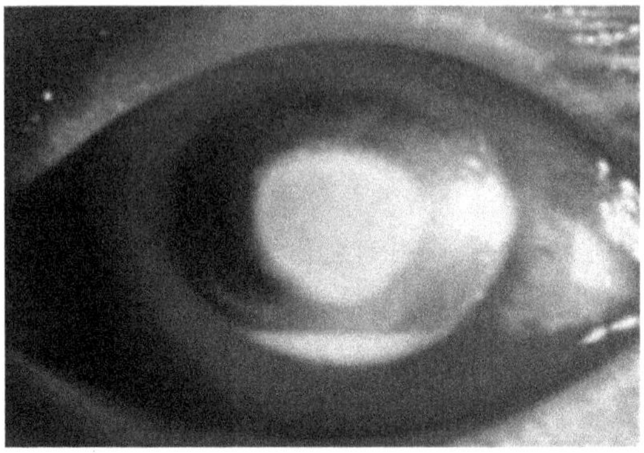

图5-1 匐行性角膜溃疡

3. 辅助检查 角膜溃疡表浅刮片细胞学检查,可见大量变性上皮细胞、中性粒细胞浸润较多。角膜溃疡表浅刮片作革兰染色检查,可迅速鉴定细菌类型,若找到革兰阴性杆菌,有助于铜绿假单胞菌性角膜溃疡的诊断。

【治疗】 治疗原则:去除病因、控制感染、及时扩瞳、热敷、包扎患眼。

1. 局部治疗

(1) 抗生素控制感染:是最有效的局部治疗。急性期高浓度抗菌药眼液高频率滴患眼,严重者每5分钟滴患眼一次,持续30分钟,然后改为15~30分钟滴眼一次,使角膜基质层很快达到抗菌药的有效治疗浓度,病情稳定后逐渐减少滴眼次数,睡前抗菌药眼膏涂患眼。有条件者要在用药前做细菌学检查及药物敏感性试验,根据检查结果,及时调整使用有效抗菌药。前房积脓者、角膜溃疡发展迅速将要穿孔者或患者使用滴眼液依从性不佳时,可考虑使用抗生素结膜下注射的给药途径。

(2) 胶原酶抑制剂:依地酸二钠、半胱氨酸等可抑制溃疡发展。

(3) 热敷包扎患眼:热敷患眼可增加局部血循环,增加营养,促进炎症消散和溃疡愈合;包扎患眼可保护溃疡,预防穿孔。

(4) 及时散瞳:并发虹膜睫状体炎者应给予1%阿托品滴眼液或眼膏散瞳,以防止和解除虹膜粘连。

2. 全身治疗

(1) 抗生素控制感染:头孢菌素是针对病原体未明的G^+菌感染进行治疗的首选药物,头孢唑啉是代表药物。G^-菌角膜炎首选抗生素是氨基糖苷类。氟喹诺酮类对G^-细菌和许多G^+菌都有抗菌作用,尤其对耐药葡萄球菌也有作用。链球菌属、淋球菌属引起的角膜炎首选青霉素G,对于耐药的淋球菌感染可使用头孢曲松。万古霉素对G^+球菌有良好的杀灭作用,尤其对耐药的表皮葡萄球菌和金黄色葡萄球菌如耐甲氧西林的菌株的敏感性较高,可作为严重的难治性细菌性角膜炎的二线用药。

(2) 维生素剂:维生素C、维生素B口服。

3. 手术治疗 药物治疗无效,病情急剧发展,可能或已经导致溃疡穿孔,眼内容物脱出者,可考虑治疗性角膜移植。对炎症治愈后遗留的角膜白斑,严重影响视力者可行增视性角膜移植术。注意采取隔离措施,预防院内交叉感染。

4. 预防措施 去除病因,预防角膜外伤,积极防止医源性感染。

案例5-1分析

1. 患者,男性,26岁,有明确的右眼外伤史,视力急骤下降,角膜刺激征明显,角膜溃疡荧光素钠染色阳性,角膜知觉灵敏。该患者的诊断是:右眼细菌性角膜溃疡。

2. 在该患者角膜溃疡表浅刮片作革兰染色检查,目的是迅速鉴定细菌类型,若找到革兰阴性杆菌,有助于铜绿假单胞菌性角膜溃疡的诊断和指导抗生素的选用。

3. 该患者为细菌性角膜溃疡,主要应给予抗生素控制感染治疗。

第3节 单纯疱疹病毒性角膜炎

单纯疱疹病毒(herpes simplex virus,HSV)引起的角膜感染称为单纯疱疹病毒性角膜炎(herpes simplex keratitis ,HSK),简称单疱角膜炎。此病为最常见的角膜溃疡,本病的临床特点为反复发作,由于目前尚无有效控制复发的药物,多次发作后角膜混浊逐次加重,常最终导致失明。

【病因】 HSV引起感染分为原发感染和复发感染两种类型。原发感染后,HSV潜伏在三叉神经节,三叉神经任何一支所支配区的皮肤、黏膜等靶组织的原发感染均可导致三叉神经节感觉神经元的潜伏感染。复发性HSV感染是由潜伏病毒的再活化所致。当机体抵抗力下降,如患感冒等发热性疾病后,全身或局部使用糖皮质激素、免疫抑制剂等时,活化的病毒到达角膜的上皮细胞,引起HSK复发。

免疫功能强的个体感染HSV后有自限性,而免疫能力低下包括局部使用激素者,HSV感染呈慢性迁延不愈、损害程度增加。机体针对病毒颗粒或病毒改变性状的细胞发起的免疫反应引起角膜基质和内皮病变。

【临床表现】

1. 原发单疱病毒感染　常见于幼儿，常伴有全身发热、耳前淋巴结肿大。唇部或皮肤疱疹有自限性。眼部受累表现为急性滤泡性结膜炎、假膜性结膜炎、眼睑皮肤疱疹，大约2/3患者出现点状或树枝状角膜炎，其特点为树枝短，出现时间晚，持续时间短。少数患者可导致角膜基质炎。

2. 复发单疱病毒感染　常见于成人，根据病变的部位分为树枝状和地图状角膜炎、非坏死性和坏死性角膜基质炎。

(1) 上皮型角膜炎：角膜上皮的病变占到HSK的2/3以上。在此型HSK中，角膜感觉减退是典型体征，感觉减退的分布取决于角膜病损的范围、病程和严重程度。病变部的角膜知觉常减低或消失，但其周围角膜的敏感性却相对增加，故患者主观症状上有显著疼痛、摩擦感和流泪等刺激症状。初期表现为角膜上皮层可见灰白色，近乎透明，稍隆起的针尖样小疱，点状或排列成行或聚集成簇，称角膜疱疹。疱疹扩大融合，中央上皮脱落，形成树枝状溃疡，荧光素染色可见中央部溃疡染成深绿，病灶边缘包绕淡绿色（图5-2）。多数树枝状角膜上皮溃疡治疗后可愈合，若病情进展，则发展为地图状角膜溃疡，病变可继续向深部发展，导致角膜基质层形成溃疡。

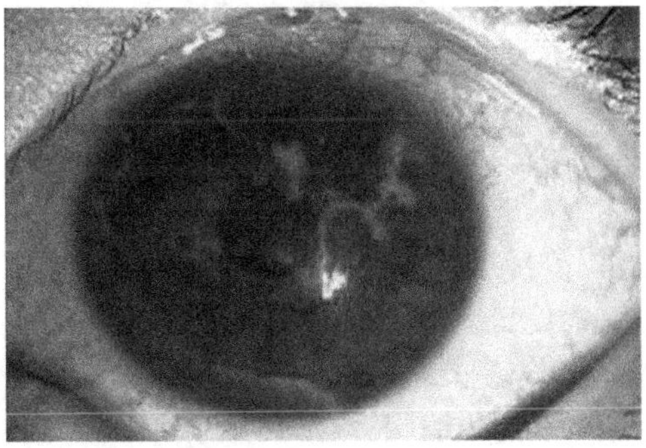

图5-2　树枝状角膜炎

(2) 基质型角膜炎：分为免疫性基质型角膜炎和坏死性基质型角膜炎。

1) 免疫性基质型角膜炎：其最典型类型是盘状角膜炎，常见于以往有过炎症的复发病例或因局部免疫反应所致，眼部充血及刺激症状一般较上述两型为轻，甚至可以毫无症状。有时感觉视物模糊，眼部略有发胀感。表现为角膜中央区基质层呈灰白色盘状水肿，直径5～8mm，病变区角膜增厚，角膜上皮完整（图5-3）。

2) 坏死性基质型角膜炎：常见于多次复发的树枝状角膜炎及正在局部应用皮质类固醇治疗的角膜基质炎。角膜周边或旁中央区有致密的灰白色炎性

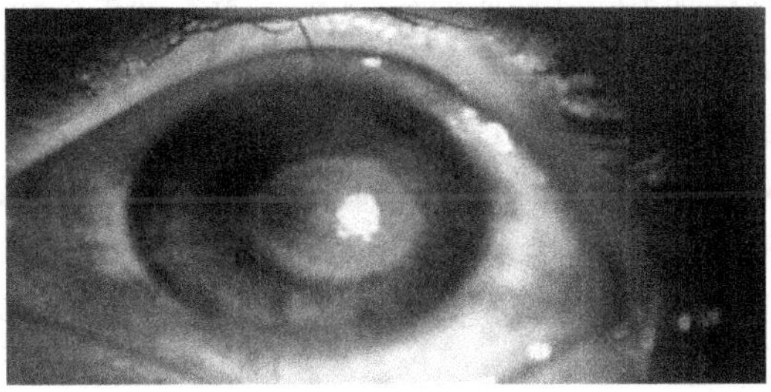

图5-3　盘状角膜炎

细胞浸润灶，同时伴有新生血管长入，严重时可发生基质溶解、坏死脱落，角膜感觉减退。

(3) 神经营养性角膜病变：多发生在HSV感染的恢复期或静止期。早期角膜上皮弥漫性缺损，进而形成无菌性溃疡。病灶可局限于角膜上皮表面及基质浅层，也可向基质深层发展，溃疡一般呈圆形或椭圆形，多位于睑裂区、边缘光滑，浸润轻微。由于基质损伤、神经营养和泪液功能等因素，导致无菌性溃疡难以愈合。

【治疗】　治疗原则为抗病毒抑制复制，减轻炎症反应。

对于不同的病变阶段采用不同的治疗方法，在单纯疱疹或浅层炎症早期阶段，应迅速控制感染，防止病变扩展到基质深层。对单纯依靠药物和保守疗法难以奏效者，可根据病情选用不同的手术治疗方法。

1. 抗病毒药物　目前对单纯疱疹病毒性角膜炎的治疗还是以抗病毒药物为主，常用的有以下几种。

(1) 利巴韦林（病毒唑）：为广谱抗病毒药，疗效较好，且对正常细胞毒性颇低，常用0.1%～0.5%病毒唑眼液滴患眼，每天三次，0.5%病毒唑眼膏涂患眼，每晚一次。

(2) 阿昔洛韦（无环鸟苷）：为较新且有效的抗病毒药物，特别是对单纯疱疹病毒有明显的抑制作用。不但疗效好，且不良反应小。常用剂型为0.1%无环鸟苷眼液滴患眼，每天三次，0.5%无环鸟苷眼膏涂患眼，每晚一次。

(3) 碘苷（疱疹净）：主要适用于初次发病，常用剂型为0.1%疱疹净眼液滴患眼，每天三次，0.5%疱疹净眼膏涂患眼，每晚一次。

2. 皮质类固醇激素　有抑制角膜免疫反应和抗炎作用，但有其副作用，应用时应掌握如下原则。

(1) 角膜上皮或角膜浅层炎症禁用皮质激素，否则可导致感染扩散。

(2) 深层炎症角膜上皮良好时可局部使用激素，完全由免疫反应引起的盘状角膜基质炎，一般临床上可使用激素治疗。但也有观点认为免疫功能正常者，通常有自限性，不需使用激素，以免引起细菌或真菌的超级感染、角膜溶解、青光眼等严重并发症。只有

存在强烈炎症反应的病灶，才使用激素冲击治疗，而且必须联合抗病毒药物控制病毒复制。有虹膜睫状体炎时，要及时使用阿托品滴眼液或眼膏扩瞳。

3. 免疫调节药　增强机体抵抗力。常用药物有左旋咪唑、干扰素、转移因子等。

4. 手术治疗　已穿孔的病例可行治疗性穿透角膜移植。HSV角膜溃疡形成严重的角膜瘢痕，影响视力，穿透性角膜移植是复明的有效手段，但手术宜在静止期进行为佳。术后局部使用激素同时应全身使用抗病毒药物。

5. 预防复发　单疱病毒角膜炎容易复发，1/3患者在原发感染2年内出现复发。可口服无环鸟苷400mg，2次/日，持续1年，可减少HSK复发率。

第4节　角膜软化症

角膜软化症（keratomalacia）由维生素A缺乏引起角膜干燥、软化、坏死、穿破，导致粘连性角膜白斑或角膜葡萄肿，可以致盲。

【病因】　多见于婴幼儿，可发生于急性传染病后，特别是麻疹、肺炎等病时，维生素A消耗量增多；人工喂养不当、食欲不振、忌口，食物中维生素A摄入不足；长期腹泻，维生素A丢失过多；也见于消化道脂类吸收障碍导致维生素A吸收率低。

【临床表现】

1. 全身症状　患儿严重营养不良，身体虚弱消瘦，声音嘶哑、毛发干而脆、还可导致全身多处黏膜上皮角质化如皮肤干燥呈棘皮状，消化道及呼吸道的上皮角化，可能伴有支气管炎、肺炎及腹泻等。还可伴有骨骼发育异常。

2. 眼部表现　双眼缓慢起病，除双眼畏光不愿睁眼以外，眼部病变过程可分为以下四个阶段。

（1）夜盲期：夜盲是维生素A缺乏的早期症状，仅自觉在光线暗或黑夜之中行动困难，是暗适应功能下降的结果，外眼正常，多不易被家长发现。

（2）干燥前期：泪液明显减少，结膜失去正常光泽，色调污暗，角膜表面也变得暗淡无光。继而结膜失去原有的弹性，当眼球转动时围绕角膜缘的球结膜呈同心环形皱褶，角膜感觉减退。

（3）干燥期：结膜呈显著的干燥状态，睑裂区内外侧球结膜上见到典型基底朝向角膜缘的三角形肥皂泡沫状银白色上皮角化斑，称结膜干燥斑或毕托斑（Bitot斑），不能为泪液湿润。角膜上皮干燥、无光泽、灰白混浊、感觉迟钝。

（4）角膜软化期：是病变发展的最严重阶段。球结膜增厚、粗糙，如同皮肤。角膜感觉消失；角膜上皮脱落，基质迅猛变薄、坏死，合并继发感染、前房积脓。如不及时发现处理，整个角膜软化、坏死、穿破，甚至眼内容物脱出。轻者角膜穿孔愈合后形成粘连性角膜白斑，重者可演变成眼球萎缩或角膜葡萄肿而失明。

【治疗】　治疗原则为早期治疗，控制病情，防止严重并发症。病因治疗，补充维生素A，改善营养。

1. 病因治疗　病因治疗是最关键的措施，请儿科或内科会诊，加强原发全身病的治疗，补充含维生素A丰富的食物，如猪肝、羊肝、蛋、奶类、胡萝卜等，改善营养，积极纠正营养不良。

2. 局部治疗

（1）在干燥期以前：眼部滴用鱼肝油滴剂，每日6次，可湿润干燥的结膜、角膜。同时应用抗生素滴眼剂、眼膏，以防止角膜继发感染。

（2）在角膜软化期：应按角膜溃疡及并发虹膜睫状体炎的治疗原则进行处理。检查欠合作的幼儿，患眼应滴用表面麻醉剂后，用眼钩拉开眼睑，以免加压，使已变薄的角膜穿破。

3. 全身治疗　轻者口服浓缩鱼肝油或鱼肝油丸，重者或有消化系统疾病，口服不能吸收时，可大量补充维生素A，每日肌肉注射维生素A 2.5万~5万U，每天不少于2万U，治疗7~10天。同时注意补充维生素B_1。

第5节　巩　膜　炎

眼球壁最外层纤维膜的后5/6为瓷白色质地坚韧的巩膜，前部巩膜表面有无色透明的球结膜和筋膜覆盖，不与外界直接接触，故很少发病。由于巩膜血管和神经少，代谢缓慢，故巩膜有炎症时其临床特点为病程长，反复发作，药物治疗效果不明显，也较易复发。巩膜炎容易发生在血管相对较多的巩膜表层结缔组织，即表层巩膜炎，根据炎症累及部位巩膜炎可分为表层巩膜炎和巩膜炎。巩膜炎（scleritis）为巩膜基质层的炎症，其病情和预后远比表层巩膜炎严重，对眼的结构和功能有一定破坏性。本病好发于40~60岁，女性多见，50%以上为双眼性。

【病因】　目前巩膜炎的病因尚未明了，可能与以下因素有关。

1. 与多种全身感染性疾病有关　如结核、麻风、梅毒、带状疱疹有关，也可能与感染病灶引起的过敏反应有关。

2. 与自身免疫性结缔组织疾病有关　如风湿性关节炎、系统性红斑狼疮、多发性结节性动脉炎等。

3. 与代谢性疾病有关　如痛风可能与巩膜炎有关。

4. 与附近组织炎症直接蔓延有关　如结膜、角膜、葡萄膜或眶内组织炎症直接蔓延也可引起巩膜炎。

5. 其他原因　如外伤或结膜创面感染扩散，常见病原体为细菌、真菌和病毒。

【临床表现】　巩膜炎可分为前巩膜炎和后巩膜炎，后者诊断较为困难。

1. 前巩膜炎(anterior scleritis)　病变位于赤道部前，双眼先后发病。眼部疼痛、压痛，有刺激症状，部分病例夜间疼痛更明显，甚至使患者"痛醒"。病变位于直肌附着处时，眼球运动可使疼痛加剧。有时也可表现同侧头部疼痛。视力可轻度下降，眼压略有增高。充血的巩膜血管走行紊乱，不可推动。由于深部巩膜血管网扩张，病变部位可呈紫色外观。本病发作可持续数周，反复发作，病程迁延可达数月或数年。若出现无血管区，提示闭塞性脉管炎，预后不良。炎症消退后，病变区巩膜被瘢痕组织代替，巩膜变薄，葡萄膜颜色显露而呈蓝色。此外，本病尚可并发葡萄膜炎、角膜炎、白内障，因房角粘连可形成继发性青光眼。前巩膜炎可表现为弥漫性、结节性和坏死性三种类型。

2. 后巩膜炎(posterior scleritis)　为发生于赤道后方巩膜及视神经周围的一种肉芽肿性炎症，易被误诊或漏诊。本病临床少见，仅占巩膜炎的2%，单眼发病为多，一般眼前部无明显改变，诊断较困难。后巩膜炎发作症状为程度不同的眼痛和压痛，视力减退，也可以表现为头痛，有时眼痛和头痛剧烈，甚至伴有恐惧感。眼睑及球结膜水肿，充血不明显或无充血，眼球可轻度突出，因眼外肌受累可致眼球运动受限及复视。眼底检查在后巩膜炎的诊断中十分重要，较常见的眼底改变包括脉络膜视网膜皱褶和条纹、视盘和黄斑水肿、局限性隆起等。A超、B超、CT扫描或MRI能显示后部巩膜增厚，有助于诊断。

【治疗】　治疗原则为尽早发现和及时治疗，去除病因，激素治疗。

1. 病因治疗　如有感染存在，可采用抗生素治疗；对于全身性疾病相关性巩膜炎，应予以相应治疗。

2. 对症治疗　如对单纯性表层巩膜炎可通过冷敷或滴用预冷人工泪液以减轻症状。巩膜变薄时，可戴护目镜。

3. 抗炎治疗　局部滴用糖皮质激素可能减轻结节性或弥漫性前巩膜炎的炎性反应，配合全身非激素类抗炎药治疗，如吲哚美辛口服，常可迅速缓解炎症和疼痛。对于严重病例或出现无血管区，则应局部和全身应用足量糖皮质激素，但禁用结膜下注射，以免造成巩膜穿孔。若糖皮质激素效差，可考虑采用免疫抑制剂治疗，如环磷酰胺、环孢素A等。坏死性前巩膜炎可全身应用糖皮质激素。

4. 手术治疗　对坏死、穿孔的巩膜可施行巩膜加固或异体巩膜移植手术。

5. 并发症治疗　如并发青光眼时应及时降低眼压；并发虹膜睫状体炎，应予以散瞳治疗。

(李晓兰)

目标检测

一、名词解释

Bitot斑　角膜云翳

二、填空题

1. 角膜刺激症状表现为________、________、________、________。

2. 角膜的三大检查方法为________、________、________，细菌性角膜溃疡与病毒性角膜溃疡的主要鉴别方法为________。

3. 角膜软化症的眼部病变经过可分为________、________、________和________四个阶段。

4. 巩膜炎的治疗主要使用________和________局部应用。

三、选择题

1. 角膜上皮缺损，荧光素钠染色成绿色树枝状，应首先考虑为(　　)
   A. 细菌性角膜炎　B. 角膜软化症
   C. 单纯疱疹病毒性角膜炎　D. 真菌性角膜炎
   E. 巩膜炎

2. 角膜软化症的病因为(　　)
   A. 维生素D缺乏　B. 维生素B_2缺乏
   C. 维生素C缺乏　D. 维生素A缺乏
   E. 缺生素K缺乏

3. 细菌性角膜炎最关键的治疗方法是(　　)
   A. 治疗性角膜移植术
   B. 胶原酶抑制剂
   C. 高浓度抗生素滴眼液频繁滴眼
   D. 散瞳
   E. 口服维生素

4. 树枝状角膜炎的病原体为(　　)
   A. 腺病毒　B. 衣原体
   C. 肺炎球菌　D. 单纯疱疹病毒
   E. 大肠杆菌

5. 匐行性角膜溃疡最常见的病原体为(　　)
   A. 腺病毒　B. 衣原体
   C. 肺炎球菌　D. 单纯疱疹病毒
   E. 大肠杆菌

6. 病毒性角膜炎的一个显著特征是(　　)
   A. 发病急
   B. 易并发虹膜睫状体炎
   C. 角膜知觉减退
   D. 易发生角膜溃疡穿孔

E. 前房积脓

7. 细菌性角膜炎的临床表现为(　　)

A. 角膜刺激症状较轻　B. 前房积脓
C. 发病缓　D. 角膜知觉减退
E. 夜盲

8. 角膜软化症的临床特征为(　　)

A. 无全身症状　B. 无夜盲
C. 角膜湿润　D. 可形成 Bitot 斑
E. 角膜知觉减退

9. 患儿,女,1 岁,检查:睑裂区内外侧球结膜上见到典型基底朝向角膜缘的三角形肥皂泡沫状银白色上皮角化斑,不能为泪液湿润。角膜无光泽、灰白混浊、感觉迟钝。该患儿处于角膜软化症的哪个时期(　　)

A. 夜盲期　B. 干燥前期
C. 干燥期　D. 角膜软化期
E. 成熟期

10. 患者,男性,26 岁。主诉:右眼被谷穗击伤后剧烈疼痛、畏光、流泪、视物模糊 1 天,检查:右眼视力 0.02,角巩膜缘呈放射状暗红色充血明显,角膜中央圆盘状灰白色混浊,底部污浊,有坏死组织覆盖,荧光素钠染色阳性,角膜知觉灵敏。该患者禁用(　　)

A. 抗生素药物控制感染
B. 胶原酶抑制剂抑制溃疡发展
C. 维生素 C、维生素 B 口服
D. 糖皮质激素药物
E. 甘露醇

四、简答题

1. 简述细菌性角膜炎的临床特点和治疗原则。
2. 简述病毒性角膜炎的临床特点和治疗原则。

第6章 白内障和玻璃体混浊

学习目标

了解玻璃体混浊的病因,描述其临床表现,说出其治疗原则。

理解白内障治疗原则,描述其手术时机,说出其手术方式。

掌握年龄相关性白内障的类型,描述其皮质性白内障的临床分期,说出其各期特点。

案例6-1

患者,男性,73岁。主诉:右眼视力逐渐下降5年,伴失明半年,左眼视力逐渐下降3年,否认发病前有眼外伤史、无糖尿病病史,发病过程中无眼胀痛、红肿。检查:右眼视力眼前30cm指数,左眼视力0.5,双眼结膜无充血、角膜透明、血糖正常。右眼晶状体全部混浊呈均匀的乳白色、虹膜新月状投影(-),前房正常、眼压17.30mmHg、眼底无法窥入;左眼周边部皮质呈灰白色楔形混浊、虹膜新月状投影(+),眼底能窥入。

问题:1. 该患者的诊断是什么?主要鉴别诊断如何?

2. 应该对该患者做什么进一步检查?目的是什么?

3. 该患者的治疗原则如何?

第1节 白内障概述

晶状体位于虹膜之后、玻璃体之前,晶状体悬韧带源于睫状体冠部和平坦部,附着在晶状体赤道部周围的前、后囊上,通过睫状肌的收缩、松弛来共同完成眼的调节功能。晶状体由囊膜、皮质、核构成,具有复杂的代谢过程,营养主要来源于房水。晶状体为无色透明、无血管的双凸镜,具有弹性,是屈光介质重要组成部分。晶状体的主要病变为透明度改变,晶状体混浊、影响视力者称白内障。世界卫生组织防盲规定:晶状体混浊而矫正视力在0.5以下者,才归入白内障诊断范围。白内障是主要致盲性眼病。

【病因与分类】 老化、遗传、代谢异常、外伤、辐射、中毒、局部营养障碍等因素可引起晶状体囊膜损伤,使其渗透性增加和丧失屏障作用或导致晶状体代谢紊乱,可使晶状体蛋白发生变性形成混浊。白内障可按不同方法进行分类。

1. 按病因 分为年龄相关性、外伤性、并发性、代谢性、中毒性、辐射性、发育性和后发性等白内障。

2. 按发病时间 分为先天性和后天获得性白内障等。

3. 按晶状体混浊形态 分为点状白内障、冠状白内障和板层白内障等。

4. 按晶状体混浊部位 分为皮质性、核性和囊膜下白内障。

【临床表现】

1. 症状 白内障最主要的症状为视力障碍(它与晶状体混浊程度和部位有关),眼前可见固定的黑影,单眼复视或多视,畏光和眩光,视野缺损等表现。

2. 体征 晶状体混浊,可在裂隙灯显微镜下以直接照明法或后彻照法清晰地看到。当晶状体混浊局限于周边部时,需在散大瞳孔后才能看到。当晶状体混浊严重时,晶状体混浊到达瞳孔区时,在聚光灯下以肉眼即可以看到。

【治疗】 白内障手术是治疗白内障的有效方法,由于手术显微镜、显微手术器械和人工晶状体的应用,缝线材料和局部麻醉方法的改进,显微手术技术的进步,白内障手术取得了重大的进展。

1. 手术适应证 当矫正视力低于0.3时,该眼就属于低视力眼,即可进行手术治疗。

2. 手术方式

(1) 标准的现代白内障囊外摘除术:术中保留晶状体后囊膜。优点:可以减少玻璃体脱出、视网膜脱离和黄斑囊样水肿等并发症,避免术后发生玻璃体疝、角膜内皮损伤,并且为后房型人工晶状体的植入准备了条件。要求:现代的白内障囊外摘除术应当在手术显微镜下,用显微手术器械完成。

(2) 白内障超声乳化术:采用角巩膜小切口进行手术,应用超声乳化仪将硬的晶状体核粉碎成乳糜状后吸出。优点:手术切口小,伤口愈合快,视力恢复迅速。

(3) 白内障囊内摘除术:将包括囊膜在内的晶状体完整摘除,可以不在手术显微镜下完成,操作较简单。优点:术后瞳孔区透明,不会发生后发障。缺点:术后发生玻璃体脱出和视网膜脱离等并发症较其他手术多,有时可以发生玻璃体疝、继发性青光眼或角膜损伤。

3. 术后视力矫正方法 白内障摘除后的无晶状体眼呈高度远视状态,一般达+8D~+12D,可采取以下措施矫正视力。

(1) 人工晶状体:摘除白内障后在眼内植入人工晶状体。优点:后房型的人工晶状体仅使物像放大1%~2%,术后可迅速恢复视力、双眼单视和立体视觉,无环形暗点,周边视野正常。人工晶状体为无晶状体眼屈光矫正的最好方法,已得到普遍应用。

(2) 眼镜:采用高度正球面镜片进行矫正。它可使物像放大20%~35%,因此单眼使用时,因双眼物像不等,不能融合,而发生复视,故不能用于单眼白内障术后的患者。可用于双眼白内障摘除术后患者。戴用后可产生环形暗点,视野受限,且有球面差。应用眼镜矫正比较方便经济。

(3) 角膜接触镜:可改变角膜前表面的屈折力,使其接近正视。物像放大率为7%~12%。优点:无球面差,无环形暗点,周边视野正常,可用于单眼无晶状体眼。缺点:但需经常戴上取出,易发生角膜损伤或感染,老年人操作困难。

第2节 年龄相关性白内障

年龄相关性白内障(age-related cataract)又称老年性白内障(senile cataract),是老年开始发生的晶状体混浊,随着年龄的增加,其患病率和发病率均明显增高。

【病因与发病机制】 病因较为复杂,可能是环境、营养、代谢和遗传等多种因素对晶状体长期综合作用的结果。流行病学研究表明,紫外线照射过多、饮酒过多、吸烟多、妇女生育多、心血管疾病、高血压、精神病、机体外伤等与白内障的形成有关。其发病机制尚不完全明确,一般认为,氧化损伤使晶状体囊膜通透性增加,导致白内障最早期变化,最终发生晶状体混浊。

【临床表现】 常双眼同时或先后患病,主要症状为渐进性、无痛性视力减退,直至眼前手动或仅有光感。年龄相关性白内障按其开始形成的部位不同,分为皮质性、核性和后囊下性三类,临床上以皮质性白内障最多见。

1. 皮质性白内障(cortical cataract) 最为常见,按其发展过程分为4期。

(1) 初发期(incipient stage):瞳孔区晶状体尚未混浊,一般不会影响视力,眼底能看清,晶状体周边皮质灰白色楔形混浊为最为常见表现(图6-1)。散大瞳孔后应用检眼镜彻照法或裂隙灯下检查可在眼底红光反射中看到晶状体前、后皮质中有基底位于赤道部,尖端向着晶状体中心的轮辐状混浊阴影,或在晶状体某一象限融合成小片或大片混浊。晶状体皮质内出现空泡、水裂和板层分离。此期晶状体混浊发展缓慢,持续数年。

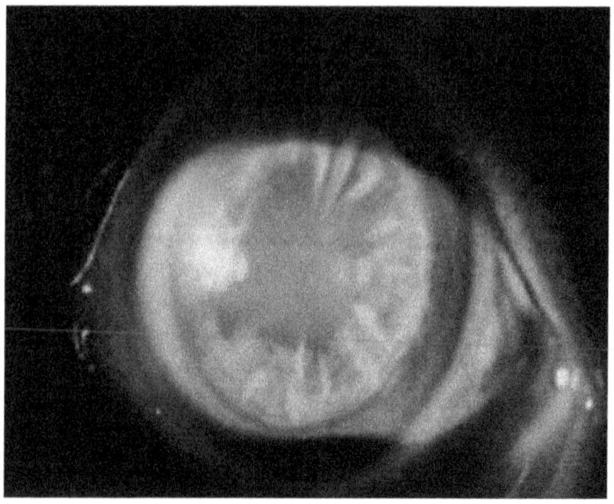

图6-1 皮质性白内障初发期

(2) 膨胀期(intumescent stage):又称未熟期(immature stage),晶状体混浊加重,晶状体呈不均匀的灰白色部分混浊,瞳孔区晶状体部分混浊,患眼视力明显减退,眼底难以看清。以斜照法检查晶状体时,光线投照侧的虹膜阴影投照在深层的混浊皮质上,在该侧瞳孔内出现虹膜新月状投影,称为虹膜投影(图6-2),这是本期白内障的特点。在裂隙灯显微镜下可以看到皮质内的空泡、水裂和板层分离。此期,渗透压改变,短期内有较多水分积聚于晶状体内,晶状体膨胀,推挤虹膜前移,可使前房变浅,房角关闭,房水排除受阻,眼压增高,而继发闭角型青光眼。

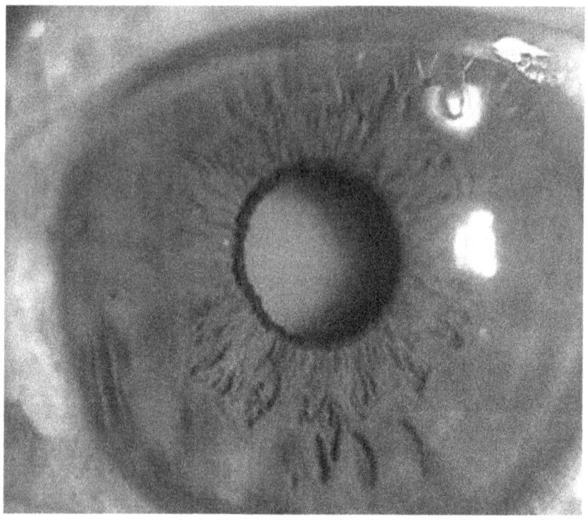

图6-2 皮质性白内障膨胀期

(3) 成熟期(mature stage):晶状体混浊继续加重,晶状体呈均匀的乳白色完全混浊,视力严重下降至光感或手动,但光定位和色觉正常。眼底不能窥入。虹膜新月状投影消失是白内障成熟期的标志(图6-3)。此期,晶状体内水分和分解产物从囊膜内溢出,晶状体膨胀消退,晶状体又恢复到原来体积,前房深度恢复正常。此期持续数年。

(4) 过熟期(hypermature stage):晶状体内水分继续丢失,晶状体体积缩小,囊膜皱缩和有不规则的白色斑点及胆固醇结晶,前房加深,虹膜震颤。晶状体

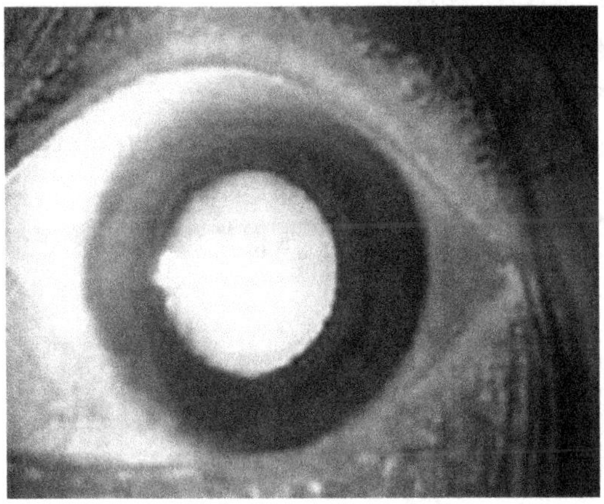

图6-3　皮质性白内障成熟期

纤维分解液化，呈乳白色。棕黄色晶状体核沉于囊袋下方(图6-4)，可随体位变化而移动，上方前房进一步加深，当晶状体核下沉后，视力可以突然提高。过熟期白内障囊膜变性，通透性增加，当液化的皮质渗漏到晶状体囊膜外时，可发生晶状体诱导的葡萄膜炎。长期存在于房水中的晶状体皮质可沉积于前房角；也可被巨噬细胞吞噬，堵塞前房角而引起继发性青光眼，称为晶状体溶解性青光眼。当患眼受到剧烈震动后可使晶状体囊膜破裂，晶状体核脱入前房或玻璃体内可引起继发性青光眼。过熟期白内障的晶状体悬韧带发生退行性改变，容易发生晶状体脱位。

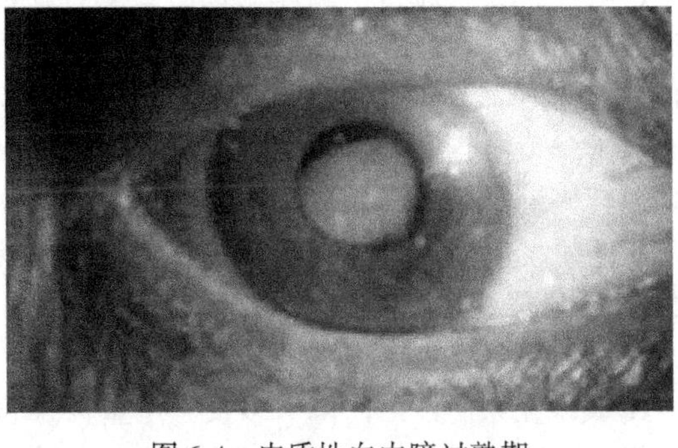

图6-4　皮质性白内障过熟期

2. 核性白内障(nuclear cataract)　初期晶状体核呈黄色混浊，散大瞳孔后用后彻照法检查，核性白内障在周边部环状红色反光中，中央有一盘状暗影。眼底检查仅由周边部看清眼底。可产生单眼复视或多视。晶状体核逐渐变棕黄色或棕黑色，此时视力极度减退，眼底已不能看清。一般40岁左右开始，进展缓慢。

3. 后囊膜下白内障(subcapsular cataract)　晶状体后囊膜下浅层皮质出现棕黄色混浊，为许多致密小点组成，其中有小空泡和结晶样颗粒，外观似锅巴状。由于混浊位于视轴，所以早期就会出现明显视力障碍。后囊膜下白内障进展缓慢，后期合并晶状体皮质和核混浊，最后发展为成熟期白内障。

【治疗】　治疗原则：以手术摘除为主要方法。

1. 药物治疗　尚不能有效阻止或逆转晶状体的混浊，目前尚无疗效肯定的药物。初发期可用谷胱甘肽眼液滴患眼、口服维生素C，以延缓晶状体混浊。

2. 手术治疗　一般认为晶状体混浊视力下降影响工作或生活，患眼矫正视力低于0.3以下者，为低视力眼，可以考虑手术治疗。通常采用在手术显微镜下施行白内障囊外摘除术(包括白内障超声乳化术)联合人工晶状体植入术(后房型人工晶体植入术)，可以获得满意的效果。在某些情况下也可行白内障囊内摘除术，术后给予眼镜、角膜接触镜矫正视力，也可以获得较为满意的结果。

案例6-1分析

1. 该患者的诊断是右眼年龄相关性皮质性白内障成熟期，左眼年龄相关性皮质性白内障膨胀期。该患者否认发病前有眼外伤史，可除外外伤性白内障；该患者无糖尿病病史，血糖正常，可除外糖尿病性白内障。

2. 该患者右眼A超或B超、角膜曲率、人工晶状体度数、眼电生理等检查，为白内障摘除手术做好准备。

3. 该患者右眼已进入成熟期，视力明显下降，应局麻下行白内障囊外摘除加人工晶体植入手术。左眼尚在白内障膨胀期，应进行药物治疗，密切观察前房、眼压、瞳孔变化，预防继发闭角青光眼。

第3节　先天性白内障

先天性白内障(congenital cataract)是儿童常见眼病，为出生时或出生后第一年内发生的晶状体混浊，可以为家族性的或散发的；可以伴发或不伴发其他眼部异常或遗传性和系统性疾病。先天性白内障是造成儿童失明和弱视的重要原因。

【病因】　各种影响胎儿晶状体发育的因素，如遗传因素和环境因素等均可导致先天性白内障。遗传因素：约1/3患者与遗传有关，常见为常染色体显性遗传。环境因素：母亲怀孕头3个月宫内患病毒感染性疾病(如风疹、疱病毒感染、腮腺炎、麻疹、水痘)或接触放射线照射或应用某些药物(糖皮质激素、磺胺类药物)或患有代谢性疾病(如糖尿病、甲状腺机能不足)或妊娠期营养不良，都可影响胎儿晶状体发育而引起先天性白内障。

【临床表现】

1. 临床特点

(1) 可为单眼或双眼发生，多数为静止性的，少数出生后继续发展，也有直至儿童期才影响视力。常合并其他眼病或异常。

(2) 视力障碍程度可因晶状体混浊部位和形态不同而异，有的可不影响视力，有的视力下降明显。因患儿年龄太小,不能自诉,常依赖其父母观察才发现。

2. 临床类型 一般根据晶状体混浊部位、形态和程度进行分类,比较常见的有以下两种。

(1) 先天性白内障可按晶状体混浊的形态、部位不同,分为前极白内障、后极白内障、绕核白内障、冠状白内障、全白内障,其中绕核性白内障是儿童期最常见的白内障类型。

(2) 根据晶体混浊部位、形态不同,可分为极性白内障、囊性白内障、核性白内障、完全性白内障等,其中完全性白内障、核性白内障、后极性白内障对视力影响明显。

先天性白内障患儿瞳孔区呈白色,为儿童白瞳症最常见的一种。与成人不同,先天性白内障不仅影响其当前视力,而且还可影响其视觉发育,形成弱视、斜视、眼球震颤,故应慎重选择手术时机。

【治疗】 治疗原则:尽早手术治疗,积极防治弱视。

1. 对视力影响不大者 如前极白内障、冠状白内障和点状白内障,一般不需治疗,宜定期随诊观察。

2. 对明显影响视力者 如全白内障、绕核性白内障应选择白内障囊外摘除术、超声乳化白内障吸除术。手术愈早,患儿获得良好视力的机会愈大。对于单、双眼全白内障或位于视轴中心、混浊程度明显的白内障,应在出生后及早手术(出生 4 周后),最迟不超过 6 个月。双眼白内障者在完成一眼手术后,应在较短的时间间隔后完成另一眼手术。对于因风疹病毒引起的先天性白内障不宜过早手术,这是因为在感染后早期,风疹病毒在晶状体内还存在,手术时可使这些潜伏在晶状体内的病毒释放而引起虹膜睫状体炎,有可能因炎症而引起眼球萎缩。

3. 对无晶状体眼者 对无晶状体眼,为防止弱视,促进融合功能的发育,需行屈光矫正和视力训练。常用的矫正方法如下。

(1) 眼镜矫正:简单易行,容易调整更换。

(2) 角膜接触镜:适用于大多数单眼的无晶状体患儿,但经常取戴比较麻烦,容易发生角膜上皮损伤和感染。

(3) 人工晶状体植入:由于显微手术技术的发展和人工晶状体质量的提高,人工晶状体植入后严重并发症已很少,儿童施行人工晶状体植入术已被接受,尤其是单眼先天性白内障患者。目前认为,一般最早在 1.5~2 岁时施行人工晶状体植入手术。

第 4 节 其他类型白内障

一、外伤性白内障

眼球钝挫伤、穿通伤和爆炸伤等引起的晶状体混浊称外伤性白内障(traumatic cataract)。多见于儿童或年轻人,常单眼发生。由于各种外伤的性质和程度有所不同,所引起的晶状体混浊也有不同的特点。

【病因】 眼球钝挫伤、穿通伤、辐射伤、电击伤等原因引起晶体混浊称外伤性白内障。

【分类及临床表现】 根据外伤的性质和程度不同,可分为以下两种。

1. 眼钝挫伤所致白内障 挫伤时,瞳孔缘部虹膜色素上皮破裂脱落、晶状体前囊出现环型混浊,称 Vossius 环,严重挫伤时可致晶状体囊膜破裂,房水进入晶状体内而致晶状体混浊,形成白内障。

2. 眼穿通伤所致白内障 眼球穿通伤时,可致晶状体囊膜破裂,房水进入皮质,而致晶状体混浊。若破口浅小,可很快闭合,形成局限性混浊;若破口深大,则房水很快浸入,引起晶状体膨胀与混浊,且皮质可进入前房,引起继发性青光眼或葡萄膜炎。

【治疗】 对尚存一定视力的局限性外伤性白内障,可随诊观察;若晶状体囊膜破裂、皮质进入前房,晶状体全混浊,需尽快施行白内障摘除术。

二、糖尿病性白内障

糖尿病性白内障(diabetic cataract)是糖尿病的并发症之一,可分为真性糖尿病性白内障和糖尿病患者的年龄相关性白内障两种类型。

【病因与发病机制】 糖尿病性白内障与血糖升高影响了晶状体内代谢有关。糖尿病时血糖增高,晶状体内葡萄糖增多,已糖激酶作用饱和,葡萄糖转化为 6-磷酸葡萄糖受阻。此时醛糖还原酶的作用活化,葡萄糖转化为山梨醇。山梨醇不能透过晶状体囊膜,在晶状体内大量积聚,使晶状体内渗透压增加,吸收水分,纤维肿胀变性,导致混浊。

【临床表现】

1. 真性糖尿病性白内障 多发于严重糖尿病未控制好血糖的年轻患者,多为双眼突然发生急性进展的广泛前后囊膜下晶状体皮质区出现无数分散的、灰色或蓝色雪花样或点状混浊。进展迅速,晶状体可在数天、数周或数月内完全混浊。在视力下降的同时常伴有屈光的变化:血糖升高时,血液中无机盐含量下降,组织液的渗透压随之降低,房水渗入晶状体内使之更加变凸,导致近视;反之,血糖降低时,晶状体内水分渗出,晶状体变为扁平而出现远视。常伴有糖尿病性视网膜病变:微动脉瘤、新生血管、出血、增殖性玻璃体视网膜病变和牵引性视网膜脱离。

2. 糖尿病合并年龄相关性白内障 临床改变与一般的年龄相关性皮质性白内障相似,但发病较早,进展较快。

【治疗】 治疗原则:积极防治原发疾病。

首先积极防治糖尿病，严格控制血糖，当白内障明显影响视力，妨碍患者的工作和生活时，如血糖控制良好，光定位准确，可行白内障摘除术，如无增生性糖尿病视网膜病变时，可植入后房型人工晶状体。手术前后应积极治疗糖尿病视网膜病变，术后应注意积极预防感染和出血。

第5节　玻璃体混浊

玻璃体是一种无色透明的胶质体，位于晶状体之后、视网膜之前，占眼内4/5容积，约4.5ml，其中99%为水分，其余为透明质酸和胶原纤维。玻璃体无血管，新陈代谢缓慢，无再生能力，因外伤或其他原因造成玻璃体丢失时，由房水来填补空间。

【病因】　由于固体成分聚集或有血液及其他成分侵入，使玻璃体内出现除正常结构以外的不透明体称为玻璃体混浊。玻璃体混浊是临床常见眼科的症状之一。脉络膜、视网膜有炎症时渗出的白细胞、吞噬细胞等进入玻璃体，血液流入玻璃体，寄生虫或肿瘤等都可导致玻璃体混浊。

【临床表现】　根据玻璃体混浊的性质、大小、部位不同，视力减退程度不一。轻度混浊时，患者自觉眼前有飘动点状、片状阴影，犹如飞蚊，视力并不受影响，用检眼镜无明显的异常，称生理性飞蚊症。重度混浊时，患者眼前有粗大密集的飘动黑影，视力有不同程度的减退，眼底检查时可发现絮状或片状物飘浮不定，严重者眼底不能窥进。

【治疗】　生理性飞蚊症无须治疗，视力减退时应针对原发病进行不同的处理。如炎症性者给予对因治疗；新鲜的玻璃体积血者应卧床休息，应用止血药物；陈旧性出血者，用促进混浊吸收的药物；对长期不吸收的玻璃体混浊，可采用玻璃体切除手术。

（李晓兰）

目标检测

一、名词解释

虹膜投影　生理性飞蚊症

二、填空题

1. 年龄相关性皮质性白内障的主要症状为________，主要体征是________，治疗原则是________。
2. 先天性白内障患儿的________呈白色反射，这是儿童________最常见的一种。
3. 年龄相关性皮质性白内障临床分为________、________、________、________四期。

三、选择题

1. 年龄相关性白内障主要临床体征是(　　)
   A. 角膜混浊　B. 瞳孔膜闭　C. 晶状体混浊　D. 玻璃体混浊　E. 巩膜混浊
2. 年龄相关性皮质性白内障哪个时期易诱发闭角型青光眼(　　)
   A. 初发期　B. 膨胀期　C. 成熟期　D. 过熟期　E. 混浊期
3. 白内障摘除术后眼的屈光状态是(　　)
   A. 高度近视　B. 中度近视　C. 高度远视　D. 中度远视　E. 低度远视
4. 年龄相关性皮质性白内障成熟期的标志是(　　)
   A. 眼底不能窥入
   B. 虹膜新月状投影消失
   C. 视力降至光感或手动
   D. 晶状体呈均匀的乳白色混浊
   E. 晶状体溶解性青光眼
5. 患者，女性，64岁，工人。主诉：右眼视物模糊不清四年，与他人发生争吵后右眼红、胀痛、视力突然下降2h。检查：右眼视力0.02，瞳孔区晶状体皮质部分灰白色混浊，可见虹膜新月状投影，色素性KP+，瞳孔直径约6mm，眼压28mmHg，眼底模糊不清。该患者的诊断是(　　)
   A. 右眼年龄相关性白内障膨胀期继发开角青光眼
   B. 急性虹膜睫状体炎
   C. 右眼年龄相关性白内障成熟期
   D. 右眼原发性闭角青光眼急性发作期
   E. 右眼年龄相关性白内障膨胀期继发闭角青光眼
6. 患者，女性，42岁，律师。主诉：双眼视力迅速下降1个月，无眼红、虹视、眼痛、头痛。患者糖尿病史4年，血糖一直控制不好。检查：右眼视力指数/30cm，左眼视力光感/5m，双眼光定位不准确，角膜透明，晶状体皮质混浊，后囊膜锅巴样混浊，眼底不能窥入。空腹血糖：8.9mmol/L。初步诊断：双眼糖尿病性白内障，该患者错误的治疗与护理措施是(　　)
   A. 积极治疗糖尿病
   B. 行白内障摘除手术
   C. 术前应治疗糖尿病性视网膜病变
   D. 术后应治疗糖尿病性视网膜病变
   E. 控制饮食、适量运动
7. 患儿，女性，4个月。家长诉：患儿出生后双眼为白色瞳孔。检查：双眼不能随眼前玩具移动，角膜透明，晶状体皮质呈乳白色混浊，眼底不能窥入。该患儿手术的最佳年龄是(　　)
   A. 2岁之后　B. 12岁之后　C. 18岁之后　D. 6个月之前　E. 6岁之前

四、简答题

1. 简述年龄相关性皮质性白内障成熟期的临床特点。
2. 简述真性糖尿病性白内障的临床特点。

第7章　青　光　眼

学习目标

了解开角型青光眼的病因，描述其临床表现及诊断方法，说出其治疗方法。

理解继发性青光眼的类型，描述其主要临床特征，说出其治疗原则。

掌握急性闭角青光眼的病因，描述其临床分期及表现，说出其治疗方法。

案例 7-1

患者，女性，60岁。右眼剧烈胀痛伴视物模糊2小时。入院检查，右眼视力指数/眼前2尺，球结膜呈混合充血+++，角膜呈毛玻璃样水肿，色素性KP+，前房极浅、房角闭塞，瞳孔直径约7mm，眼压为10.64kPa，结膜囊无分泌物。

问题：1. 该患者的临床诊断是什么？

2. 应该与哪些疾病相鉴别？

3. 最主要的鉴别要点是什么？

第1节　青光眼概述

青光眼(glaucoma)是一组以视神经凹陷性萎缩和视野缺损为共同特征的疾病，病理性眼压升高是其主要危险因素。青光眼是主要致盲目性眼病之一，青光眼失明后是不可能复明的，故早期诊断及治疗十分重要。

眼压是指眼球内容物作用于眼球内壁的压力，亦称眼内压。正常人眼压平均值为16mmHg，标准差为3mmHg，从统计学概念出发，将10～21mmHg(1.33～2.79kPa)作为正常眼压范围。正常眼压双眼对称，双眼眼压差≤5mmHg(0.67kPa)。昼夜眼压相对稳定，单眼24小时眼压差≤8mmHg(1.06kPa)。若双眼眼压差>0.67kPa(>5mmHg)，24h眼压差>1.06kPa(>8mmHg)，称为病理性高眼压。青光眼视神经萎缩和视野缺损的发生和发展与眼压升高程度和视神经对压力损害的耐受性有关，临床上部分患者眼压虽已超越统计学正常上限，但长期随访并不出现视神经、视野损害，称为高眼压症。部分患者眼压在正常范围，却发生了青光眼典型的视神经萎缩和视野缺损，称为正常眼压性青光眼。

正常眼内压对维持正常视功能起着重要作用。眼内压的稳定性主要通过房水的产生与排出之间动态平衡来维持。若房水的产生量相对不变，房水循环不畅，会引起眼压升高；若房水循环正常，房水产生量增加，也会引起眼压升高。大多数青光眼是因为房水外流阻力增高引起。除了眼内压之外，还有其他因素参与青光眼的发病。种族、年龄、屈光不正及家族史(青光眼有一定遗传倾向：在患者的直系亲属中，10%～15%的个体可能发生青光眼)以及任何可引起视神经供血不足的情况(如心血管疾病、糖尿病)都是青光眼的危险因素。

根据前房角形态、病因机制以及发病年龄，将青光眼分为原发性、继发性和先天性三大类。根据眼压升高时前房角的开放状态，原发性青光眼又分为闭角型青光眼和开角型青光眼。原发性闭角型青光眼分为急性闭角型青光眼、慢性闭角型青光眼。本章主要介绍急性闭角型青光眼和慢性开角型青光眼。角膜溃疡穿孔、急性虹膜睫状体炎、眼球穿通伤、外伤性晶状体脱落、年龄相关性白内障膨胀期、外伤性前房积血、年龄相关性白内障过熟期等可继发性青光眼。

第2节　原发性青光眼

一、原发性急性闭角型青光眼

原发性急性闭角型青光眼(primary acute angle-closure glaucoma)是指各种原因使前房角急性闭塞，导致房水排出障碍，临床以眼压急剧升高、瞳孔散大、视力障碍为特征。

【病因与发病机制】

1. 解剖因素　眼球前段小，常为远视眼。具有家族性、遗传性及双眼性特征。常双眼先后或同时发病。多发生于50岁以上人群，女性更常见，男女之比约为1∶2。

2. 发病机理　病因尚未充分阐明，闭角青光眼瞳孔阻滞机制：解剖因素(前房浅、房角狭窄)+年龄增加(超过50岁)，晶状体厚度增加，晶状体与虹膜的接触面加宽紧贴，瞳孔阻滞，后房压力增大，周边虹膜向前移动，前房更浅，瞳孔阻滞加重，闭角型青光眼的发病率增高。一旦周边虹膜与小梁网发生接触，房角即告关闭，房水排除受阻，眼压急剧升高，引起急性发作。

3. 诱因 情绪激动、精神创伤、暴饮暴食、过度疲劳、近距离用眼过度、暗室环境停留时间过长、误滴散瞳剂。

【临床分期及表现】

1. 临床前期 是指一眼曾有急性大发作的病史，另一眼虽无发作史，但具有前房浅、房角窄的解剖因素，虽眼压正常，尚无自觉症状，但迟早有急性发作的可能，未发作眼即属于临床前期；或是指双眼虽不具有前房浅，房角窄的解剖因素，但暗室激发试验阳性眼，也属于临床前期。这两类眼都存在急性发作的潜在危险。

2. 先兆期 是在急性发作之前具有一过性或反复多次小发作，发作多出现在傍晚时分，突感雾视、虹视，可能有患侧额部疼痛，或伴同侧鼻根部酸胀。即刻检查可出现眼压轻度升高，眼局部稍充血或不充血，瞳孔稍散大，上述症状历时短暂，休息后症状自行缓解或完全消失，多不留下永久性损害。

3. 急性发作期 常突然起病，患眼剧烈胀痛伴同侧头痛，视力急剧下降，重者眼前指数或光感，虹视，由于迷走神经反射，可伴恶心、呕吐，常误认为消化道疾病。球结膜呈明显的混合充血、眼睑水肿；角膜呈云雾状或毛玻璃样水肿，裂隙灯下上皮呈小水珠状，房水可有混浊，甚至出现絮状渗出物。角膜后有色素性沉着物（色素性 KP）；裂隙灯显微镜检查可见前房极浅、周边部前房几近消失，前房角镜检查可见房角完全关闭；瞳孔括约肌麻痹，导致瞳孔呈垂直椭圆形散大，对光反射消失；眼压急剧升高，高达 50～80mmHg 之间，指测眼压眼球坚硬如石。急性发作期如不能及时控制，将发生严重视功能障碍，甚至导致永久性损害。如高眼压可使虹膜局部血管闭锁，导致虹膜色素脱失和扇形萎缩；晶状体前囊下出现点片状灰白色混浊，称为青光眼斑，青光眼斑是曾经有青光眼急性发作的标志。

4. 间歇期（缓解期） 主要诊断标准是：有明确的小发作史；房角重新开放或大部分开放；不用药或单用少量缩瞳剂，眼压能稳定在正常水平。从理论上讲，急性大发作经过积极治疗后，也可进入间歇期，但实际上由于房角广泛粘连，这种可能性很小。

5. 慢性期 急性大发作或多次小发作后，房角发生广泛粘连（通常>180°），小梁功能严重损害，表现为眼压中度增高，视力进行性下降，眼底可见青光眼性视盘凹陷，并有相应的视野缺损。

6. 绝对期 眼压持续升高，眼组织特别是视神经遭到严重破坏，视功能永久性完全丧失，视力已降至无光感，且无法挽救的晚期病例，可因眼压过高或角膜变性而出现顽固性眼痛、头痛，此期可反复出现角膜大泡或上皮剥脱，也可发生角膜带状混浊及巩膜葡萄肿。

链 接 >>>

闭角青光眼急性发作期应与急性虹膜睫状体炎、急性卡他性结膜炎相鉴别。

	急性闭角型青光眼	急性虹睫炎	急性卡他性结膜炎
症状	剧烈眼球胀痛伴同侧头痛、恶心、呕吐	轻度眼痛、畏光、流泪	黏液脓性分泌物、异物感、灼热感
视力	急骤下降	不同程度下降	正常
充血	混合充血	睫状充血	结膜充血
角膜	角膜水肿、呈云雾状或毛玻璃状混浊	角膜透明	角膜透明
瞳孔	瞳孔呈垂直椭圆形散大	瞳孔常呈不规则形缩小	瞳孔正常
前房	前房浅、房水轻度混浊 微尘状色素性 KP+	前房正常或深、房水明显混浊 微尘状或羊脂状灰白色 KP+++	前房正常 无房水混浊 无 KP
眼压	明显升高	多数正常	正常
虹膜	节段性萎缩	后粘连	正常
治疗原则	及时缩小瞳孔 迅速降低眼压	及时散大瞳孔 抗炎控制感染	结膜囊冲洗 抗炎控制感染

【治疗】 治疗原则：迅速降低眼压，及时手术治疗。

1. 局部治疗

（1）拟副交感神经药（缩瞳剂）：最常用为 1%～4%毛果芸香碱（pilocarpine）滴眼液，每日 3～4 次，或 4%毛果芸香碱凝胶（凝胶作用时间长，不需频繁滴药，副作用也相对较小）每晚 1 次滴眼。

滴缩瞳剂后应压迫泪囊区 5～10 分钟，以免缩瞳剂吸收中毒。缩瞳剂常见的副作用有眉弓疼痛、视物发暗、近视加深等；缩瞳剂常见的全身中毒症状有恶心、呕吐、流涎、出汗、头痛等，若出现上述反应，立即停缩瞳剂。

链 接 >>>

毛果芸香碱的药物作用机理

毛果芸香碱直接兴奋瞳孔括约肌，缩小瞳孔和增加虹膜张力，解除周边虹膜对小梁网的堵塞，使房角重新开放，改善房水循环，降低眼压，为治疗闭角型青光眼的一线药。

（2）β-肾上腺素能受体阻滞剂(0.25%～0.5%噻吗洛尔眼液)：滴患眼，每天1～2次，药物后注意心率变化，对心脏房室传导阻滞、窦性心动过缓和支气管哮喘者禁用。

链接 >>>

噻吗洛尔药物作用机理

噻吗洛尔通过抑制睫状突产生房水，迅速降低眼压。

2. 全身治疗

（1）碳酸酐酶抑制剂(乙酰唑胺)：口服，首次剂量为500mg，以后每次250mg，每天两次，乙酰唑胺药物作用机理是通过抑制睫状突产生房水，迅速降低眼压。

链接 >>>

乙酰唑胺的药物不良作用

服用后可出现口周及指、趾麻木，停药后症状即可消失。此药不可长期服用，可引起尿路结石、肾绞痛、血尿及小便困难等副作用。

（2）高渗脱水剂(20%甘露醇注射液)：静脉快速滴注，1～2g/kg体重。

链接 >>>

甘露醇的药物作用机理

甘露醇可在短期内通过提高血浆渗透压，使眼球组织特别是玻璃体中水分进入血液而减少眼内容积迅速降低眼压。该药物可使颅内压降低，部分患者可出现头痛、恶心等症状，静脉滴注后宜平卧休息。对于年老体弱或有心血管疾患者，应注意脉搏及呼吸变化，以防发生意外。

3. 激光治疗　如前房角粘连闭合范围累计小于180°，无视盘改变和视野损害者，可以采用激光周边虹膜切开术。若无激光设备可采用周边虹膜切除术。

4. 手术治疗

（1）解除瞳孔阻滞性手术：首选周边虹膜切除术。临床前期、先兆期是手术的最佳时期可降低眼压，以避免急性大发作。缓解期是手术的次佳时期，以免停药时间较长再次急性大发作。

（2）建立房水外引流通道性手术：若房角已有广泛粘连，可选择小梁切除术。

【预防措施】　避免在暗处停留过久；保证充足睡眠，避免情绪激动；注意休息，避免劳累及用眼疲劳；避免短时间内饮水量过多，一次饮水量<300ml；介绍眼压升高的表现；强调坚持用药及定期复查的重要性；教会眼球按摩的方法；告知及早行预防性抗青光眼手术。

案例7-1分析

1. 患者，女性：60岁，右眼剧烈胀痛伴视物模糊2小时，右眼视力指数/眼前2尺，球结膜呈混合充血+++，角膜呈毛玻璃样水肿，色素性KP+，前房极浅、房角闭塞，瞳孔直径约7mm，眼压为10.64kPa，该患者的诊断是：右眼闭角青光眼急性发作期。

2. 急性闭角青光眼应与急性虹膜睫状体炎、急性卡他性结膜炎相鉴别。

3. 最主要的鉴别要点包括眼压高低、瞳孔大小、前房深浅、前房角开闭、充血特点、角膜后沉着物性质颜色等。

二、原发性开角型青光眼

原发性开角型青光眼(primary open angle glaucoma，POAG)，其特点为眼压虽然升高，房角始终是开放的，房水外流受阻于小梁网-Schlemm管系统。因其在高眼压状态下无充血，故又称慢性单纯性青光眼。POAG一般为双眼性，但通常因双眼发病时间不一。

【病因与发病机制】　病因尚不明了，其病因可能与小梁网胶原纤维和弹性纤维变性、内皮细胞脱落或增生，小梁网增厚，网眼变窄或闭塞，房水外流受阻有关。

【临床表现】

1. 发病隐匿　除少数患者在眼压升高时感到雾视、眼胀外，大多数患者无任何自觉症状，常常直到晚期，视功能遭受严重损害时才发觉。

2. 眼压特点　早期眼压不稳定，有时可在正常范围，24小时眼压测量较易发现眼压高峰和较大的波动值，随着病情进展，眼压逐渐增高。

3. 眼前部检查　患者眼前段多无明显异常。

4. 眼底检查　视盘凹陷(图7-1)：视盘上下方局限性盘沿变窄，视盘凹陷进行性扩大和加深，C/D值(视杯直径与视盘直径的比值)增大，C/D>0.6(正常人C/D<0.3，双侧对称)；双眼视盘凹陷不对称，C/D>0.2；视神经萎缩，视盘呈苍白色；视盘或盘周浅表性线状出血；视网膜神经纤维层缺损等。

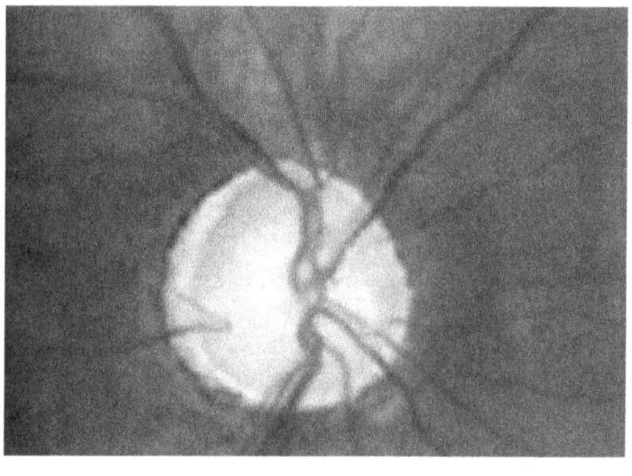

图7-1　青光眼视盘凹陷

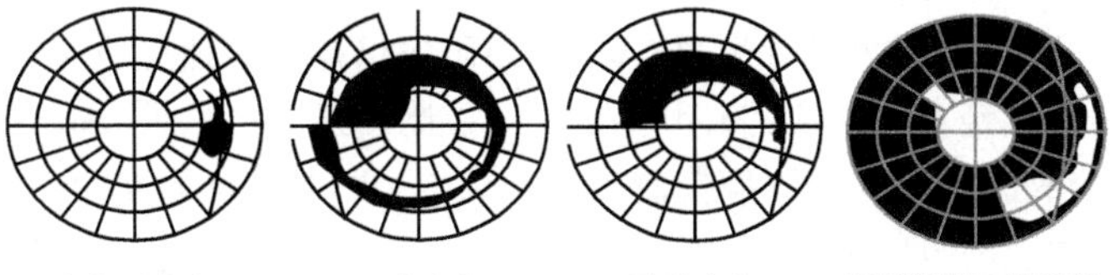

图 7-2　青光眼视野缺损

5. 视野检查　视野缺损(图 7-2):早期的视野缺损表现为孤立的旁中心暗点和鼻侧阶梯,随着病情加重,可出现弓形暗点、周边视野向心性缩小、象限型或偏盲型缺损。发展到晚期,仅残存管状视野和颞侧视岛。

6. 黄斑功能检查　黄斑功能改变:表现为获得性色觉障碍、视觉对比敏感度下降、某些视觉电生理异常。

【临床诊断】　典型病症出现时,不难诊断,一般根据病史、眼压升高、C/D 值增大和视野缺损等典型体征即可明确诊断。本病关键是早诊断常较困难。对于有青光眼家族史的、原因不明的头痛、眼胀、虹视等症状者应提高警惕,应做以下检查。先进行 24h 眼压测定:在 24h 内每隔 2~4h 测眼压一次,并记录,若 24h 内最高眼压与最低眼压差值≥8mmHg 者为病理状态(正常人≤5mmHg);再进行中心视野测定、眼底检查;开角型青光眼早期诊断有困难时可做饮水激发试验:检查前应停止使用抗青光眼药物至少 48 小时,第二天清晨空腹或禁饮食 4 小时以上,先测眼压一次,再于 5 分钟内饮完 1000ml 温开水,然后每隔 15 分钟测眼压一次,共测四次,如饮水后眼压高于饮水前眼压 8mmHg 以上为阳性。患有高血压、心脏病、肝肾功能不良、严重溃疡病者禁做此试验。

【治疗】　治疗原则:药物降低控制眼压,保护视功能,防止或延缓视功能进一步损害,药物治疗无效时及时行手术治疗。

1. 以药物治疗为主　目的是降低控制眼压,保护视功能。药物治疗原则:一般是从低剂量的药物局部治疗开始,如不能控制眼压,再增加药物浓度或联合用药,可采用噻吗洛尔眼液点眼和乙酰唑胺口服,以抑制房水生成,降低眼压。给予营养神经药物。

2. 激光治疗　药物治疗降眼压无效时再进行激光治疗。激光治疗多常用氩激光小梁成形术。

3. 手术治疗　若病情仍然进一步发展可首先考虑滤过性手术治疗,小梁切除术是原发性开角型青光眼最常用的手术方式。

【预防措施】　告知缩瞳剂用药注意事项:压迫泪囊区 3~5 分钟,防止吸收中毒,解释原发性开角型青光眼的首选术式是小梁切除术,告之青光眼激发试验对开角型青光眼早期诊断的意义。

第 3 节　继发性青光眼

继发性青光眼(secondary glaucoma)是由于某些眼病或全身疾病或用药反应,导致房水循环受阻而引起眼压增高的一组青光眼。根据在高眼压状态下房角开放或关闭,继发性青光眼也可分为开角型和闭角型两大类。

一、虹膜睫状体炎继发青光眼

虹膜睫状体炎可引起瞳孔环状后粘连,房水无法通过瞳孔进入前房,后房压增加并推挤虹膜使之向前膨隆,闭塞前房角导致继发性青光眼。虹膜睫状体炎时,也可因炎性产物阻塞小梁网、炎症累及小梁网或发生周边前粘连,房水外流通路受阻导致继发闭角型青光眼。急性虹膜睫状体炎时,应该及时扩大瞳孔,防止虹膜后粘连。一旦发生瞳孔闭锁、虹膜膨隆,应及早行激光虹膜切开术,以防止周边虹膜前粘连和小梁网永久性损害。

二、白内障继发青光眼

年龄相关性皮质性白内障膨胀期,由于渗透压改变,短期内有较多水分积聚于晶状体内,晶状体膨胀,推挤虹膜前移,可使前房变浅,房角关闭,房水排除受阻,眼压增高,而继发闭角型青光眼。其治疗原则为晶状体摘除术,如房角已有广泛粘连,则可考虑白内障和青光眼联合手术。

年龄相关性皮质性白内障过熟期,晶状体皮质液化并漏入前房,被巨噬细胞吞噬。吞噬了晶状体蛋白的巨噬细胞以及大分子晶状体蛋白均可阻塞小梁网,使房水外流受阻,眼压升高,而继发开角型青光眼。其治疗原则为药物控制眼压后行白内障摘除术,术前局部滴用激素眼液有助于缓解晶状体皮质过敏性眼内炎。

三、眼外伤继发青光眼

眼球钝挫伤导致大量前房积血或小梁网直接损伤时,红细胞堆积在小梁网上或同时伴有血凝块阻滞瞳孔,以及小梁网损伤后炎性水肿,使房水排出受阻,短期内发生急性眼压升高,而继发开角型青光眼。药物治疗包括滴用糖皮质激素减轻炎症反应,滴用噻吗洛尔,必要时口服乙酰唑胺或静脉滴注甘露醇控制眼压。一般高眼压可随前房血液的吸收而缓解,个别患者如眼压过高,眼压控制不满意或有角膜血染趋势,需行前房冲洗术,排出积血。

四、青光眼睫状体炎综合征

青光眼睫状体炎综合征好发于中年男性。典型病例呈发作性眼压升高,可达 50mmHg 以上,在眼压升高的同时或前后,出现羊脂状角膜后沉着物,前房深,房角开放,房水无明显混浊,不引起瞳孔后粘连,一般数天内能自行缓解,预后较好,但易复发。滴用噻吗洛尔、糖皮质激素,服用乙酰唑胺可以缩短发作过程。

五、糖皮质激素继发青光眼

长期滴用或全身应用糖皮质激素,可引起眼压升高。多数病例停用糖皮质激素后眼压可逐渐恢复正常,对少数停药后眼压仍持续升高的患者,可按开角型青光眼治疗原则处理。对临床需要长期糖皮质激素治疗的患者,则应密切观察眼压情况。

第 4 节　先天性青光眼

先天性青光眼(congenital glaucoma)系胎儿发育过程中,前房角发育异常,小梁网-Schlemm 管系统不能发挥有效的房水引流功能而使眼压升高的一类青光眼。根据发病年龄的早晚分为婴幼儿型青光眼和青少年型青光眼两种类型。

【临床表现】

1. 婴幼儿型青光眼

(1) 症状:畏光、流泪、眼睑痉挛是本病三大特征性症状。患儿不肯睁眼,患儿常哭闹。

(2) 体征:角膜增大,角膜雾状浑浊,前房加深,房角异常,眼压升高,青光眼性视盘凹陷及眼轴长度增加。角膜混浊本身可导致弱视,眼轴长度增加可引起轴性近视。

2. 青少年型青光眼　3 岁以后眼球壁组织弹性减弱,眼压增高,通常不引起畏光、流泪、角膜增大等症状和体征。除眼压有较大的波动外,青少年型青光眼临床表现与原发性开角型青光眼基本一致,两者的诊断和处理也基本相同。

【治疗】

1. 婴幼儿型青光眼　手术是治疗婴幼儿型青光眼的主要措施。约 80%的病例可望通过房角切开术或小梁切开术控制眼压。房角切开术或小梁切开术后眼压仍控制不理想的病例,可选用滤过性手术。眼压控制后还应尽早采取适当的措施防治弱视。

2. 青少年型青光眼　药物治疗不能控制眼压时,可行小梁切开或小梁切除术。

(李晓兰)

目标检测

一、名词解释

病理性高眼压　青光眼斑

二、填空题

1. 原发性青光眼分为________、________两大类。
2. 眼内压是指________作用于________的压力。
3. 闭角青光眼分为________、________、________、________、________、________六个临床时期。

三、选择题

1. 1%~4%毛果芸香碱眼液治疗急性闭角青光眼的药物作用机理是(　　)
   A. 开放已闭塞的房角　B. 抑制房水产生分泌
   C. 使血液渗透压增高　D. 防止和解除虹膜后粘连
   E. 以上全是
2. 20%甘露醇治疗急性闭角青光眼的药物作用机理是(　　)
   A. 开放已闭塞的房角　B. 抑制房水产生分泌
   C. 使血液渗透压增高　D. 防止和解除虹膜后粘连
   E. 以上全是
3. 0.25%~0.5%噻吗洛尔眼液治疗急性闭角青光眼的药物作用机理是(　　)
   A. 开放已闭塞的房角　B. 抑制房水产生分泌
   C. 使血液渗透压增高　D. 防止和解除虹膜后粘连
   E. 以上全是
4. 乙酰唑胺治疗治疗急性闭角青光眼的药物作用机理是(　　)
   A. 开放已闭塞的房角　B. 抑制房水产生分泌
   C. 使血液渗透压增高　D. 防止和解除虹膜后粘连
   E. 以上全是
5. 不属于闭角青光眼急性发作期的临床特点为(　　)
   A. 眼压明显增高
   B. 瞳孔缩小
   C. 瞳孔散大
   D. 球结膜呈混合性充血+++
   E. 以上全是
6. 下列可导致出现手足麻木副作用的抗青光眼治疗药物是(　　)
   A. 毛果芸香碱　B. 噻吗洛尔
   C. 乙酰唑胺　D. 甘露醇
   E. 维生素

7. 急性闭角青光眼的主要发病基础是(　　)
A. 前房浅、房角窄　B. 前房浅
C. 房角窄　D. 瞳孔阻滞
E. 房角开放

8. 青光眼的特殊检查包括(　　)
A. 眼底检查　B. 眼压检查
C. 眼压描记　D. 视野检查
E. 以上全是

9. 患者,女性,60 岁,右眼剧烈胀痛伴视物模糊 2 小时。入院检查:右眼视力指数/眼前 2 尺,球结膜呈混合充血+++,角膜呈毛玻璃样水肿,色素性 KP+,前房极浅、房角闭塞,瞳孔直径约 7mm,眼压为 10.64kPa,结膜囊无分泌物。
该患者的临床诊断为(　　)
A. 闭角青光眼急性发作期　B. 闭角青光眼先兆期
C. 急性卡他性结膜炎　D. 急性虹膜睫状体炎
E. 开角型青光眼

10. 患者,男性,56 岁,在傍晚时分突感雾视、虹视,伴患侧额部疼痛和同侧鼻根部酸胀。检查:眼压轻度升高,眼局部稍充血,瞳孔稍散大,上述症状历时短暂,休息后症状自行缓解或完全消失,未留下永久性损害。该患者的临床诊断为(　　)
A. 闭角青光眼临床前期　B. 闭角青光眼先兆期
C. 闭角青光眼急性发作期　D. 闭角青光眼慢性期
E. 闭角青光眼绝对期

四、问答题

1. 简述闭角青光眼急性发作期的主要体征。
2. 简述闭角青光眼急性发作期的局部治疗和全身治疗方法。

第8章　葡萄膜疾病

学习目标

理解葡萄膜炎的一般病因和分类。

掌握虹膜睫状体炎的临床表现和治疗原则，交感性眼炎的病因，临床表现和治疗原则。

案例8-1

患者，男性，26岁。主诉：右眼外伤1个月，左眼视力下降1天。现病史：患者一个月前不慎被锐利物刺伤，立即出现右眼剧痛、异物感和视物不清等症状。入院后行"右角膜穿通伤清创缝合术"。1天前，患者自觉左眼视力下降。检查：右眼仅有光感，左眼视力为0.4。右眼结膜充血，角膜可见裂伤，缝线不规则，有新生血管长入。眼底窥视不清。左眼前节正常，眼底可见后极部及颞侧视网膜水肿、隆起，黄斑中心凹反射不清。

问题：该患者应诊断为什么病？病因是什么？

第1节　葡萄膜炎概述

葡萄膜分为三部分，即虹膜、睫状体和脉络膜。葡萄膜是营养眼球的重要组织，睫状体有分泌房水作用。葡萄膜病变的发生与发展同血管和色素的变化有很大关系，葡萄膜血流丰富，血液中有害物质和毒素容易停滞而引起炎症。其中，虹膜和睫状体血液联系紧密，常同时发炎，称为前部葡萄膜炎；视网膜外层营养由脉络膜供给，后者发炎常影响视网膜而发生脉络膜视网膜炎或称后部葡萄膜炎。前后节同时发炎时称全葡萄膜炎。葡萄膜发炎时可影响眼球营养；虹膜睫状体靠近房角，发炎时影响视力和房水循环，引起继发性青光眼或眼球受损后萎缩，严重时可导致视力完全丧失。

【病因】

1. 外因性　可由眼部外伤、手术后眼周围炎症引起的感染性炎症，也可由机械性、化学性等因素引发非感染性化脓性葡萄膜炎。

2. 继发性　继发于眼球本身的炎症，如角膜炎、巩膜炎；继发于眼球附近组织的炎症，如眼眶脓肿等。

3. 内因性　感染性内因，如细菌感染、病毒感染等；免疫性内因，如交感性眼炎等。

【分类】

1. 按炎症部位分类　前葡萄膜炎、后葡萄膜炎、中间葡萄膜炎、全葡萄膜炎。

2. 按炎症性质分类　化脓性葡萄膜炎、非化脓性葡萄膜炎。

3. 按病因分类　外因性、继发性和内因性。

第2节　急性虹膜睫状体炎

在解剖上虹膜和睫状体组织相连，血液相供，两者常同时发炎，总称虹膜睫状体炎。

【临床表现】

1. 症状　患者主要症状为眼痛、畏光、流泪、视物模糊。虹膜为三叉神经末梢支配，受到炎症刺激时会引起强烈的疼痛、畏光及流泪。房水的炎性混浊，角膜后沉着物，角膜内皮水肿，黄斑及视盘水肿可使视力下降，发生并发性白内障或继发性青光眼时，视力下降更严重。

2. 体征

(1) 睫状充血或混合性充血：睫状充血是指位于角膜缘周围的表层巩膜血管充血，是急性前葡萄膜炎的一个常见体征。

(2) 房水混浊：虹膜睫状体炎时，炎症细胞进入房水中，当大量炎症细胞沉积于下方房角内，可见到液平面，称为前房积脓。由于炎症，血-房水屏障功能破坏，蛋白进入房水，裂隙灯检查时可见光束增强，呈灰白色混浊，称为房水闪辉。

(3) 角膜后沉着物(简称KP)：炎症细胞或色素进入前房并沉积于角膜后表面，被称为KP。KP是前葡萄膜炎的重要体征，一般分为三种类型，即尘状、中等大小和羊脂状。尘状KP主要见于非肉芽肿性前葡萄膜炎，羊脂状KP主要见于肉芽肿性前葡萄膜炎。

(4) 虹膜改变：虹膜与角膜后表面的黏附称为虹膜前粘连，虹膜与晶状体前表面的黏附称为虹膜后粘连。房水循环是房水由后房经瞳孔流入前房，当虹膜广泛后粘连时，房水流出通道受阻，房水不能由后房流向前房，导致后房水压力升高，虹膜被向前推移，裂隙灯下可观察到虹膜呈膨隆状，称为虹膜膨隆。炎症损伤还可导致虹膜脱色素、萎缩等改变。

(5) 瞳孔改变：炎症时因睫状肌痉挛和瞳孔括约

肌的持续性收缩，可引起瞳孔缩小。当虹膜部分后粘连时，给患眼散瞳，由于粘连部分不能分开，使瞳孔出现花瓣状、梨状或不规则状瞳孔。若虹膜瞳孔缘与晶状体前囊全部粘连，前后方不能相通，称为瞳孔闭锁。若瞳孔区纤维素性渗出机化成纤维膜并覆盖整个瞳孔区，则被称为瞳孔膜闭（图 8-1）。

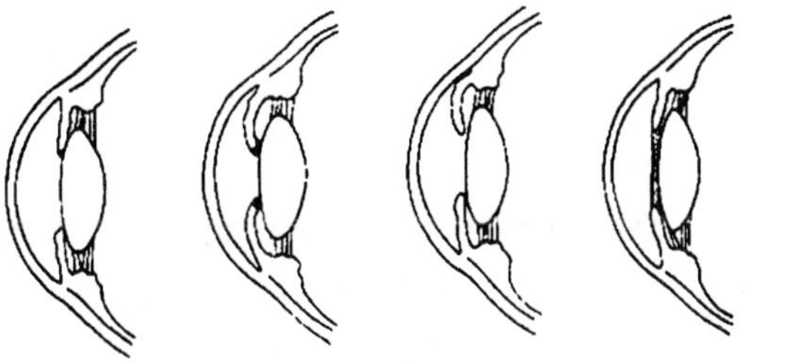

图 8-1　瞳孔膜闭

【并发症】

1. 并发性白内障　炎症反复发作或慢性化，影响晶状体代谢，从而引起白内障。

2. 继发性青光眼　虹膜周边前粘、瞳孔闭锁、瞳孔膜闭都可使房水引流受阻，引起继发性青光眼。

3. 低眼压及眼球萎缩　炎症反复发作可导致睫状体脱离或萎缩，房水分泌逐渐减少，眼压下降，严重者可致眼球萎缩。

【诊断】　根据典型症状和体征可以做出诊断。因为病因对疾病的治疗有重要价值，所以应尽早查明。诊断时还应与急性结膜炎、急性闭角青光眼等疾病相鉴别。

【治疗】　本病的治疗原则为迅速扩瞳和抗炎。

1. 睫状肌麻痹剂　使用散瞳药物可以防止和拉开虹膜后粘连，解除睫状肌、瞳孔括约肌的痉挛，以减轻充血、水肿及疼痛。最常用的睫状肌麻痹剂为1%、2%、4%后马托品眼膏，其优点是可以使瞳孔始终处在活动状态，但其扩瞳效果不及阿托品。新鲜的虹膜后粘连不易拉开时，可结膜下注射散瞳合剂（1%阿托品、1%可卡因、0.1%肾上腺素等量混合）0.1～0.2ml，对炎症恢复期可给予0.5%～1%的托吡卡胺滴眼液点眼，一日一次。

2. 糖皮质激素　皮质类固醇具有非特异性抗炎作用，可以防止炎症对眼组织的进一步破坏。常用有0.5%醋酸可的松、0.1%地塞米松、0.1%艾氟龙滴眼剂、典必殊滴眼液（0.3%妥布霉素+0.1%地塞米松）、四环素可的松眼膏。

3. 其他　病因治疗；治疗并发症。

第 3 节　交感性眼炎

交感性眼炎是指发生于一眼穿通伤或内眼手术后的双侧肉芽肿性葡萄膜炎。通常为一眼受到眼穿通伤或内眼手术后，经过一段时间后，另一侧未受到穿通伤或内眼手术（即健侧眼）却也发生同样性质的葡萄膜炎。受伤眼被称为诱发眼，另一眼则被称为交感眼。

【病因】　主要由外伤或手术造成眼内抗原暴露并激发自身免疫应答所致。

【临床表现】　潜伏期可在外伤或手术后5天至56年内，但多发生于2周至2个月内。多为隐匿发病，以肉芽肿性炎症为主，临床表现为前葡萄膜炎、后葡萄膜炎、中间葡萄膜炎或全葡萄膜炎，其中以全葡萄膜炎为多见。

【诊断】　眼球穿通伤或内眼手术史对此病诊断有重要价值。免疫学检查可发现，该患者免疫细胞对多种视网膜抗原呈阳性反应。

【治疗】　对眼前段受累者，可给予糖皮质激素点眼和睫状肌麻痹剂等治疗。对于表现为后葡萄膜炎或全葡萄膜炎者，则应选择糖皮质激素口服或其他免疫抑制剂治疗。

案例 8-1 分析

患者初步诊断为交感性眼炎。该病主要由外伤或手术造成眼内抗原暴露并激发自身免疫应答所致，常为一眼受伤后一段时间，对侧眼开始发病。

（张　陈）

目标检测

一、名词解释

角膜后沉着物　前房积脓　房水闪辉

二、选择题

1. 下列哪一项不是虹膜睫状体炎的主要体征（　　）
   A. 房水混浊　　B. 前房闪辉
   C. 结膜充血　　D. 角膜后沉着物
   E. 巩膜改变
2. 虹膜睫状体炎散瞳，常用（　　）
   A. 1%阿托品眼液　　B. 2%后马托品眼液
   C. 0.1%肾上腺素眼液　　D. 0.5%东莨菪碱眼液
   E. 1%毛果芸香碱眼液
3. 在虹膜睫状体炎的并发症中，最常见是（　　）
   A. 继发性青光眼　　B. 虹膜后粘连
   C. 眼球萎缩　　D. 并发性白内障
   E. 低眼压

四、简答题

1. 简述虹膜睫状体炎的临床表现。
2. 简述虹膜睫状体炎的治疗措施。
3. 简述交感性眼炎的病因、症状及治疗。

第9章　视网膜和视神经病

学习目标

理解常见视网膜和视神经病的病因。

掌握常见视网膜和视神经病的症状及眼底表现，常见的视网膜和视神经疾病的诊断及协助诊断相关的全身性疾病，常见视网膜和视神经疾病的治疗措施。

案例9-1

患者，男性，54岁。主诉：左眼前暗影遮挡1天。现病史：1周前左眼受到碰撞，当时感到左眼疼痛，无视力模糊等其他不适。5天前左眼出现闪光感，感到眼前有小黑影飘动。1天前左眼出现暗影，逐渐扩大，无其他明显不适。患者于今日来院检查，门诊医生给以散瞳眼底检查发现颞上象限有视网膜变性及马蹄形裂孔。

问题：患者眼底情况提示什么疾病，治疗措施是什么？

第1节　视网膜及视神经疾病概述

视网膜和视神经是大脑组织的延伸部分，在组织上紧密相邻，在功能上相互配合，能精确地完成视觉的感受和传导。视网膜和视神经的病变不仅只是自身的病变，还有可能是邻近组织病变的蔓延或全身性疾病在视网膜或视神经上的反映，所以在诊断和治疗的过程中应全面考虑病情。

一、视网膜病变特征

1. 视网膜动脉　正常视网膜血管壁透明，发生病变时血管壁或血管中央反光带的形态改变。高血压时动脉血管变细或粗细不均。动脉硬化时，中央反光带增强增宽，动静脉交叉处出现动静脉压迫征。

2. 视网膜静脉　一些疾病会影响视网膜静脉，使静脉回流受阻，致使静脉迂曲、扩张，扩张程度与回流障碍程度有关。动静脉交叉处的远端，静脉充盈、扩张更明显。

3. 新生血管　是血循环障碍所致的代偿性改变。视网膜血管受损害时，视网膜上新生的血管增长到内界膜或视网膜外层的无血管区，呈条状、带状或丛状，大小、形态及走行均无规律。

4. 视网膜微动脉瘤　动脉瘤呈红点状，其壁由正常的内皮细胞、基膜和壁间周细胞构成。多见于糖尿病性视网膜病变等疾病。

5. 视网膜水肿　水肿时，视网膜呈乳白色混浊，动脉细小。多见于视网膜动脉阻塞等病变。

6. 视网膜渗出　血浆内的脂质或脂蛋白从视网膜血管渗出，沉积在视网膜内，呈黄色颗粒或斑块状，称为硬性渗出。白色絮状，边缘模糊，大小及形态不规则，称软性渗出，也称棉絮状渗出。

7. 视网膜出血　当病变影响视网膜血管时，可导致血管受损，通透性增加，形成视网膜出血斑。常见的有火焰状出血、斑状出血、视网膜前出血、视网膜下出血、玻璃体积血。

8. 视网膜色素改变　视网膜色素上皮层在受到各种损伤（变性、炎症、缺血、外伤等）后会发生萎缩、变性、死亡及增生，使眼底出现色素脱失、色素紊乱、色素沉着等。

二、视神经疾病

视网膜是由视网膜神经节细胞的轴突汇集而成，其表面覆盖着三层鞘膜，分别是：外层为硬脑膜，中层为蛛网膜，内层为软脑膜，是三层脑膜延伸而来。视神经疾病包括视盘至视交叉以前的视神经段的疾病。由于视神经疾病（除视盘外）病变不能通过检眼镜直接检查，因此诊断视神经疾病必须依据病史、视力、视野、瞳孔等检查，并借助视觉诱发电位、CT、MRI等辅助检查手段。其中，视野对视神经及视路疾病的定位诊断最为重要。

第2节　视网膜血管病

一、视网膜动脉阻塞

【病因】　视网膜动脉阻塞主要是由动脉硬化、痉挛，动脉周围炎及血栓形成等原因，使视网膜中央动脉或分支动脉发生阻塞，造成相应区的视网膜缺血。

【临床表现】　患者突发无痛性视力下降或丧失，视力可降至指数与光感之间。瞳孔散大，直接对光反射减弱或消失，间接对光反射存在。

眼底镜检查发现视网膜水肿，呈灰白色混浊。

动、静脉变细，小动脉分辨不清。黄斑可保持正常颜色，与周围苍白的视网膜相比，显出红色区，称为樱桃红斑。数周后，视网膜水肿混浊消退，中心凹樱桃红斑也消失，遗留苍白色视盘和细窄的视网膜动脉。

【诊断】　眼底荧光素血管造影可显示视网膜动脉充盈延迟，动脉变细，可呈节段状或搏动性充盈。

【治疗】　本病的治疗原则为尽早尽快处理病症，发病48小时内处理效果较好。

1. 血管扩张剂　应立即吸入亚硝酸异戊酯或舌下含服硝酸甘油。也可球后注射妥拉唑啉25mg或12.5mg每日或隔日一次。

2. 降低眼内压　眼球按摩、前房穿刺、口服或静脉注射药物。

3. 吸氧　95%氧及5%二氧化碳混合气体，缓解视网膜缺氧状态。

4. 其他　应用纤溶制剂等。

链 接 >>>

眼底荧光血管造影

当视网膜血管发生病变时，眼科医师通常会选择检眼镜作为眼底检查的首选设备。但检眼镜不能细致、动态的展现视网膜血管的全貌。

眼底荧光血管造影是将荧光素纳作为造影剂从肘静脉注入，当荧光素钠随血流进入眼底血管时，装有滤光片的眼底照相机将连续拍摄眼底血管中荧光素发出的荧光。通过这种检查手段，眼科医生可以清楚地了解视网膜血管及灌注情况，对疾病的诊断有很大的帮助。

二、视网膜静脉阻塞

【病因】　视网膜动脉硬化时，在动静脉交叉处，硬化的动脉压迫静脉，受压的静脉管腔变窄，管壁内皮细胞受刺激增生，血流变慢，血栓形成，阻塞血管。某些全身疾病，如糖尿病，使血小板数量增多和凝集性增高，造成血栓形成，阻塞血管。一些疾病还可使血流动力学改变，静脉回流受阻，增加了静脉阻塞的概率。

【临床表现】　患者视力逐渐减退，多为单眼发病。眼底可见视网膜静脉高度迂曲扩张如腊肠状，呈暗红色。视盘和视网膜水肿，大量片状点状出血遍布整个眼底，呈火焰状。随着病程的延续，出血斑中伴有白色渗出斑，久病患者黄斑部呈现星芒状渗出。

【诊断】　根据视网膜静脉阻塞的眼底表现特征，如静脉高度迂曲扩张及出血，以及荧光血管造影检查，可作出诊断。

【治疗】

1. 治疗病因　针对引起本病的全身系统性疾病进行治疗。

2. 溶栓治疗　尿激酶、链激酶等均可使纤维蛋白溶解，减轻或去除血栓形成。

3. 激光治疗　激光可以减少毛细血管渗漏，封闭新生血管，使视网膜水肿和出血等得到控制。

三、高血压视网膜病变

高血压是一种全身性疾病，对眼部的影响主要是以眼底改变为主。高血压分为原发性高血压和继发性高血压。其中原发性高血压占绝大多数，又分为慢性和急进型。

1. 慢性高血压视网膜病变　视网膜动脉变细、变窄，血管壁增厚，厚度不一。动脉反光带增宽，呈铜丝或银丝状，动静脉交叉处可见到压迫症。严重者可有渗出和微血管改变。

2. 急进型高血压视网膜病变　最主要的改变为视盘水肿和视网膜水肿，同时可见视网膜火焰状出血、棉絮斑、硬性渗出等症状。

四、糖尿病视网膜病变

糖尿病是多种病因引起以糖代谢紊乱为主的常见全身病。可引起眼部晶状体、虹膜睫状体、视网膜等多部位病理性改变。病变早期可无自觉症状，随着病情的发展，可引起视力障碍、视物变形、眼前黑影飘动和视野缺损等症状，最终导致失明。糖尿病视网膜病变分为非增生性和增生性两种。

1. 非增生性糖尿病视网膜病变　眼底主要表现如下。

(1) 微动脉瘤：为最早出现的症状，呈圆点状，多在黄斑区及颞侧。

(2) 视网膜内出血：出血在视网膜深层，呈圆形斑状或火焰状。

(3) 硬性渗出：呈蜡黄色点、片状，界限清楚。累及黄斑部时，可出现大片星芒斑。

(4) 视网膜水肿：表现为视网膜肿胀变厚，不透明外观。黄斑部水肿时可表现为囊样。

2. 增殖性糖尿病视网膜病变　其特点为具有大量棉絮状斑、微血管瘤增多。有新生血管形成，多位于视网膜、视盘或其附近，多数突出于内界膜之外与玻璃体接触。当新生血管破裂后，增殖机化呈条索状，能引发牵拉性视网膜脱离。

第3节　中心性浆液性脉络膜视网膜病变

本病多发生于25~50岁的青壮年健康男性，单眼或双眼发病,通常表现为自限性疾病,但易反复发作。

【病因】 本病原因不十分明确,目前已知色素上皮的屏障功能损害,脉络膜毛细血管网漏出的浆液进入视网膜神经上皮之下,造成局限性视网膜脱离。精神紧张、情绪激动、感染性病灶均可诱发或加重本病的发生和发展。

【临床表现】 患者出现视力下降,程度不一。眼前中心有固定暗影阻挡,视物时可有变暗、变形、变小、变远等感觉。

眼前节无任何炎症改变,眼底可见黄斑中心凹光反射弥散或消失。严重者可见黄斑区视网膜有圆形隆起的盘状脱离,其边缘有反光轮。急性期过后盘状脱离区有黄白色渗出点,可以逐渐吸收,视力也随之改善。

【治疗】 无特殊药物治疗。应禁用糖皮质激素和血管扩张药。如渗漏点距中心凹 200μm 以外,可采用激光光凝渗漏点,可促进 RPE 屏障修复和视网膜下液吸收。

第4节 视网膜脱离

视网膜脱离是指视网膜神经上皮与色素上皮的分离。根据发病原因,分为孔源性、牵拉性和渗出性三类。

【临床表现】 视物时可发现有闪光感,这是由视网膜细胞受到刺激而产生。除此之外,患者还可出现视力下降、视物变形、视野中出现固定性黑影或遮挡感。当视网膜脱离累及黄斑部时,视力可严重受损。

脱离的视网膜呈灰白色隆起,大范围的视网膜脱离区呈波浪状,血管爬行其上。严重时,视网膜表面出现增值和固定褶皱。在孔源性视网膜脱离的病变中,大多数裂孔可通过眼底镜发现。裂孔呈红色,形状有圆形、马蹄形等,多位于颞上方靠近周边部。散瞳和三面镜有助于裂孔的查找。

【诊断】 应用必要的检查设备,尽可能的全面检查眼底,发现视网膜脱离是确诊的关键。

【治疗】 孔源性视网膜脱离的治疗原则是手术封闭裂孔,放出(或不放出)视网膜下积液,促其吸收,使视网膜复位。裂孔封闭方法有激光光凝、电凝、冷凝裂孔周围等方法以达到治疗目的。

案例 9-1 分析

根据外伤史及眼底检查,患者初步诊断为孔源性视网膜脱离。孔源性视网膜脱离的治疗措施是手术封闭裂孔,防止视网膜脱离增大或促进其复位。裂孔封闭的方法有激光光凝、电凝、冷凝裂孔周围等。

第5节 视神经病变

一、视神经炎

视神经炎泛指视神经的炎性脱髓鞘、感染、非特异性炎症等疾病。根据病变损害的部位不同,而分为球内段的视盘炎及球后段的视神经炎。

【病因】

1. 炎性脱髓鞘 一些致病因素导致视神经髓鞘脱失,从而损伤视神经功能。

2. 感染 当感染侵犯视神经时,可导致感染性视神经炎。

3. 自身免疫性疾病 如系统性红斑狼疮等,可引起视神经的非特异性炎症。

【临床表现】 患者视力急剧下降,甚至仅有光感或无光感。视野可有损害,呈象限性缺损或向心性视野缩小。患者可伴有闪光感,转动眼球疼痛等症状。眼底可见视盘充血水肿,边界不清,生理凹陷消失,表面或其周围有小的出血点。视网膜静脉增粗、怒张,动脉一般无改变。球后视神经炎患者视野可出现中心暗点,且与生理盲点相连呈哑铃状暗点。

【治疗】 视神经乳头治疗应尽量除去病因,及时给以大剂量的皮质类固醇药物,同时应用维生素 B 族药物和血管扩张剂可收到较好的效果。

二、视神经盘水肿

视神经盘水肿是颅内、眶内、全身性疾病以及眼球局部的某些疾病所引起的视神经乳头的被动性水肿。

【病因】 颅内压增高是视盘水肿最常见的病因。引起颅内压增高的疾病有颅内肿瘤、眼眶疾病、全身性疾病和某些神经系统疾病等。当颅内压增高时,使神经鞘周围的蛛网膜下隙的压力也随之增高,致使中央静脉回流受阻,从而发生视神经盘水肿。

【临床表现】 患者可有阵发性眼前发黑或阵发性视力模糊,多为双侧发病,发作后视功能可完全恢复。若视神经盘水肿持续时间太久,则视功能出现明显障碍,甚至完全失明。

眼底表现:视盘充血水肿,边界不清,生理凹陷可消失。视网膜中央静脉变得充盈、粗大,搏动消失。严重者视盘隆起呈蘑菇状,其表面及邻近视网膜可有出血。晚期视盘颜色由原来水肿时的红色变成灰白色,隆起程度逐渐减低,视网膜血管也开始变的狭窄,最终导致继发性视神经萎缩。

【诊断】 对于发展完全的视神经盘水肿,凭借眼底镜的检查,并结合临床症状不难做出诊断。但对于早期轻度的视神经盘水肿常不易做出诊断,应进行荧光血管造影、视野计等其他检查帮助诊断。

【治疗】 针对颅内压增高等原发病因进行治疗。

三、视神经萎缩

视神经萎缩是指各种疾病引起视网膜节细胞及其轴突发生的病变,最终致使神经胶质增生,神经纤维丧失。患者多有视功能减退、视野缩小,视盘苍白及凹陷。

【病因】 颅内高压及炎症,视神经和视网膜的血管性疾病、炎症,眶内或颅内的肿瘤、出血等疾病压迫,眼部外伤和某些全身性疾病都可导致视神经萎缩。

【临床表现】 主要症状有视功能减退,视野缩小等。①原发性:视盘色淡或苍白,边界清楚,视杯可见筛孔;②继发性:视盘色淡、秽暗,边界模糊不清,生理凹陷消失。视网膜动脉变细,血管伴有白鞘。

【治疗】 积极治疗原发疾病,应用血管扩张剂和维生素等辅助疗法。对于已经发生的萎缩,目前尚无特效疗法。

(张 陈)

目标检测

一、名词解释

视网膜脱离 视神经炎

二、填空题

1. 根据发病原因,视网膜脱离分为________、________和________三种类型。
2. 非增生性糖尿病视网膜病变眼底主要表现为________、________、________和________。

三、选择题

1. 在视网膜血管病变中,樱桃红斑可见于( )
   A. 视网膜中央动脉阻塞 B. 视网膜中央静脉阻塞
   C. 高血压视网膜血管病变 D. 糖尿病视网膜血管病变
   E. 中心性脉络膜视网膜病变
2. 具有自限性的疾病是( )
   A. 糖尿病视网膜病变
   B. 高血压视网膜病变
   C. 中心性浆液性脉络膜视网膜病变
   D. 视神经炎
   E. 视网膜脱离
3. 引起视盘水肿的最常见的病因为( )
   A. 恶性高血压 B. 葡萄膜炎
   C. 颅内压增高 D. 低眼压
   E. 糖尿病
4. 球后视神经炎的特征性视野改变是( )
   A. 岛状视野 B. 颞侧偏盲
   C. 管状视野 D. 哑铃状暗点
   E. 视盘色淡

四、简答题

1. 简述糖尿病视网膜病变的临床表现。
2. 简述视神经炎的临床表现和治疗措施。
3. 简述视神经萎缩的临床表现和治疗措施。

第 10 章 屈光不正及眼外肌疾病

学习目标

了解各种类型屈光不正的治疗方法。

理解各种类型屈光不正的发病机理。

掌握各种类型屈光不正的临床表现,斜视的病因、临床表现及治疗措施。

案例 10-1

患者,男性,11 岁。主诉:双眼向内倾斜 8 年。现病史:患者 3 岁时发现有间歇性内斜视,视远时减轻,视近时加重。7 岁开始戴镜治疗,视力提高,斜视得到矫正。患者今日复查。检查:患者双眼视力 0.5,戴镜右眼+4.00DS,左眼+4.25DS,双眼戴镜视力均为 1.0。患者双眼均向内斜 15°,戴镜后双眼正位。其余检查未见明显异常。

问题:

患者为哪一类斜视?

第 1 节 眼的屈光与调节

如果将眼睛比作我们周围的一件器物的话,最相似的莫过于照相机了。照相机的镜头就相当于眼的屈光系统,底片就相当于视网膜。

一、眼的屈光

当光从一种介质进入另一种折射率不同的介质时,光线将发生偏折现象,这种现象称为屈光。在人眼中也是一样的,人眼的屈光介质是由角膜、房水、晶状体、玻璃体等组成,光线经过屈光介质后最终焦点落在了视网膜上(图 10-1)。

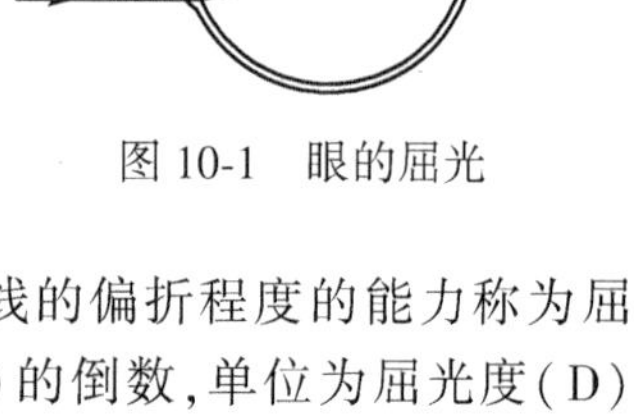

图 10-1 眼的屈光

衡量光线的偏折程度的能力称为屈光力,屈光力为焦距(f)的倒数,单位为屈光度(D),即屈光度(D)= 1/f。如一透镜的焦距为 0.5m,则该透镜的屈光力为:1/0.5=2.00D。

二、调 节

在正视眼中,观看远距离目标时(5m 以上)平行光线通过眼的屈光介质后,汇聚成一个焦点并落在视网膜黄斑中心凹上。当为了看清近距离目标时,则需增加人眼的屈光力,才能保证近距离目标在视网膜上成清晰像。在人眼的调节功能中主要是通过增加晶状体的曲率(弯曲度)来增加屈光力,这种为看清近物而改变眼的屈光力的功能称为调节。通常认为调节产生的机理是:当看远目标时,睫状肌处于松弛状态,睫状肌使晶状体悬韧带保持一定的张力,晶状体在悬韧带的牵引下,其形状相对扁平;当看近目标时,环形睫状肌收缩,睫状冠所形成的环缩小,晶状体悬韧带松弛,晶状体由于弹性而变凸。调节主要是晶状体前表面的曲率增加而使眼的屈光力增强。调节力也以屈光度为单位。如一正视者阅读 40cm 处目标,则此时所需调节力为 1/0.4m=2.50D。

需要注意一点的是,人注视近距离目标时,不只是调节一种作用,而是调节、集合和瞳孔缩小三种作用的联动效果。

第 2 节 近 视 眼

调节静止状态下,平行光线射入眼内,经眼球屈光系统后聚焦在视网膜之前,称为近视(图 10-2)。

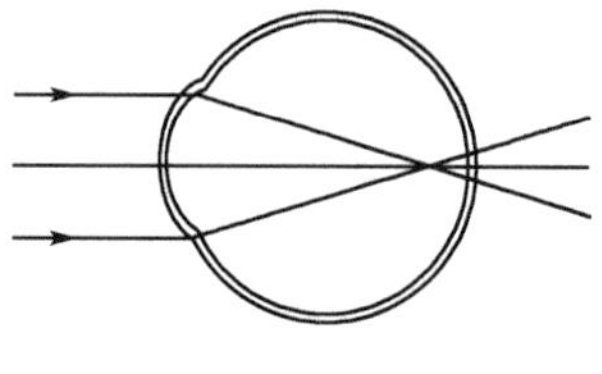

图 10-2 近视

【病因】

1. 内在因素 在近视的发展中,遗传起着重要的作用。

2. 外在因素 在成长过程中,不断受到外界环境的影响,如用眼过多,用眼环境不良,无良好的用眼习惯等都可以后天造成近视眼。尤其是正在发育的青少年,由于成长及学习环境的影响使之成为近视眼高发的年龄段。

【分类】

1. 按屈光性质分类

(1) 屈光性近视：①指数性近视，由于屈光介质的指数增高，屈光力增加，使平行光束入眼后聚焦于视网膜之前；②曲率性近视，角膜、晶状体等屈光介质表面弯曲度增强，曲率半径减小，使屈光力增加而形成的一种近视。

(2) 轴性近视：正常成年人眼轴长度为 24mm，当屈光介质基本正常，而眼轴增长时，平行光在眼内的焦点位于视网膜之前。可见于病理性近视眼。

2. 按病理变化分类

(1) 单纯性近视：屈光度在多在-6.00D 以内，无明显病理改变，用合适的镜片即可将视力矫正至正常。

(2) 病理性近视：成年后眼球近视程度仍在发展，并伴有眼轴增长和眼部病理改变。常见的病变有巩膜变薄，脉络膜进行性萎缩，眼底可见近视弧形斑、豹纹状眼底等症状。近视度数多超过 6.00D，镜片不能完全矫正屈光不正。

3. 按近视程度分类

(1) 轻度近视：近视屈光度小于-3.00D。

(2) 中度近视：近视屈光度在-3.00D ~ -6.00D 之间。

(3) 高度近视：近视屈光度大于-6.00D。

【临床表现】

1. 视力减退　远视力下降，近视力一般正常。

2. 视疲劳　视疲劳的主要原因是由于调节与辐辏之间失去平衡所导致。

3. 外斜视　近视患者在近距离工作时，很少或不使用调节。由于调节和辐辏有联动关系，使得辐辏作用也相对减弱，诱发眼位外斜。

4. 眼部表现　近视患者眼底可有豹纹状眼底、视盘弧形斑扩大等表现，严重者可有视网膜脱落。

【治疗】

1. 镜片矫正　近视可以通过配戴框架眼镜、角膜接触镜来矫正视力。近视验光的原则是最好视力最低度数。

2. 手术治疗　近年来开展的准分子激光手术可以对大部分近视进行矫正，矫正效果也令人满意。但也有个别患者出现视力回退，是否与手术有关仍有争论。

链 接 >>>

准分子激光手术

屈光不正已经成为人类最常见的眼病之一。据资料表明，世界平均近视发生率为 22%，远视患者数目和近视相近，中国近视发病率为 31%，是近视眼患病率最高的国家之一。近年来，通过准分子激光手术治疗屈光不正的方法凭借其效果好、痛苦小、手术方式便捷等优点，迅速在世界各地普及开来，成为屈光不正治疗的最佳选择。

准分子激光手术治疗屈光不正原理为：通过仪器发出特定波长的激光，当激光作用到眼角膜上时，角膜细胞的分子键被分解，进而使细胞组织气化。依靠这种方法，角膜前表面的曲率被改变，使平行光线进入眼内后其焦点准确地落在视网膜上。现在用于临床的激光为氩氟混合物产生的 193nm 波长的超紫外冷激光，具有边缘热损伤小、不穿透角膜等诸多优点，为准分子激光手术的安全性打下了坚实的基础。

第 3 节　远　　视

在调节静止的状态下，平行光线入射眼内，经眼球屈光系统后聚焦在视网膜之后，称为远视(图 10-3)。

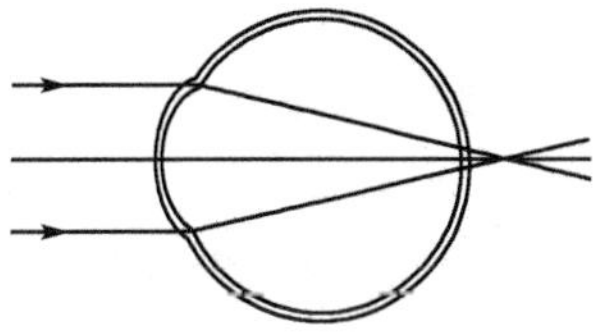

图 10-3　远视

【病因】

1. 生理因素　刚出生的婴儿眼球前后径约 16mm，3 岁时可达 23mm，由于此时婴幼儿的眼轴长度达不到成人的 24mm，所以婴幼儿可出现生理性远视。随着年龄的增长，眼轴长度逐渐接近成人，生理性远视逐渐减小或消失。

2. 病理因素　造成人眼远视的病因主要是轴性远视和屈光性远视。影响眼轴长度的疾病有眼内肿瘤、眼眶肿块、视网膜脱离等，影响眼球屈光度的疾病有扁平角膜、无晶状体眼等。

【分类】

1. 按屈光性质分类

(1) 轴性远视：眼轴较短，眼的屈光系统的屈光力正常。

(2) 屈光性远视：眼的屈光系统屈光力减弱或屈光指数下降。

2. 按远视程度分类

(1) 轻度远视：远视的屈光度低于+3.00D。

(2) 中度远视：远视的屈光度为+3.00 ~ +5.00D 之间。

(3) 高度远视：远视的屈光度高于+5.00D。

【临床表现】

1. 视力　轻度远视患者由于其调节作用，远近视力均可正常。中度远视患者在视近时不能被调节力所代偿，仅远视力正常。高度远视患者不能发挥调节的代偿作用，其远近视力都不正常。

2. 视疲劳　由于远视患者会过多地使用调节力，致使其出现头晕、头痛、眼部酸胀等疲劳症状。

3. 内斜视　远视状态导致患者过多地使用调节和集合，诱发内斜视。

4. 眼部表现　远视患者可表现为假性视盘炎，眼底常可见视盘小、色红、边缘不清、稍隆起，类似视盘炎或水肿，但矫正视力正常或与以往相比无变化，视野无改变，长期观察眼底无改变。

【治疗】

1. 镜片矫正　轻度远视如无症状可不需矫正，若有视疲劳和内斜视，即使远视度数低也应配戴矫正镜。中度以上远视者应戴镜矫正视力。

2. 手术治疗　远视患者可考虑准分子激光手术。

第4节　散　　光

散光是指由于眼球在不同子午线上屈光力不同，平行光线通过眼球屈光介质后不能在视网膜聚成焦点，而是在不同位置上有两条焦线的一种屈光状态。

【病因】

1. 曲率原因　眼球的屈光介质中，不同子午线方向上曲率不同，就会产生散光。既有生理性因素，也有病理性因素。如正常人出生后一般会有顺规散光，随着年龄的增长，又逐渐变成逆规散光，这是生理性因素。又如圆锥角膜、眼内肿瘤等是病理性因素。

2. 眼球屈光介质偏斜　当晶状体病变时（如晶状体半脱位时），晶状体偏斜，此时会引起散光。

【分类】

1. 单纯近视散光　一主子午线聚焦在视网膜上，另一主子午线聚焦在视网膜之前。

2. 单纯远视散光　一主子午线聚焦在视网膜上，另一主子午线聚焦在视网膜之后。

3. 复合近视散光　两互相垂直的主子午线均聚焦在视网膜之前，但聚焦位置前后不同。

4. 复合远视散光　两互相垂直的主子午线均聚焦在视网膜之后，但聚焦位置前后不同。

5. 混合散光　一主子午线聚焦在视网膜之前，另一主子午线聚焦在视网膜之后（图10-4）。

【临床表现】　散光的患者主要表现为视力降低和视物疲劳，有些患者还伴有视物变形、头痛。

【治疗】

1. 规则性散光　可以使用框架眼镜、屈光手术等方法进行校正。

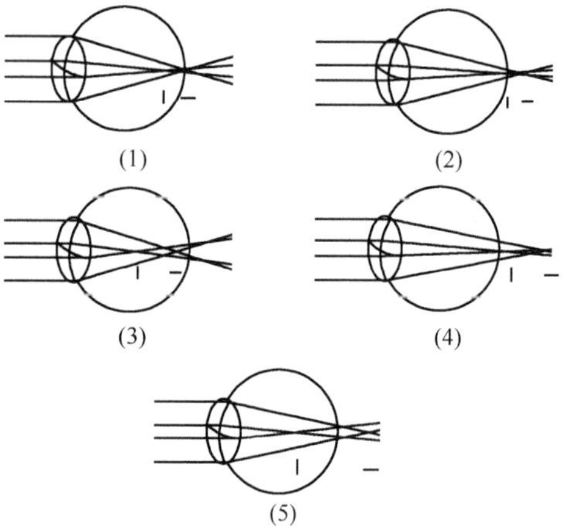

图10-4　散光分类

2. 不规则性散光　由于其难以测量和矫正，一般不使用框架眼镜。可以选择硬性角膜接触镜、屈光手术等方法进行校正。

第5节　老　　视

随着年龄的增长，眼调节能力逐渐下降，当到达一定程度时，会导致近距离工作视物不清，必须依靠增加凸透镜来达到清晰的近视力，这种由于年龄增长所致的生理性调节力减弱称老视，俗称“老花”。一般老视从40~45岁以后开始出现。

【病因】　老视的发生主要是由人眼屈光系统中调节能力的减弱所造成的。年龄较小的儿童调节力很强，但随着年龄的增长，正常生理的调节力会逐年的下降。

【临床表现】　对于老视的主观感受，不同视力需求的人感受不同。例如，会计等近视力要求高者要比司机等远视力要求高者，主观感受会更明显些。老视主要症状表现如下。

1. 视近困难　早期老视患者由注视远距离物体突然转向注视近距离物体时，会感到视物不清，需要一段时间才可看清近距离物体。在平时阅读过程中所需要的照明度也会有所增加。老视发展到一定程度时必须配戴老花镜。

2. 视近不能持久　因为调节力减退，患者要在接近双眼调节极限的状态下近距离工作，所以不能持久；同时由于调节集合的联动效应，过度调节会引起过度的集合，故看报易串行，字迹成双，最后无法阅读。某些患者甚至会出现眼胀、流泪、头痛等视疲劳症状。

【诊断】　老视的诊断主要依靠综合验光来进行诊断。老视的验光是屈光不正验光技术中一项要求较高的操作，由于调节与集合有联合作用，所以当验光结果不准确时，即有过矫或欠矫的情况出现，调节的变化会诱发集合的改变，使原有的调节与集合关系被打乱，引起视近不清。

【治疗】　配戴适度的凸透镜来补偿调节力的不足。老视矫正常用的镜片有单光镜片、双光镜片和渐进镜片。

第6节　斜　　视

一、共同性斜视

共同性斜视的主要特征是眼球运动没有限制，即眼外肌及其支配神经均无器质性病变，斜视角不因注视方向的改变而变化，两眼分别注视时的斜视角相等(第一斜视角等于第二斜视角)。

【病因】

1. 解剖因素　眼肌、眼眶发育异常。

2. 融合功能　双眼单视是由融合功能来完成，当融合功能异常时出现斜视。

3. 调节因素　使调节与集合力不平衡。如远视眼患者高度调节而过度集合常发生内斜视；近视眼患者不需要调节而集合不足常出现外斜视。

【临床表现】

(1) 眼位偏斜，但眼外肌正常，眼球向各个方向运动正常。

(2) 两眼向各方向注视时，斜视角相等，第一斜视角等于第二斜视角。

(3) 经常偏斜眼长期处于被抑制状态，最终形成弱视。

【治疗】

主要方法有验光配镜矫正屈光不正、弱视治疗、手术治疗。

二、麻痹性斜视

麻痹性斜视的主要特征为眼球运动在某个方向或某些方向有障碍，即支配眼外肌的神经或眼外肌本身有器质性病变，斜视角随注视方向的变化而改变，第二斜视角大于第一斜视角。

【病因】　神经系统疾病，颅内血管病、炎症或肿瘤，眼部外伤，肌肉疾病，代谢或内分泌等全身性病变均可导致麻痹性斜视。

【临床表现】

(1) 眼位偏斜，运动受限。

(2) 第一与第二斜视角不同。

(3) 代偿头位，主要有三部分组成：面部转向、颏部上仰或内收、头部转向。

(4) 复视，由于眼位偏斜，物像分别落在双眼的成像点不是同一相对应的视网膜对应点。

【治疗】　查明病因的同时，进行病因治疗。可加服维生素B族药物，辅助神经、肌肉功能的恢复。经药物治疗无效6个月后考虑手术治疗。

案例10-1分析

该患者为典型的屈光性调节性内斜视。需要注意的是初诊时必须检查充分麻痹睫状肌后的斜视角。本病即使在睫状肌麻痹、客观验光和配戴矫正镜后，仍并非每个患者都能立即鉴别出屈光性调节性内斜视和其他类型内斜视，需多次复诊。

(张　陈)

目标检测

一、名词解释

近视　散光

二、填空题

1. 屈光不正包括______、______、______。

2. 根据屈光状态差异散光分为______、______、______、______和______五种不同类型。

3. 老视矫正时，常用的镜片有______、______、______三种类型。

三、选择题

1. 中度远视的屈光度为(　　)
   A. +3.00D~+6.00D　　B. +5.00D~+6.00D
   C. +4.00D~+5.00D　　D. +3.00D~+5.00D
   E. −3.00D~+3.00D

2. 远视眼在看远时，由于物像落在(　　)，可诱使调节发生。
   A. 视网膜上　　B. 视网膜前　　C. 视网膜后
   D. 晶状体上　　E. 晶状体后

3. 近视眼的配镜原则是(　　)
   A. 最高度数最佳视力　　B. 最高度数最低视力
   C. 最低度数最佳视力　　D. 最低度数最低视力
   E. 最低度数最高视力

4. 下列说法正确的是(　　)
   A. 老视应尽可能全部矫正
   B. 老视是一种屈光不正
   C. 老视与年龄无关
   D. 老视验光必须在此眼为正视眼状态下进行
   E. 以上均不是

5. 共同性斜视中斜视角的特点为(　　)
   A. 第一斜视角大于第二斜视角
   B. 第一斜视角小于第二斜视角
   C. 第一斜视角等于第二斜视角
   D. 第一斜视与第二斜视角无关系
   E. 以上均不是

四、简答题

1. 按屈光性质分类，近视可分为哪几类？

2. 简述共同性斜视的病因。

3. 简述共同性斜视与麻痹性斜视的主要区别。

第11章 眼外伤

学习目标

了解眼球穿通伤的临床表现及处理原则、辐射性眼外伤的防治。

理解眼外伤的危害特点以及分类。

掌握角膜、结膜异物伤和眼钝挫伤的临床表现和治疗和化学伤的病因、临床表现和急救处理。

案例 11-1

患者，男性，54岁，磨具厂工人，8小时前用铁锤敲打一金属模具时，感觉有一异物射入右眼内。进而出现眼红痛，视力下降。为进一步诊治而就诊。受伤以来未出现头痛，恶心，呕吐表现。继往史无特殊。

眼部检查：右眼视力FC/30cm，光定位准。结膜混合充血，颞侧角巩膜缘旁可见长约3cm，线状全层伤口。前房无积血。瞳孔圆，大小约3mm×3mm。晶状体全混浊，眼底窥不入。左眼未见异常。

问题：

1. 结合症状该患者可初步诊断为？
2. 为明确诊断还应该做哪些进一步检查？

案例 11-2

患者，女性，31岁，某化工厂工人，不慎将化学制剂溅入眼内，疼痛、流泪。

问题：

该患者急救原则是什么？

第1节 眼外伤概述

眼球或眼附属器结构因受到各种机械性、物理性或化学性因素所引起的功能性损害，称眼外伤。因眼组织损伤修复存在自身特殊性，损伤后往往导致不同程度视力下降，甚至失明，目前已成为影响视觉健康的主要原因之一。

一、临床分类

眼外伤分类方法较多。目前，临床上常按致伤原因分为机械性、非机械性眼外伤两种。前者是指眼部受暴力冲击、利器或高速运动物体所引起的损伤，如穿通伤、挫伤、异物伤；后者主要指受化学物质或微波、紫外线等物理因素所引起的损伤，如热烧伤、化学伤、辐射伤。国际眼外伤学会提出，将眼外伤分为开放性眼外伤和闭合性眼外伤。

二、眼外伤的一般处理原则

（1）如同时有休克、大出血和重要脏器损伤，应由相关科室首先抢救生命。

（2）酸碱化学伤患者，应争分夺秒地用大量清水冲洗眼部。

（3）对于开放性损伤，应注射抗破伤风血清(TAT)。

（4）合理应用抗生素。

三、眼外伤的预防

在一定程度上，眼外伤预防与诊治同样重要。加强卫生安全和预防措施的宣教是预防和减少眼外伤发生的重点。如规范工矿业、农业、交通运输业等规章制度，完善相应防护措施，尽量减少眼外伤发生，禁止儿童玩耍危险玩具、燃放烟花鞭炮、投掷石子等，以防眼外伤发生。

第2节 眼表面异物

眼表面异物按异物性质可分为金属与非金属异物，金属异物又可分为磁性与非磁性异物两种，非金属异物多见于玻璃、碎石、动植物毛刺等。根据异物存留的部位可分为眼球外异物和眼球内异物。

【病因】 防护不慎或意外，回避不及以致砂、金属碎屑、动植物毛刺等溅入眼内。

【临床表现】

1. 球外异物　以角结膜异物最为多见。患眼存明显刺激症状，如刺痛、异物感、流泪、畏光不适等。结膜异物常隐藏于睑板下沟、穹隆部及半月皱襞处。角膜铁质异物可残留锈斑，动植物性异物易引起感染（图11-1）。

2. 球内异物　眼球内有异物存留，伤眼处剧烈疼痛、流泪、视力障碍，甚至失明(图11-2)。

【诊断】 根据病史、症状及体征做出诊断。

【治疗】

1. 球外异物　角膜浅层异物、结膜异物可于表

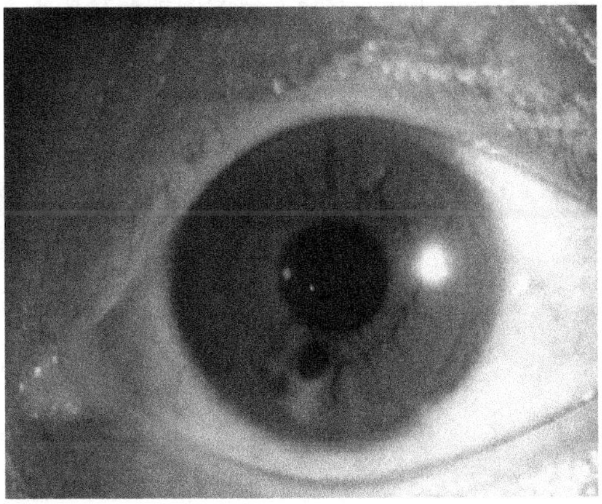

图 11-1 球外异物

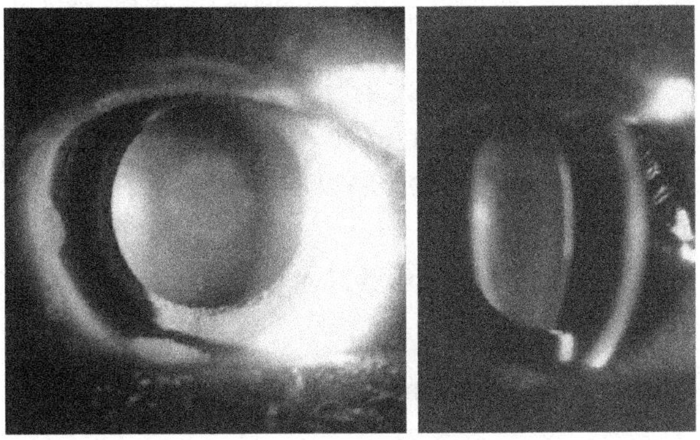

图 11-2 球内异物

面麻醉下用无菌湿棉签拭去，角膜深层异物可用异物针或注射针头剔除，残留铁锈斑应尽量一次刮除。如异物已部分穿透角膜进入前房，应在手术显微镜下取出。异物取出后常规应用抗生素眼液预防感染。

2. 球内异物 原则上球内异物一旦确诊，即应适时手术摘出，但手术必须以重建和恢复伤眼视功能为主要目的。

第3节 眼 挫 伤

砖石、球类、棍棒、拳头等对眼部的撞击、爆炸产生的冲击波等引起的眼球或眼附属器的损伤称眼挫伤。可引起眼部多种结构的病变。

一、眼 睑 挫 伤

【临床表现】 眼睑皮下组织疏松、血运丰富，挫伤后可使眼睑的小血管破裂，引起眼睑的水肿与皮下淤血。重者可造成眼睑皮肤撕裂伤(图 11-3)。

【治疗】 眼挫伤引起的眼睑轻度淤血和水肿，可自行吸收，无需特殊处理；当淤血和肿胀较明显时，早期可做冷敷，防止继续出血，48 小时以后改做热敷，

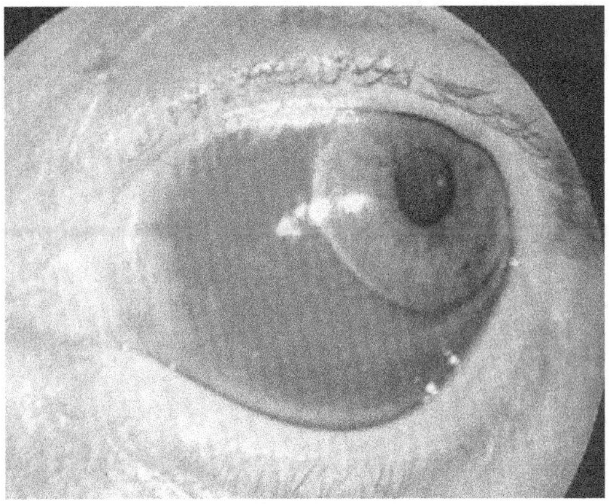

图 11-3 眼睑挫伤

以促进淤血吸收。

二、眼 眶 挫 伤

【临床表现】 剧烈的外力可造成眼眶骨折及临近颅骨组织的破坏和骨折。若伤及鼻窦，可出现眼眶和睑气肿，有时可出现鼻出血或脑脊液鼻漏。伴有眶下视神经损伤时，可出现下睑及上唇皮肤知觉减退；若伤及眶尖、眶上裂，可出现眼肌麻痹及视力障碍，可严重损害视力，重者立即失明。若伤及颅底，可伴脑挫伤症状。

【治疗】 治疗时首先要注意颅脑和全身情况，进行必要的治疗和抢救。如伴有脑震荡应绝对卧床休息，如有软组织破损，则须进行止血、伤口消毒、缝合，注射破伤风抗毒素。

三、结膜、角膜挫伤

【临床表现】 结膜挫伤可出现结膜下出血，少量出血为鲜红色，大量出血为紫红色。结膜下淤血局部隆起合并低眼压者，应考虑到巩膜裂伤。角膜挫伤由于伤眼角膜感觉神经末梢暴露，会有剧烈疼痛、畏光、睑痉挛、流泪、视力下降，可造成上皮脱落，若发生感染引起角膜溃疡。严重的角膜挫伤将损伤角膜基质层、弹力层，引起基质水肿混浊、后弹力层皱褶，视力下降(图 11-4)。

【治疗】 单纯性结膜下出血早期冷敷，24~48 小时以后改做热敷。小的结膜裂伤，能自行愈合，较大的结膜裂伤须做缝合术。可予抗生素眼膏包眼，眼部滴用糖皮质激素和抗生素滴眼液，以及促进角膜上皮修复的滴眼液，必要时用散瞳剂。

四、虹膜根部离断

【致病机制】 外界钝挫力作用于眼球的瞬间，房水被压向房角，使无晶状体支撑的虹膜根部发生断裂。

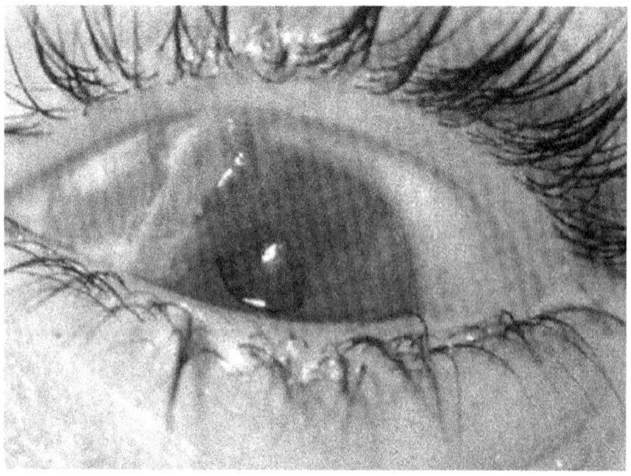

图 11-4 结膜、角膜挫伤

【临床表现】 虹膜周边部可出现新月形黑色裂缝或破损,通过离断处可见晶状体周边部或睫状突,甚至玻璃体疝。瞳孔易变形,离断范围较大时,瞳孔呈D形或新月形。如离断范围较小或在上方,一般对视力无明显影响。如果离断广泛,可出现单眼复视。极少数情况下,虹膜根部可完全离断。

【治疗】 小而无症状的虹膜根部离断无需特殊处理;离断范围较大,或伴随复视症状时,可行虹膜根部离断修复术。

五、晶状体挫伤

【临床表现】 外伤直接或通过房水传导作用于晶状体,导致晶状体混浊,即外伤性白内障。钝挫伤后由于悬韧带部分或全部断裂,可引起晶状体半脱位或脱位。半脱位时,散瞳后在瞳孔区可见部分晶状体的赤道部、可有部分虹膜因失去晶状体的支持而向后塌陷、表现为部分虹膜震颤、单眼复视或散光;晶状体全脱位时,向前可脱入前房或嵌入瞳孔区,引起继发性青光眼和角膜内皮损伤;向后可坠入玻璃体内,一般不引起并发症,但可产生无晶状体眼的症状,如视力减退、前房加深、虹膜震颤等。

【治疗】 当完全脱位至前房,引起继发性青光眼时,须立即摘除晶状体。当脱位至玻璃体腔时,如无明显并发症,可暂予观察。但目前许多学者亦主张积极手术摘除。如半脱位,患者无明显症状或症状轻微时,可予以观察或保守治疗。

六、视网膜挫伤

【临床表现】 眼球受挫伤后,常在对应的后极部视网膜上发生对冲力量,造成视网膜血管渗透性增加,导致其缺氧和水肿,即所谓视网膜震荡。表现为后极部视网膜灰白色混浊,一般无视网膜出血,视力损伤轻微。数天后网膜水肿逐渐消退,眼底和视力恢复。严重的视网膜挫伤可引起网膜裂孔导致裂孔性视网膜脱离,视力明显下降。视网膜或脉络膜的血管损伤引致玻璃体积血。

【治疗】 视网膜震荡可用糖皮质激素、神经营养药,血管扩张剂治疗,但其疗效尚未肯定。一般伤后保守治疗3个月以上积血仍不能吸收者,可考虑玻璃体切割术。如伴视网膜脱离者,宜尽早行玻璃体视网膜手术治疗。

七、继发性青光眼

【病因】 钝挫伤引起继发性青光眼原因较多,主要有前房或玻璃体腔积血、晶状体脱位、房角后退、小梁网直接损伤等。

【临床表现】 因原因不同,临床表现各异。除原发病表现外,尚可出现青光眼的高眼压、眼痛、眼红等症状。

【治疗】 短期内发生者,常与前房或玻璃体腔大量出血、小梁网挫伤有关。可采用局部滴用糖皮质激素抑制炎症反应、药物控制眼压等处理。如眼压过高而疑存角膜血染可能,且保守治疗无效者,应积极行前房穿刺冲洗术。房角后退性青光眼治疗与原发性开角型青光眼相同。

八、眼球破裂伤

【致伤机制】 挫伤严重时,眼球横径极度扩张,可导致眼球壁破裂。

【临床表现】 临床上直接眼球破裂者少见,多为间接性损伤。破裂部位多见于角巩膜缘、直肌止点附近和巩膜筛板处。临床可表现为视力严重下降或无光感、眼压降低、球结膜下出血及血肿、角膜变形、前房及玻璃体积血、眼内容物脱出等。B超检查可发现球壁裂口。CT检查可显示眼环变形或不连续样改变。

【治疗】 首先应仔细检查球壁裂口,尽可能对位缝合,并根据具体情况,考虑是否行玻璃体视网膜手术。对可疑病例,应行清创探查术。如眼球结构破坏非常严重,无修复可能,且患者无光感,为预防交感性眼炎,可慎行眼球摘除与义眼台植入术。

第4节 眼球穿通伤

【病因】 锐利器械或高速飞行的异物碎片击穿眼球壁所致,其中以金属碎片、刀、剪刺伤者多见。

【临床表现】 伤眼剧烈疼痛、流泪、视力下降,甚至丧失。查体可见眼压降低、球壁伤口、瞳孔变形、前房变浅或消失、前房积血、虹膜等眼内容组织脱出或嵌顿、晶状体混浊或皮质外溢、玻璃体积血甚至视网膜脱离等(图11-5)。

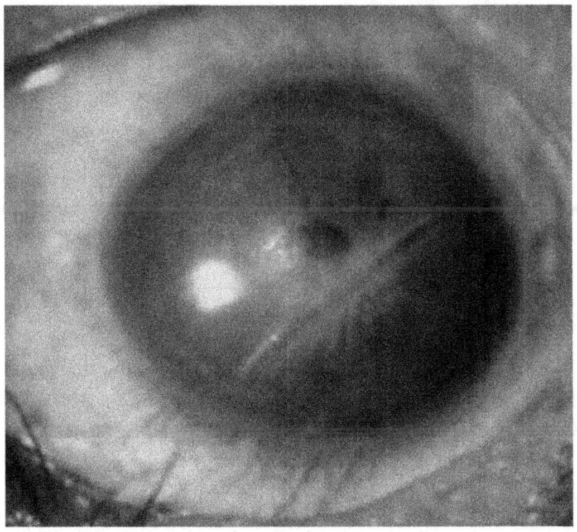

图 11-5　眼球穿通伤

【治疗】 眼球穿通伤的预后取决于损伤部位与严重程度、治疗是否及时正确、并发症发生与否等因素。

治疗原则：积极缝合伤口，以恢复眼球解剖结构的完整，防治感染和防止并发症发生。

1. 伤情处理　单纯角膜伤口如小于 3mm、对合整齐、无眼内组织嵌顿、前房深度正常时，可不缝合；如大于 3mm 或伤口不规则时，应尽可能原位缝合；脱出的虹膜、睫状体、脉络膜、视网膜等组织如嵌顿于伤口处，受伤时间短，且无明显污染或感染，应用抗生素溶液反复冲洗后还纳入眼内，否则应剪除；脱出的晶状体、玻璃体应彻底清除。

2. 术后感染防治　对所有眼球穿通伤患者，均应视受伤情况采用局部及全身应用广谱杀菌剂与糖皮质激素、扩瞳、肌内注射破伤风抗毒素等治疗。密切观察眼内感染情况。

3. 并发症处理　眼球穿通伤并发症较多，处理相当复杂。如合并外伤性虹膜睫状体炎，可采用局部滴用糖皮质激素及扩瞳等治疗；如合并眼内异物、感染性眼内炎、交感性眼炎等，其处理见后续章节；如发生增生性玻璃体视网膜病变，应及时行玻璃体视网膜手术，以尽量挽救视力。

案例 11-1 分析

1. 患者，男性，54 岁，异物射入右眼内，进而出现眼红痛，视力下降。以颞侧角巩膜缘旁可见长约 3cm，线状全层伤口。可初步诊断为眼球穿通伤。

2. 依据患者临床表现，为进一步明确诊断还应该做影像学检查：眼部 B 超、眼部 CT、眼部 X 光检查明确眼内异物情况，视觉生理检查：FVEP 了解视神经情况。

第 5 节　眼部化学烧伤

【病因及发病机制】 化学性眼外伤以酸、碱灼伤为主。酸可使组织蛋白凝固变性，有助于防止致伤物向深部组织渗透，故其损伤相对较轻；碱性物质因可与组织中脂类物质发生皂化反应，促使碱性物质很快渗透至深部组织，故其后果较严重。

【临床表现】 眼化学伤损伤程度与致伤物性质、浓度、时间、接触面积等密切相关。眼睑灼伤轻者仅表现为眼睑皮肤充血水肿，重者肌肉、睑板等亦受损，愈后常遗留睑球粘连、睑缘位置异常等。眼球灼伤轻者，仅表现为角结膜炎的明显的刺激症状，一般不影响视力；严重者，病情相当复杂，预后较差。根据临床表现，可分为以下几期（图 11-6）。

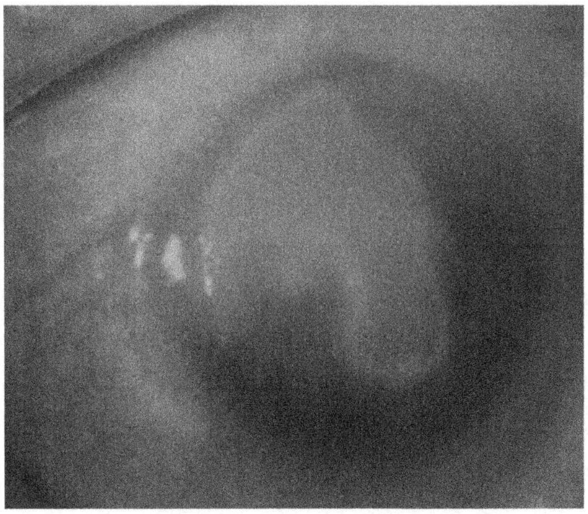

图 11-6　眼部化学烧伤

1. 急性期　烧伤后 24h 内。主要表现为结膜缺血坏死、角膜上皮脱落及基质水肿、角膜缘血栓形成、虹膜睫状体炎性反应等。

2. 修复期　伤后 10~14 天。眼表上皮组织开始修复，角膜缘开始新生血管增生，闭塞血管逐渐再通，虹膜睫状体炎趋向稳定。

3. 并发症期　烧伤后 2~3 周进入此期。表现为反复发作性角膜溃疡、假性胬肉增生、睑球粘连、角膜新生血管、顽固性葡萄膜炎、并发性白内障和继发性青光眼等。

【治疗】 治疗原则：立即脱离致伤物，用大量清水冲洗至少维持 30min；积极预防感染，促进创面愈合；防止睑球粘连等并发症。

对于眼球灼伤者，应争分夺秒地用大量清水冲洗，将结膜囊内残留化学物质彻底清除为抢救的关键；伤后 1h 内可采用酸碱中和治疗，如酸灼伤可用 2%碳酸氢钠，碱灼伤可用 4%硼酸溶液冲洗；碱灼伤时，应尽早行前房穿刺冲洗或结膜下冲洗，酌情行羊膜移植重建眼表；滴用抗生素眼液预防感染；伤后 1 周内可应用糖皮质激素以抑制炎症反应。另外，应注意散瞳或应用胶原酶抑制剂以抑制角膜自溶。

晚期主要针对并发症治疗，如矫正睑缘位置异常、角膜穿孔、睑球粘连等;如角膜混浊可行角膜移植术;如出现继发性青光眼,应用药物或手术控制眼压。

案例11-2分析

该患者是眼部化学性烧伤,目前主要处理原则是及时、就地、彻底冲洗30分钟。

第6节 眼部辐射性损伤

【病因】 因红外线、紫外线、X线、γ线、微波等各种射线所引起的眼部损伤。其中因接触电焊引起者,常称为电光性眼炎。中子或质子束损伤亦包含在内。

【临床表现】 电光性眼炎常表现为双眼剧痛、畏光流泪、眼睑痉挛、角膜上皮剥脱。紫外线所致眼部损伤常有一潜伏期,一般为3~8h,6~8h后可自行缓解。而800~1200nm波长的短波红外线即可引起白内障,观察日食可引起黄斑灼伤即"日食性视网膜病变",部分眼科仪器的强光源照射可灼伤黄斑。另外,X线、γ线、中子或质子束、微波等亦可引起白内障、视网膜视神经病变、角膜炎或虹膜睫状体炎等眼病发生。

【治疗】

对电光性眼炎患者,主要是缓解疼痛、滴用抗生素预防感染。注意不能过多的滴用表面麻醉剂以缓解眼部刺激症状,否则会导致角膜上皮愈合时间延迟,而对其他辐射性眼外伤,在工作中应重点注意防护。当发生白内障时,可酌情行白内障手术。

链 接

大多数眼部辐射性损伤是可以避免的,如接触红外线的人员应戴特制防护镜;在紫外线大量辐射的环境下旅行或工作时可戴有色眼镜,以减少强光刺激。

(张国富)

目标检测

一、名词解释

眼外伤 眼挫伤

二、填空题

1. 眼外伤按致伤原因可分为________、________两种。
2. 眼挫伤可造成眼内那些结构的病变______、________、____________、____________、____________。
3. 眼部化学烧伤时,酸性化学物质对蛋白质有________作用,碱性物质能________脂肪和蛋白质,因此________烧伤的后果较严重。
4. 紫外线照射眼部____________小时后会出现眼部症状,________小时后症状减轻。

三、选择题

1. 嵌入角膜深层的异物,应采取( )
   A. 洗眼
   B. 滴抗生素滴眼液
   C. 表麻下用湿棉签擦去异物
   D. 表麻下施行角膜异物剔除术
   E. 抗生素治疗
2. 波长为多少的红外线易被虹膜和晶状体吸收,可引起白内障( )
   A. 400~800nm B. 800~1200nm
   C. 1200~1400nm D. 1400~1800nm
   E. 200~400nm
3. 对眼外伤的紧急处理,哪一项是错误( )
   A. 开放性眼外伤应肌内注射TAT
   B. 眼化学烧伤应争分夺秒冲洗伤眼
   C. 眼球穿破伤,及早施行眼球摘除术
   D. 应预防交感性眼炎的发生
   E. 合理应用抗生素

四、简答题

1. 结膜异物易存留在何处?取角膜异物时应注意什么?
2. 简述眼化学烧伤的急救处理。
3. 简述眼球穿通伤的治疗措施。

第12章 眼眶疾病与眼部肿瘤

学习目标

了解眼眶肿瘤的特征和处理原则。

理解眼眶与临近组织的关系。

掌握眼眶蜂窝织炎的病因、症状和治疗原则。

案例 12-1

患者,女性,28岁,眼外伤手术后一天,全身畏寒、发热、头痛、恶性呕吐,眼睑水肿、眼球突出,眶内疼痛明显,转动或压迫眼球时疼痛加剧,视盘水肿、充血。

问题:

1. 结合症状该患者可诊断为什么疾病?
2. 如何处理?

第1节 眼眶蜂窝织炎

眼眶是一对底向前方开放的骨性锥形腔,与颅腔及鼻窦关系密切,其内壁与筛窦、下壁与上颌窦、内上方与额窦、上壁与前颅窝相邻。眶壁和眶尖的各个裂、孔、管与颅腔、鼻窦相通,局部的某些疾病可以互相影响。眶内有眼球、视神经、眼外肌、泪腺、血管、神经及脂肪等组织。眶内软组织或骨膜下的急性化脓性炎症,常有向颅内蔓延的趋势,引起永久性视力丧失或海绵窦血栓、化脓性脑膜炎而危及生命。

【病因机制】 眼眶外伤或手术后感染、全眼球炎、海绵窦血栓、鼻窦炎、面部疖肿或丹毒以及口腔病灶等邻近组织的感染扩散都可导致眶蜂窝织炎的发生。其病毒菌多溶血性链球菌的金黄色葡萄球菌。

全身性传染病如败血症、猩红热,细菌经血流侵入眼眶组织引起感染。

【临床表现】

1. 全身症状 炎症初起病急,体温升高恶寒、呈急性病容,畏寒、发热、头痛、恶性呕吐,甚至昏迷惊厥等全身中毒症状。

2. 眼部症状 眼睑水肿、眼球突出,眼球运动受限且固定不动,球结膜高度水肿并突出于睑裂之外。眶内疼痛明显,转动或压迫眼球时疼痛加剧,炎症若侵犯视神经时,引起视盘水肿、充血、视力减退甚至失明,炎症若向结膜或皮肤穿破,症状减轻而消退,炎症若向后蔓延入颅腔,导致严重的颅内并发症,可危及生命。

【治疗措施】 针对病因进行对症治疗,全身应用大量广谱抗生素,配合应用皮质类固醇,当肿块出现在结膜或皮肤表面时,行切开排脓,并置入橡皮管引流,眶毗邻组织的炎症,应相应处理。

案例12-1分析

1. 患者,女性,28岁,眼外伤手术后发热,眼睑水肿,转动或压迫眼球时疼痛加剧,视盘水肿、充血。可诊断为急性眼眶蜂窝织炎。

2. 针对病因进行对症治疗,大量广谱抗生素应用,配合应用皮质类固醇。当肿块出现在结膜或皮肤表面时,行切开排脓,并置入橡皮条引流,眶毗邻组织的炎症,应相应处理。

第2节 眼部肿瘤

原发于眼眶的肿瘤,常见的有皮样囊肿、海绵状血管瘤、横纹肌肉瘤等。有些原发于临近组织如眼睑、眼球、鼻窦、咽部及颅内,也有部分远处肿瘤的转移。

一、皮样囊肿和表皮样囊肿

皮样囊肿和表皮样囊肿是胚胎期表皮外胚层组织植入深层组织形成的囊肿,浅表病变多在儿童期即可发现,位于眶隔以后的囊肿多在成年后才有临床表现。

【临床表现】 皮样囊肿的囊壁为角化复层鳞状上皮毛囊和皮脂腺,囊腔含有上皮、毛发及皮脂腺分泌物,囊壁为纤维结缔组织类似真皮。光滑、无压痛,活动度可有可无。囊肿压迫眼球可引起屈光不正,侵蚀眶壁可造成眶顶或外壁缺损,并容易向颅内和颞窝蔓延。向表层在眶缘形成瘘管,可能排出豆渣样物。位于深部的囊肿,常表现出眼球逐渐突出并向下位移,偶尔肿瘤破裂引起严重的炎症。借助影像诊断可与眼眶蜂窝织炎鉴别。

【治疗】 手术完全切除是治疗的唯一有效途径。

二、海绵状血管瘤

海绵状血管瘤是成人眶内最常见的良性肿瘤,圆球状,紫红色,有完整包膜,切面呈海绵状,由大小不等的血管窦构成。

【临床表现】 常表现为无痛性、慢性进行性眼球突出，突出方向依肿瘤位置而定。生长缓慢，一般不会影响视力。位于眶前部的肿瘤，局部隆起，呈紫蓝色，触之为中等硬度、光滑、可推动。深部肿瘤不能触及，但压迫眼球有弹性阻力。位于眶尖者，可压迫视神经引起视神经萎缩。血管瘤较大时，可出现眼球运动障碍、复视、眼底视网膜压迫条纹等。眼眶CT、MRI检查可作诊断。B超显示肿瘤边界清楚，内回声多而强，有压缩性。

【治疗】 海绵状血管瘤罕有自行退化，在出现视力障碍及其他症状时手术切除。

三、脑膜瘤

眼眶脑膜瘤可分为原发与继发两种。原发性眼眶脑膜瘤源于眶内，多来自视神经鞘的蛛网膜。继发性眼眶脑膜瘤源于颅内，由蝶骨脑膜蔓延而来。脑膜瘤源于蛛网膜的内皮细胞，大多为良性，但有侵入性。多见于中年女性。

【临床表现】 视神经增粗、视盘水肿、视神经萎缩。眶内侵犯、眼球突出、眼球运动障碍。X线平片及CT扫描显示眶骨增生伴有肿瘤内异常钙化。有时见眶骨吸收和破坏，视神经孔扩大提示肿瘤有管内蔓延。MRI（尤其是增强MRI）对脑膜瘤的范围轮廓显示更好，对管内、颅内蔓延的脑膜瘤观察优于CT。

【治疗】 主要是手术治疗，但不易完全切除。源于视神经鞘的脑膜瘤术后大部分丧失视力，如未对颅内结构及有用视力构成威胁，尽量延迟手术。无论是原发性还是继发性脑膜瘤，术后均易复发，颅内危害更大，可致死亡。儿童脑膜瘤更具侵犯性，预后更差。

（张国富）

目标检测

简答题

1. 简述眼眶蜂窝织炎的临床表现和治疗原则。
2. 眼眶的临近组织有哪些？

第13章 防盲治盲

学习目标

了解防盲"三A"原则。
理解盲的分类标准。
掌握几种主要致盲疾病防治。

一、盲的分类标准

1973年世界卫生组织(WHO)制定了视力损伤的分类(表13-1)。

表13-1 视力损伤的分类(国际疾病分类标准,WHO,1973)

类别	视力损伤级别	最好矫正视力	
		较好眼	较差眼
低视力	1级	<0.3	≥0.1
	2级	<0.1	≥0.05(指数/3m)
盲	3级	<0.05	≥0.02(指数/1m)
	4级	<0.02	光感
	5级	无光感	-

二、致盲的主要原因

致盲的原因有很多,其中白内障最为多见,其次是青光眼、角膜病、沙眼、视网膜脉络膜病、先天/遗传眼病、视神经病、屈光不正/弱视、眼外伤。

三、防盲"三A"原则

防盲的"三A"原则即适当的(appropriate)、能负担的(affordable)、可接近的(accessible)。

四、几种主要致盲疾病防治

1. 白内障　是世界第一位的致盲原因。全球有2500万人白内障盲人,我国盲人有一半是白内障盲人。我国每年新增白内障盲人约40万。防治应该坚持"大量、高质、低价"。

2. 青光眼　致盲原因为视功能损伤不可逆转。重点是早期发现、合理治疗。

3. 沙眼　是世界上缺少水、卫生设施、住房等基本生活条件的地区的常见病。我国沙眼主要发生在农村和边远地区。防治主要依靠手术、抗生素、清洁面部和改善生活环境。

4. 儿童盲防治　我国是近视眼高发区,儿童盲防治主要依靠加强初级眼保健项目,加强宣教、开展遗传咨询和孕期保健服务,提倡优生优育预防儿童眼外伤的发生。

(张国富)

目标检测

简答题

1. 简述白内障防治原则。
2. 防盲"三A"原则。

第 2 篇　耳鼻咽喉科学

第 14 章　耳鼻咽喉气管支气管食管的应用解剖与生理

学习目标

理解气管支气管食管的应用解剖与生理特点。
掌握耳鼻咽喉的应用解剖与生理特点。

第 1 节　鼻的应用解剖与生理

一、鼻的应用解剖

鼻(nose)由外鼻、鼻腔及鼻窦三个部分组成。

(一) 外鼻

外鼻(external nose)形似基底向下的三棱锥体，上窄下宽，突出于颜面中央(图 14-1)，以骨和软骨为支架(图 14-2)，外覆皮肤和软组织。鼻骨上端窄而厚，下端宽而薄，易受外伤而骨折。鼻根、鼻梁及鼻背皮肤薄而松弛，易移动。鼻尖及鼻翼处皮肤较厚，与其下的脂肪结缔组织及软骨膜黏着较紧，深部组织连接紧密，不易移动，且富含皮脂腺，是疖肿、痤疮和酒渣鼻的好发部位。

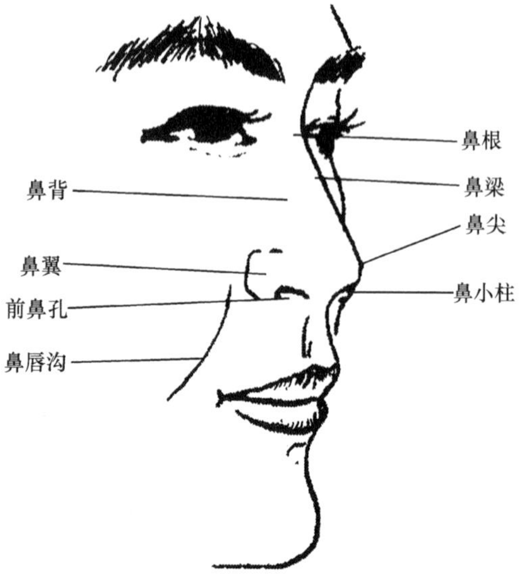

图 14-1　外鼻

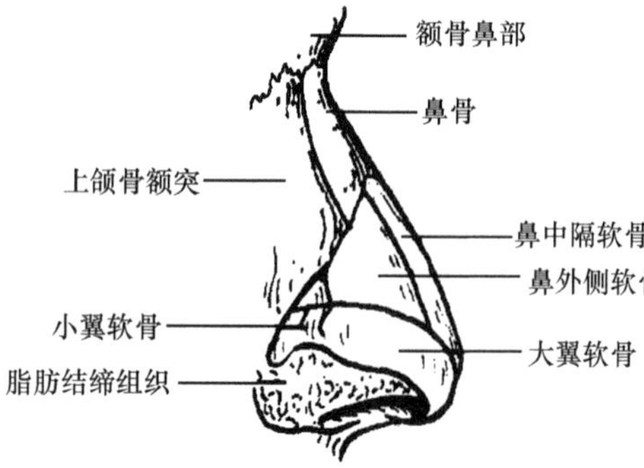

图 14-2　外鼻的骨和软骨支架

外鼻的血管丰富。动脉来自眼动脉、面动脉的分支。静脉主要经内眦静脉和面静脉汇入颈内静脉。内眦静脉又经眼上、下静脉与海绵窦相通。面部静脉无静脉瓣，血液可逆向流进海绵窦，故当鼻面部及上唇有疖肿时，切忌挤压，以免引起海绵窦血栓性静脉炎(图 14-3)。

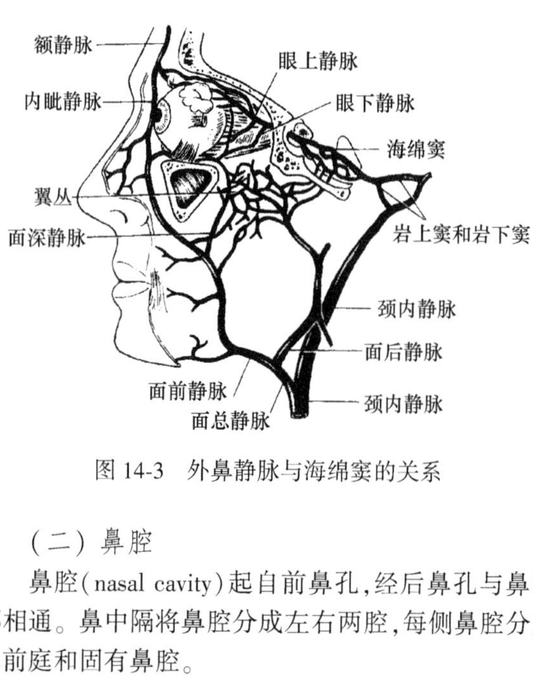

图 14-3　外鼻静脉与海绵窦的关系

(二) 鼻腔

鼻腔(nasal cavity)起自前鼻孔，经后鼻孔与鼻咽部相通。鼻中隔将鼻腔分成左右两腔，每侧鼻腔分为鼻前庭和固有鼻腔。

1. 鼻前庭(nasal vestibule)　位于鼻腔前部,起于前鼻孔,止于鼻阈,内衬皮肤覆盖,有鼻毛、皮脂腺和汗腺,易患疖肿。由于缺乏皮下组织,皮肤与软骨膜紧密黏合,故发生疖肿时,疼痛较重。

2. 固有鼻腔(proper nasal cavity)　简称鼻腔,位于鼻阈和后鼻孔之间。鼻腔分为内、外侧和顶、底四壁。

(1) 内侧壁:即鼻中隔,主要由鼻中隔软骨和筛骨正中板及梨骨构成。鼻中隔前下部的黏膜下有丰富的动脉血管汇集成丛,此处称为利特尔区(Little area),临床上大多数的鼻出血皆发源于此,故又称"易出血区"(图14-4)。

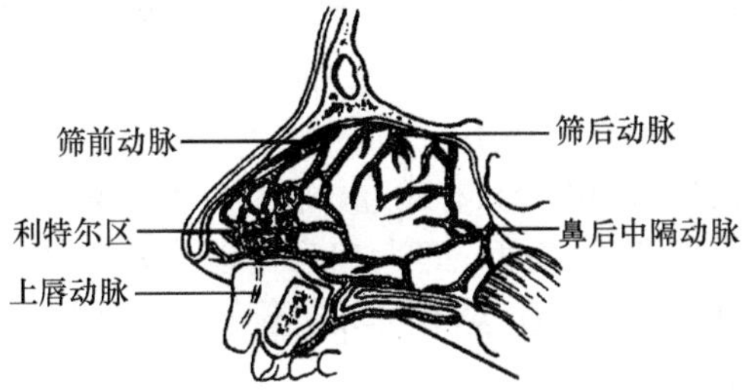

图14-4　鼻中隔易出血区

(2) 外侧壁:有3个呈阶梯状排列的长条骨片,外覆黏膜,由上向下依次称为上、中、下鼻甲。各鼻甲的外下方均有一裂隙样空间,对应地依次称为上、中、下鼻道(图14-5,图14-6)。

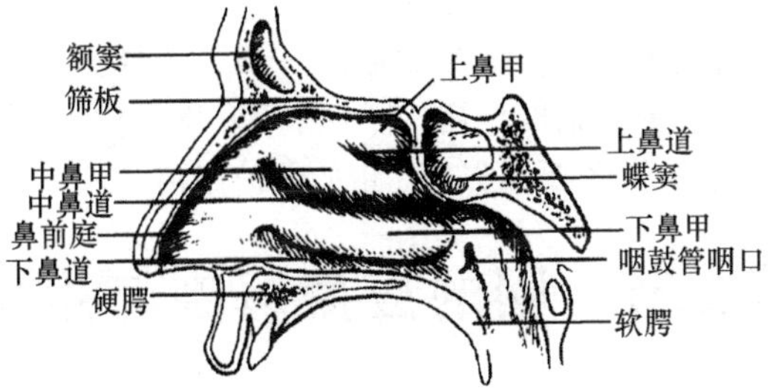

图14-5　鼻腔外侧壁

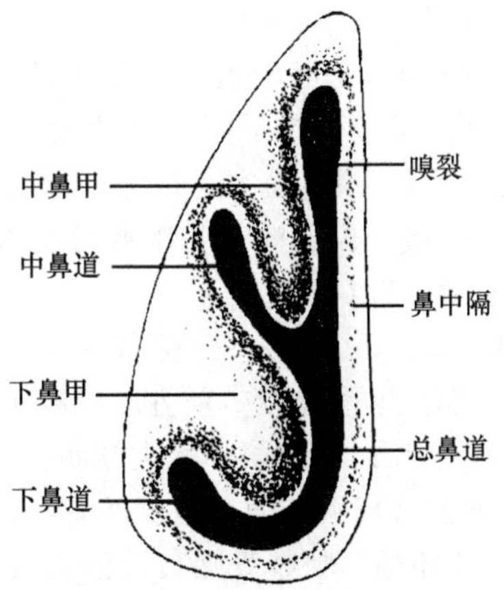

图14-6　鼻道

下鼻甲及下鼻道:是最大的鼻甲,其前端接近鼻阈,后端距咽鼓管咽口1~1.5cm。下鼻甲肿胀时,引起鼻塞,可影响咽鼓管通气和引流,进而引起分泌性中耳炎。下鼻道前端侧壁有鼻泪管的开口。下鼻道外侧壁前端近下鼻甲附着处骨质最薄,是上颌窦穿刺的进针部位。下鼻道外侧壁后端有鼻-鼻咽静脉丛,是鼻腔后部出血的主要部位。

中鼻甲及中鼻道:是筛骨的一部分,附着于筛窦顶壁和筛骨水平板的连接处,是鼻内镜筛窦手术内侧界限的重要解剖标志。中鼻甲前端上方的鼻腔外侧壁上有一丘状隆起,为鼻丘。中鼻道外侧壁有钩突和筛泡,筛泡属前组筛窦,内含1~4个气房。钩突和筛泡之间为半月裂孔,此孔向前下和外上扩大呈漏斗状,为筛漏斗,额窦、前组筛窦及上颌窦均开口于此。中鼻甲、中鼻道及其附近的区域统称为窦口鼻道复合体。

上鼻甲及上鼻道:也是筛骨的一个结构,体积最小。前鼻镜检查一般看不到上鼻甲。后组筛窦开口于上鼻道。上鼻甲后端的后上方有蝶筛隐窝,蝶窦开口于此。

(3) 顶壁:主要由筛骨水平板构成,属颅前窝底的一部分,该骨板菲薄而脆,易因外伤或手术误伤导致脑脊液鼻漏或鼻源性颅内并发症。

(4) 底壁:即硬腭的鼻腔面,由上颌骨腭突和腭骨水平部构成。

鼻腔黏膜分为嗅区黏膜和呼吸区黏膜。以中鼻甲游离缘为界,其上方鼻甲与鼻中隔之间的间隙为嗅沟,嗅区黏膜分布于此区域,有嗅觉神经末梢分布,能感受吸入气体中有气味的物质颗粒,产生嗅觉。嗅沟以下鼻甲与鼻中隔之间的不规则间隙称为总鼻道,为呼吸区黏膜覆盖,多为假复层柱状纤毛上皮,含有丰富的腺体及杯形细胞,其分泌的黏液在黏膜表面形成一层黏液毯,并随纤毛摆动向鼻咽方向移动,黏膜下毛细血管与小静脉之间构成的海绵状血窦,对鼻腔的生理功能具有重要的作用。

(三) 鼻窦

鼻窦(nasal sinuses)是鼻腔周围颅骨内的含气空腔,有4对,依其所在颅骨命名,分别为上颌窦、筛窦、额窦和蝶窦。按其解剖位置和窦口所在部位分为前后两组,前组为前组筛窦、额窦和上颌窦,开口于中鼻道;后组包括后组筛窦和蝶窦,前者开口于上鼻道,后者开口于蝶筛隐窝(图14-7)。

1. 上颌窦(maxillary sinus)　居于上颌骨体内,为鼻窦中最大者,出生时即存在,成年后才发育成熟,容量约15ml,有5个壁。

(1) 前壁:前壁的中央最薄,称尖牙窝。其上方有眶下神经孔,眶下神经及血管由此通过。

(2) 上壁:为眼眶底壁。

(3) 底壁:上颌骨牙槽突,与上颌第1前磨牙及

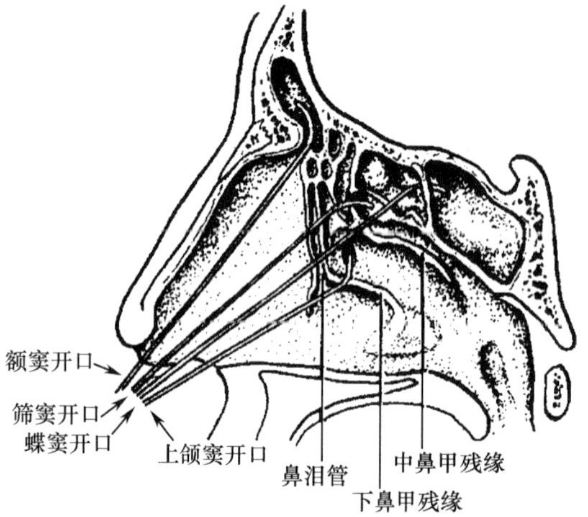

图 14-7 鼻窦窦口开口位置

第1、2磨牙关系密切,这些牙的牙根感染时可引起牙源性上颌窦炎。

(4) 内侧壁:即鼻腔外侧壁下部,此壁后上部有上颌窦窦口与中鼻道相通,因上颌窦窦口位置较高,不利于引流,易患炎症。

(5) 后外壁:与翼腭窝和颞下窝毗邻,近翼内肌。上颌窦恶性肿瘤可破坏此壁,累及此肌时可致张口受限。

2. 筛窦(ethmoid sinus) 形似蜂窝状结构,位于筛骨体内,以中鼻甲基板为界分为前、后两组。前组开口于中鼻道,后组则开口于上鼻道。其外侧壁即眼眶内侧壁,菲薄如纸,称纸样板,炎症时可引起眶内并发症及球后视神经炎。顶壁为筛骨板,与颅前窝相隔。

3. 额窦(frontal sinus) 居于额骨内,左右各一,形态不对称。额窦引流至筛漏斗,即中鼻道的前上部。

4. 蝶窦(sphenoid sinus) 居于蝶骨体内,外侧壁与颅中窝、海绵窦、颈内动脉和视神经管毗邻,此壁为重要解剖部位。顶壁为蝶鞍底,蝶鞍内有脑垂体。窦口位于蝶筛隐窝。

二、鼻的生理

鼻的生理功能主要有呼吸、嗅觉、共鸣、反射等功能。

(一) 呼吸功能

呼吸是鼻的主要功能,鼻对吸入的空气有以下作用。

1. 湿度调节作用 鼻黏膜腺体丰富,每昼夜可分泌1000ml左右的渗出液,用以提高吸入空气的湿度,有利于肺泡的气体交换和维持呼吸道黏膜的正常纤毛运动。

2. 温度调节作用 鼻黏膜有丰富的血液供应,吸入的空气通过鼻腔时,温度被黏膜面及丰富的血液供应所调节,空气经过鼻腔到达咽部时,可被调节至32~34℃。

3. 清洁作用 空气中的较大尘粒可被鼻毛阻挡,黏膜表面的黏液毯能吸附小的尘埃和微生物,通过纤毛运动送入咽部吐出或咽下。分泌的黏液内含有溶菌酶、干扰素和IgA抗体,可杀灭、抑制和溶解病原微生物。反射性喷嚏可将吸入之异物及刺激性气体排出。

(二) 嗅觉功能

吸入鼻腔内的含有气味的微粒到达嗅区黏膜,刺激嗅细胞产生神经冲动,经嗅神经传导至嗅觉中枢而产生嗅觉。嗅觉可影响食欲,促进消化;对不良嗅物质的刺激,使人产生呼吸暂停或趋避防御反射,后者对机体有保护作用。

(三) 共鸣作用

喉发出的声音只有通过鼻腔和鼻窦的共鸣作用,才能变得洪亮、悦耳;否则,出现病理性鼻音,如鼻塞时出现闭塞性鼻音、鼻咽腔闭合不全或不能关闭时可出现开放性鼻音。

(四) 反射作用

鼻的反射作用包括鼻肺反射和喷嚏反射。鼻肺反射是鼻腔局部刺激和病变引起支气管病变的原因之一。喷嚏反射可将进入鼻腔内的异物或刺激物清除。

(五) 鼻窦的生理功能

鼻窦的生理功能尚无定论,一般认为鼻窦对鼻腔的共鸣功能有辅助作用,并可减轻头颅重量,缓冲外来冲击力,对重要器官有一定的保护作用。

第2节 咽的应用解剖与生理

一、咽的应用解剖

(一) 咽腔

咽腔(pharynx)是呼吸道和消化道的共同通道,上起颅底,下达第6颈椎平面,后为颈椎,前后扁平,上宽下窄,略呈漏斗状,前方与鼻腔、口腔及喉相通,下端与食管相接。自上向下将咽腔分为3部分:鼻咽、口咽和喉咽(图14-8)。

1. 鼻咽(nasopharynx) 硬腭向后延长线平面以上的咽部称鼻咽,也称上咽。前方以后鼻孔为界通固有鼻腔,后壁为第1、2颈椎,顶壁为颅底,顶后壁有腺样体附着,下方与口咽相通。两侧壁有咽鼓管咽口,此管与中耳腔相通。咽鼓管咽口周围有散在淋巴组织,称咽鼓管扁桃体。咽鼓管咽口的后上方为咽隐窝,是鼻咽癌的好发部位。

2. 口咽(oropharynx) 位于软腭平面和会厌上缘

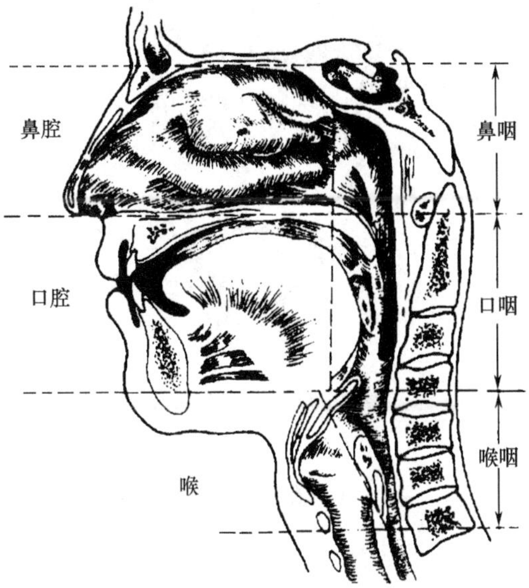

图 14-8　咽的分部

平面之间。前方经咽峡与口腔相通。所谓咽峡，是指上为腭垂（悬雍垂）和软腭游离缘、下由舌背、两侧由腭舌弓和腭咽弓围成的环形狭窄部分。两弓之间为腭扁桃体。在腭舌弓的后方有条索状淋巴组织，为咽侧索。咽后壁黏膜下有散在淋巴小结。舌根上有舌扁桃体（图 14-9）。

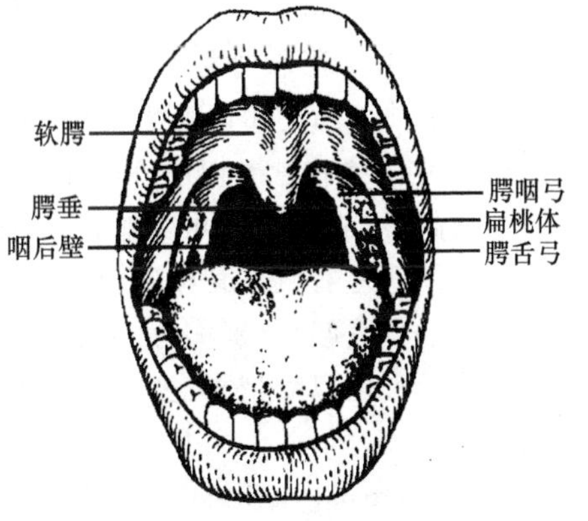

图 14-9　口咽部

3. 喉咽（laryngopharynx）　上接口咽，下界为食管入口，前方通喉腔。舌根与会厌之间有一凹陷，舌会厌韧带在正中将其分为左右各一，称会厌谷，是异物易存留处。两侧杓会厌襞的外下方有梨状窝，喉上神经内支经此入喉，分布于此窝黏膜下。两侧梨状窝之间、环状软骨板之后称环后隙，其下方即为食管入口。

（二）咽的黏膜间隙

咽壁是肌管壁，由黏膜、腱膜、肌肉和筋膜组成。鼻咽部黏膜为假复层柱状纤毛上皮，口咽、喉咽为复层扁平上皮。咽壁的肌肉主要为咽缩肌、咽提肌和软腭肌组，这些肌肉的协调对于完成吞咽动作和保持咽鼓管口正常开放起重要作用。腱膜位于咽肌的外层，包绕颊部的肌肉、血管、神经等重要器官和组织。由颈部筋膜构成的许多潜在性疏松结缔组织间隙，其中较重要的有咽后间隙及咽旁间隙。

1. 咽后间隙　位于椎前筋膜和颊咽筋膜之间，上起颅底、下达纵隔，中间有咽缝将此间隙分为左右两部分。婴幼儿期在隙内有数个淋巴结，3 岁以后逐渐萎缩消失。这些淋巴结引流扁桃体、口腔、鼻腔后部、鼻咽、咽鼓管等部位的淋巴，这些部位的炎症可引起咽后间隙感染，形成咽后间隙脓肿。

2. 咽旁间隙　位于咽后间隙的两侧，左右各一，底向上、尖向下，形如锥体。上为颅底，下达舌骨大角处。内侧为颊咽筋膜及咽缩肌；外侧为下颌骨升支、翼内肌和腮腺；后侧为颈椎前筋膜。茎突及其附着肌肉将此间隙分为前后两隙。前隙较小，内有颈外动脉及静脉丛通过，内侧与腭扁桃体毗邻；后隙较大，有颈内动、静脉，还有舌咽神经、迷走神经、舌下神经、副神经及交感神经干等穿过，隙内还有颈深淋巴结上群，咽部炎症可感染此间隙。

（三）咽部的淋巴组织

咽部的淋巴组织非常丰富，构成内、外环淋巴结。内环由腭扁桃体、腺样体、舌扁桃体、咽鼓管扁桃体、咽后壁淋巴小结及咽侧索等组成。外环包括下颌角淋巴结、下颌下淋巴结、颏下淋巴结、咽后淋巴结等。内环淋巴结可引流到外环淋巴结（图 14-10）。

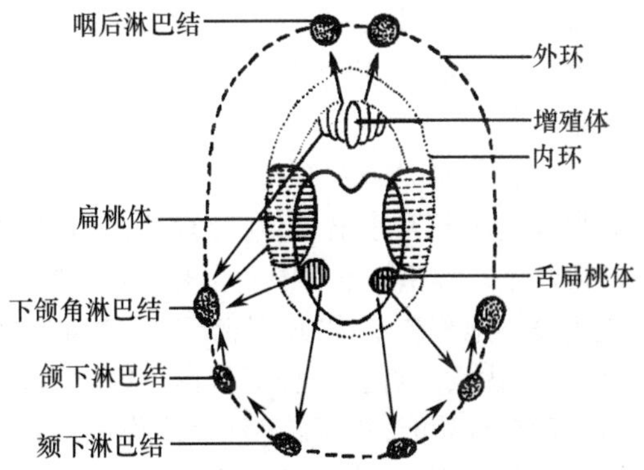

图 14-10　咽淋巴环

1. 腺样体　又称咽扁桃体或增殖体，位于鼻咽顶与后壁交界处，表面有 5～6 条纵行沟裂，易存留细菌。幼儿时期腺样体较大，10 岁以后逐渐萎缩、消失。如腺样体过度肥大可引起鼻腔和中耳功能障碍。

2. 腭扁桃体　俗称扁桃体，位于腭舌弓和腭咽弓之间的扁桃体窝内，是最大的淋巴组织。其内侧面覆盖鳞状上皮的黏膜，黏膜上皮向扁桃体实质内陷入形成一些分支状盲管，深浅不一，盲管开口在扁桃体表面的隐窝。细菌易在盲管和隐窝内存留繁殖，形成感染"病灶"。扁桃体外侧包裹一层结缔组织包膜，与咽肌附着不紧密，易于完整剥离切除。扁桃体窝的上部为疏松结缔组织所填充，为扁桃体上窝，是扁桃体周围脓肿的好发部位。

二、咽的生理

咽为呼吸和消化的共同通道，常见的生理功能如下。

（一）呼吸功能

咽腔是上呼吸道的重要组成部分，具有类似鼻腔的作用。黏膜含有丰富的腺体，当吸入的空气经过咽部时，可继续得到调温、湿润。同时，黏膜纤毛上皮和黏液层能吸附气流中的尘粒、细菌等，故能保持吸入空气的清洁。

（二）吞咽功能

咀嚼后的食团进入咽部，引起一系列的反射性活动如软腭上抬、关闭鼻咽、咽缩肌收缩、喉头上提、舌根后缩、会厌覆盖喉入口、声门紧闭，食物经梨状窝进入食管，完成吞咽。

（三）防御保护功能

由咽黏膜内的黏液腺和杯形细胞分泌的黏液中含有溶菌酶，有杀菌和抑菌作用。来自鼻和咽鼓管的分泌物可借咽的反射作用而吐出。在吞咽和呕吐时，由于反射性地关闭鼻咽和声门，从而避免食物反流入鼻腔或吸入气管。

（四）共鸣作用

发声时，咽腔和口腔改变形状起到共鸣作用，使声音清晰悦耳。

（五）扁桃体的免疫功能

扁桃体为外周免疫器官，在儿童期，具有特别活跃的免疫功能。扁桃体生发中心含有各种吞噬细胞，可产生免疫细胞和抗体，如B细胞、T细胞、浆细胞和吞噬细胞、干扰素和各型丙种球蛋白。因此，扁桃体既具有细胞免疫功能，又具有体液免疫作用。3~5岁时，免疫功能活跃、接触外界变应原的机会多，扁桃体显著增大，不应视为病理现象，可能是免疫活动的征象。青春期后，扁桃体组织逐渐缩小，免疫功能减退。

第3节　喉的应用解剖与生理

喉(larynx)位于舌骨下的颈前正中部，上通喉咽腔，下连气管，在成人相当于第3~6颈椎平面之间，是由软骨、肌肉、韧带、纤维组织和黏膜等构成的一个锥形管腔状器官。它既是发音器官，又是呼吸道的一部分(图14-11)。

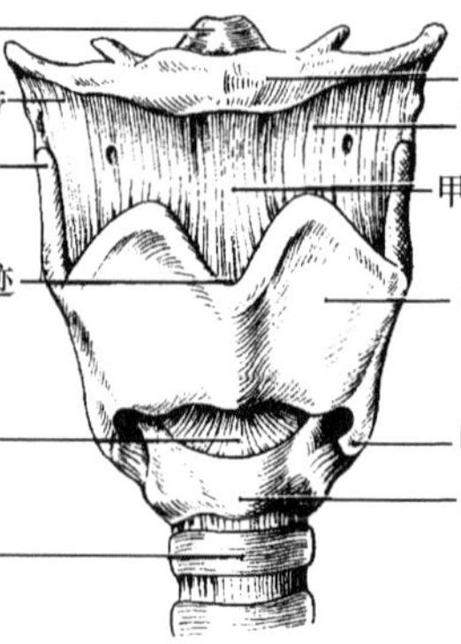

图14-11　喉的前面观

一、喉的应用解剖

（一）喉软骨

喉由软骨构成支架。单一软骨有会厌软骨、甲状软骨、环状软骨，呈对的有杓状软骨、小角软骨和楔状软骨。小角软骨、楔状软骨很小，临床无意义。喉软骨间由纤维韧带连接。

1. 会厌软骨(epiglottic cartilage)　位于喉的最上部，扁平如树叶状，上缘游离呈弧形，茎在下端，借韧带附着在甲状软骨上切迹的后下方。会厌分为舌面和喉面，会厌舌面组织疏松，炎症时易肿胀。

2. 甲状软骨(thyroid cartilage)　为喉部最大软骨，由两侧对称的四边形软骨板在前面中线融合而成，构成喉支架的前壁和大部分侧壁。此软骨正中上方呈V形陷凹，称甲状软骨上切迹，是颈部中线及喉部手术的重要标志。成年男性此切迹下方向前突出呈锐角，称为喉结。左右侧软骨板后缘分别向上、下延伸，各自形成柱状突起，分别称为甲状软骨上角和下角，上角与舌骨大角以韧带相连，下角与环状软骨构成环甲关节。

3. 环状软骨(cricoid cartilage)　位于甲状软骨之下，下接气管，是喉部唯一完整的软骨环，保持喉腔通畅的重要支架。若被损伤缺损，易造成喉狭窄。前部较窄，称环状软骨弓；后端较宽，称环状软骨板。

4. 杓状软骨(arytenoid cartilage)　呈三角锥形，左右各一，位于环状软骨板上缘。杓状软骨与环状软骨构成环杓关节。底部前端有声带突，为声带附着处；底部外侧为肌突，有环杓后肌和环杓侧肌附着其后部及前外侧面。

（二）喉肌

喉肌分为喉内肌和喉外肌两组。

1. 喉外肌　将喉与周围结构相连接，有固定喉、牵拉喉体上升或下降的功能。

2. 喉内肌　按其功能分为以下4组。

(1) 使声门张开：主要来自环杓后肌。该肌收缩使杓状软骨的声带突向外、稍向上,使声带外展,声门开大。

(2) 使声门关闭:为环杓侧肌和杓肌。这些肌肉收缩可使两侧杓状软骨互接近,两侧声带内收,声门关闭。

(3) 使声带紧张和松弛:包括环甲肌和甲杓肌。环甲肌收缩时以环甲关节为支点,使甲状软骨和环状软骨弓接近,拉紧甲杓肌,使声带紧张度增加。甲杓肌收缩使声带松弛。发音的音调与声带紧张度相关。

(4) 使会厌活动的肌群:包括杓会厌肌和甲状会厌肌。前者使喉入口关闭,后者使喉入口开放。

(三) 喉腔

以声带为间隔,分成声门上区、声门区和声门下区(图 14-12)。

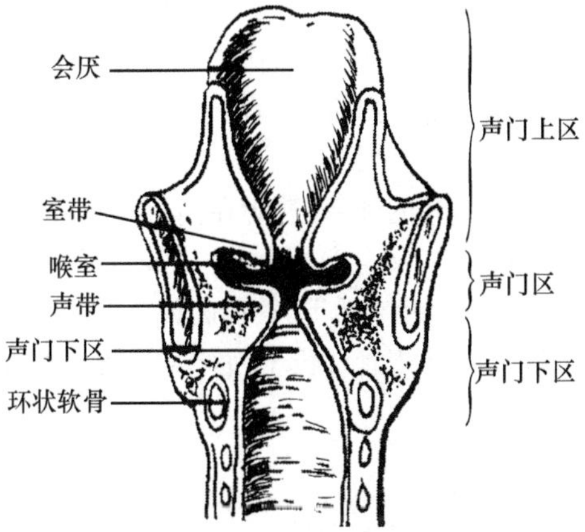

图 14-12　喉腔分区

1. 声门上区(supraglottic portion)　声带上缘以上的喉腔称声门上区,声带上方与之平行的皱襞为室带,会厌游离缘与室带之间者为喉前庭。声带和室带之间,呈椭圆形的腔隙称为喉室,喉室内的黏膜有黏液腺分泌黏液,以润滑声带。

2. 声门区(glottis portion)　位于声带之间,包括两侧声带、前联合和后联合。声带左右各一,是由黏膜、声韧带、肌肉构成的白色带状组织,边缘整齐。声带张开时,出现一个顶向前的等腰三角形的裂隙,称声门裂,简称声门,为喉腔最狭窄处。其前端为前联合,后端为后联合。

3. 声门下区(infraglottic portion)　位于声带下缘和环状软骨下缘之间,其下界相当于环状软骨下缘。幼儿该区黏膜下组织疏松,且有丰富的淋巴组织和血管,故炎症时及易因黏膜下组织水肿而引起呼吸困难。

(四) 喉的淋巴

声门上区淋巴管非常丰富,主要引流至颈深淋巴结上群,该区癌易发生颈部淋巴结转移。声门区淋巴管极少。声门下区淋巴管较少,主要引流至颈深淋巴结下群。通常喉部的淋巴引流按区分开,左右不交叉。

(五) 喉的神经

喉的神经有喉上神经和喉返神经,两者均为迷走神经的分支。喉上神经于舌骨大角平面分为内、外支。外支为运动神经,支配环甲肌,维持声带张力。内支支配除环甲肌之外的喉内各肌,为感觉神经。喉返神经为运动神经,支配除环甲肌以外的喉内各肌的运动。左侧喉返神经的径路较右侧长,故受损的机会多,临床上以左侧声带麻痹较多见。

二、喉的生理

(一) 呼吸功能

喉腔是呼吸的通道,声门是呼吸道最狭窄处。声带的内收或外展,可调节声门裂大小。声带运动受中枢神经系统反射作用调节,改变声门大小,可调节呼吸气流量,维持正常的呼吸功能。

(二) 发声功能

呼出的气流冲击内收的声带使之振动,发出基音,其音调的高低与声带的长度、张力、厚薄、呼出气柱的强弱、声带振动频率有关。声音的强度与肺部呼出的气流量和声门下气压成正比。基音经咽、口、鼻、鼻窦、气管及肺等器官的共鸣以及舌、唇、牙及软腭协调运动而发出各种不同的声音。

(三) 保护功能

喉上部黏膜非常敏感,稍受异物刺激随即就可引起反射性咳嗽,将异物咳出,防止误吸,以保护下呼吸道。喉腔黏膜还有加温和湿润吸入空气的作用。

(四) 屏气功能

屏气时声带内收、声门紧闭、呼吸暂停,可增加胸腔和腹腔内压,以利于排便、分娩、咳嗽等生理功能的进行。

第 4 节　耳的应用解剖与生理

一、耳的应用解剖

耳分外为外耳、中耳、内耳(图 14-13)。

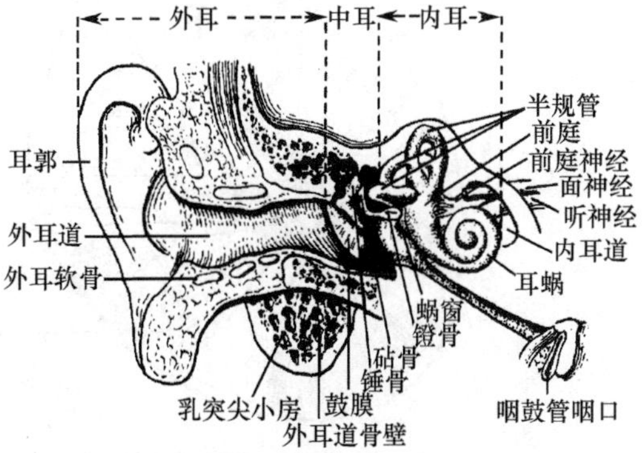

图 14-13　外、中、内耳关系示意图

(一) 外耳

1. 耳郭(auricle) 主要由软骨支架被覆软骨膜和皮肤构成。耳郭分前(外)面和后(内)面，前面凹凸不平，后面稍膨隆(图 14-14)。

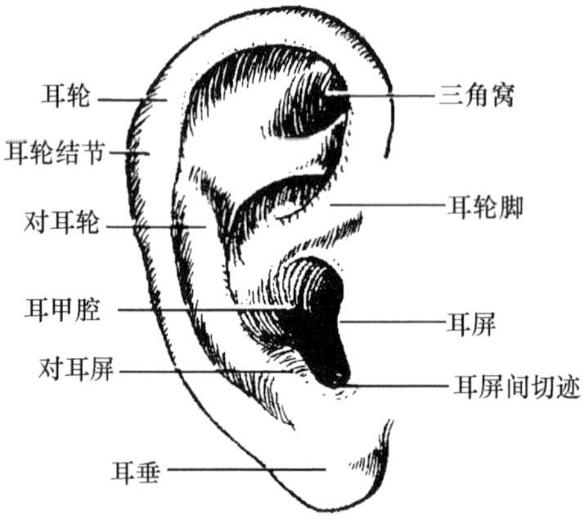

图 14-14 耳郭表面标志

2. 外耳道(external acoustic meatus) 起自外耳道口，止于鼓膜。外 1/3 为软骨部，内 2/3 为骨部。软骨部皮肤富有皮脂腺、盯聍腺和毛囊，是耳疖好发部位。骨部外耳道中部较狭窄，为狭部，外耳道异物常嵌顿于此。

3. 外耳的神经、血管 外耳的神经主要来源于三叉神经的耳颞支、迷走神经的耳支、颈丛神经的耳大和枕小神经以及来自面神经和舌咽神经的分支。血液来源于颈外动脉的颞浅动脉、耳后动脉和上颌动脉。

(二) 中耳

中耳由鼓室、鼓窦、咽鼓管和乳突构成。

1. 鼓室 为颞骨内不规则的含气腔。鼓膜紧张部上缘平面以上部分为上鼓室，紧张部下缘平面以下部分为下鼓室，上、下鼓室之间为中鼓室。

(1) 鼓室壁：有外、内、前、后、上、下 6 个壁(图 14-15)。

外壁：主要为鼓膜(tympanic membrane)占据。鼓膜高约 9 mm，宽约 8 mm，厚约 0.1mm，为浅漏斗状、椭圆形、半透明的薄膜。临床上常将鼓膜沿锤骨柄作一假想直线，另经鼓膜脐部作一与其垂直相交的直线，将鼓膜分为前上、前下、后上、后下 4 个象限(图 14-16，图 14-17)。

内壁：是内耳的外壁，鼓岬在内壁中央膨凸，系耳蜗底周。前庭窗(又名卵圆窗)位于鼓岬后上方，蜗窗(又名圆窗)位于鼓岬后下方，前庭窗上方是面神经的水平部管凸，外半规管凸位于面神经管凸后上方。

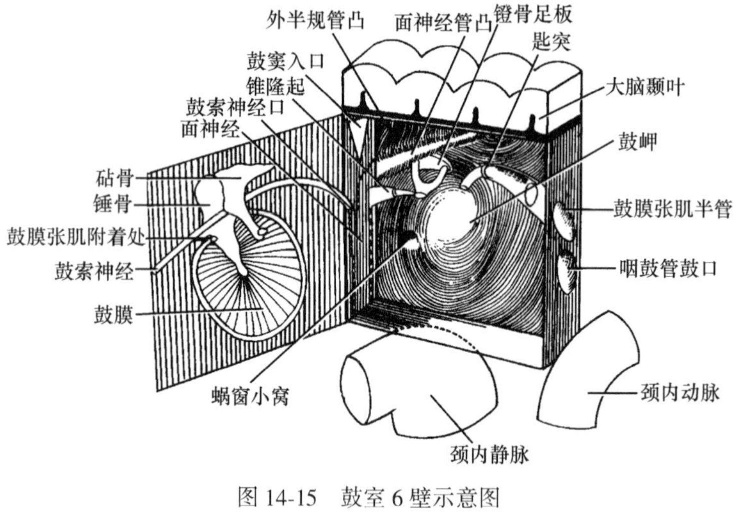

图 14-15 鼓室 6 壁示意图

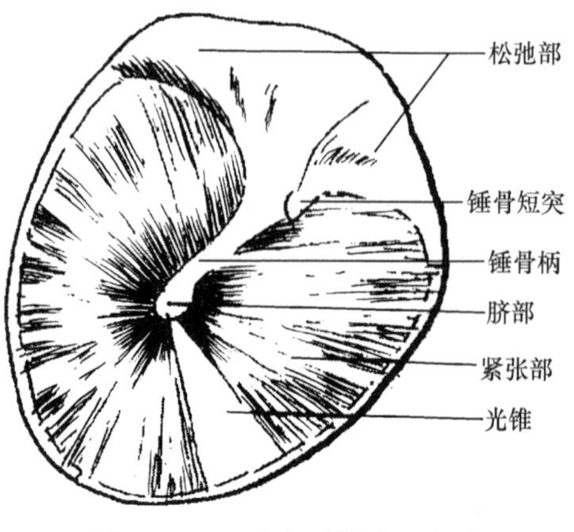

图 14-16 正常右耳鼓膜示意图

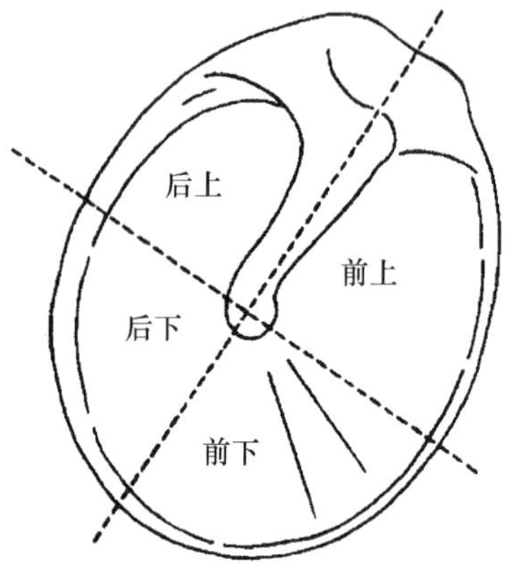

图 14-17 鼓膜 4 个象限

前壁:上部有两口,上有鼓膜张肌半管的开口,下有咽鼓管半管的鼓室口。下部和颈内动脉以极薄的骨片相隔。

后壁:为乳突壁,上部有鼓窦入口,是上鼓室和鼓窦相通之处。鼓窦入口底部为砧骨窝,容纳砧骨短脚。

上壁:与颅中窝的大脑颞叶分隔,又称鼓室盖。

下壁:为薄骨板,将下鼓室与颈静脉球分隔。

(2) 鼓室内容:①鼓室内有人体最小的3块小骨(锤骨、砧骨和镫骨)相连接而成的听骨链。锤骨柄连接鼓膜,镫骨足板借环韧带连接于前庭窗。②鼓室内有两条肌肉,即鼓膜张肌和镫骨肌。鼓膜张肌收缩时,牵拉锤骨柄增加鼓膜张力,以免鼓膜震破或伤及内耳;镫骨肌收缩时,牵拉镫骨小头以减少内耳压力。

2. 鼓窦(tympanic antrum)　为鼓室后上方的大含气腔,前方通向上鼓室,向后下连通乳突气房,向上以鼓窦盖与颅中窝相隔。

3. 乳突(mastoid process)　出生时未发育,2岁以后由鼓窦向乳突部逐渐发展,最后形成似蜂窝样、大小不同、相互连通的气房。后壁借骨板与乙状窦和颅后窝相隔。

4. 咽鼓管(pharyngotympanic tube)　咽鼓管是连接鼓室和鼻咽部的通道,鼓室口起于鼓室前壁,向内、下、前方斜行,止于鼻咽侧壁的咽鼓管咽口。当张口、吞咽、呵欠时,咽口开放,保持鼓室内外气压平衡。婴幼儿咽鼓管较成人的短、宽,直(水平),故易患中耳炎。

(三) 内耳

内耳(inner ear)又名迷路(labyrinth),包括膜迷路和骨迷路两部分,膜迷路位于骨迷路之内。骨迷路与膜迷路之间充满外淋巴,膜迷路含有内淋巴。内、外淋巴互不相通。

1. 骨迷路　由致密的骨质构成,包括前庭、半规管和耳蜗(图14-18)。

图14-18

(1) 前庭(vestibule):位于耳蜗和半规管之间,略呈椭圆形。后上部与3个骨半规管的5个开口相通。其外壁即鼓室内壁的一部分,有前庭窗为镫骨足板所封闭。

(2) 骨半规管(semicircular canals):位于前庭的后上方,3个呈弓状弯曲的骨管相互垂直、互为直角,依其所在部位,分别称外(水平)、前(垂直)、后(垂直)半规管。每个半规管的两端均开口于前庭,其一端膨大,称壶腹。前半规管内端与后半规管上端合成一总脚通向前庭,因此,3个半规管共有5个孔通入前庭。

(3) 耳蜗(cochlea):位于前庭的前面,形似蜗牛壳,由中央的蜗轴和周围的骨蜗管构成。骨蜗管绕蜗轴旋转2.5~2.75周。骨蜗管被蜗管前庭膜和基膜分成上部的前庭阶、中间的中阶和下方的鼓阶。前庭阶和鼓阶内含外淋巴,通过蜗孔相通。中阶内充满内淋巴(图14-19)。

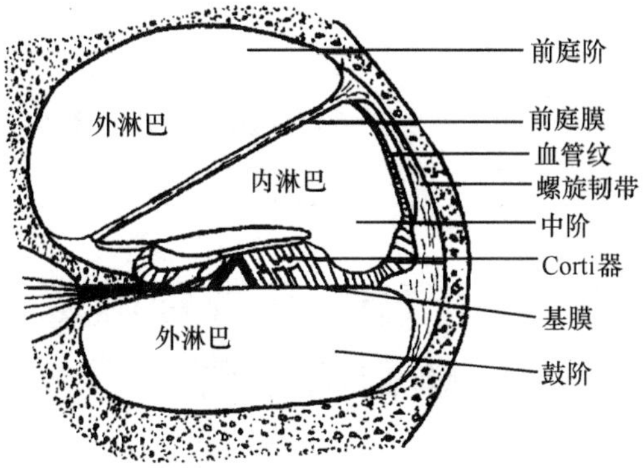

图14-19　耳蜗切面

2. 膜迷路(membranous labyrinth)　由椭圆囊、球囊、膜蜗管及膜半规管组成,各部相互连通,借纤维束固定于骨迷路内。位于基膜上的螺旋器又名Corti器,是听觉感受器的主要部分。椭圆囊和球囊内分别有位觉斑感受位觉。

二、耳的生理

(一) 听觉生理

声波通过气导(空气传导)和骨导(颅骨传导)传进内耳,再将神经冲动送至听觉中枢,通常以气导为主,骨导无实用意义。

1. 气导(air conduction)　气导过程可简示如下(图14-20)。

2. 骨导(bone conduction)　声波主要直接经颅骨振动途径,激动耳蜗的螺旋器而产生听觉。骨导听觉在耳聋性质鉴别诊断中意义重大,骨导曲线下降表明感音神经功能下降。

(二) 平衡生理

人体维持平衡主要依靠前庭、视觉和本体感觉3个系统的协调作用来完成,其中前庭系统最为重要。前庭是特殊分化的感受器,主司感知头部位置及其变化。半规管主要感受正负角加速度的刺激;前庭中的

球囊斑和椭圆囊斑主要感受正负直线加速度的刺激，

锤骨 → 砧骨

耳郭收集的声波 → 外耳道 → 鼓膜 → 锤骨 → 砧骨 → 镫骨 → 外、内淋巴 → 螺旋器 → 听神经 → 听觉中枢

图 14-20 气导过程

并能感受头部运动及身体所在位置的情况，维持相应的平衡。内耳前庭感受器在调节身体平衡方面起着重要作用。

链 接 >>>

神经性耳聋与传导性耳聋的区别

螺旋器以前听觉传导通路损伤引起的耳聋称为传导性耳聋。此时，空气传导途径阻断，但骨传导途径正常，可以产生及微弱的听觉。螺旋器和蜗神经损伤引起的耳聋称为神经性耳聋。此时，虽然气、骨传导途径正常，但螺旋器以后的神经传导中断不能引起听觉，故又称为完全性聋。

第5节 气管、支气管的应用解剖与生理

气管(trachea)上起自环状软骨下缘(相当于第6颈椎平面)，下端在气管隆凸处分为左右主支气管，由16~20个马蹄形软骨环为支架，纵行的弹性结缔组织形成的气管环韧带相互连接而成。气管环呈"C"形，缺口向后，由纤维组织和平滑肌封闭，内衬黏膜。

一、气管、支气管的应用解剖

气管可分为颈段气管与胸段气管。颈段气管位置较浅，向下进入胸腔，在相当于第5胸椎处分成左、右支气管。气管杈处有一纵嵴突，称为隆嵴。右侧支气管粗、短、直，与气管长轴约呈25°，似乎是气管直接向下的延伸，其又分为上、中、下3个肺叶支气管。左侧支气管较右侧细、长、偏，与气管长轴呈45°~75°，其向下可分为上、下两肺叶支气管(图14-21)。

二、气管、支气管的生理

气管、支气管为呼吸的通道，又可借助气管黏膜纤毛上皮的纤毛运动及咳嗽反射将下呼吸道的分泌物排出，以清洁和保持呼吸道通畅。当异物侵入气管后，可引起强烈的反射性痉挛性咳嗽，以促使异物的排出，因而具有阻止异物侵入肺部的保护性反射作用。

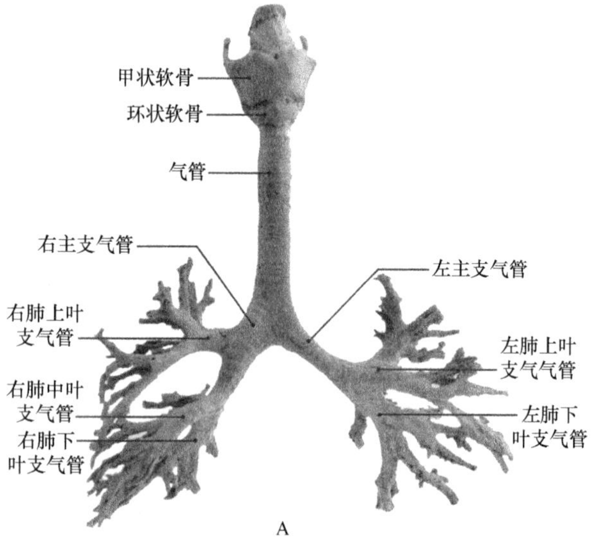

A

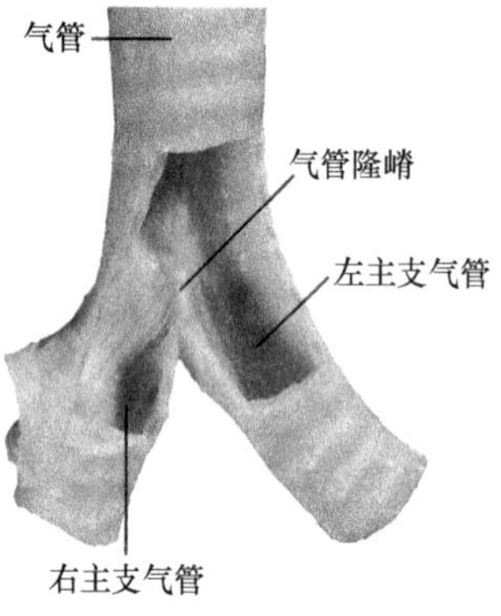

B

图 14-21 气管、支气管

第6节 食管的应用解剖与生理

食管(esophagus)为一长约25cm的肌性管道，上端起自喉咽部梨状窝及环咽隙下方的食管入口处(相当于环状软骨的下缘后方，即第6颈椎平面)，沿脊柱前面下行穿过膈肌食管裂孔，止于贲门(相当于第10或第11胸椎高度)。

一、食管的应用解剖

食管有3个生理狭窄。食管入口为第1狭窄，距离上切牙约16cm，其前有环状软骨，后为椎体，在静止时，由于环咽肌的作用，关闭呈一额位裂隙，吞咽时张开，为食管镜检查最难通过的部位，亦是食管异物

最常见的嵌顿处。因食管入口后壁处咽下缩肌与环咽肌连接处有一肌肉薄弱区,食管镜检查时,如用力不当,可导致食管穿孔。第2狭窄为左支气管横过处,相当于第5胸椎高度,距上切牙约27cm。第3狭窄为食管通过膈肌处,位于距上切牙约40cm处。这些狭窄部位都是异物易存留处(图14-22)。

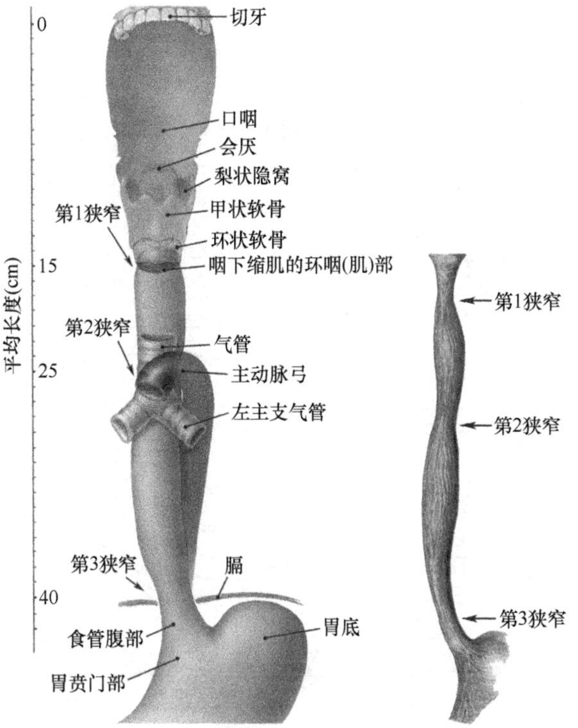

图14-22　食管3个生理狭窄

二、食管的生理

食管是连接咽和胃的通道,主要功能是通过蠕动将食物转送到胃。同时,食管也是一个生理上的排泄引流管,可将鼻腔、口腔、喉咽腔及气管的分泌物送入胃内。食管尚有分泌功能,能分泌黏液,对黏膜起润滑保护作用,使食管黏膜免受反流胃液的刺激。

(柴其宇)

目标检测

一、名词解释

利特尔区　鼻窦　咽峡　声门

二、填空题

1. 鼻由________、________和________3部分组成。
2. 鼻腔被______________分为左右两腔,利特尔区位于__________。
3. 鼻腔内覆以黏膜,按其结构和功能分为__________、__________。
4. 咽分为________、________及________。
5. ________是鼻咽癌的好发部位。
6. 喉的生理功能包括________、________、__________和________。
7. 喉腔以室带和声带为界分成________区、________区和________区。
8. 中耳包括________、________、________及________。
9. 耳有两个主要功能________和________。
10. 气管异物易落入________侧支气管。

三、单项选择题

1. 鼻泪管开口于(　　)
   A. 上鼻道　B. 中鼻道　C. 下鼻道
   D. 鼻前庭　E. 以上都不是
2. 上颌窦的自然开口位于(　　)
   A. 上鼻道　B. 中鼻道　C. 下鼻道
   D. 蝶筛隐窝　E. 咽
3. 中鼻甲是(　　)
   A. 独立的骨片　B. 上颌骨一部分　C. 鼻骨一部分
   D. 筛骨的一部分　E. 最大的鼻甲
4. 人体最大的鼻甲为(　　)
   A. 上鼻甲　B. 下鼻甲　C. 中鼻甲
   D. 中、下鼻甲　E. 中、上鼻甲
5. 鼻呼吸区黏膜纤毛的运动方向主要是(　　)
   A. 从前向后　B. 从后向前　C. 从下向上
   D. 从上向下　E. 由内而外
6. 甲状软骨上缘正中有一"V"形凹陷,称(　　)
   A. 甲状软骨上角　B. 甲状软骨下角　C. 甲状软骨板
   D. 甲状软骨切迹　E. 甲状软骨底
7. 喉软骨中最大的是(　　)
   A. 甲状软骨　B. 环状软骨　C. 会厌软骨
   D. 小角软骨　E. 杓状软骨
8. 上颌窦穿刺的最佳位置是(　　)
   A. 靠近鼻底前部
   B. 中鼻道,中鼻甲附着处距中鼻甲前端1~1.5cm
   C. 下鼻道,下鼻甲附着处距下鼻甲前端1~1.5cm
   D. 下鼻道,下鼻甲后端附着处
   E. 上鼻道,上鼻甲后上方

四、问答题

1. 说出鼻窦共有几对,分别包括哪些?
2. 为什么上颌窦炎发病率高于其他鼻窦。
3. 说出喉软骨功能及其组成。
4. 咽的生理功能有哪些?
5. 说出喉腔的分区,并解释之。
6. 解释鼓室及其内部解剖结构和功能。
7. 为什么婴幼儿易患中耳炎?
8. 内耳有哪几部分组成?什么部位司理平衡,什么部位与听觉有关?

第 15 章　耳鼻咽喉常用检查法

学习目标

培养严谨的作风，检查时态度和蔼、操作认真细致。认识耳鼻咽喉科检查的常用器械。

正确使用额镜、鼻镜、鼻咽镜、压舌板等，对耳、鼻、咽、喉各部位正常形态进行辨认。

第 1 节　耳鼻咽喉检查的基本设备

一、诊　查　室

耳鼻咽喉科应有专用检查室，室内光线宜稍暗，强烈光线不宜照射检查台，一般应配有检查台、光源、额镜、头灯（图 15-1，图 15-2）以及常用的检查器械（图 15-3）。

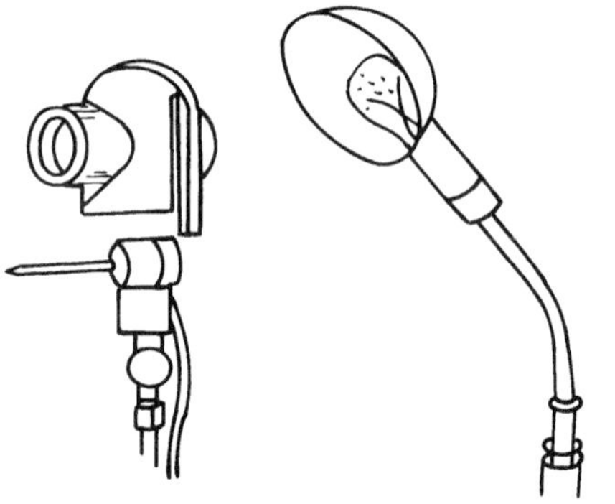

图 15-1　光源

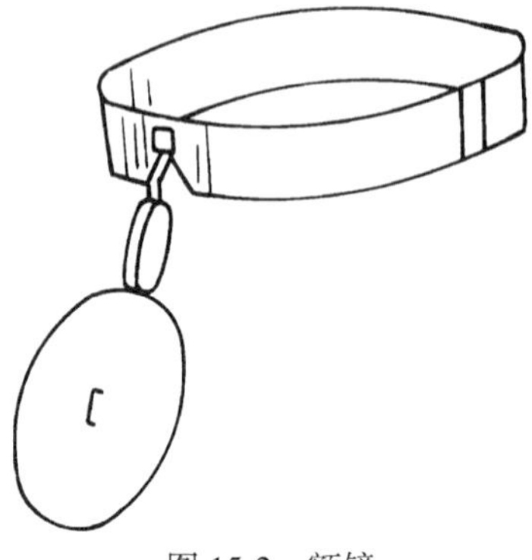

图 15-2　额镜

二、药　　品

检查台上应放置常用药品，如 3%过氧化氢、1%～2%丁卡因溶液、0.5%～1%麻黄碱生理盐水、75%乙醇、3%硼酸酒精、3%酚甘油、5%～20%硝酸银、30%～50%三氯醋酸等。

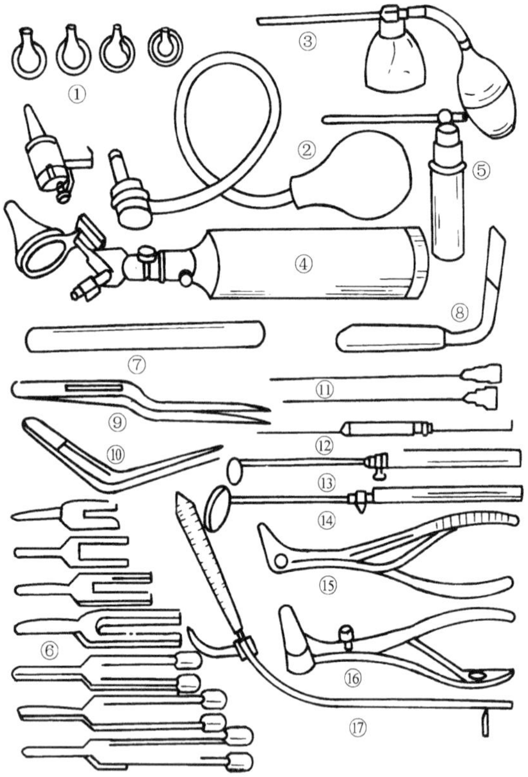

图 15-3　耳鼻喉常用检查器械

①耳镜；②鼓气耳镜；③喷雾器；④电耳镜；⑤喷粉器；⑥音叉；⑦直压舌板；⑧角形压舌板；⑨枪状镊；⑩膝状镊；⑪卷棉子；⑫耵聍钩；⑬后鼻镜；⑭间接喉镜；⑮小儿前鼻镜；⑯前鼻镜；⑰可动后鼻镜

三、额镜的使用

检查者头戴额镜，将额镜置于右眼或左眼前，采用置于受检者头部后上方 15cm 左右的同侧光源，利用额镜的反光将检查目标照明。戴镜、对光是耳鼻咽喉科的一项基本操作，对光时须注意：①保持检查者瞳孔、镜孔、反光焦点和检查部位成一直线；②保持双眼单视，不能闭眼（图 15-4）。

条件比较好的医院可配备耳鼻咽喉科多功能综合治疗台，它能将常用器械及功能（如吸引及清洗系统）集中于一体，主体可升降、旋转，便于操作。如果在此基础上再配备耳鼻咽喉内镜、图像显示及处理系统，则更为实用。

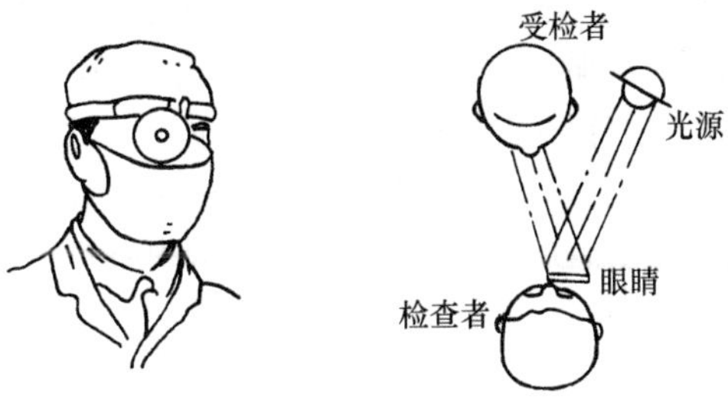

图 15-4　戴额镜与对光

四、检查体位

进行鼻、咽、喉部检查时,被检者正坐,腰部靠检查椅背,上半身稍微前倾,腰直,双膝并拢,双手置于膝上。检查者双膝并拢置于被检者双膝另一侧。行耳部检查时,被检者侧坐,患耳面向检查者。对于不合作的小儿,须由家长或助手将小儿抱坐于检查椅上,右手按住小儿额部将头固定于胸前,左手绕过小儿胸前按住双臂,双膝夹住小儿双腿,防止小儿乱动。

第 2 节　鼻部检查

一、病史询问

在鼻部检查前,应先询问病史,对发病情况及过程有所了解。对于鼻部症状主要了解以下内容。

1. 鼻塞　是交替性或持续性;单侧或双侧;持续时间。

2. 分泌物　分泌物的性质(水样、黏液性、脓性);分泌物多少;有无异味。

3. 鼻出血　出血时间;量多少;诱发因素;单侧或是双侧。

4. 头痛或局部疼痛　部位、时间、性质及规律性。

5. 嗅觉障碍　时间、单侧或双侧。

鼻腔、鼻窦的病变与某些全身疾病互为影响,故应重视患者主诉,注意全身疾病在鼻部的表现,避免漏诊、误诊。

二、外鼻检查法

观察外鼻的形态,如有无外鼻畸形、前鼻孔是否狭窄等。观察外鼻皮肤有无潮红、红肿、鼻翼塌陷及鼻唇沟变浅等。触诊有无压痛、皮下气肿、肿块,鼻骨有无骨折及移位或骨擦音,注意鼻部所属淋巴结有无肿大、压痛。

三、鼻腔检查法

(一)鼻前庭检查法

以拇指将鼻尖抬起并左右活动,利用反射的光线检查鼻前庭的情况,也可借助前鼻镜检查。主要观察皮肤有无红肿、糜烂、破裂,鼻毛有无脱落等。

(二)鼻腔检查法

一般用前鼻镜检查。先将前鼻镜的两叶合拢,与鼻腔底平行伸入鼻前庭,不要超过鼻阈,然后将前鼻镜的两叶轻轻张开,抬起鼻翼,扩大鼻前孔,按下述三种头位顺序检查。

第一头位:患者头面呈垂直位或头部稍低,观察鼻腔底、下鼻甲、下鼻道、鼻中隔前下部及总鼻道的下段。

第二头位:患者头稍后仰,与水平面呈 30°,检查鼻中隔的中段以及中鼻甲、中鼻道和嗅裂的一部分。

第三头位:头部继续后仰 60°,检查鼻中隔的上部、中鼻甲前端、鼻丘、嗅裂和中鼻道的前下部。

(三)后鼻孔及鼻咽部检查法

检查时,患者张口平静呼吸。检查者左手持压舌板压迫患者舌前 2/3,右手持加温的鼻咽镜从患者左侧口角放入鼻咽镜至软腭与咽后壁之间,适当转动及调整镜面,依次观察后鼻孔、鼻咽顶壁、侧壁有无新生物、溃疡、黏膜色泽等情况。必要时,可先用 1%~2% 丁卡因做黏膜表面麻醉后再行后鼻孔及鼻咽部检查。

检查过程中,应注意观察黏膜色泽、鼻甲大小、鼻腔宽窄、鼻道内有无分泌物、鼻腔内有无新生物、鼻中隔有无偏曲及出血等,必要时用 1% 麻黄碱生理盐水使鼻黏膜收缩,以便观察深部。

四、鼻窦检查法

(一)触诊

急性鼻窦炎常有较明显的压痛点,如额窦炎于眼眶内眦上角、上颌窦炎在尖牙窝处、筛窦炎在眼内眦部可有压痛点。

(二)观察鼻腔

额窦、上颌窦和前组筛窦发炎时,可在中鼻道见有积脓;蝶窦和后组筛窦发炎时,则在嗅裂或后鼻孔见有积脓。

(三)体位引流法

体位引流法用于疑为鼻窦炎而检查时未见鼻道中有脓液者。先用 1%~2% 麻黄碱棉片收缩鼻腔黏膜,使窦口通畅。疑为上颌窦积脓者,取仰卧低头位,健侧向下;疑为额窦或筛窦积脓,则取正坐位。约 15 分钟后再作前鼻镜检查,视鼻道中有无脓液。

(四)影像学检查

影像学检查是诊断鼻部疾病最常用的辅助检查手段,方法有鼻颏、鼻额及鼻窦侧位 X 线摄片、CT 扫描及磁共振成像。影像学检查可以了解鼻窦的发育情况、大小、有无鼻窦黏膜增厚、窦腔有无积脓、骨壁有无破坏等。

（五）上颌窦穿刺法

上颌窦穿刺法为诊断上颌窦疾病的常用方法。可将冲洗物离心沉淀后行细胞学检查，对上颌窦肿瘤的早期诊断有一定帮助，也是诊断和治疗上颌窦炎的方法。

五、鼻内镜检查法

鼻内镜检查是目前较先进的检查法，分为硬管镜和纤维镜两种。能对鼻腔各部位、鼻窦及鼻咽部进行清晰观察，可以发现鼻腔深部的早期病变，也可以在直视下取可疑病变组织活检同时行止血等。

六、嗅觉功能检查法

用煤油或乙醇、醋、玫瑰水、水等作为测试剂进行测试。将测试剂分别装入大小相同的深色小瓶内，被检者闭眼并以手指塞住一侧鼻孔，将试剂分别置于被检者鼻孔前，左右交替进行，让被检者判断气味，能分清者为正常，说出1～2样为减退，不能辨别者为嗅觉丧失。

七、检查注意事项

使用鼻镜时，应合拢放入，不能超过鼻阈，以免损伤鼻黏膜；取出时两叶稍张开，以免夹住鼻毛。

检查鼻腔时，如黏膜肿胀、鼻甲肥大，可用1%麻黄碱溶液收缩黏膜，老年人或高血压患者慎用。

测试嗅觉时，接触时间不宜过长，以免发生嗅觉疲劳而影响结果。

第3节　咽喉部检查

一、病史询问

进行咽喉部检查之前，先要询问病史，了解患者是否有咽病、咽异常感觉及吞咽困难、是否有声音嘶哑、饮食反流，有无呼吸困难、咳嗽等。观察喉部外观，是否两侧对称，用手指触诊喉部，检查有无局部肿大、触痛、畸形等。

此外，还要询问全身有无有关病史，如遇喉阻塞情况紧急时，应根据简要病史、症状和体征，迅速作出初步诊断，采取果断措施，如气管插管、气管切开等，解除患者的呼吸困难，挽救患者的生命，然后根据情况进一步行咽部检查。

二、口咽部检查法

检查者与受检查对坐，受检者张口，平静呼吸，检查者用压舌板轻压舌前2/3处使舌背低下，嘱受检查者发"啊"音，注意观察软腭运动；黏膜有无红肿、溃疡；腭舌弓、腭咽弓有无粘连；腭扁桃体大小、色泽，表面有无瘢痕，用压舌板挤压腭舌弓，视有无分泌物自隐窝口挤出；咽后壁淋巴滤泡及咽侧索有无增生肥大或萎缩。临床将扁桃体大小分为三度：Ⅰ度肥大为扁桃体不超过腭咽弓；Ⅱ度肥大为扁桃体超过腭咽弓；Ⅲ度肥大为扁桃体超过腭咽弓并接近中线。

三、鼻咽部检查法

（一）间接鼻咽镜检查

同后鼻孔及鼻咽部检查法。

（二）鼻咽部触诊

此法用于不能使用间接鼻咽镜检查的儿童。助手坐在检查椅子上，搂抱儿童，固定其双手，检查者以左前臂挟持儿童头部，左手示指将其左侧面颊部软组织挤入上、下牙列之间，然后右手示指伸入鼻咽部进行触诊。检查时注意腺样体大小，咽隐窝有无肿块，后鼻孔有无闭锁。撤出手指时注意指端有无脓液或血迹。

四、喉咽部检查法

（一）间接喉镜检查

检查者与受检查者对坐，受检者张口，尽量伸舌，放松咽喉部；检查者左手用纱布包裹舌前1/3，轻轻向外下方牵拉；右手将已加温的间接喉镜放入咽腔，镜背面紧贴腭垂根部，请被检者发"依——依"音，调整镜面角度，仔细观察喉咽部黏膜色泽，有无红肿、增厚、萎缩、溃疡、新生物；声带有无增厚、结节、息肉及运动状况，声带及喉腔有无其他新生物，室带、喉室及声门下气管有无异常，杓状软骨活动情况；梨状窝有无积液等。

（二）直接喉镜检查

检查前禁食，向口咽、喉咽黏膜分别喷1%～2%丁卡因各三次，向喉腔滴入1%～2%丁卡因2～3ml进行表面麻醉。患者取仰卧位，头后伸，超出检查台，助手固定其头部，检查者插入直接喉镜，使口腔和喉腔处于一直线上，以窥清喉腔各部状况。检查范围包括舌根、会厌谷、会厌、杓会厌襞、杓状软骨、两侧梨状窝、室带、声带、声门下区、气管上段等处。

（三）纤维喉镜检查

因纤维喉镜镜体可以弯曲、光亮度好，对患者损伤小，能从鼻腔导入至喉部，既可对喉咽部及喉部进行全面观察，也可以行病理活检、息肉摘除等，目前已被临床广泛使用。

五、咽喉部影像学检查

咽喉部影像学检查包括X线正侧位及断层摄片，可以了解鼻咽部、咽后壁软组织和骨质情况；颅底片可以了解鼻咽癌对颅底骨质的破坏情况。目前，CT

扫描和磁共振扫描检查已广泛使用于临床，有效提高了咽喉部肿瘤的诊断水平。

六、检查注意事项

使用压舌板时不能伸入过深，压迫力量不宜过重，以免引起恶心和疼痛。

间接鼻咽镜和间接喉镜加温时，应注意镜面温度，并以操作者的手背试温，以防烫伤。

使用丁卡因做黏膜表面麻醉时，总量不超过60mg，并注意观察患者反应，以防发生意外。

行黏膜麻醉的患者，应等麻木感消失后方可进食，以免发生烫伤、误咽等意外。

第4节　耳部检查

一、病史询问

进行耳部检查之前，先要询问患者是否有耳痛，疼痛的性质、时间；耳漏（耳溢液），溢液的性质；是否有耳聋、耳鸣、眩晕等症状。然后根据情况做相关检查。

二、外耳检查法

（1）观察耳郭形态，有无畸形和红肿、皮肤破裂、耳郭牵拉痛，耳郭周围有无瘘管和陈旧性瘢痕。

（2）观察乳突及周围组织有无畸形、瘘管、瘢痕、肿块及触痛等。

（3）观察外耳道有无耵聍、异物及皮肤有无红肿、糜烂及分泌物、有无新生物。

三、鼓膜检查法

（1）用手牵拉耳郭使耳道变直（成人将耳郭向后向外向上牵拉，婴幼儿向后下方牵拉），如耳毛多而长影响检查时，可放入耳镜，以其看清鼓膜。

（2）观察鼓膜色泽、标志，有无穿孔、内陷、外凸、瘢痕、脓血液。

（3）观察中耳有无积液，可采用改变头位，捏鼻鼓气等方法检查。

为了判断鼓膜的运动度以及难以观察的小穿孔，需要借助具有放大和鼓气功能的耳镜或自带光源的放大电耳镜来检查。

四、听力检查法

（一）耳语检查法

在门诊体检时的常用此法。耳语是指平静呼吸时，于呼气末利用肺内残存气体发出的声音。用于检查受检者的实用听力。方法是在安静室内，用棉球塞住一耳的外耳道口，另一耳朝向检查者，检查者发出耳语声，如“北京”“上海”等词或词组，让受检者复诵。正常听距为6m，如不能复诵，可逐米移近听距，如在3m处听清，则记录为3/6；如在1m处仍听不到，可改用面对面谈话声检查。

（二）音叉检查法

音叉检查法是临床常用的确定耳聋性质和部位的听力检查法。音叉检查常用音叉的频率为128Hz、256Hz、512Hz、1024Hz、2048Hz。检查听力时，检查者手持音叉柄向另一手掌的鱼际或肘关节处轻轻敲击叉臂（不要敲击过响，以免产生泛音影响检查结果）。将音叉击响后放于被检者外耳道口外1cm处测气导；将音叉柄末端的底部置于颅面骨上或置于耳后乳突鼓窦区测骨导。

1. 气骨导比较试验（rinne test，RT）　正常人气导时间大于骨导时间，约为2∶1。将击响的音叉柄置于耳后乳突鼓窦区，待音响消失后再将音叉臂放于距外耳道口约1cm处，如仍可听到声音，说明气导>骨导（AC>BC），称气骨导比较试验阳性（+），表示正常或感音神经性聋；如气导听不到后骨导仍能听到，说明骨导>气导（BC>AC），称气骨导比较试验阴性（-），表示传音性耳聋。气导与骨导相等（AC=BC），为中度传导性聋或混合性聋。

2. 骨导偏向试验（weber test，WT）　将击响的音叉柄置于被检者头颅正中任何一点，骨导居中者（=）表示听力正常或两耳听力损失相等。如偏向患侧（→患侧）为传音性耳聋，而偏向健侧（→健侧）为感音性耳聋。

3. 骨导比较试验（schwabach test，ST）　检查者（听力应正常）与患者进行骨导听力比较。将击响之音叉柄置于患者耳后鼓窦区，患者听不到声响后立即移至检查者耳后鼓窦区。如检查者还可听到声响，说明患者骨导缩短（-），为感音性耳聋；如检查者听不到声响而患者还可听到，则患者骨导延长（+），为传音性耳聋。

4. 镫骨活动实验（gelle test，GT）　用于对鼓膜完整者，检查镫骨活动情况。将鼓气耳镜塞入外耳道内，不能漏气，用橡皮球一捏一松，同时将敲响的音叉置于乳突鼓窦区。如被检者感到声音强弱波动，表示镫骨活动良好为阳性。如被检者未感觉声音波动为阴性，表示镫骨不活动，提示耳硬化症。

音叉实验结果分析见表15-1。

表15-1　音叉实验结果分析

实验方法	正常	传音性耳聋	感觉神经性耳聋
骨导比较实验（RT）	（+）	（-）、（±）	（+）
骨导偏向实验（WT）	（=）	→患侧	→健侧
骨导比较实验（ST）	（±）	（+）	（+）

（三）纯音听力计检查法

应在隔音室内进行，纯音听力计能发出不同频率的纯音，并可调节强度，用于检查听觉范围内不同频率的听敏度，判断有无听觉障碍，估计听觉损害的程度，对耳聋的类型和病变部位做出初步判断。

听力计发出的纯音可分 3 个频段：250Hz 以下为低频段；500～2000Hz 为中频段，又称言语频段；4000Hz 以上为高频段。声音强度以 dB 表示。

1. 纯音听力测试法　包括气导听阈和骨导听阈测试两种，一般先测试气导，而后测试骨导。检查从 1000Hz 开始，以后按 2000Hz、3000Hz、4000Hz、6000Hz、8000Hz、250Hz、500Hz 顺序进行，然后再对 1000Hz 复查一次。首先向受检者说明检查方法，可以 1000Hz 40dB 的测试音刺激受试耳，此时该耳如能听到测试音，则每 5dB 一档，递减直到阈值。否则，递增声强直到阈值。在阈值处，应再降低 5dB，确定听不到后仍以阈值音强重复确认。临床测试有上升法和下降法两种，可根据经验选用。测试骨导时，将骨导耳机置于受试耳乳突区，也可将骨导耳机置于前额正中，测试步骤和方法与气导相同。在测试纯音听阈时应注意采用掩蔽。掩蔽法是用适当的噪声干扰非受试耳，以暂时提高其听阈。

2. 纯音听阈图的分析　纯音听阈图以横坐标为频率（Hz），纵坐标为声级（dB）记录受试耳的各频率的听阈，各频率气导听阈和骨导听阈符号连线，称纯音听阈图（或称听力曲线）。对最大声强无反应，在该频率声强处作向下的箭头“↓”。“↓”符号与相邻频率的符号不能连线。正常情况下气导和骨导听阈曲线都在 25dB 以内，气、骨导之间无明显差距。

（1）传音性聋：骨导听阈曲线正常或接近正常，气导听阈曲线损失在 30～60dB 之间，一般低频率听力损失较重。

（2）感音神经性聋：听阈曲线呈渐降型或陡降型，高频率听力损失较重，骨导曲线与气导曲线接近或相互吻合。

（3）混合性聋：骨导曲线下降，气导曲线又低于骨导曲线。

五、前庭功能检查法

（一）自发性眼震检查法

检查者与被检查者相对而坐，嘱被检查者注视检查者手指所示方向，向左、右、上、下及前方 5 个基本方向注视，同时观察其眼球运动。观察有无眼震，如出现眼震，注意其性质、强度及频率等。按自发性眼震的不同，可初步鉴别眼震属周围性、中枢性或眼性。

（二）闭目直立检查法

此法是一种平衡功能检查。请受检者站立，两脚并拢，两手指互扣于胸前并向两侧拉紧，观察受检者闭目及睁眼时躯干有无倾倒，有倾倒者为阳性，提示平衡功能障碍。

（三）冷热试验

该试验通常用 30℃及 44℃冷热水灌注外耳道来诱发眼球震颤（仅限于鼓膜完整者），观察眼震出现的过程、幅度、频率和最大慢相速度，根据结果来分析判断有无前庭疾病或中枢疾病。

六、咽鼓管功能检查法

咽鼓管功能障碍和许多中耳疾病的发生、发展及预后有关。

咽鼓管功能的测定方法很多，其中有定性检查法，也有定量检查法。临床常用的吞咽测试法、捏鼻鼓气法、波氏球吹张法、导管吹张法等均属定性检查法，这些方法简单易行，但精确度差。定量检查法（如声导抗检查），虽能较准确地检测咽鼓管的通畅度，但需要一定的仪器设备，其中有些技术操作比较复杂。临床经常应用咽鼓管吹张法来判定咽鼓管的功能。

（一）咽鼓管吹张法

咽鼓管吹张法是通过主动或被动将气流经咽鼓管压入鼓室，以了解咽鼓励管的功能。本法主要用于鼓膜无穿孔者，可粗略估计咽鼓管是否通畅，也可作治疗用。上呼吸道急性感染、鼻腔或鼻咽部有脓液、溃疡、新生物者忌用。

（二）吞咽测试法

吞咽测试法将听诊管两端的橄榄头分别放入受试者和检查者的外耳道口，然后请受试者做吞咽动作。检查者可听到轻柔的“嘘嘘”声。咽鼓管功能不良者吞咽时从其耳道听不到声音。

（三）捏鼻鼓气法

受试者以手将两鼻翼向内压紧，闭口，同时用力呼气。咽鼓管通畅者，此时呼出的气体经鼻咽部循两侧咽鼓管咽口冲入鼓室，检查者可以从听诊管内听到鼓膜的振动声或可看到鼓膜向外运动。

（四）波氏球吹张法

该法适用于小儿。让受试者含水一小口，检查者将波氏球前端的橄榄头塞入受试者一侧前鼻孔，并压紧对侧前鼻孔。嘱受试者将水吞下，在吞水的同时，检查者迅速紧压橡皮球。检查者可从听诊管内听到鼓膜振动声或观察到鼓膜运动情况。

（五）导管吹张法

先用 1%麻黄碱和 1%丁卡因收缩、麻醉鼻腔黏膜，检查者将咽鼓管导管沿受试者鼻底缓缓伸入鼻咽部,并将原向下的导管口向受检侧旋转90°,并向外缓缓退出少许,进入咽鼓管咽口处。然后再将导管向外上方旋转约45°,使导管插入咽口内。用橡皮球向导管内鼓气,借听诊管判断咽鼓管是否通畅。咽鼓管通畅者,可闻及吹风声和鼓膜振动声;咽鼓管狭窄者可听到断续的"吱吱"声或尖锐的吹风声;咽鼓管完全阻塞或导管末插入咽鼓管咽口内者,则无声;鼓室积液时,可听到气过水声。注意鼓气时要适当,避免压力过大,鼓膜爆破。

鼓膜穿孔者可用鼓室滴药法和咽鼓管造影术进行检查。此外还有内镜检查法。

七、影像学检查法

乳突X线检查能进一步明确中、内耳病变,根据需要拍摄许氏位、斯氏位、梅氏位等不同位置的乳突片。CT扫描及磁共振成像能更明确病变的性质、范围、程度。

八、检查注意事项

外耳道有炎症时,牵拉耳郭应轻柔,以免加重患者痛苦。

听力检查时,环境要安静,以免影响结果。音叉检查时,击响音叉的力量不能过大,以免产生泛音影响检查结果。

前庭功能检查时,应注意保护患者,以防跌倒。

第5节 气管、支气管及食管检查

一、支气管镜检查

支气管镜检查是进入气管、支气管内进行直接检查和治疗的一种内镜。有两种类型:一种是由金属制成的空心硬管镜;另一种是由导光纤维制成的软管镜。软管镜又分两种:一种是纤维支气管镜;另一种是电子支气管镜。在支气管内镜下可以对气管、支气管进行一系列的检查和治疗,如癌肿的检查,气管、支气管异物的取出等。

二、食管镜检查

本法是利用食管镜置入食管内进行诊治的一种方法。食管镜有金属硬管镜的和导光纤维软管镜的两种。在检查前应当详细询问病史,作好一般体格检查和胸部透视。为了对食管内病变的情况事先有所了解,应作X线食管透视和拍片。根据患者的年龄和病情准备适当的器械。

三、注意事项

动作应轻柔,镜管通过会厌、食管、声门时切忌用力过猛,以免发生损伤、出血或镜管损坏。

第6节 耳鼻咽喉科特殊检查

一、鼻腔和鼻窦内镜检查

有硬管和软管内镜两种。在内镜下能仔细观察鼻腔深部结构、鼻咽部及鼻窦的细小病变。

二、纤维喉镜检查

纤维喉镜为一细软镜体,从鼻腔到达喉腔,可以更清晰全面地观察喉部病变,其中电子喉镜可以通过电视画面来监视检查和治疗,并可摄录像、打印图片报告等。

三、听力学检查

较常用的有阈上听功能测试、言语测听法、耳声发射检查法、声导抗测试法、脑干诱发电位等检查,通过这些检查可以确定病变的性质、部位和程度。

四、检查注意事项

在使用丁卡因对黏膜表面麻醉时,要观察患者有无过敏现象及中毒现象,丁卡因总量不要超过60mg(1%丁卡因6ml)。喉部检查后,按医嘱给药,嘱其尽量少语,以减轻反应,有利恢复。鼻部检查后,勿用力擤鼻以防出血。

(薛正毅)

目标检测

一、名词解释

纯音听阈图 冷热试验

二、填空题

1. 耳鼻喉科应有专用的________室,室内宜________,避免________射入。
2. 嗅觉检查常用________、________、________物质进行测试,能分清者为______,说出1~2种者为________,不能分辨者为________。
3. 喉部检查有________和________。
4. 听力检查包括________、________和________3种。

三、选择题

1. 使用额镜时最准确的方法是( )
   A. 保持瞳孔、镜孔成一直线,单眼视
   B. 保持瞳孔、镜孔成一直线,双眼视

C. 保持瞳孔、镜孔、反光焦点和检查部位成一直线，双眼单视
D. 保持镜孔、反光焦点成一直线，单眼视
E. 保持瞳孔、镜孔和检查部位成一直线，单眼视

2. 使用额镜检查时，光源应放在患者头部（　　）
A. 前上方 15cm　　B. 后上方 15cm
C. 正前方 15cm　　D. 正后方 15cm
E. 后方 20cm

3. 使用鼻镜时正确的方法是（　　）
A. 应张开两叶放入
B. 应合拢放入，超过鼻阈
C. 应张开两叶放入，不超过鼻阈
D. 取出时紧闭两叶
E. 应合拢放入，不超过鼻阈，取出时两叶稍张开

4. 鼻部检查的内容（　　）
A. 外鼻检查
B. 鼻前庭及固有鼻腔检查
C. 鼻窦检查
D. 嗅觉检查
E. 以上部位均应检查

5. 检查固有鼻腔时应检查的部位哪项除外（　　）
A. 鼻中隔　　B. 下鼻甲
C. 中鼻甲　　D. 梨状窝
E. 中鼻道

6. 关于纯音测听检查哪项不正确（　　）
A. 纯音听阈图的横坐标表示声级、纵坐标表示频率
B. 500～2000Hz 为中频段，又称音语频段
C. 进行测试时有上升法和下降法两种
D. 纯音测听检查包括气导和骨导
E. 应在隔音室内进行

四、简答题

1. 前庭功能检查的方法有哪些？
2. 简述间接喉镜检查法。

第16章 鼻部疾病

学习目标

了解鼻息肉的病因，描述临床表现，说出治疗原则。

理解各种鼻部炎症的病因，描述其临床表现，说出治疗原则。

掌握鼻出血的常用止血方法，并能进行一般止血操作。

案例16-1

患者，男性，40岁。主诉：右侧反复流鼻血一月，加重一天。现病史：近一月来鼻涕中常带血丝，晨起时明显，经自行填塞、冷敷后好转。今晨鼻涕中又出现鼻血，较平时多。体温37℃，血压130/80mmHg，鼻腔中有血痂，清除血痂后鼻部通气尚可，右侧鼻甲稍大，鼻中隔黏膜轻度糜烂。

问题：

1. 该患者目前主要处理措施是什么？
2. 还应该做哪些进一步检查？目的是什么？

第1节 急性鼻炎

急性鼻炎(acute rhinitis)为常见的鼻腔黏膜的急性炎性疾病，有传染性，俗称“伤风”、“感冒”。

【病因】 当机体抵抗力降低(如受凉后)、病毒(鼻病毒、腺病毒、流感病毒等)入侵而发病，并常继发细菌感染，如溶血性链球菌、肺炎链球菌、流行性感冒杆菌等。一次感染后，约有1个月免疫期，故易感者一年中可多次发病。

【临床表现】 一般病程7~10天，潜伏期1~3天。

起病时鼻腔干燥、痒、打喷嚏，随即出现鼻塞并逐渐加重，流清水样鼻涕，以后变为黏液脓性鼻涕。常有嗅觉减退、闭塞性鼻音。全身症状轻重不一，常感周身不适，或低热。如无并发症，症状逐渐减轻或消失。

局部检查：鼻黏膜早期弥漫性充血、干燥，之后黏膜肿胀，总鼻道及鼻底有水样、黏液性、脓性分泌物。

小儿全身症状较成人重，常有发热、倦怠，甚至高热、惊厥，可伴呕吐、腹泻等。

【并发症】

急性鼻窦炎；经咽鼓管引起中耳炎；向下蔓延，致咽炎、喉炎、气管炎、支气管炎及肺炎。

【诊断及鉴别诊断】 根据症状及体征，诊断本病不难。小儿某些急性传染病如麻疹、百日咳、猩红热及流感等应予鉴别。

【预防】

避免受凉，加强锻炼，增强对寒冷的耐受能力。

治疗上呼吸道疾病，如扁桃体炎、增殖体炎、鼻中隔偏曲、鼻窦炎等。

【治疗】

1. 一般治疗　休息，多饮水，进食清淡，通大便。

2. 有发热、头痛、全身症状及并发症者　可服吗啉胍等抗病毒药、解热止痛药、复方阿司匹林片每次1~2片，1日3次。克感敏每次1~2片，1日3次。还可用抗生素及磺胺等。

3. 局部治疗　有鼻塞者可用1%麻黄碱液(儿童用0.5%溶液)滴鼻，1日3次。

4. 中医中药　速效感冒丸、感冒清每次1~2片，1日3次。针刺迎香、鼻通等穴。

5. 切忌用力擤鼻　以防发生中耳炎和鼻窦炎。掌握正确擤鼻方法，即两侧鼻孔同时开时擤鼻；或压紧一侧鼻翼，轻轻擤出对侧开放鼻腔的鼻涕；或将鼻涕吸入咽部后吐出。

第2节 慢性鼻炎

慢性鼻炎(chronic rhinitis)为鼻黏膜及黏膜下组织的慢性炎症，分单纯性、肥厚性两种，后者多由前者发展、演变而来。

【病因】

1. 局部原因　急性鼻炎反复发作演变而来；慢性鼻窦炎分泌物的长期刺激及鼻中隔偏曲影响；邻近病灶的影响，如腺样体肥大、慢性扁桃体炎、长期使用麻黄碱液及萘甲唑啉滴鼻等。

2. 全身因素　营养不良、饮酒过度、维生素C和B缺乏；某些全身性疾病如肝、肾、心脏病等，也可导致鼻黏膜充血和淤血；内分泌失调如甲状腺机能减退、肾上腺皮质功能减退、青春期、妊娠期等。

3. 职业、环境因素　粉尘如水泥、玻璃、石灰、面粉、棉花、皮毛、烟草等和有害气体的长期影响。

【病理】

1. 单纯性　鼻黏膜血管呈慢性扩张，尤以下鼻甲海绵状组织为甚。鼻黏膜表现为水肿性肿胀，但上皮下组织尚无增生性改变。

2. 肥厚性　鼻黏膜血管扩张，上皮下结缔组织增生，黏膜变厚，鼻甲骨也肥大。

【临床表现】

1. 慢性单纯性鼻炎　主要表现为鼻塞、多涕。鼻塞呈间歇性或交替性，即白天或活动后减轻，夜间或静坐时加重，侧卧时下侧鼻塞，上侧鼻腔通气良好。涕多为黏液性。鼻塞时可有闭塞性鼻音，嗅觉减退。检查可见鼻黏膜暗红色充血，鼻甲肿胀，表面光滑，触之柔软有弹性，探针压之凹陷，移去探针凹陷立即恢复，对减充血管剂反应敏感。

2. 慢性肥厚性鼻炎　鼻塞呈持续性，闭塞性鼻音较重，伴明显嗅觉减退。鼻涕不多，但为黏脓性，不易擤出。长期鼻通气障碍可出现头昏、记忆力下降、失眠、眉心部胀满感；长时间张口呼吸及分泌物的刺激导致咽干甚至出现慢性咽炎。检查可见鼻黏膜暗红，鼻甲增生肥厚，表面凹凸不平呈结节状，尤以下鼻甲为甚，触之硬实感，弹性差，探针压之不易凹陷，对减充血剂反应不敏感。

慢性单纯性鼻炎与慢性肥厚性鼻炎的鉴别见表16-1。

表16-1　慢性单纯性鼻炎与慢性肥厚性鼻炎的鉴别

	慢性单纯性鼻炎	慢性肥厚性鼻炎
鼻塞	间歇性、交替性	持续性
检查	鼻黏膜肿胀，表面光滑、湿润、呈暗红色	鼻黏膜肥厚，表面不平，呈结节状或桑葚状，色苍白、淡红或紫红。鼻甲可肥大
探针触诊	柔软，富有弹性，探针轻压时有凹陷，探针移去后立即恢复	有硬实感，触之不现凹陷，或虽有凹陷，但不立即恢复
1%麻黄碱液的反应	黏膜收缩明显	黏膜不收缩或有轻微收缩

【诊断】　根据病史、症状及体征，诊断并不难，但应对单纯性或肥厚性加以鉴别。

【治疗】

1. 慢性单纯性鼻炎　原则是去除病因，恢复通气，排除分泌物。

（1）病因治疗：积极查找病因并进行治疗，加强锻炼，增强机体抵抗力。

（2）应用减充血剂：用0.5%～1%麻黄碱滴鼻剂或0.05%羟甲唑啉滴鼻剂滴鼻，每日2～3次。用药时间不宜太长，以免引起药物性鼻炎。

（3）封闭疗法：0.25%～0.5%普鲁卡因作下鼻甲、鼻丘或迎香、鼻通等穴位注射，隔日1次，5次为1个疗程。

（4）中医治疗：以宣肺、祛风、通窍为原则，亦可用中成药千柏鼻炎片、藿胆丸治疗。

2. 慢性肥厚性鼻炎

（1）保守治疗：对鼻黏膜收缩反应尚好者，可采用单纯性鼻炎的治疗方法治疗。也可用下鼻甲黏膜下硬化剂注射（图16-1）、下鼻甲激光、冷冻或电凝等疗法。

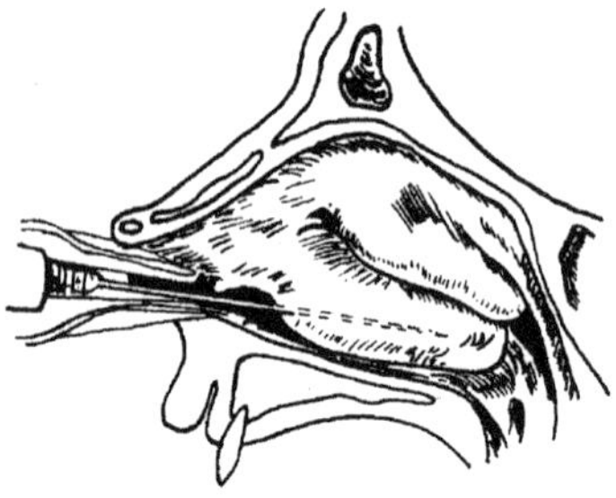

图16-1　下鼻甲注射法

（2）手术治疗：以上治疗无效或鼻甲肥厚显著、症状较重者，可考虑行下鼻甲部分切除术（图16-2），但原则是下鼻甲黏膜不可切除过多，以免引起萎缩性鼻炎。

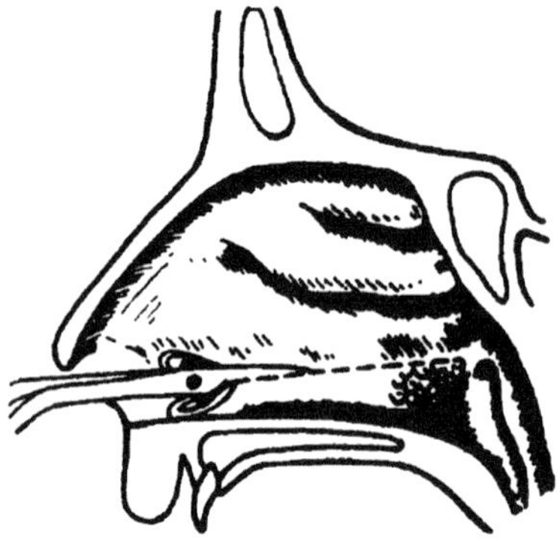

图16-2　下鼻甲部分切除术

第3节　变应性鼻炎

变应性鼻炎（allergic rhinitis）又称过敏性鼻炎，为身体对某些变应原（体内或体外）敏感性增高而呈现以鼻黏膜病变为主的一种异常反应，常与过敏性鼻窦炎同时发病。本病常见。临床上分常年性与季节性两种。国内以常年性者较多见。季节性多与空气中存在某种花粉浓度有关,故又称花粉病或枯草热。

【病因和发病机理】

1. 变应性体质 患者可有支气管哮喘、血管神经性水肿或荨麻疹等病史或有家族过敏史。

2. 接触变应原 吸入物如灰尘、花粉、动物毛等;食物如牛奶、鱼虾、药品等。

3. 感染 有感染病灶者(扁桃体炎、龋齿等)、细菌在机体内引起抗原-抗体反应时,也可发生过敏性鼻炎。

变应性鼻炎属Ⅰ型变态反应。变应原侵入鼻黏膜后,刺激机体产生抗体免疫球蛋白E(IgE),IgE附着在在肥大细胞、嗜碱粒细胞等介质细胞膜上使鼻黏膜致敏。当机体再次接触抗原,抗原便与IgE抗体结合,激活细胞膜上的酶系统,发生一系列生化反应,使介质细胞膜裂解,释放出大量生物活性物质,如组胺、缓激肽、前列腺素、白三烯和慢性反应物质等。这些物质作用于鼻黏膜使其血管扩张、通透性增高、组织水肿、血浆渗出、腺体分泌亢进、嗜酸粒细胞浸润,导致鼻黏膜水肿、鼻分泌物增多。同时,这些物质刺激感觉神经末梢,引起鼻痒、打喷嚏。

【临床表现】 发病突然,其共同的特征是:阵发性鼻内发痒,连续喷嚏,有大量的清水样鼻涕或稀薄黏液样鼻涕,并有鼻塞及嗅觉障碍。发作后又可迅速恢复正常。反复发作,可伴有流泪、头昏、头痛等症状。反复多次发作,鼻塞可变为持续性,嗅觉功能也不能完全恢复。

检查可见鼻腔内有大量水样分泌物,下鼻甲肿大,鼻黏膜水肿,色苍白或淡紫色。反复多次发作者,鼻黏膜增生肥厚且呈息肉样变或息肉形成。分泌物涂片可见大量嗜酸粒细胞。

【诊断】 根据病史及临床表现,诊断并不难,但应与急性鼻炎相鉴别。变应原皮肤激发试验可以帮助确定变应原。

【治疗】

1. 脱敏疗法

(1) 特异性脱敏疗法:找到变应原后,以其制成针剂,行脱敏注射。避免与变应原接触。

(2) 组胺脱敏疗法:用组胺作脱敏注射,逐渐增加剂量,增加机体对组胺的耐受性,以达治疗目的。

2. 抗组胺治疗 常用药有苯海拉明,每次25~50mg,每日3次,口服;曲吡那敏,25~50mg,每日3次口服;氯苯那敏,4~6mg,每日3次口服;或布克利嗪,25mg,每日3次口服。酮替芬,1mg,每日1~2次,口服。

3. 色甘酸钠 20mg,每日4次,喷入鼻腔。

4. 激素治疗 可用泼尼松,5~10mg,每日3次日服;或地塞米松0.75~1.5mg,每日3次,口服;或倍他米松0.5mg,每日3次口服。亦可用泼尼松龙注射液0.5ml或地塞米松2mg,作下鼻甲黏膜下注射。

5. 改善血管通透性 葡萄糖酸钙片0.5~1.0g和维生素C片200mg,每日3次,口服。或用10%葡萄糖酸钙注射液10ml加维生素C500mg,静脉缓慢推注,对控制症状有一定效。

6. 局部滴药 可选用1%麻黄碱液、麻黄碱可的松溶液、麻黄碱布克利嗪溶液滴鼻。色甘酸钠粉剂喷入鼻腔,每次20mg,每日4次。

7. 中医中药 中医认为本病治疗宜养阴润燥,常用药物如生地、麦冬、知母、黄芩、生石膏、丹皮等。气血虚亏者,可以用当归、党参、黄芪、熟地黄、山药等;或用养阴清肺汤加减。

8. 针刺治疗 常用穴位有合谷、迎香、足三里、风池等,亦可行穴位封闭。

9. 其他疗法 对下鼻甲黏膜的冷冻疗法、激光照射等,皆可使鼻黏膜表面敏感性降低,达到控制症状的目的。

第4节 急性化脓性鼻窦炎

急性化脓性鼻窦炎(acute suppurative sinusitis)为鼻窦黏膜急性化脓性炎症,多继发于急性鼻炎。重者可累及骨质,是一种常见病。中医称"鼻渊"。

【病因】 本病以鼻源性感染为多见。常见致病菌有链球菌、葡萄球菌、肺炎链球菌、流感杆菌等。牙源感染常为厌氧菌,脓液有恶臭。真菌感染少见。

1. 全身原因

(1) 抵抗力降低,如过度疲劳、营养不良等。

(2) 慢性疾病,如贫血,肺结核等。

(3) 急性传染病,如流感、麻疹、白喉等。

(4) 变态反应体质,为鼻窦炎的重要原因。

2. 局部原因

(1) 鼻腔疾病妨碍鼻窦通气引流,如鼻中隔偏曲、中鼻甲肥大、鼻息肉、鼻腔填塞过久及肿瘤等。

(2) 邻近病灶感染的影响,如扁桃体炎、腺样体肥大,上颌第2双尖牙及第1、2磨牙根部感染。

(3) 直接感染,如鼻窦外伤、异物、跳水不当等。

【临床表现】

1. 全身症状 有畏寒、发热、全身不适等。小儿症状较重,尚可出现咳嗽、呕吐、腹泻、抽搐等症状。

2. 局部症状

(1) 鼻塞:多为持续性,是鼻黏膜充血肿大、鼻腔分泌物积聚所致。并导致嗅觉暂时性减退或丧失。

(2) 多脓涕:鼻腔有大量黏脓性或脓性鼻涕,前组鼻窦炎鼻涕易向前鼻孔排出,后组鼻窦炎鼻涕多向后流至鼻咽部,患者常有痰多之感,并可刺激咽部引起发痒、咳嗽,甚至恶心。

(3) 头痛及局部疼痛:头痛是鼻窦炎常见症状,主要是细菌毒素、脓性分泌物、肿胀的黏膜刺激和压迫神经末梢所致,在低头、摇头、咳嗽、擤鼻、跳跃时加重。一般来说,前组鼻窦炎所引起的头痛多在额部,后组鼻窦炎引起的头痛多位于枕部。因各鼻窦所在的位置不同,头痛各有特点。前组鼻窦炎头痛多在头颅表面,后组鼻窦炎多为头颅深部痛。急性上颌窦炎前额痛,晨起轻、午后重。急性筛窦炎一般头痛较轻。内眦及鼻根部痛,疼痛可放射至头顶部。前组筛窦炎头痛可与急性额窦炎同,后组筛窦炎可引起枕部头痛。急性额窦炎前额痛且有明显的时间规律。晨起即感头痛,午后减轻,晚上消失。因晨起后,头位变高,利于引流之故。急性蝶窦炎眼球深处痛,可放射到颅顶;还可出现枕部头痛,早晨轻、午后重。

3. 检查

(1) 局部红肿及压痛:病窦附近皮肤及软组织可有红肿现象,鼻窦投影照区有压痛。

(2) 鼻腔检查:鼻黏膜尤其是窦口处黏膜充血、肿胀、鼻甲肿大,前组鼻窦炎见中鼻道积脓涕,后组鼻窦炎见嗅裂或后鼻孔积脓涕。如无鼻涕,又怀疑鼻窦炎,可用1%麻黄碱溶液收缩鼻黏膜,作体位引流后,再检查以帮助诊断。

(3) 鼻窦内镜检查:通过内镜直接观察鼻腔各壁、鼻窦开口情况。

(4) 鼻窦X线或CT检查:为诊断鼻窦炎的重要手段之一。可显示鼻窦黏膜增厚,如有分泌物积存,则可见窦腔密度增高,并可出现液平面。检查结果应与临床症状相结合,才有助于诊断。

【诊断】 根据病史、体征及辅助检查所见,即可确诊。

【预防】 锻炼身体,增强体质,预防感冒,积极治疗急性鼻炎,清除病灶;急性鼻炎时正确擤鼻,游泳跳水防呛水。

【治疗】 治疗原则是去除病因、保证引流通畅、控制感染和预防并发症。

1. 病因疗法 如治疗鼻腔疾病,牙源性感染引起者,同时治疗牙病。

2. 一般治疗 适当休息、加强营养、多饮水、通二便;疼痛严重者可适当应用镇痛药。

3. 消炎治疗 选用有效抗生素或磺胺类药物,以控制感染。

4. 促进窦口通畅引流 1%麻黄碱滴鼻剂滴鼻,收缩鼻腔及鼻窦黏膜,使窦口开大,以利引流。并可作体位引流,使窦内脓液排空,促进痊愈。

5. 上颌窦穿刺冲洗 急性炎症控制后,仍有脓涕时可实施(图16-3)。

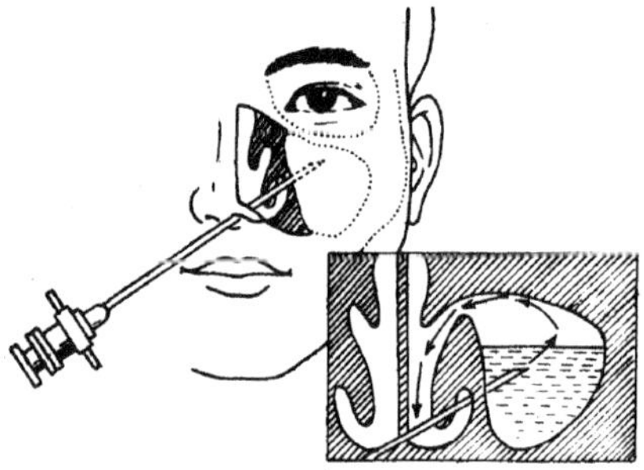

图 16-3

第5节 慢性化脓性鼻窦炎

慢性化脓性鼻窦炎(chronic suppurative sinusitis)为鼻窦黏膜的慢性化脓性炎症。多由急性鼻窦炎反复发作、治疗不当或治疗不彻底转化而来。变态反应因素与本病亦有密切关系。其他病因与急性鼻窦炎基本相似。

【临床表现】

1. 全身症状 全身症状轻重不一,有时不明显。重者精神不振,头昏、头痛,注意力不集中,记忆力减退等。儿童因张口呼吸和分泌物刺激,引起呼吸道、胃肠道症状及鸡胸、全身发育受影响。

2. 局部症状

(1) 流脓涕:黏液脓性分泌物是为主要症状,有时为脓性;牙源性者,脓带腐臭味。

(2) 鼻塞:为经常性,轻重不一。黏膜肥厚或息肉样变或息肉形成时鼻塞加重且常为持续性。

(3) 头痛:有以下特点。①头痛伴鼻塞、流脓涕和嗅觉障碍等;②头痛常有时间性和定位特点,且多为一侧性,多属钝痛;③头痛于休息躺卧、滴鼻药等及水蒸气吸入,鼻腔通气引流改善后减轻;或于咳嗽、弯腰、低头等致头部静脉压升高时则头痛加重。

(4) 嗅觉障碍:黏膜肿胀及分泌物致嗅觉障碍,筛窦炎时更为严重。

视功能障碍是本病引起的眶并发症,主要表现为视力减退或失明(球后视神经炎所致)。多与后组筛窦炎和蝶窦炎有关,是炎症累及管段视神经和眶内所致。

3. 检查

(1) 鼻腔检查:可见鼻黏膜慢性充血、肿胀或肥厚,中鼻甲肥大或息肉样变,或中鼻道有息肉。前组鼻窦炎可见中鼻道有脓性分泌物,后组鼻窦炎可见嗅裂有脓液。

(2) 鼻窦X线及CT检查:可显示窦腔模糊、密度增高、混浊，甚至可见液平面或息肉阴影。

（3）鼻窦穿刺冲洗：上颌窦穿刺冲洗为一常用手段，有诊断和治疗意义。可了解窦内脓液性质，同时也可对脓分泌物进行细菌培养和药敏试验，以指导用药。

（4）鼻内镜检查：可清楚显示鼻腔病变，尤其是显示中鼻道及周围结构和脓液积聚部位。

【治疗】 原则趋向保守，以全身治疗并着重病因及变态反应因素治疗为主，必要时予以手术治疗。手术以保证引流为重点。

1. 全身治疗

（1）中医中药：本病分肺气虚寒和脾气虚弱两类。前者宜温肺补气，疏风散寒。可用温肺止流丹加黄芪、白芷、藁本；后者宜健康益气，渗湿化浊，可用参苓白术散或补中益气汤。

（2）抗过敏治疗：近来研究认为，本病与变态反应有关，故可用氯苯那敏、布克利嗪、苯海拉明药物治疗。

2. 局部治疗

（1）滴鼻药：滴1%麻黄碱液可使鼻黏膜收缩，改善通气。亦可在滴鼻剂中加入类固醇激素，如地塞米松、倍他米松等。

（2）负压置换疗法：应用于慢性额窦炎、筛窦、蝶窦炎及慢性化脓性全鼻窦炎。

方法：先用0.5%~1%麻黄碱液喷鼻腔，擤出鼻涕。嘱患者仰卧，肩下垫枕，伸颈垂头，务使颏部与外耳道口之连续与床面垂直。此时，所有鼻窦的开口均位于下方。自一侧鼻前孔缓缓滴入1%麻黄碱液。每侧2~3ml，保持头位不变1~2分钟，再于鼻腔内注入抗生素液（亦可加入适量激素）2~3ml，淹没所有鼻窦口，调整吸引器，使负压不超过24kPa。患者将吸引器的橄榄头（或用橡皮球代替吸引器）塞入滴药侧鼻孔，另一鼻孔用手指捏紧鼻翼封闭，然后嘱患者连续发“开、开、开”的声音，使软腭断续上提，间歇关闭鼻咽腔；同时开动吸引器，1~2秒钟后迅速移去，再塞入，如此反复6~8次，即可使鼻腔与鼻窦交替鼻腔内的药液便可进入鼻窦内。同法可治疗另一侧鼻窦。术毕2~3分钟后患者起立，已进入窦内的药液不致流出，可发挥治疗作用（图16-4）。

患者也可自己进行此疗法，采用同样体位，在鼻腔内滴入药剂后闭口捏鼻，同时用力吸气，也可使鼻腔形成负压，有利药液进入鼻窦。

注意事项：①急性鼻炎、急性鼻窦炎、鼻出血、鼻部手术后伤口未愈、高血压等患者不宜用本疗法；②吸引器负压不超过24kPa，事先调好；③吸引时须间断进行，1~2秒钟后须急速取出，每日吸引约1分钟即应停止，时间过长可引起头痛、耳痛或鼻出血；

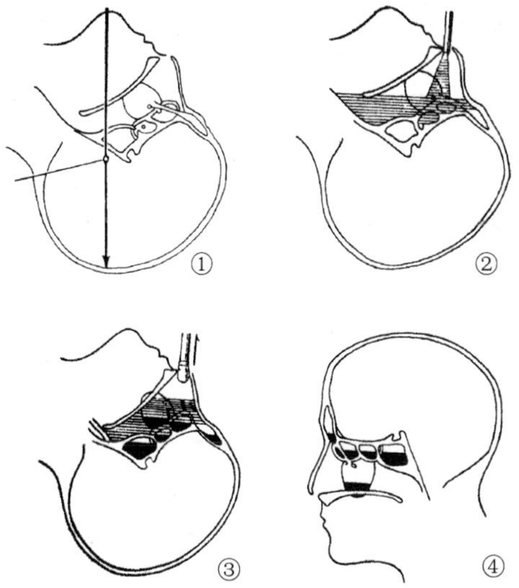

图16-4 鼻窦置换疗法

①头位；②滴药；③封闭鼻咽，负压吸引；④患者起立，药液留于鼻窦内

④术后15分钟内不擤鼻及弯腰，以使药液留于窦腔内；⑤此法2~4天一次，间隔过久则疗法不佳，4~5次为一疗程。

患者也可自己进行此疗法，采用同样体位，在鼻腔内滴入药剂后闭口捏鼻，同时用力吸气，也可使鼻腔形成负压，以利于药液进入鼻窦。

（3）上颌窦穿刺冲洗法：为诊断和治疗上颌窦炎的常用方法。先用1%麻黄碱液（或0.1肾上腺素）棉片收缩中鼻道黏膜后，再用1%丁卡因棉签置于下鼻道前段顶部5~10分钟。若穿右上颌窦，则左手固定患者头部，右手拇指、示指和中指握住针柄中段，掌心顶住穿刺针后端，针头斜面朝向鼻中隔方向，经鼻前孔伸入下鼻道，抵达其外侧壁距下鼻甲前端1~1.5cm近下鼻甲附着处，然后向外眦方向稍用力，使穿刺针穿过下鼻道外侧壁进入上颌窦，穿入窦内时有一种进入空腔的感觉。注意穿刺针不宜过深。然后拔出针芯，将橡皮管一端接穿刺针，另一端接注射器。患者低头，张口呼吸，回抽有无空气或脓液，以便确定是否在窦腔内，再缓缓注入温生理盐水。若上颌窦积脓，可见脓液自鼻腔流出，至洗净无脓为止。冲洗完毕亦可注入抗生素药物或其他药物。然后拔出针头，穿刺处用麻黄碱棉片压迫止血。为便于冲洗治疗亦可置硅胶管于窦内，另一端用胶布固定于面颊，每周冲洗1~2次。

（4）手术治疗：慢性鼻窦炎药物治疗无效时，可采用手术治疗。近年来，随着鼻内镜手术的普及，已逐渐代替经典的鼻窦根治术。它既可清除病灶，改善和重建鼻腔鼻窦通气引流功能，又尽可能地保留鼻腔鼻窦的正常结构和生理功能，极大提高了鼻窦炎的治疗效果。

链接

鼻内镜手术

鼻内镜手术是20世纪80年代鼻科学领域发展最为迅速的一门技术，属微创外科手术之一。其优势是可将鼻内镜插入鼻腔或鼻窦，使用冷光源，具有0°~75°的不同视角，手术视野清晰，可在直视下操作，并可结合激光、鼻部微创吸切钻及影像导航系统进行治疗。较之传统的鼻腔鼻窦手术有损伤小、出血少、效果好及恢复快等优点。在尽可能保存鼻腔鼻窦正常结构和生理功能前提下，彻底清除病变，恢复和重建良好的鼻腔、鼻窦通气和引流功能，依靠鼻腔鼻窦自身生理功能的恢复，使患者症状得到改善或恢复，并防止病变复发。目前该手术广泛应用于鼻腔、鼻窦手术，如鼻窦炎手术、下鼻甲切除术、鼻腔鼻窦良性肿瘤切除术等；鼻眼相关手术，如鼻腔泪囊吻合术、视神经管减压术等；颅底手术，如脑脊液鼻漏修补术、经蝶垂体瘤切除术等。

第6节　鼻　息　肉

鼻息肉(nasal polyp)是由于鼻腔和鼻窦黏膜极度水肿向下垂坠而成。中医称为“鼻茸”。成人比较常见,好发于中鼻甲游离缘及筛窦等处。

【病因】　病因尚未完全明了,目前趋向于认为多因素病因,即鼻息肉的形成是多种因素共同作用的结果。其中以变态反应和鼻黏膜的慢性炎症最为重要。

【临床表现】　以渐进性鼻塞为主,小的息肉可无明显症状,随着息肉逐渐增大,最后发展成持续性鼻塞。伴黏液涕和嗅觉障碍,患者张口呼吸、口臭、咽干;息肉阻塞鼻窦开口可并发鼻窦炎而伴头痛、头昏、分泌物呈脓性;若有巨大或多发性息肉可突出于前鼻孔,向后伸展至鼻咽部导致咽鼓管阻塞,甚至使鼻背增宽变形成“蛙鼻”。

检查可见,鼻腔内有单个或多个新生物,表面光滑,灰白色半透明如鲜荔枝肉,触之柔软,可移动,无疼痛,不易出血。鼻腔后部的息肉须收缩鼻黏膜后或作后鼻镜检查才能发现。

【诊断】　根据症状、体征,鼻息肉诊断不难。结合鼻内镜检查及CT扫描更能明确息肉的部位和范围。青年人单侧发生者应与鼻咽血管纤维瘤相鉴别。老年患者单侧鼻息肉须与恶性肿瘤相鉴别。

【治疗】　手术治疗为主,但术后易复发。冷冻摘除可减少术中出血,也可反复多次冷冻。在1%丁卡因加0.1%肾上腺素2~3滴表面麻醉后,用鼻息肉圈套器套住息肉根蒂或用鼻息肉钳钳住根蒂将息肉摘除。术后鼻腔以丙酸倍氯米松气雾剂喷雾可减少复发。

鼻息肉由上颌窦和筛窦炎引起者,应处理上颌窦和筛窦。本病难以根治,故应针对病因进行治疗。

第7节　鼻　外　伤

鼻突出于面部,最易受外伤。临床上可表现为软组织挫伤、裂伤、鼻骨骨折等多种形式,重者合并颅脑外伤。

【临床表现】　常见症状为局部疼痛、肿胀、出血及外鼻变形等。软组织挫伤可见皮下淤血、肿胀。裂伤则可见有出血及皮下气肿。鼻骨骨折表现为鼻梁塌陷或偏斜、压痛,有时可有骨摩擦感。如有鼻中隔骨折或血肿,则鼻中隔变厚,突向一侧,向一侧或两侧膨隆,并出现一侧或双侧鼻塞。若合并颅底骨折、硬脑膜撕裂,则有脑脊液鼻漏,漏出液早期为血水样,继而呈清水样,当低头、排便、咳嗽时,鼻漏液增多。严重者可出现休克。

【诊断】　根据外伤病史及上述临床表现,诊断不困难。如疑有鼻骨骨折时,可行X线摄片检查以明确部位。若疑有脑脊液鼻漏,鼻漏液作葡萄糖定量分析便可确诊。

【治疗】　处理原则是止痛、止血、清创缝合,骨折整复及预防感染等。

1. 一般处理　鼻部软组织损伤早期冷敷,伤后24~48小时改热敷。有裂伤者,用细针细线分层对位缝合,以减少瘢痕形成。缝合时,应尽量保留软组织,以免发生畸形,并用抗生素预防感染。

2. 鼻骨骨折的处理　应尽早复位,伤后立即进行复位手术最理想。如在伤后2周以上再复位,因骨痂形成,复位较困难。骨折复位法:先用1%丁卡因棉片麻醉鼻黏膜5~10分钟,然后用一带有橡皮套的血管钳或黏膜剥离器,置于鼻腔内下陷的鼻骨下面,轻轻用力向上向前抬起鼻骨,另一手的拇、示二指按住鼻梁,协助整复。应注意整复器械向上伸入鼻腔时,切不可超越内眦连线,否则有损伤筛板的危险。

复位后,除鼻腔填碘仿纱条或油纱条固定外,还可用鞍状白铁片夹板盖于鼻梁上。24~48小时抽出纱条,一周后可除去夹板,并嘱患者勿擤鼻。

如有脑脊液鼻漏,应半卧位休息,禁止鼻腔填塞、滴药、擤鼻等。用抗生素预防感染。如两周后仍有鼻漏,则需行修补术。如有休克症状,应行抗休克治疗。

第8节　鼻　出　血

鼻出血(epistaxis;nosebleed)是许多疾病导致的一个症状,为本科常见的一种急症。可为单侧或双侧鼻腔出血,出血量多少不一。需作紧急处理。

【病因】

1. 局部病因

(1) 外伤:如挖鼻、颅面部骨折、手术损伤等。

(2) 炎症:鼻腔、鼻窦的急性炎症;慢性炎症,如干燥性鼻炎、萎缩性鼻炎及其他鼻腔炎症;鼻结核、鼻梅毒等致鼻黏膜溃烂而出血。

(3) 肿瘤:鼻腔血管瘤、鼻咽血管纤维瘤、鼻部恶性肿瘤均可致大量出血。

(4) 异物:鼻腔异物致鼻腔损伤或炎症。

(5) 物理因素:气候干燥、高温作业、粉尘作业环境及飞行、登山、潜水时气压骤变而致出血。

2. 全身因素

(1) 引起动、静脉压升高的疾病:如高血压症、动脉硬化症、肺源性心脏病、二尖瓣狭窄、胸腔及纵隔肿瘤等。

(2) 急性传染病:如疟疾、流感、猩红热、伤寒等。

(3) 血液疾病:如血小板减少性紫癜、再生障碍性贫血、白血病、血友病等。

(4) 慢性肝、肾疾病、脾功能亢进、风湿热等。

(5) 维生素缺乏:如维生素 C、K、P 的缺乏。

(6) 内分泌失调:如妇女月经期鼻出血(代偿性月经)。

(7) 长期服用某些药物,如水杨酸类;长期接触磷、砷、汞、苯物质。

【临床表现】 可出现各种年龄、时间、季节。多为单侧,亦可为双侧。轻者涕中带血,重者大量出血,不易止血,可引起失血性休克。反复出血可导致贫血。出血可发生于鼻腔任何部位,儿童和青少年以鼻中隔前下方的易出血区多见。鼻腔后部的鼻-鼻咽静脉丛出血多见于40岁以上的中老年人。如为双侧反复出血,应考虑由全身疾病引起。

【治疗】 处理原则:首先是止血,同时应安慰患者,使之镇静。若有休克,应及时抢救休克,输血、输液;同时检查鼻腔,尽可能明确出血部位,作局部止血处理;然后再查病因,针对病因进行治疗。

1. 止血措施

(1) 鼻腔前部出血的止血措施

1) 指压止血法:利特尔区出血用拇指及示指紧捏患者两侧鼻翼根部约5~10分钟,压迫利特尔区止血,或用1%麻黄碱液或0.1%肾上腺素棉片(高血压忌用)置于利特尔区再压迫;同时可用冷水袋(或冷湿毛巾)敷前额及后颈部,可促使血管收缩,减少出血。

2) 烧灼法:适用于鼻腔前部之点状或小片出血。先用1%丁卡因和1%麻黄碱棉片麻醉出血部黏膜,看准出血部位再用探针或小卷棉子蘸30%~50%硝酸银或纯铬酸或50%三氯醋酸作点状烧灼,然后以生理盐水洗去或用苏打水中和多余的药液,注意药物不宜过多,切忌损伤正常黏膜,亦可用高频电刀作火花放电烧灼。

3) 冷冻止血法:也适用于小的点、片状出血。表面麻醉后,将冷冻器头置于出血点,直至黏膜出现白色为止。也可用棉签蘸液氮作局部冷冻。

4) 前鼻孔填塞压迫止血法:用于出血较多,出血面较大的出血,是较常用的止血法。常用凡士林纱条或碘仿纱条。将凡士林纱条的一段双叠成长8~10cm,放入鼻腔后上方嵌紧,再将折叠部分上下分开,使短的那段平贴鼻腔上部,长的那段平贴鼻底,然后自长段纱条开始,以上下折叠的形式将将鼻腔填紧。填好后复查口咽部,如仍有血液不断下流,应重填。再剪去鼻外多余纱条,将断端塞于鼻前孔内,外用纱布、胶布加以固定。48小时后应取出填塞物。抗生素油膏、碘仿纱条可保留5~7天后取出。

5) 可吸性填塞物填塞:明胶海绵及纤维蛋白绵等有止血作用,并可被组织吸收,填塞后不必取出,可以避免黏膜损伤,对血液病所致鼻出血较为适宜。填塞时仍须略加压力,起到压迫止血作用。

6) 气囊(或水囊)压迫止血法:用指套绑在一根小号导尿管头端,气囊表面涂液体石蜡后,置于鼻腔出血部,囊内注气(或水)适量,以压迫止血。

(2) 鼻腔后部出血的止血措施

1) 后鼻孔填塞法:此法为鼻后孔止血常用之方法。取一橡皮导尿管,由出血侧鼻前孔插入,经口咽部将其前端钳出口外,将纱布球双线结扎在导尿管口外露出端,然后将露出鼻外端回抽,并借用血管钳或手指协助将纱布球经口腔送入鼻咽部,纱布球之双线牵出鼻前孔后,轻轻用力将其拉入鼻后孔,紧拉纱球尖端的双线,使纱球紧塞于鼻后孔,再进行鼻前孔填塞。在鼻前孔外横垫一干纱布卷,将双线结扎在纱布卷上固定于鼻前孔外,纱球底部用单线固定于口角边,2~3天后抽出全部填塞物(用碘仿纱条可迟抽),拉出固定于口角处的丝线,即可将鼻后孔纱球取出,如仍有出血,则须重填。注意无菌操作,并用抗生素预防中耳炎、鼻副窦炎等并发症。

2) 鼻内镜止血法:用带吸引管的鼻内镜能将出血吸除,易看到出血点,并可在直视下行电凝止血,尤其对鼻腔上部、后部、鼻咽顶等深在、狭窄区域止血准确有效。患者痛苦小,并发症少,已逐渐取代传统的后鼻孔纱球填塞法。

3) 血管结扎及栓塞法:对出血量大的顽固性出血,经上述处理仍不能止血时,可根据出血来源,结扎相应血管。还可应用数字血管造影技术,对出血部位进行准确定位,然后行相应血管内栓塞止血。

2. 全身治疗

(1) 对严重失血患者，应及时输血、输液，补充血容量。若有休克应首先抢救休克。

(2) 止血药的应用，如卡巴克洛 5mg，每日 4 次，肌注；酚磺乙胺 250mg，每日 3 次，肌注；仙鹤草素，20mg 每日 3 次，口服，或 10mg 每日 2 次，肌注；6-氨基己酸 2g，每日 3 次，口服，或 4～6g 加入 5% 葡萄糖水或生理盐水 100ml 静脉滴注；抗血纤溶芳酸 0.1～0.2g，每日 2 次，静脉注射。

(3) 维生素 C、K、P 和钙剂的应用。

(4) 对心情恐惧、紧张的患者或反复大出血的患者，应适当给予镇静剂。

(5) 针对病因进行治疗。

(6) 中医中药应辨证论治。实证应疏风清热；或清泻胃火；或清肝泻火。虚证滋阴降火健脾量益气。中成药如云南白药 1～2g，每日 3 次，口服。中草药如白芨、紫珠草、三七及马勃等局部应用也可止血。

3. 病因治疗　鼻出血只是一个症状，在止血的同时，还应通过必要的辅助检查查找出血原因，针对病因进行治疗。

案例 16-1 分析

1. 患者，男性 40 岁，以反复鼻涕中带血为特点，血压、体温正常。目前主要处理是鼻部填塞止鼻血。

2. 依据患者年龄特征，除做血常规及凝血功能检查外，还应该做鼻咽镜检查，排除鼻咽癌的可能。

（薛正毅）

目标检测

一、名词解释

鼻息肉　过敏性鼻炎

二、填空题

1. 老年人鼻出血的部位常发生在________。
2. 各鼻窦炎中发病率最高的是________。
3. 行上颌窦穿刺的目的有________和________两方面的意义。
4. 急性上颌窦炎时头痛的特点是：上午__________，下午__________。
5. 鼻易出血区位于________。
6. 目前治疗鼻息肉的手段是________。

三、选择题

1. 关于慢性单纯性鼻炎，错误的是(　　)
   A. 持续性鼻塞　B. 鼻甲光滑
   C. 分泌物为黏液性　D. 对麻黄碱反应良好
   E. 切勿用力擤鼻
2. 鼻部常用的收缩剂是(　　)
   A. 肾上腺素　B. 去甲肾上腺素
   C. 萘甲唑啉　D. 麻黄碱
   E. 地塞米松
3. 一前鼻孔出血患者来医院，如果你接诊，首先应给予(　　)
   A. 抗生素　B. 注射止血剂
   C. 指压鼻翼　D. 镇静剂
   E. 全身检查
4. 变应性鼻炎的发病机理属于(　　)
   A. Ⅰ型变态反应　B. Ⅱ型变态反应
   C. Ⅲ型变态反应　D. Ⅳ型变态反应
   E. 以上都不对
5. 变应性鼻炎的鼻腔分泌物的特点是(　　)
   A. 血性分泌物　B. 黏液性分泌物
   C. 水样分泌物　D. 脓性分泌物
   E. 混合分泌物
6. 鼻出血的医嘱中，以下哪项是错误的(　　)
   A. 取坐位　B. 避免剧烈运动
   C. 禁止擤鼻　D. 将血痰咽下
   E. 压迫止血
7. 对麻黄碱滴鼻剂不敏感的是(　　)
   A. 慢性单纯性鼻炎　B. 慢性肥厚性鼻炎
   C. 急性鼻炎　D. 正常鼻黏膜
   E. 变应性鼻炎
8. 上颌窦开口于(　　)
   A. 中鼻道　B. 上鼻道
   C. 下鼻道　D. 总鼻道
   E. 鼻前庭

四、问答题

1. 怎样区别慢性单纯性鼻炎和肥厚性鼻炎？
2. 为什么上颌窦炎发病率高于其他鼻窦？
3. 鼻出血的原因有哪些？处理原则是什么？有哪些止血方法？
4. 试述变应性鼻炎的典型症状。
5. 鼻内镜手术比传统的鼻腔手术有何优点？

第17章　咽喉部疾病

学习目标

掌握扁桃体炎的病因、分类、临床表现、诊断及治疗要点，急性喉炎的病因、临床表现和治疗护理措施，喉阻塞的病因和喉源性呼吸困难的分度及处理原则。

理解阻塞性睡眠呼吸暂停（低通气）综合征的病因及健康教育，急性会厌炎的临床表现和治疗方法。

案例17－1

患者，男性，28岁。主诉：咽痛、伴发热2天。

现病史：患者于两天前因受凉后引起咽痛，咽痛明显，吞咽加重，伴有发热、乏力、四肢酸软。自到药店购买"感冒灵"服用后未见好转到我院就诊，经门诊检查以"急性化脓性扁桃体炎"收入院治疗。既往健康，无慢性病史。体格检查：体温39℃，脉搏120次/分，呼吸29次/分，血压120/80mmHg。发育营养中等，神志清醒，急病痛苦面容。双肺未闻干湿啰音，心率120次/分，律齐，肝脾未及。咽部扁桃体明显充血、肿大，隐窝口有黄白色脓点。血常规检查：白细胞总数在15×10^6/L，有核左移现象。

患者入院后经静脉点滴抗生素，复方硼砂溶液含漱及退热等处理，病情明显好转，一周后治愈出院。

第1节　急性咽炎

急性咽炎（acute pharyngitis）是咽部黏膜、黏膜下组织及淋巴组织的急性炎症。多伴发于感冒，也可原发予咽部。

【病因】　病毒和细菌均可引起，常先有病毒感染，后继发细菌感染。病毒以鼻柯萨奇病毒、腺病毒、流感病毒、副流感病毒及鼻病毒等为常见。细菌多为溶血性链球菌，其次为肺炎链球菌、葡萄球菌等。此外，受凉、疲劳及烟酒过度和刺激性气体可为本病的诱因。常由飞沫或接触传染。

【临床表现】　表现为咽干、刺痒、咳嗽、灼热感及疼痛。如炎症侵及咽鼓管，可有耳鸣、耳聋。此外患者有全身不适、头痛、食欲不振、便秘等症状。严重者觉颈部疼痛、转动不灵、恶寒、发热、四肢疼痛等症状。

检查见咽部充血、肿胀，以咽外侧咽腭弓后为甚。咽后壁淋巴滤泡及咽侧索可出现红肿。重者软腭及腭垂和扁桃体亦有红肿，咽后壁可见白色点状渗出物。颌下淋巴结肿大、压痛。

【诊断】　根据病史、症状和检查可诊断。小儿应注意是否为某些急性传染病的前驱症状。有时需与疱疹性咽炎鉴别。

【并发症】　感染向上蔓延，可发生急性中耳炎、急性鼻炎及鼻窦炎；向下发展，则可发生急性喉炎、气管炎、支气管炎及肺炎等。严重者还可引起败血症、急性肾炎、风湿热、心肌炎等全身并发症。

【治疗】

1. 一般治疗　卧床休息，多饮水，清淡饮食。清洁口腔，用淡盐水或其他漱口剂漱口。或用杜米芬、碘喉片或溶菌酶口含片等含服。

2. 全身治疗　早期用抗病毒药，并给予抗生素，以缩短病程，防止并发症。

3. 中医治疗　以疏风泄热、清咽解毒为主。中成药可选用牛黄解毒丸、六神丸、抗炎灵、板蓝根片或银黄注射液等。

第2节　慢性咽炎

慢性咽炎（chronic pharyngitis）是咽黏膜的慢性炎症，常发生于中年人。病因甚为复杂，不易治愈。

【病因】　病因甚多，如急性咽炎屡次发作转为慢性、慢性扁桃体炎及慢性牙周炎、慢性鼻炎、鼻窦炎，都可引起本病。此外，烟酒过度、长期遭受有害气体刺激、风湿热及心、肝、肾等慢性疾病，都可继发慢性咽炎。

【临床表现】　本病多为咽部不适、发干、发痒、异物感。咽分泌增多、黏稠，故常有清嗓动作，有的患者不断阵咳，吐白色黏液，甚至作呕。可因疲劳、多语及精神受刺激后症状加重。

检查时咽反射敏感，易作呕。按其病变表现，可分为以下三型。

1. 单纯型　咽黏膜充血呈暗红色，表浅小血管扩张，常附有黏稠分泌物。

2. 肥厚型　黏膜增厚充血、肿胀，咽后壁淋巴滤泡增生；咽侧索可呈条束状肥厚。

3. 萎缩型　咽腔宽大，黏膜色泽深红、干燥、变薄、起皱或发亮，尤以咽后壁明显，可覆有脓性干痂。患者可同时有萎缩性鼻炎。

【诊断】 根据病史、症状及咽部检查可诊断。但应与咽异感症鉴别。

咽异感症(abnormal sensation of throat)指咽部无明显器质性病时的各种异常感觉，如咽部异物感、黏着感、紧迫感、球塞感、蚁走感、灼热感等。咽异常感觉常在进食时消失。症状随患者情绪起伏波动，异常感觉也可随时改变。患者多为中年女性。其发病机理尚不完全清楚。自主神经功能失调与本病密切关系，部分患者因恐癌心理而形成顽固性的咽异感症。

凡咽炎顽固、久治不愈者，还应作血清检查，排除梅毒。

【治疗】

1. 病因治疗　治疗有关全身性疾病也是预防的有效途径。戒烟酒，避免各种不良刺激，预防急性上呼吸道感染等。

2. 局部治疗　保持口腔卫生。可给予溶菌酶或其他喉片含化或含漱。咽部涂抹1%～2%碘甘油，2%～5%硝酸银或10%弱蛋白银等，有收敛消炎作用。对增生的淋巴滤泡和局限性黏膜肥厚，可用电凝或冷冻疗法。萎缩性咽炎可用复方碘甘油涂抹或喷雾，服用维生素A、B、C、E、P等。

3. 中医中药　宜养阴清热，理气化痰，可用养阴清肺汤或沙参麦冬汤加减。

附：咽部异感症的治疗

耐心疏导解释，消除疑虑。或用暗示疗法。酌情给予安定剂。中医中药可选用半夏厚朴汤加减。

第3节　急性扁桃体炎

【病因】 化脓性扁桃体炎的主要致病菌是乙型溶血性链球菌，其次为非溶血性链球菌、肺炎双球菌、葡萄球菌、流感杆菌。非化脓性扁桃体炎则多为病毒感染引起，如腺病毒、鼻病毒等，病毒感染后常易于继发细菌感染而致混合感染。

导致机体抵抗力降低而诱发急性扁桃体炎的因素有：受凉、潮湿、过度劳累、烟酒过度，有害气体刺激以及上呼吸道有慢性病灶存在等。

【临床表现】 急性扁桃体炎临床上分为非化脓性及化脓性两种。

1. 急性非化脓性扁桃体炎　也称急性充血性扁桃体炎或急性卡他性扁桃体炎。病变较轻，炎症仅限于扁桃体表面黏膜，常伴有鼻黏膜及咽腔炎症。局部症状表现为咽痛及吞咽痛；全身症状有低热、头痛、厌食及乏力等。检查扁桃体呈表面黏膜充血、肿胀，扁桃体无实质性肿大，无明显渗出物。病程3～5天，常可自愈，少有并发症。

2. 急性化脓性扁桃体炎　起病较急，病变较重，扁桃体实质及表面黏膜均受累，扁桃体明显肿胀，重者可出现多发性小脓肿。局部咽痛及吞咽痛明显，并常向耳部放射；全身常有头痛、寒战、高热、四肢酸痛等。幼儿可因高热出现惊厥、抽搐、呕吐、腹泻等症状。检查可见扁桃体肿大，周围充血，隐窝口可有黄白色脓点，可融合成黄白色片状伪膜，局限于扁桃体范围内，易拭去，不留出血创面。下颌角淋巴结可触及肿大、压痛。血常规检查，白细胞总数在10×10^6/L以上，有核左移现象。

【诊断与鉴别诊断】 根据病史、症状及体征即可诊断，但应注意与下列疾病相鉴别。

1. 白喉　多见于婴幼儿，起病缓慢，面色苍白，精神委靡，脉搏细速，全身常有明显中毒症状，但发热，咽痛较轻。检查可见咽腭弓、扁桃体及腭垂上有灰白色伪膜，不易拭去，强行拭去有出血创面。涂片检查可见白喉杆菌。

2. 奋森咽峡炎(Vincent angina)　也称溃疡性膜性咽峡炎，多见于体弱患者，呈亚急性发作。全身症状较轻，常诉一侧咽痛。检查可见病变多发生于一侧扁桃体及牙龈，呈灰白色或黄褐色坏死组织、溃疡及伪膜形成，有口臭，涂片检查可见梭形杆菌及螺旋体。

【并发症】

1. 局部并发症　炎症向邻近组织蔓延所致，以扁桃体周围脓肿最为常见，此外还有急性咽炎、急性鼻炎、鼻窦炎、急性中耳炎、急性喉炎、急性支气管炎、肺炎、咽后脓肿、咽旁脓肿、急性颈淋巴结炎等。

2. 全身并发症　多认为与机体对链球菌所产生的Ⅲ型变态反应有关。常见的有急性风湿热、关节炎、亚急性心内膜炎、心肌炎、心包炎、急性肾炎等。

【治疗】 治疗原则：控制感染，去除诱因，预防并发症及复发。

1. 一般治疗　注意休息，多饮水，通畅大便，进流质或半流质饮食。

2. 抗炎治疗　为急性化脓性扁桃体炎的主要治疗措施，因本病多为链球菌感染，青霉素为首选抗生素，疗程为7～10天。

3. 对症治疗　高热咽痛者给予解热镇痛药。

4. 局部治疗　复方硼砂溶液或1∶5000呋喃西林液含漱，抗炎喉片含化。

5. 手术治疗　如多次反复发生急性扁桃体炎，

特别是有并发症者,应待急性炎症消退后三周行扁桃体摘除术。

【预防】

(1) 加强体育锻炼,增强身体素质,提高机体的免疫力。

(2) 注意个人卫生,防止上呼吸道感染。

(3) 本病具有传染性,与患者适当隔离。

第4节　慢性扁桃体炎

【病因】　慢性扁桃体炎多由急性扁桃体炎的反复发作或隐窝引流不畅、窝内细菌、病毒滋生感染而演变所致,常见的致病菌为链球菌、葡萄球菌和肺炎双球菌等。也可继发于白喉、流感、猩红热及麻疹等急性传染病。

当身体抵抗力降低时,如受凉、烟酒过度、疲劳等情况下易诱发本病。

【临床表现】

1. 症状　本病的特点是常有反复发作病史,而平时多无明显自觉症状。局部可有咽部异物感、发干、发痒、刺激性咳嗽、口臭等轻微症状,全身症状不典型,可表现为低热、乏力、头痛、困倦等,有时可引起消化不良。

儿童扁桃体肿大,可致言语含糊不清、睡眠打鼾或不能安稳入睡,并影响呼吸及吞咽,甚至可影响生长发育。

2. 检查　扁桃体和舌腭弓呈慢性充血,扁桃体可有不同程度的肿大,表面凹凸不平,偶可见细条索状瘢痕,隐窝口可见黄白色分泌物,这些分泌物有时需用压舌板挤压舌腭弓才能自窝内排出。患者下颌角淋巴结常触及肿大。

临床上为了便于描述,把扁桃体大小分为三度:Ⅰ度,肥大的扁桃体不超过咽腭弓;Ⅱ度,肥大的扁桃体超过咽腭弓;Ⅲ度,肥大的扁桃体几乎在正中线相接或一侧肿大的扁桃体超过正中线。

慢性扁桃体炎多伴有不同程度的腺体肿大,临床上不应单凭其大小来判定扁桃体炎病变程度的严重与否,而要依据扁桃体炎发作时的症状、体征、频率、是否有并发症及对机体的损害等情况做出判断。

【诊断】　根据患者有反复急性发作的病史及检查所见,不难做出诊断。

【并发症】

1. 局部并发症　长期慢性炎症刺激,可引起邻近器官病变,如慢性咽炎、慢性喉炎、中耳炎等。

2. 全身并发症　由于"病灶"作用,可引发风湿性关节炎、风湿热、心脏病、肾炎等。

> 链接
>
> **慢性扁桃体炎为什么会引起肾炎和心脏病?**
>
> 慢性扁桃体炎的扁桃体作为病灶,存在于扁桃体中的病原体或毒素可作为异体抗原,使体内产生异体抗体。同时,扁桃体自身的实质细胞因感染而损伤、脱落离体,又可以作为自身抗原,使体内产生自身抗体。反复的感染使得更多的自体抗原形成,则抗原与抗体结合发生变态反应或副变态反应,从而引起各种病灶性疾病,如风湿病、血管球性肾炎及风湿性心脏病等。

【治疗】　治疗原则:清除病灶,去除诱因,预防复发。

1. 药物治疗　可用含漱液含漱,抗炎喉片含化,蒸汽或雾化吸入,必要时全身应用抗生素。

2. 手术疗法　施行扁桃体摘除术,手术方法有剥离法和挤切法两种。

扁桃体摘除术的适应证如下。

(1) 慢性扁桃体炎反复发作,发作频率在每年4次以上或伴有扁桃体周围脓肿者。

(2) 儿童扁桃体极度肿大,影响呼吸、吞咽、睡眠及发音者。

(3) 扁桃体角化症、良性肿瘤或恶性肿瘤早期未侵及周围组织时。

(4) 白喉带菌者,经保守治疗无效时。

(5) 疑为局部或全身疾病之病灶时。

第5节　阻塞性睡眠呼吸暂停(低通气)综合征

阻塞性睡眠呼吸暂停(低通气)综合征(obstructive sleep apnea syndrome,OSAS)是由于颌面部疾病及上呼吸道阻塞性等病变引起的睡眠呼吸暂停综合征。此类患者若以每次呼吸暂停时间10秒计算,则30次呼吸暂停为300秒,也就是在7小时的睡眠时间中,至少有5分钟的呼吸暂停,亦即呼吸暂停时间至少占整个睡眠时间1.2%。有些患者夜间出现呼吸暂停呼吸暂停时间可达20~90秒,且往往多于30次。

【病因】　本病病因不明,引起本病的可能因素有:中枢性原因如神经系统病变、自主神经功能异常、脑脊髓异常等,阻塞性原因如肥胖、鼻部疾病、内分泌疾病等。

【临床表现】

1. 打鼾　鼾声如雷,响度超过60dB,严重影响同室他人休息。继而出现呼吸暂停、大汗淋漓等症状,患者醒后不能自觉。

2. 呼吸暂停　即憋气,频繁发作,每次持续10秒钟以上，醒后患者用力呼吸，胸腹部隆起，肢体不自主运动。呼吸暂停与睡眠姿势有一定关系，侧卧位时减轻或消失。

3. 日间嗜睡　患者夜间休息不足，机体缺氧，总感觉睡眠不足，在安静的环境中容易入睡，表现为困倦乏力、精神不振、记忆力减退、注意力不集中等。

4. 心、脑血管疾病　睡眠障碍和低氧血症严重危害人体的健康及生活质量，常导致心律失常、高血压、甚至出现心力衰竭等。

5. 肥胖　本病患者大多喜食油腻食物及甜食，加之白天嗜睡及活动量少，因此，70%的患者属肥胖体型。

链接 ›››

孩子打呼噜不是睡得香

孩子打呼噜不是睡得香，而是睡眠障碍的警告。儿童睡眠障碍的原因常见于反复的上呼吸道感染、哮喘、扁桃体炎、肥胖和遗传因素等。儿童由于睡眠障碍表现为多动、强迫、烦躁或抑郁等，并可影响孩子的智力发育，导致心、肺、脑等多脏器损害。因此，儿童一旦出现睡觉打呼噜应及时到医院就诊，及时治疗。

【并发症】　常见并发症有高血压、心律失常、冠心病、脑血管疾病、反流性食管炎、儿童生长发育障碍等。

【诊断】　诊断OSAS，应符合下列标准。

(1) 不明原因的白天重度嗜睡。

(2) 具备以下两项或两项以上的临床症状：响亮的鼾声，睡眠时窒息、憋气，夜间频繁觉醒，睡眠不解乏，白天乏力，注意力难以集中。

(3) 整夜睡眠呼吸监测发现睡眠呼吸暂停或低通气等于或超过5次/小时，即睡眠呼吸暂停指数(AHI)≥5。

(4) 影像学检查：CT、磁共振等可显示上气道结构异常。

【治疗】

1. 建立良好的生活习惯

(1) 减轻体重：肥胖和打鼾及睡眠呼吸暂停的发生密切相关，体重下降2.5～5kg病情将有明显改善。

(2) 采取侧卧位睡眠：有助改善仰卧位时气道的堵塞，对部分患者有帮助。

(3) 戒烟、戒酒及禁服镇静安眠药物。

(4) 定期锻炼：定期锻炼有利于减轻体重、增强肌肉并可以改善肺部功能。

2. 持续正压通气(CPAP)　为最有效的内科治疗，其作用原理是通过一定压力的机械通气，保持患者睡眠时呼吸道通畅，消除呼吸暂停，具有无创、高效、可携机回家长期治疗、改善呼吸调节功能等优点。

3. 口器(DA)　适用于单纯鼾症、轻度OSAS患者及中重度OSAS患者不愿接受CPAP治疗者。口器能在睡眠期间，保持口腔部分关闭，但下颌及舌外拉，阻止舌及软腭向后塌陷而使咽腔扩大，保持患者睡眠时呼吸道通畅。

4. 射频消融疗法　适合轻中度鼾症患者，利用低温等离子射频能量，以较低的温度(40～70℃)来加热软腭的组织，使咽部组织因瘢痕化而缩小。此法操作简便，创伤小，不出血，可用于门诊治疗。

5. 手术治疗　保守治疗有一定的局限性，许多患者，尤其是那些年纪较轻或中年患者不可能终生睡眠时佩戴CPAP机。因此，外科手术为必不可少的重要治疗手段。

(1) 解除鼻腔和鼻咽狭窄的手术治疗：鼻翼塌陷、鼻阈狭窄、中隔偏曲、鼻甲肥大、慢性鼻窦炎、鼻息肉是鼻腔发生阻塞的重要的病因，因此选用鼻内镜手术解除鼻腔及鼻咽阻塞是必需的。

(2) 解除口咽部狭窄手术：选择此术式应基于确定睡眠时阻塞的部位在软腭水平。常用腭垂腭咽成形术(UPPP)、激光腭垂腭咽成形术等。

(3) 解除喉咽部狭窄的手术：舌根部分切除、舌扁桃体切除术等，舌骨悬吊固定，上下颌骨前徙手术等。

总之，由于引起OSAS的病因复杂，对OSAS患者的治疗也是一个综合性、复杂的治疗过程。对OSAS的治疗应系统化，从诊断、制定治疗计划到一步步的实施，直至治疗后随诊都应详细规划，这样才能达到良好的治疗目的。

第6节　急性会厌炎

急性会厌炎(acute epiglottitis)为会厌及杓会厌皱襞的蜂窝织炎症。有时可侵及假声带，又称声门上喉炎。成人及儿童均可发生，全年均可发病，初春、秋末多见。

【病因】　感染是此病最常见的原因，多为乙型流行性感冒杆菌、葡萄球菌、链球菌等，也可合并病毒感染。另外，变态反应、异物、创伤、刺激性有害气体、放射线损伤以及邻近器官炎症的蔓延，继发急性传染病感染等均可导致急性会厌炎。

【临床表现】

1. 症状　起病急，全身表现畏寒、乏力、烦躁、发热，常为中高热。局部症状有剧烈咽喉痛、吞咽困难、言语含糊不清、流口水，但多无声嘶哑。当会厌高度肿胀，会出现吸气性呼吸困难，严重者可发生窒息死亡。儿童及老年人症状更为严重，病情进展快，体力衰弱，四肢发冷，面色苍白，脉搏细速，血压下降，甚至昏厥、休克。

2. 检查　患者呈急性病容，常有不同程度的呼吸困难，咽部黏膜无明显病变。间接喉镜检查：会厌舌面充血、肿胀明显，严重时会厌呈球形。若会厌脓肿形成，在会厌舌面可见黄白色脓点。颈部淋巴结常有肿胀及压痛。

喉部侧面 X 线拍片，可见肿大的会厌，喉咽腔的阴影缩小，对难以配合作喉镜检查的儿童急性会厌炎诊断有一定帮助。

【诊断】　有明显喉痛的患者中，咽部检查无异常，应进行喉镜检查，若会厌充血肿胀即可诊断为急性会厌炎。必要时可作颈部侧位 X 线摄影以显示病变。

【治疗】　治疗原则：控制感染、及时切开排脓和准备气管切开。

1. 药物治疗　应用足量抗生素和类固醇激素，及时抗炎、消肿。抗生素多用先锋霉素、氨苄西林等；类固醇激素以地塞米松为主。

2. 手术治疗　会厌脓肿一旦成熟，可在喉镜下行切开引流术。若有呼吸困难加重、烦躁不安，需及早行气管切开术以防发生窒息。

第 7 节　急 性 喉 炎

急性喉炎（acute laryngitis）是喉黏膜的急性炎症，好发于冬春两季，是常见的呼吸道急性感染性疾病。常继发于感冒之后，各年龄组均可发病，儿童患有本病时，易致喉阻塞而窒息死亡。

链 接

为什么幼儿易形成喉阻塞？

1. 喉腔狭小、声门下组织疏松，有丰富的淋巴及腺体组织，炎症时易致肿胀，使声门及声门下区变窄。
2. 喉软骨柔软，用力吸气时可致下陷。
3. 咳嗽功能不良，分泌物不易排出。
4. 免疫机能差，易于感染。
5. 神经系统不稳定，炎症时易诱发喉痉挛。

【病因】　常见感染的病毒有流感病毒、腺病毒等，继发性细菌感染有溶血性链球菌、肺炎双球菌和流感杆菌等。另外，由于过度用嗓（大声喊叫）、吸入生产性粉尘和有害气体（氨、氯和毒气等）以及喉部创伤均可导致急性喉炎。烟酒过度、受凉、疲劳过度导致机体抵抗力下降，易诱发急性喉炎。

【临床表现】　急性喉炎多继发于上呼吸道感染，故多见鼻部及咽部的炎性症状。

1. 症状　成人急性喉炎多与上呼吸道急性炎症同时发生，可有发热及全身不适等症状。局部症状表现为声音嘶哑、讲话费力，重者失音，同时伴有喉内的干、痒、异物感和刺激性咳嗽，偶尔伴有轻微喉痛。

儿童急性喉炎较成人症状重，可有畏寒、惊厥、腹泻等症状。局部表现除成人喉炎症状外，主要表现为夜间突然发生的进行性加重的吸气性呼吸困难，重者可出现吸气性三凹征、犬吠样咳嗽及吸气性喘鸣；呼吸困难加重时，可表现为烦躁不安、出汗、面色青紫等。如呼吸频率快而表浅，多预示病情恶化，应密切观察呼吸变化，及时处理，以免窒息死亡。

2. 喉镜检查　成人可见喉黏膜及声带弥漫性充血，呈暗红色，两侧对称，杓状软骨处肿胀，发声时有声门闭合不全现象，较晚期喉黏膜上可附着有黏脓性分泌物。

小儿除喉黏膜充血外，声门下区黏膜肿胀明显，在两侧声带下方呈梭形隆起向中间突出而形成一狭窄腔。

【诊断】　根据患者症状，结合喉镜检查所见，可做出明确诊断。

【治疗】

1. 一般治疗　禁声，使声带充分休息；戒除烟酒嗜好，避免粉尘、有害气体等的刺激。

2. 蒸汽或超声雾化吸入　用抗生素类、类固醇激素等蒸汽或超声雾化吸入，对声音嘶哑、喉干痒等有较好疗效。小儿雾化吸入加入少许 1%～3% 麻黄碱生理盐水溶液，以消除黏膜水肿；异丙肾上腺素雾化吸入，可缓解喉痉挛。

3. 药物治疗　感染较重者，可全身给予抗生素及皮质类固醇激素治疗。中药宜用清热解表、辛凉利咽的药物。对有呼吸困难的患儿，忌用吗啡及阿托品类药物。

4. 手术治疗　经药物治疗后喉阻塞症状未明显缓解者可考虑行气管切开术。

案例 17－2

患者，女性，23 岁。主诉：声音嘶哑 3 天，失音一天。患者 3 天前因反复试讲出现声音嘶哑，由于仍未休息，今天出现失音。自行到药店购买“黄氏响声丸”服用后未见好转到我院就诊。体温 36℃，脉搏 87 次/分，呼吸 21 次/分，血压 110/80mmHg。发育营养中等，神志清醒。双肺未闻及干、湿啰音，心率 87 次/分，律齐，肝脾未及。双侧声带黏膜充血肿胀，活动正常，声门闭合欠佳。

诊断：急性喉炎。在门诊进行超声雾化吸入治疗，嘱患者禁声。一周后病情明显好转并治愈。嘱其今后注意用嗓卫生。

第8节 喉阻塞

喉阻塞(laryngeal obstruction)亦称喉梗阻,是喉部或其邻近器官的病变引起喉腔通气道狭窄并导致以吸气性呼吸困难为主要症状的症候群。喉是上呼吸道中最狭窄的部分,一旦发生阻塞,必须及时处理,以免发生窒息而死亡。

【病因】 常见炎症如小儿急性喉炎、急性气管与支气管炎、急性会厌炎,咽部脓肿,喉部外伤,喉咽部及气管异物,喉癌、多发性喉乳头状瘤、甲状腺瘤等肿瘤、先天性喉蹼、先天性喉软骨软化、喉软骨畸形、喉瘢痕狭窄等畸形以及喉水肿、双侧喉返神经麻痹等。

【临床表现】

1. 吸气性呼吸困难　是喉阻塞的主要特征。由于喉腔通气道狭窄,为保证正常通气量,其表现为吸气运动加强、时间延长、吸气深而慢,但呼气时气流向上冲开声门,声门较吸气时大,故呼气困难并不显著(图17-1)。如无显著缺氧,则呼吸频率不变。

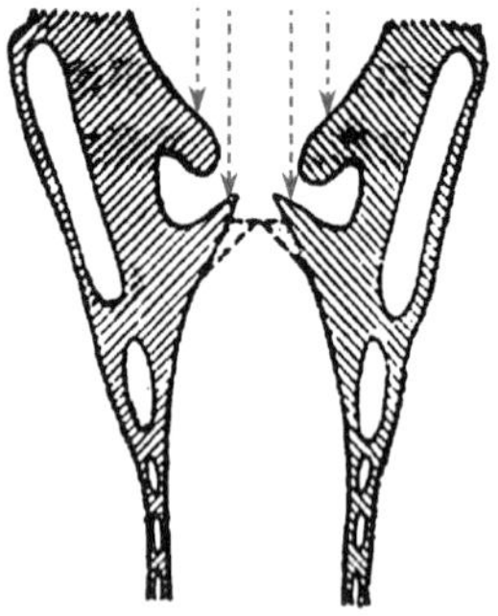

图17-1　吸气性呼吸困难示意图

由于吸气性呼吸困难,胸内负压增高,导致胸骨上窝、锁骨上窝及肋间隙等处软组织凹陷,临床上称之为吸气性三凹征。严重者吸气时上腹部或胸骨剑突下软组织也会有凹陷,称之为吸气性四凹征。凹陷的程度常随呼吸困难的程度而异,儿童的肌张力较弱,该凹陷征象更为明显(图17-2)。

2. 吸气性喘鸣　吸气时气流通过狭窄的声门发出一种尖锐的哮声,呼气时无此声音。

3. 声音改变　若病变发生于声带,则常有声音嘶哑,甚至失音;声门以上病变,也常可有声音改变。

4. 缺氧症状　由于缺氧可出现烦躁不安、四肢发冷、面色苍白、出汗等症状,重者可出现唇、指发绀,心力衰竭,窒息而死亡。

【诊断】

喉阻塞有明显的症状和体征,诊断并不难,但应及早查明阻塞的病因,并对呼吸困难进行分度(表17-1),根据分度采取正确有效的治疗方案,解除阻塞。

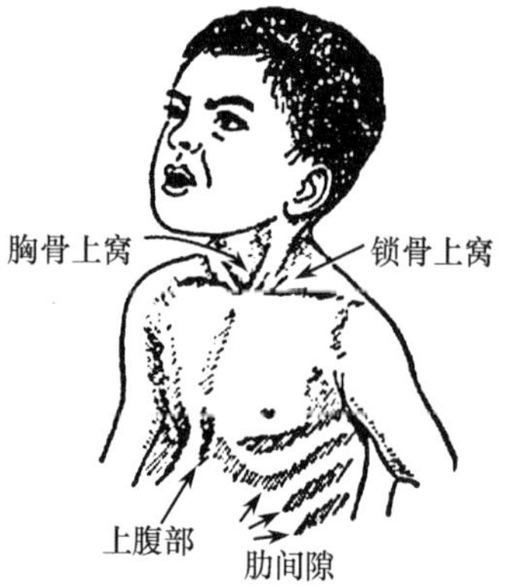

图17-2　吸气性四凹征

表17-1　喉源性呼吸困难分度及处理原则

分度	临床表现	处理原则
Ⅰ度	安静时无明显呼吸困难,哭闹或活动时有轻度呼吸困难	明确诊断,针对病因治疗,观察呼吸变化情况
Ⅱ度	安静时有轻度呼吸困难,哭闹或活动时加重,并有轻度的三凹征	肯定诊断,积极病因治疗,密切注意呼吸变化,给氧,备气管切开包或插管
Ⅲ度	安静时有明显呼吸困难及三凹征,烦躁不安;哭闹时加重,可有发绀	白喉、外伤、肿瘤及早行气管切开术;喉、气管、支气管异物立即取出;炎症积极给予抗炎治疗,严密观察,根据病情行气管切开术
Ⅳ度	有Ⅲ度呼吸困难的一切症状,并有苍白、冷汗、昏迷、大小便失禁、心衰等	立即行气管插管或气管切开术,吸痰、吸氧、纠正心衰,然后针对病因进行治疗

【治疗】

喉阻塞的治疗原则,首先应解除梗阻,保证气体交换,其次,再针对原发病及合并症进行治疗。临床可根据喉源性呼吸困难的分度不同按表17-1处理。

(薛正毅)

目标检测

一、名词解释

喉阻塞　三凹征

二、选择题

1. 慢性化脓性扁桃体炎所致的并发症除外(　　)
   A. 慢性咽喉炎　　B. 中耳炎
   C. 虹睫炎　　D. 风湿热
   E. 心脏病

2. 急性喉炎临床表现除外(　　)
   A. 起病急
   B. 声嘶明显
   C. 吸气性呼吸困难
   D. 咽喉部明显充血肿胀
   E. 会厌高度充血肿胀
3. 喉阻塞的临床症状(　　)
   A. 声嘶
   B. 吸气性呼吸困难
   C. 吸气性软组织凹陷
   D. 吸气性喘鸣
   E. 以上均是
4. 急性会厌炎的重点护理措施是(　　)
   A. 流质饮食　　B. 超声雾化吸入
   C. 保持口腔清洁　　D. 密切观察呼吸
   E. 体温过高给予降温
5. 喉阻塞的护理重点是(　　)
   A. 保持患者安静　　B. 超声雾化吸入
   C. 卧床休息　　D. 密切观察呼吸
   E. 完善术前准备
6. 患者,男性,24岁。咽痛、发热2天。检查:体温39 ℃,脉搏120次/分,呼吸29次/分,咽部扁桃体明显充血、肿大,隐窝口可有黄白色脓点,诊断为急性化脓性扁桃体炎。最主要的护理措施是(　　)
   A. 多饮水
   B. 遵医嘱用抗生素
   C. 物理降温
   D. 观察呼吸变化
   E. 忌烟酒
7. 患者,女性,28岁。喉痛、发热,言语含糊不清,伴呼吸困难2天。检查:会厌充血肿胀,诊断为急性会厌炎。最主要的护理诊断是(　　)
   A. 体温过高　　B. 吞咽障碍
   C. 疼痛　　D. 窒息危险
   E. 焦虑
8. 患者,女性,3岁。声音嘶哑、发热2天,呼吸困难1天,诊断为急性喉炎。最主要的护理措施是(　　)
   A. 多饮水
   B. 密切观察呼吸
   C. 禁声或少用声
   D. 超声雾化吸入
   E. 药物或物理降温

三、填空题

1. 扁桃体炎分为________和________两型,护理诊断包括________、________、________。
2. 扁桃体摘除术常用的方法有____________________和____________________。
3. 急性会厌炎的护理诊断是__________、____________、__________。
4. 急性喉炎的首要护理措施是__________________。
5. 喉阻塞的主要护理诊断有__________、____________、________。

四、简答题

1. 急性化脓性扁桃体炎的并发症有哪些?
2. 急性会厌炎的护理诊断有哪些?
3. 幼儿易形成喉阻塞的原因是什么?
4. 简述喉源性呼吸困难的分度及处理原则。

第18章 耳部疾病

学习目标

了解先天性耳前瘘管、鼓膜外伤、特发性耳聋及梅尼埃病。

理解分泌性中耳炎和急性化脓性中耳炎。

掌握慢性化脓性中耳炎和耳源性并发症。

案例 18-1

患儿,男性,5岁。因耳有胀感伴听力减退1周就诊。

问题:

1. 患儿主要症状是什么,应该追问哪些病史?
2. 体检时要注意哪些体征?
3. 如何治疗?重点预防什么并发症?

案例 18-2

患儿,女性,8岁,因右耳部剧烈搏动性痛、右侧头痛,不能入睡,于夜间前来就诊。检查患儿外耳道无异常,鼓膜充血,鼓膜标识不清,膨出不明显,追问病史患儿下午上体育课在游泳池有呛水。

问题:

1. 患儿考虑为何病?
2. 应该如何治疗?

案例 18-3

患者,女性,37岁。因间断性头晕、耳鸣、耳聋伴恶心、呕吐7年就诊。检查双耳鼓膜正常,声阻抗检查及咽鼓管功能试验正常,听力检查呈感音性耳聋,前庭功能检查显示前庭功能低下,甘油试验阳性。

问题:

1. 该患者拟诊断何病?
2. 应该如何治疗?

第1节 外耳疾病

一、先天性耳前瘘管

【病因】 先天性耳前瘘管(congenital preauricular fistula)为第一鳃沟在胚胎期融合不全造成的缺陷,是常见耳科疾病之一。据国内统计,单侧多于双侧,比例约为4:1,女多于男。瘘口常位于耳轮脚前,瘘管可具分支,管壁衬以复层扁平上皮,管腔内有脱落上皮及角化物,因感染腐败可排出臭味分泌物,若反复感染可形成囊肿或脓肿。瘘管的分支除个别深达鼓沟或向后达乳突表面者外,一般均较短。

【临床表现】 常无症状,偶于挤压时,可有少许黏液或皮脂样物从瘘口溢出。感染时,局部可肿痛或化脓。反复化脓感染者,局部可形成脓瘘或瘢痕。

【治疗】 无症状者不需治疗。若有感染化脓,应予抗生素等抗感染治疗,或脓肿切开引流、局部换药等治疗。待感染控制、局部痊愈后,再行瘘管切除术。术前注入少许亚甲蓝液于瘘管内,并将探针探入管腔作为引导,然后将瘘管或其分支一次彻底切除。若遗留部分瘘管感染复发,再行手术十分困难。

二、鼓膜外伤

【病因】 鼓膜外伤(suppurative perichondritis of auricle)常因直接或间接的外力作用所致,可分器械伤(如用火柴梗、毛线针等挖耳刺伤鼓膜,或矿渣、火花等戳伤或烧伤)及气压伤(如掌击耳部、爆破、炮震、放鞭炮、高台跳水等)。其他尚有颞骨纵行骨折、异物等引起。

【临床表现】 鼓膜破裂后,可突感耳痛、听力减退、耳鸣,少量出血和耳内闷塞感。爆震伤除鼓膜破裂外,还可由于镫骨强烈运动而致内耳受损,出现眩晕、恶心或混合性聋。

【检查】 鼓膜多呈裂隙状穿孔(图18-1),穿孔边缘有少量血迹,外耳道有时可见血迹或血痂。若有水样液流出,示有颅底骨折所致脑脊液耳漏。耳聋属传导性或混合性。

【治疗】 应用抗生素类药物,严防感染,禁用外耳道冲洗或滴药,外耳道口可用消毒棉球堵塞。避免感冒,切勿用力擤鼻涕,以防来自鼻咽的感染。穿孔愈合前,禁游泳或任何液入耳。绝大多数的外伤性穿孔可于3~4周内自行愈合,较大而经久不愈的穿孔可行鼓膜修补术。

【预防】 加强卫生宣教,禁用火柴梗、发卡等锐器挖耳。取外耳道异物或盯聆时要细心、适度,避免伤及鼓膜。遇及爆破情况如炸山、打炮、放鞭炮等,可用棉花或手指塞耳,如戴防护耳塞效果更佳。

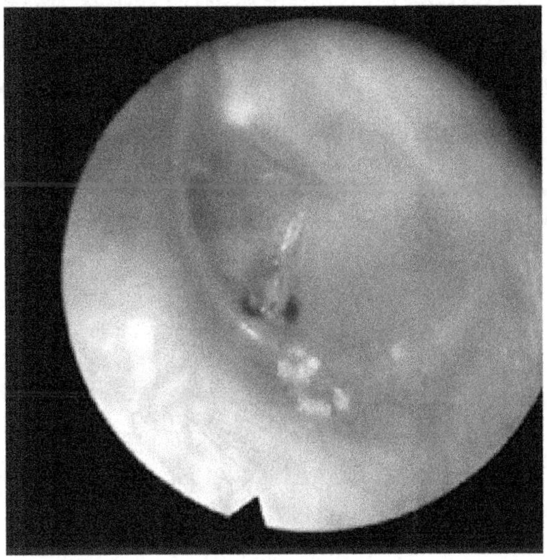

图 18-1 外伤性鼓膜穿孔

案例 18-1 分析

1. 患儿的主要症状是耳有胀感伴听力减退，应该追问患儿有无鼻窦炎、上呼吸道感染史。

2. 体检重点检查：鼓膜周边有无放射状扩张的血管纹，有无鼓膜内陷，鼓室有无积液。音叉试验及纯音听阈测试有无传导性聋。声阻抗图对诊断有重要价值，如为平坦型(B型)则有诊断价值。

3. 积极治疗鼻咽或鼻腔疾病，应用抗生素和激素作短期治疗。行咽鼓管吹张、鼓室穿刺抽液、鼓室置管术。重点预防胶耳的发生。

第2节 中耳疾病

一、分泌性中耳炎

分泌性中耳炎(secretory otitis media)是以鼓室积液及听力下降为主要特征的中耳非化脓性炎性疾病。中耳积液可为浆液性漏出液或渗出液，亦可为黏液。由于对本病的病因、发病机制、基本病变等方面的认识有待继续深入，目前各种观点不尽一致，故对本病的命名亦不统一。除分泌性中耳炎以外，还有卡他性中耳炎、浆液性中耳炎、浆液-黏液性中耳炎、中耳积液、非化脓性中耳炎等名称。中耳积液极为黏稠而呈胶胨状者，称之为胶耳(glue ear)。

分泌性中耳炎可分为急性和慢性两种。慢性分泌中耳炎可因急性分泌性中耳炎未得到及时与恰当治疗，或由急性分泌性中耳炎反复发作、迁延转化而来。本病冬春季多见，小儿及成人均可发病，为小儿常见的致聋原因之一。

【病因】 病因尚未完全明确。目前认为主要的病因有咽鼓管功能障碍、感染和免疫反应等。

1. 咽鼓管功能不良　一般认为，咽鼓管功能障碍是本病的基本病因。

(1) 机械性阻塞：如腺样体肥大、肥厚性鼻炎、鼻咽部肿瘤或淋巴组织增生，以及长期的鼻咽腔填塞等。头部放射治疗后鼻咽部及咽鼓管黏膜肿胀、局部静脉和淋巴回流障碍，均可导致分泌性中耳炎。

(2) 功能障碍：控制咽鼓管开闭的肌肉收缩无力，咽鼓管软骨弹性较差，当鼓室处于负压状态时，咽鼓管软骨段的管壁容易发生塌陷。此为小儿分泌性中耳炎发病率高的解剖生理基础之一。腭裂患者易患本病。

咽鼓管有调节中耳气压的作用。咽鼓管功能不良时外界空气不能进入中耳，导致中耳腔形成负压，中耳黏膜毛细血管在负压的作用下扩张，通透性增加，鼓室内形成漏出液。

2. 感染　过去因中耳积液中未检出细菌或多形核白细胞，曾疑为无菌性炎症。近年来发现中耳积液中细菌培养阳性者约为1/2～1/3，其中主要致病菌为流感嗜血杆菌和肺炎链球菌。从积液中分离出病毒者尚为数不多。细菌学和组织学检查结果以及临床征象表明，分泌性中耳炎可能是中耳的一种轻型的或低毒性的细菌感染。细菌内毒素在发病机制中，特别是病变迁延为慢性的过程中可能具有一定作用。

3. 免疫反应　中耳为一独立的免疫防御系统，随着小儿年龄的增长发育方逐渐成熟，这可能也是小儿分泌性中耳炎发病率较高的原因之一。由于中耳积液中细菌培养的阳性率较高，炎性介质前列腺素等的存在，积液中曾检出过细菌的物异性抗体和免疫复合物，以及补体系统、溶酶的出现等皆提示慢性泌性中耳炎可能是一种由抗感染免疫介导的病理过程。可溶性免疫复合物对中耳黏膜的损害(Ⅲ型变态反应)可为慢性分泌性中耳炎的致病原因之一。

Ⅰ型变态反应与分泌性中耳炎的关系尚不明确。复发性或慢性分泌性中耳炎可能和变应性鼻炎、慢性鼻咽炎所引起的咽鼓管功能不良有关。

【临床表现】

1. 听力减退　急性分泌性中耳炎病前多有感冒史，以后听力逐渐下降，伴自听增强，头位变动如前倾或偏向患测时，因积液离开蜗窗，听力可暂时改善。积液黏稠时，听力不因头位变动而改变。慢性分泌性中耳炎起病隐袭，小儿常因对声音反应迟钝、注意力不集中、学习成绩下降而由家长领来就医。如一耳患病，另一耳听力正常，可长期不被察觉，而于体检时始被发现。

2. 耳痛、耳内闭塞感　急性分泌性中耳炎起病时可有轻微耳痛，慢性者耳痛不明显。本病尚有耳内闭塞或胀感，按摩耳屏后可暂时减轻。

3. 耳鸣　可为间歇性，如“噼啪”声，当头动或打呵欠、擤鼻时，耳内可出现气过水声。

【检查】

1. 鼓膜　早期,鼓膜松弛部和紧张部周边有放射状扩张的血管纹。松弛部或全鼓膜先表现为光锥缩短、变形或消失;锤骨柄向上移位;锤骨短突明显外突。鼓室积液时鼓膜失去正常光泽,呈淡黄、橙红或琥珀色,慢性者可呈灰蓝或乳白色,鼓膜紧张部有扩张的微血管。若液体为浆液性,且未充满鼓室,可透过鼓膜见到液平面(图 18-2)。此液面状如弧形发丝,凹面向上。头位变动时,其与地面平行的关系不变。透过鼓膜有时尚可见到气泡,咽鼓管吹张后气泡可增多。积液多时,鼓膜向外隆凸,鼓膜活动受限。

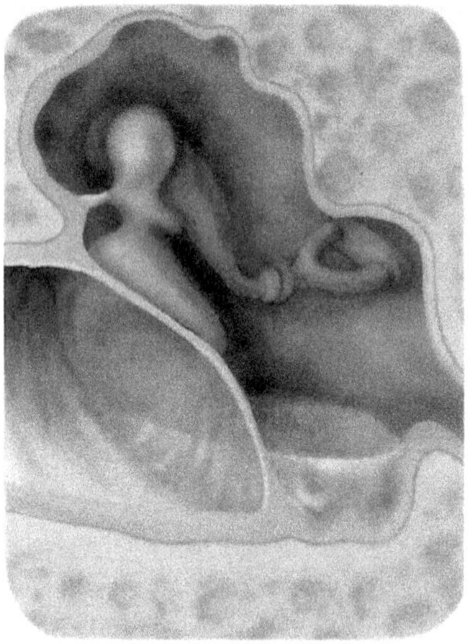

图 18-2　鼓室积液

2. 听力检查　音叉试验及纯音听阈测试结果示传导性聋。听力损失程度不一,重者可 40dB 左右。因积液量常有变化,故听阈可有一定波动。听力损失一般以低频为主,但由中耳传声结构及两窗的阻抗化,高频气导及骨导听力亦可下降。积液排出后听力即改善。骨导听力不恢复者,示内耳功能已受影响,或过去已患感音神经性聋。声导抗图对诊断有要价值,平坦型(B 型)为分泌性中耳炎的典型曲线;高负压型(C 型)示咽鼓管功能不良,部分有鼓室积液。

【诊断】　根据病史及临床表现,结合听力检查结果,诊断一般不难。必要时可于无菌操作下行诊断性鼓膜穿刺而确诊。

【治疗】　清除中耳积液、改善中耳通气引流及病因治疗为本病的治疗原则。

1. 清除中耳积液,改善中耳通气引流

(1) 鼓膜穿刺抽液:成人用局部麻醉。以针尖斜面较短的 7 号针头,在无菌操作下从鼓膜前下方刺入鼓室,抽吸积液。必要时可重复穿刺,亦可于抽液后注入糖皮质激素类药物。

(2) 鼓膜切开术:液体较黏稠,鼓膜穿刺不能吸尽;或小儿不合作,局部麻醉下无法作鼓膜穿刺时,应作鼓膜切开术(图 18-3)。手术可于局部麻醉或全身麻醉(小儿)下进行。术时用鼓膜刀在鼓膜前下象限做放射状或弧形切口,注意勿伤及鼓室内壁黏膜,鼓膜切开后应将鼓室内液体全部吸尽。

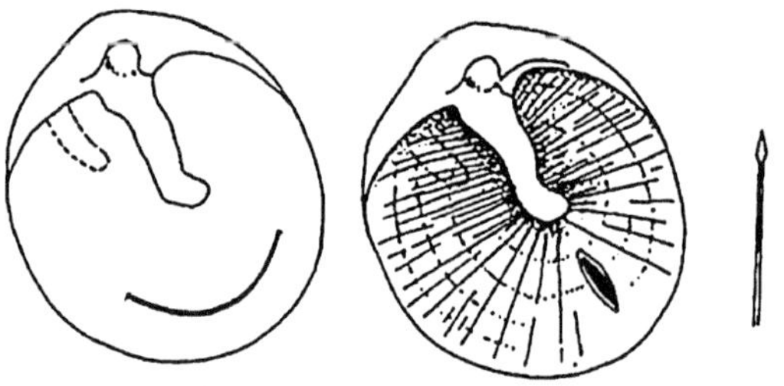

图 18-3　鼓膜切开术

(3) 鼓室置管术:病情迁延,长期不愈,或反复发作,胶耳,或头部放疗后,估计咽鼓管功能不能于短期内恢复正常者,均应作鼓室置管术,以改善通气引流,有利于恢复咽鼓管功能。通气管留置时间长短不一,一般为 6~8 周,最长可达半年至 1 年。咽鼓管功能恢复后,大多可自行将通气管排出于外耳道内。

(4) 保持鼻腔及咽鼓管通畅:可用 1%麻黄碱溶液或与倍氯米松气雾剂交替滴(喷)鼻,每日 3~4 次。

(5) 咽鼓管吹张:可采用捏鼻鼓气法、波氏球法或导管法。也可经导管向咽鼓管咽口吹入泼尼松龙,每日 1 次,每次每侧 1ml,共 3~6 次。

2. 病因治疗

(1) 积极治疗鼻咽或鼻腔疾病:如腺样体切除、鼻中隔矫正术、下鼻甲手术,鼻息肉摘除术等。慢性扁桃体炎反复急性发作,且与分泌性中耳炎复发有关者,应作扁桃体摘除术。

(2) 抗生素或其他合成抗菌药:急性期可用头孢拉定 0.5g,口服,47 次/日;氧氟沙星 0.1~0.2g,口服,3~4 次/日。小儿可用氨苄西林 50~150mg/日,静脉滴注;或阿莫西林口服,0.15g,3 次/日;头孢他美 10mg/kg,2 次/日,对流感嗜血杆菌,肺炎链球菌等致病菌抗菌作用较强,可用于对其他抗菌药物不敏感者。

(3) 糖皮质激素类药物:可用地塞米松或泼尼松等口服,作短期治疗。

二、急性化脓性中耳炎

急性化脓性中耳炎(acute suppurative otitis media)是中耳黏膜的急性化脓性炎症。病变主要位于鼓室,但中耳其他各部常亦受累。主要致病菌为肺炎球菌、流感嗜血杆菌、溶血性链球菌、葡萄球菌等。本病较常见,好发于儿童。

【感染途径】

1. 咽鼓管途径 最常见。

(1) 急性上呼吸道感染,如急性鼻炎、急性鼻咽炎、急性扁桃体炎等,炎症向咽鼓管蔓延,咽鼓管咽口及管腔黏膜充血、肿胀、纤毛运动障碍,致病菌乘虚侵入中耳。

(2) 急性传染病,如猩红热、麻疹、百日咳等可通过咽鼓管途径并发本病;急性化脓性中耳炎亦可为上述传染病的局部表现。此型病变常深达骨质,酿成严重的坏死性病变。

(3) 在污水中游泳或跳水、不适当的咽鼓管吹张、擤鼻或鼻腔治疗等,细菌可循咽鼓管侵入中耳。

(4) 婴幼儿因其解剖生理特点,更易经此途径引起中耳感染;哺乳位置不当,如平卧吮奶,乳汁可经咽鼓管流入中耳。

2. 外耳道鼓膜途径 鼓膜外伤、不正规的鼓膜穿刺或鼓室置管,致病菌由外耳道直接侵入中耳。

3. 血行感染 极少见。

【症状】

1. 全身症状 轻重不一。可有畏寒、发热、怠倦、食欲不振。小儿全身症状较重,常伴呕吐、腹泻等消化道症状。鼓膜一旦穿孔,体温即逐渐下降,全身症状明显减轻。

2. 耳痛 耳深部痛,逐渐加重。如搏动性跳痛或刺痛,可向同侧头部或牙放射,吞咽及咳嗽时耳痛加重,甚至夜不成眠,烦躁不安。鼓膜穿破流脓后,耳痛顿减。

3. 听力减退及耳鸣 始感耳闷,继则听力渐降,伴耳鸣。耳痛剧者,耳聋可被忽略,偶伴眩晕。穿孔后耳聋减轻。

4. 耳漏 鼓膜穿孔后耳内有液体流出,初为血水,以后变为黏脓或纯脓。

【检查】

1. 耳镜检查 早期鼓膜松弛部充血,锤骨柄及紧张部周边可有放射状扩张的血管。继之鼓膜弥漫性充血、肿胀、向外膨出,正常标志难以辨识,鼓膜穿孔前,局部出现小黄点。最初穿孔一般甚小,不易看清,彻底清洁外耳道后方见穿孔处之鼓膜有闪烁搏动之亮点,或见脓液从该处涌出。坏死型者鼓膜迅速融溃,形成大穿孔。

2. 耳部触诊 乳突部可有轻微压痛,鼓窦区较明显。

3. 听力检查 呈传导性聋。

4. 血常规 白细胞总数增多,多形核白细胞增加,穿孔后血象渐趋正常。

【治疗】 治疗原则为控制感染、通畅引流及病因治疗。

1. 全身治疗

(1) 及早应用足量抗生素或其他合成抗菌药物控制感染,务求彻底治愈。一般可用青霉素类、头孢菌素类等药物。鼓膜穿孔后取脓液作细菌培养及药敏试验,可参照其结果改用适宜的抗生素。症状消失后仍继续治疗数日方可停药。

(2) 1%麻黄碱滴鼻液溶液滴鼻或喷雾鼻咽部,减轻咽鼓管咽口肿胀,可利引流。

(3) 注意休息,调节饮食,疏通大便。全身症状重者注意支持疗法。

2. 局部治疗

(1) 鼓膜穿孔前

1) 2%苯酚甘油滴耳,可消炎止痛。鼓膜穿孔后应立即停药,因该药遇脓液后释放苯酚,可腐蚀鼓室黏膜及鼓膜。

2) 鼓膜切开术。如全身及局部症状较重,鼓膜明显膨出,经一般治疗后无明显减轻,或穿孔太小,引流不畅,或有并发症可疑,但无需立即行乳突手术时,应在无菌操作下行鼓膜切开术,以利通畅引流。

(2) 鼓膜穿孔后

1) 先以3%过氧化氢溶液或硼酸水尽量彻底清洗并拭净外耳道脓液。

2) 局部用药以抗生素水溶液为主,如0.25%~1%氯霉素液、0.3%氧氟沙星(泰利必妥)滴耳液,复方利福平液等。

3) 脓液减少、炎症逐渐消退时,可用甘油或乙醇制剂滴耳,如3%硼酸甘油、3%硼酸乙醇、5%氯霉素甘油等。

4) 感染完全控制、炎症完全消退后,穿孔可自行愈合。流脓确已停止而鼓膜穿孔长期不愈合者,可作鼓膜修补术。

3. 病因治疗 积极治疗鼻部及咽部慢性疾病,如腺样体肥大、慢性鼻窦炎、慢性扁桃体炎等。

案例18-2分析

1. 根据患儿的临床表现及病史,考虑患儿为急性化脓性中耳炎。

2. 及早用足量有效的抗生素控制感染,务求彻底治愈。一般可用青霉素类、头孢菌素类等药物。局部用2%苯酚甘油滴耳,可消炎止痛。用1%麻黄碱滴鼻液溶液滴鼻,减轻咽鼓管咽口肿胀,利于引流。

三、慢性化脓性中耳炎

慢性化脓性中耳炎(chronic suppurative otitis media)是中耳黏膜、骨膜或深达骨质的慢性化脓性炎症,常与慢性乳突炎合并存在。本病极为常见。临床上以耳内长期或间歇流脓、鼓膜穿孔及听力下降为特点。可引起严重的颅内、外并发症而危及生命。

【病因】 多因急性化脓性中耳炎延误治疗或治疗不当而迁延为慢性；或为急性坏死型中耳炎的直接延续；鼻、咽部存在慢性病灶亦可为一重要原因。常见致病菌多为变形杆菌、金黄色葡萄球菌、铜绿假单胞菌等，其中革兰阴性杆菌较多。可见两种以上细菌的混合感染，且菌种常有变化。无芽孢厌氧菌的感染或混合感染亦逐渐受到重视。

【病理及临床表现】 按病理及临床表现，本病可分三型，各型间一般无阶段性联系，但骨疡型和胆脂瘤型可合并存在。

1. 单纯型 最常见。多于反复发作的上呼吸道感染时，致病菌经咽鼓管侵入鼓室所致，故又称为咽鼓管鼓室型。炎性病变主要位于鼓室黏膜层，因此，又有黏膜型之称。主要病理变化为鼓室黏膜充血、增厚，圆形细胞浸润，杯状细胞及腺体分泌活跃。临床特点：耳流脓，多呈间歇性，量多少不等，呼吸道感染时，流脓发作或脓量增多；脓液呈黏液性或黏脓性，一般不臭。鼓膜穿孔位于紧张部，大小不一，但穿孔周围均有残余鼓膜，称中央性穿孔。通过穿孔可见鼓室黏膜微红或苍白，可轻度增厚。耳聋为传导性聋，一般不重。

2. 骨疡型 也称坏死型或肉芽型，多由急性坏死型中耳炎迁延而来。组织破坏较广泛，病变深达骨质，听小骨、鼓窦等可发生坏死；鼓膜上皮破坏后，局部有肉芽组织或息肉形成。临床特点是：耳流脓持续，脓黏稠，常有臭味，鼓膜常有紧张部大穿孔或边缘性穿孔，重度的传导性聋。乳突X线拍片及CT扫描示显示骨质破坏，边界模糊不清，可引起颅内外并发症。

3. 胆脂瘤型 胆脂瘤非真性肿瘤，而为一位于中耳和乳突腔内的囊性结构。囊的内壁为复层扁平上皮，囊内充满脱落上皮、角化物质及胆固醇结晶，囊外则以一层厚薄不一的纤维组织与其邻近骨壁或组织紧密相连。由于囊内含胆固醇结晶，故称胆脂瘤。

胆脂瘤型中耳炎的临床特点：耳内长期持续流脓，脓量多少不等，但有特殊恶臭。后天性原发性胆脂瘤早期无耳内流脓史。此型一般均有较重的传导性聋；但由于中耳胆脂瘤可在中断的听小骨间形成假性连接，故听力损失亦可不甚严重；晚期病变波及耳蜗，耳聋呈混合性。鼓膜松弛部或紧张部后上方有边缘性穿孔，从穿孔处可见鼓室内有灰白色鳞屑状或豆渣样无定形物质，奇臭。少数病例可见外耳道后上骨壁缺损。松弛部穿孔若被一层痂皮覆盖，初学者不识，常不除痂深究，以致漏诊。乳突X线拍片或颞骨CT扫描示上鼓室、鼓窦或乳突有骨质破坏区，边缘多浓密、整齐。

【治疗】 治疗原则为消除病因，控制感染，清除病灶，通畅引流，以及恢复听功能。

1. 病因治疗 积极治疗上呼吸道病灶性疾病，如慢性扁桃体炎、慢性化脓性鼻窦炎等。

2. 局部治疗

(1) 单纯型：以局部用药为主。流脓停止、耳内完全干燥后穿孔或可自愈，穿孔不愈者可行鼓膜成形术或鼓室成形术。

1) 局部用药：按不同病变情况选用药物。①抗生素水溶液或抗生素与糖皮质激素类药物混合液，如0.3%氧氟沙星滴耳液、0.25%氯霉素液、3%林可霉素液、复方利福平滴耳液等，用于鼓室黏膜充血、水肿，有脓或黏液脓时。②乙醇或甘油制剂，如3%硼酸乙醇、3%硼酸甘油、2.5%~5%氯霉素甘油等，适用于黏膜炎症逐渐消退，脓液减少，中耳潮湿者。③粉剂，如硼酸粉、磺胺噻唑与氯霉素粉等，仅用于穿孔大、脓液极少时，有助于干耳。

2) 局部用药注意事项：①用药前应彻底清洗外耳道及中耳腔内的脓液。可用3%过氧化氢溶液或硼酸水清洗，然后用棉签拭净或以吸引器吸尽脓液，方可滴药。②氨基糖苷类抗生素用于中耳局部可引起内耳中毒，所以忌用。③粉剂宜少用。用粉剂时应择颗粒细、易溶解者，一次用量不宜多，鼓室内撒入薄薄一层即可。穿孔小，脓液多者忌用，因粉剂可堵塞穿孔，妨碍引流，甚者引起危及生命的并发症。④尽量避免滴用有色药液，以免妨碍局部观察。⑤需用抗生素滴耳剂者，宜参照中耳脓液的细菌培养及药物敏感试验结果，选择适当的无耳毒性的药物。⑥忌用腐蚀剂。

(2) 骨疡型

1) 引流通畅者，以局部用药为主，但应注意定期复查。

2) 中耳肉芽可用10%~20%硝酸银烧灼；肉芽较大，烧灼无效者，应以刮匙刮除。中耳息肉可用圈套器摘除之。术时忌施暴力，切勿伤及听小骨及鼓室内壁骨质。

3) 引流不畅或疑有并发症者，须行乳突手术。

(3) 胆脂瘤型：应及早施行乳突手术，清除病灶，预防并发症。

第3节 化脓性中耳炎的并发症

化脓性中耳炎及乳突炎可并发多种颅内外并发症(图18-4)，简称耳源性并发症(otogenic complications)，重者可危及生命，是耳鼻咽喉科的危急重症之一。

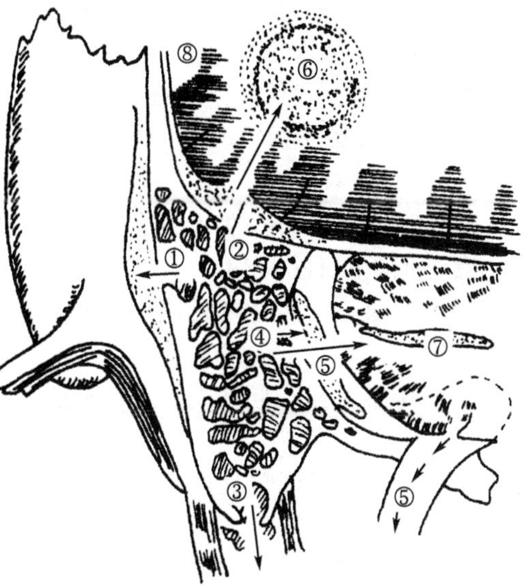

图 18-4 耳源性并发症

耳源性并发症与下列因素有关。

1. 中耳炎类型 以胆脂瘤型中耳炎最常见，骨疡型中耳炎次之，急性中耳炎少见，慢性单纯型化脓性中耳炎一般不出现并发症。

2. 致病菌毒力 致病菌毒力强，对常用抗生素不敏感或已产生耐药性，是化脓性中耳炎产生各种并发症的原因之一。

3. 患者抵抗力 年幼或年老体弱、营养不良、全身有慢性疾病的患者，机体抵抗力差，感染易扩散，为本病诱因。

4. 局部因素 脓液引流不畅。

耳源性并发症一般分为颅外并发症及颅内并发症两大类。

一、颅外并发症

（一）耳后骨膜下脓肿

慢性化脓性中耳乳突炎急性发作或急性融合性乳突炎时，乳突腔蓄积的脓液经乳突外侧骨板溃破区流入耳后骨膜下方，形成耳后骨膜下脓肿（postauricular subperiosteal abscess）。

【临床表现】 耳后皮肤红、肿、疼痛，压痛明显，可伴同侧头痛及发热等全身症状。骨膜未穿破者，触诊时波动感不明显，穿刺可抽出脓液，耳郭后沟存在，耳郭被推向前、外方，骨膜穿破者，触诊时有波动感，脓肿穿破皮肤则形成耳后瘘管。

【治疗】 手术治疗为主，同时应用适当的抗生素。

（二）颈部贝佐尔德脓肿

乳突蓄脓，可穿破该处骨壁，脓液循此溃破口流入胸锁乳突肌内面，在颈侧形成脓肿，称贝佐尔德脓肿（Bezold abscess）。

【临床表现】 患者表现为发热，可有寒战，患耳同侧颈部疼痛，运动受限，颈部相当于乳突尖至下颌角水平处肿胀，压痛明显，由于脓肿位于胸锁乳突肌深面，故波动感不明显。若穿刺抽出脓液，即可确诊。感染向下蔓延，可引起纵隔炎或纵隔脓肿。

【治疗】 及时行乳突探查术、脓肿切开引流术，同时应用抗生素。

（三）迷路炎

迷路炎（labyrinthitis）即内耳炎，是化脓性中耳乳突炎较常见的并发症。按病变范围及病理变化可分为局限性迷路炎、浆液性迷路炎及化脓性迷路炎3个主要类型。

【临床表现】 出现不同程度的眩晕、恶心、呕吐和平衡失调。听力减退为感音性耳聋，化脓性迷路炎可出现全聋及耳鸣。

【治疗】

1. 手术 在足量抗生素控制下行乳突手术，疑有颅内并发症时应行迷路开放手术。

2. 对症处理 如适当的镇静药、维持水和电解质平衡。

二、颅内并发症

（一）硬脑膜外脓肿

发生于颅骨骨板与其相邻的硬脑膜之间的脓肿称硬脑膜外脓肿（extradural abscess），是化脓性中耳炎常见的颅内并发症之一。

【临床表现】 颞叶硬脑膜外脓肿常缺乏典型症状。脓肿较大时，可出现病侧持续性头痛，低头及卧倒时头痛加重；常有不规则低热。个别体积大的硬脑膜外脓肿可有颅内压升高征象。

【治疗】 疑为本病时，应立即行乳突探查术，同时全身使用抗生素。

（二）乙状窦血栓性静脉炎

乙状窦血栓性静脉炎（sigmoideus sinus thrombophlebitis）是伴有血栓形成的乙状窦静脉炎，右侧较多见，为常见的耳源性颅内并发症。

【临床表现】 可出现周期性发作的畏寒、高热、头痛、全身不适等症状。小儿高热时可出现抽搐、惊厥、呕吐及腹泻等症状。患侧耳后、枕后及颈部疼痛，同侧颈部可触及条索状肿块，压痛明显。白细胞明显增多，脑脊液检查正常。Tobey-Ayer 试验阳性。患侧视盘可出现水肿、视网膜静脉扩张。

【治疗】 以手术治疗为主，辅以足量抗生素及支持疗法。

（三）耳源性脑膜炎

耳源性脑膜炎（otitis meningitis）是急性或慢性化

脓性中耳乳突炎所并发的软脑膜、蛛网膜的急性化脓性炎症。

【临床表现】 以高热、头痛、喷射状呕吐为主要症状，可伴精神及神经症状。小儿可有腹泻、惊厥。颈有抵抗或颈项强直，甚者角弓反张。凯尔尼格征及布鲁津斯基征阳性。脑脊液压力增高，混浊，白细胞增多，蛋白含量增高，糖含量降低，氯化物减少，细菌培养可为阳性。血中白细胞增多。晚期可因脑疝导致呼吸停止及循环衰竭而死亡。

【治疗】

(1) 在足量抗生素的控制下急行乳突切开术，清除病灶，通畅引流。

(2) 注意支持疗法，维持水和电解质平衡。

(3) 酌情应用糖皮质激素。

(四) 耳源性脑脓肿

耳源性脑脓肿(brain abscess)是脑组织内局限性积脓。脓肿多发生于大脑颞叶，其次为小脑，发生于其他脑叶者甚少。脓肿一般为单发，多发性脓肿少见。致病菌以杆菌(如变形杆菌、铜绿假单胞菌等)为主，球菌则以金黄色葡萄球菌、溶血性链球菌较常见，亦有混合感染者。

【临床表现】 脑脓肿的典型临床表现可分为以下4期。

1. 起病期 约数天，有畏寒、发热、头痛、呕吐及轻度脑膜刺激征等早期局限性脑炎或脑膜炎的表现。

2. 潜伏期 持续10天至数周不等。多无明显症状。或有食欲减退、便秘、不规则头痛和低热，以及嗜睡、抑郁、烦躁、少语等精神症状。

3. 显症期 历时长短不一。此期脓肿已经形成，并逐渐增大，可出现各种症状，如中毒性症状、颅内压增高症状、局灶性症状。

4. 终期 常因脑疝形成或脓肿破入脑室导致脑室炎及暴发性弥漫性脑膜炎而死亡。脑疝前期一般均有剧烈头痛，频繁呕吐，高热不退，神志不清，最后陷入深度昏迷，呼吸停止及心脏停搏。

【治疗】 手术治疗为主，同时应用足量有效的抗菌药物，加强支持疗法，注意水与电解质平衡。颅内压增高时，可用脱水疗法以降低颅内压。出现脑疝或脑疝前期症状时，应立即静脉注射20%甘露醇溶液等脱水药，气管插管，给氧，人工呼吸，并紧急做脑脓肿穿刺术，抽出脓液。必要时可先行侧脑室引流以降低颅内压，然后再做脓肿穿刺抽脓。

第4节 内耳疾病

一、特发性耳聋

特发性耳聋(idiopathic sudden hearing loss)是突然发生的、原因不明的感音神经性听力损失。患者的听力一般在数分钟或数小时内下降至最低点，少数患者可在3天以内达到最低点，可伴有耳鸣及眩晕。目前，又将特发性耳聋称为“突发性耳聋”。耳聋分轻度、中度、重度和全聋4级。

1. 正常听力 听取日常各种谈话语音无困难。听力计检查听阈不超过10dB。

2. 轻度耳聋 听低声谈话感到困难，平均听阈在10~30dB。

3. 中度耳聋 听近距离谈话声有困难，平均听闻在60dB以内。

4. 重度耳聋 仅可闻及耳旁大声呼喊，听闻在60~90dB。

5. 全聋 听不到耳旁大声呼喊，平均听阈在90dB以上。

【病因】 病因未明，一般认为有以下2种可能：①病毒感染；②内耳供血障碍。

【临床表现】

(1) 听力下降可为首发症状。听力一般在数分钟或数小时内下降至最低点，少数患者听力下降较为缓慢，在3天以内达到最低点。听力损失为感音神经性聋。多数为中度或重度耳聋。

(2) 耳鸣可为始发症状。患者突然发生一耳耳鸣，音调很高，同时或相继出现听力下降。

(3) 眩晕。

(4) 其他部分患者有患耳内出现堵塞、压迫感以及麻木或沉重感。

(5) 检查：纯音听力图示感音神经性聋，耳蜗电图及听性脑干诱发电位示耳蜗损害，前庭功能表现正常或明显降低。

【诊断】 患者突然出现听力急剧下降，可伴耳鸣及眩晕，在排除其他疾病引起突然耳聋后才可诊断。

【治疗】 本病有自愈倾向，但不可因此等待观望或放弃治疗。治疗开始的早晚和预后有一定的关系。一般在发病的7~10天内开始治疗，效果较好。

(1) 10%低分子葡聚糖溶液500ml，静脉滴注5~7天。

(2) 血管扩张药，可选择1种，最多不超过2种应用。

(3) 抗血栓形成药和纤维溶栓药。

(4) 维生素B_6、维生素E等。

(5) 改善内耳代谢的药物。

(6) 糖皮质激素。

(7) 面罩给氧或高压氧疗。

(8) 颈胸神经节封闭。

链接

噪声的危害

在一定范围内有节奏、有规律的声音称之为音乐，人们听了之后感到愉悦，而杂乱无章的声音就成了噪声，人耳长时间接受噪声，听力会受到缓慢、进行性的损害，轻者引起“重听”，重者导致耳聋。

二、梅尼埃病

梅尼埃病(Meniere disease)为膜迷路积水所致的以发作性眩晕、波动性耳聋和耳鸣为主要症状的疾病。多发于青壮年,男女发病率无显著差别。一般单耳发病,后可累及对侧耳,两侧同时患病者很少。

【病因与发病机制】 迄今不明,众说纷纭,主要如下。

1. 自主神经功能紊乱 胆碱活性增强,内耳小血管痉挛导致微循环障碍,组织缺氧,代谢紊乱,内淋巴理化特性改变,渗透压增高,外淋巴及血流中的液体移入,酿成积水。

2. 机械阻塞与内淋巴吸收障碍 由血管纹、囊斑和壶腹嵴周围暗细胞产生的内淋巴汇集内淋巴管,流抵内淋巴囊,经离子交换和吞噬而被吸收,整个内淋巴间隙的容量得以保持恒定。目前认为,在此纵向流程中任何部位的梗阻、内淋巴管断裂、内淋巴囊发育不良和炎性纤维变性增厚等所引起的内淋巴吸收障碍,是膜迷路积水的主要原因。

3. 变态反应说 最初因有些患者对食物过敏而怀疑变态反应是致病原因,近年来大量研究证实内耳确能接受抗原刺激并产生免疫应答。以不同方式进入内耳或由其本身所产生的抗原,能刺激聚集在血管、内淋巴管和囊周围的免疫活性细胞产生抗体。抗原抗体反应导致内耳毛细血管扩张,通透性增加,体液渗入,加上血管纹等分泌亢进,特别是内淋巴囊因抗原抗体复合物沉积而致吸收功能障碍,最终引起迷路积水。

【临床表现】

1. 眩晕 多呈突发性与旋转性。患者感到自身或周围物体沿一定的方向与平面旋转,或感摇晃、升降或漂浮。眩晕均伴有恶心、呕吐、面色苍白、出冷汗、脉搏迟缓、血压下降等自主神经反射症状。上述症状睁眼转头时加剧,闭目静卧时减轻。患者神志清醒,眩晕持续短暂,数十分钟或数小时后自然缓解,转入间歇期。间歇期长短因人而异,少则数日,多则几年。眩晕常反复发作,复发次数越多,持续越长,间歇越短。本病眩晕程度多较剧烈,但个体差别较大,各次发作亦不尽相同,但是所伴发的自主神经反射症状的程度总是与之相应。

2. 耳鸣 多出现在眩晕发作之前。初为持续性低音调吹风声或流水声,后转为高音调蜂鸣声或汽笛声。耳鸣在眩晕发作时加剧,间歇期自然缓解,但不消失。

3. 耳聋 患病初期可不自觉耳聋,多次发作后始感明显。一般为单侧,偶呈双侧,发作期加重,间歇期减轻,明显波动。听力丧失轻微或极度严重时无波动。听力丧失的程度随发作次数的增加而每况愈下,但极少全聋。患者听高频强声常感刺耳难忍。有时健患两耳能将同一纯音听成音调与音色截然不同的两个声音,临床称为复听(diplacusis)。

4. 头脑胀满感 发作期患侧头部或耳内有胀满、沉重或压迫感,有时耳周围灼痛。

【检查】

1. 耳镜检查 鼓膜正常,声导抗测试鼓室导抗图正常,咽鼓管功能良好。

2. 颞骨X线片 平片无异常。断层片上偶显前庭水管周围气化差,水管短而直。

3. 前庭功能检查 发作期可观察到或用眼震电图描记到节律整齐、强度不同、初向患侧继而转向健侧的水平或旋转水平性自发性眼震和位置性眼震。动静平衡功能检查结果异常。间歇期各种自发和诱发试验结果可能正常,多次复发者可能减退或消失。冷热试验常有患侧的优势偏向。镫骨足板与膨胀的球囊粘连时,增减外耳道气压,有时可诱发眩晕与眼震,称安纳贝尔(Hennebert)征阳性。

4. 听力检查 呈感音性聋。音叉测验:Weber试验偏向健侧,Rinne试验阳性,Schwabach试验骨导缩短。纯音测听:患耳气、骨导阈值均升高。听力图早期为上升型或平坦型,晚期或呈下降型;重复测试听阈明显波动。阈上功能检查:双耳交替响度试验、短增量敏感指数试验证明有重振现象;音衰试验正常;自描测听曲线多为Ⅱ型。镫骨肌声反射阈与纯音听阈差缩小。耳蜗电图的SP-AP复合波增宽;SP/AP异常增加;AP的振幅声强函数曲线异常陡峭。

5. 甘油试验 按1.2~1.5g/kg的甘油加等量生理盐水空腹饮下,服用前与服用后每隔1小时做1次电测听,共做3次。若患耳听力在服甘油后提高15dB或以上者为阳性,阳性是本病的特有现象。但在间歇期、脱水等药物治疗期为阴性。若对听力损害轻微与重度无波动者测试,结果也有可能为阴性。服用甘油后耳蜗电图中SP值降低,耳声发射由无到有,均可作为阳性结果的客观依据。尿素、乙酰唑胺曾被用做类似试验。

【治疗】 由于病因、发病机制不明,故迄今尚无单一的药剂或疗法可根治本病。目前多采用以调节自主神经功能,改善内耳微循环,解除迷路积水为主的综合治疗。

1. 一般治疗　发作期应卧床休息，选用高蛋白、高维生素、低脂肪、低盐饮食。症状缓解后宜逐渐下床少活动，避免长期卧床。对久病、频繁发作、伴神经衰弱者要多方耐心解释，消除其思想负担，心理精神治疗的作用不容忽视。

2. 药物治疗

(1) 前庭神经抑制剂：常用者有地西泮(安定)、苯海拉明、地芬尼多等。

(2) 血管扩张药：常用者有桂利嗪、氟桂利嗪、倍他司汀等。

(3) 抗胆碱能药：如山莨菪碱。

(4) 利尿脱水药：常用者有氯噻酮、70%二硝酸异山梨醇等。

3. 手术治疗　凡眩晕发作频繁、剧烈，长因保守治疗无效，耳鸣和耳聋严重者可考虑手术治疗。手术方法较多，宜先选用破坏性较小又能保存听力者。

(1) 颈交感神经节普鲁卡因封闭术：用含甘露醇的高渗溶液经圆窗做鼓阶耳蜗透析术。

(2) 内淋巴分流术：包括镫骨足板造孔、球囊切开术；内淋巴囊减压，引流；耳蜗球囊切开等。

(3) 迷路破坏术：如经过前庭或半规管的膜迷路切除、电凝、冷冻或超声破坏等；亦有用大剂量氨基糖苷类抗生素肌内注射以破坏前庭者，现多采用鼓膜切开置管或经咽鼓管插管给鼓室注射药物。

(4) 各种进路的前庭神经部分或完全切除术：耳蜗前庭神经同时切断术等本病有时间不同的间歇期和自愈倾向，评价治疗效果的客观标准尚不统一，因此，有关治疗效果的评判要慎重。

案例 18-3 分析

1. 根据病史，应首先考虑为梅尼埃病。

2. 治疗以药物治疗为主。常用者有地西泮、桂利嗪、山莨菪碱、氯噻酮等。

附：耳部常用治疗操作

(一) 外耳道清洁法

1. 目的　用于耳部检查及治疗。

2. 用具及药品　卷棉子、耳镜、耳镊、3%过氧化氢溶液。

3. 操作方法　将患耳耳郭向后上方牵拉，使外耳道变直，整块耵聍用耳镊或耵聍钩轻轻取出，耵聍碎屑用卷棉子清除。外耳道内的分泌物用蘸有3%过氧化氢溶液的耳用小棉签清洗，然后用干棉签拭净。

4. 注意事项　操作时动作要轻柔，勿损伤外耳道皮肤及鼓膜。

(二) 外耳道滴药法

1. 目的　用于治疗外耳道、鼓膜及中耳疾病。

2. 用具及药品　滴管及各类滴耳药。

3. 操作方法　首先清洗外耳道，然后向外耳道内滴入药液3~5滴。鼓膜穿孔者可用手指按压耳屏数次，使药液进入中耳。

4. 注意事项　药液温度应与体温接近，避免由于药液温度低刺激患者出现眩晕。应教会患者或家属掌握滴药方法，以便能在家中自行滴药。

(三) 咽鼓管吹张法

见第15章第4节耳部检查“咽鼓管功能检查法”。

(四) 鼓膜穿刺术

1. 目的　用于诊断及治疗分泌性中耳炎，治疗急性化脓性中耳炎。以清除中耳鼓室积液，改善咽鼓管引流功能或向鼓室内注药。

2. 用具及药品　1或2号注射器，7号针头，2%丁卡因药液或布楠(Bonain)液(含等量的可卡因、苯酚和薄荷脑)。

3. 操作方法　清洁、消毒耳周及外耳道皮肤，2%丁卡因药液或布楠液鼓膜表面麻醉，于鼓膜前下部刺入鼓室，抽出中耳积液或注入治疗药液。

4. 注意事项　针头的方向必须与鼓膜垂直，不得向后上方倾斜，以免伤及听骨，或刺入蜗窗、前庭窗。刺入鼓室后，一定要固定好针头，以防抽液时脱出。

(五) 鼓膜切开术

1. 目的　用于治疗急性化脓性中耳炎，全身症状重，鼓膜明显膨出，虽经治疗亦无明显好转者；或鼓膜虽已穿孔，但穿孔太小，引流不畅者；有并发症可疑，但无需立即行乳突手术者。

2. 用具及药品　鼓膜切开刀，无菌试管，2%丁卡因药液。

3. 操作方法　清洁、消毒耳周及外耳道皮肤，2%丁卡因药液鼓膜表面麻醉，儿童可在全麻下施行手术。在鼓膜前下限与后下限，与鼓膜边缘平行，距鼓膜边缘2~3mm作一弧形切口，切开鼓膜。刀尖的分泌物涂于无菌试管中的棉签上，用于细菌培养及药物敏感试验。外耳道以消毒棉签拭净后植入一干纱条或浸有抗生素的纱条，以助引流，外耳道口松塞一干无菌棉球。

4. 注意事项　刀尖不可刺入太深，切透鼓膜即可，以免伤及鼓室内壁结构及听小骨。

(柴其宇)

目标检测

一、名词解释

分泌性中耳炎　梅尼埃病　感音性耳聋　自听增强

二、填空题

1. 急性化脓性中耳炎感染途径主要为__________途径，其次为__________途径，__________途径极少见。
2. 慢性化脓性中耳炎常分为以下3型：____________型，____________型____________型。
3. 化脓性中耳炎常见的颅外并发症有________________、________________、________________。
4. 化脓性中耳炎常见的颅内并发症有________________、________________、________________、________________等。
5. 梅尼埃病为膜迷路积水所致，主要症状有__________、__________、__________、__________。
6. 突发性耳聋的病因多为________、________。
7. 分泌性中耳炎的治疗原则为__________、__________、__________。

三、选择题

1. 先天性耳前瘘管是(　　)
   A. 第一鳃沟在胚胎期融合不全所致
   B. 第二鳃沟在胚胎期融合不全所致
   C. 第三鳃沟在胚胎期融合不全所致
   D. 第四鳃沟在胚胎期融合不全所致
   E. 以上都不是
2. 耳后骨膜下脓肿是下列哪种疾病的并发症(　　)
   A. 先天性耳前瘘　　B. 单纯性中耳炎
   C. 耳后淋巴结炎　　D. 胆脂瘤型中耳炎
   E. 分泌性中耳炎
3. 迷路炎的临床表现为(　　)
   A. 突发性眩晕、耳鸣，听力正常
   B. 耳闷、耳痛及听力下降
   C. 听力下降呈波动性改变，间歇期听力正常
   D. 出现程度不同的眩晕、恶心、呕吐和平衡失调，听力减退为感音性聋
   E. 耳内出现堵塞、压迫感以及麻木或沉重感
4. 耳源性脑脓肿的临床表现可分哪4期(　　)
   A. 潜伏期、起病期、中毒期、终期
   B. 起病期、潜伏期、显症期、终期
   C. 潜伏期、中毒期、显症期、终期
   D. 潜伏期、显症期、中毒期、终期
   E. 潜伏期、发展期、中毒期、终期
5. 急性非化脓性中耳炎可出现下列哪项(　　)
   A. 高音调耳鸣　　B. 自声增强
   C. 听力检查是神经性耳聋　　D. 外耳道有分泌物
   E. 头痛，全身不适
6. 梅尼埃病的症状不包括(　　)
   A. 眩晕　　B. 头痛
   C. 耳鸣　　D. 耳聋
   E. 头脑胀满感

四、简答题

1. 急性化脓性中耳炎的临床表现有哪些？
2. 叙述慢性化脓性中耳炎的临床分型及表现。
3. 简述耳源性并发症的感染扩散途径。
4. 梅尼埃病的临床表现是什么？
5. 对梅尼埃患者应采取的治疗措施有哪些。
6. 简述分泌性中耳炎的病因及治疗原则。

第19章　耳鼻咽喉、气管、支气管及食管异物

学习目标

了解食管异物的原因、临床表现和治疗。

理解喉、气管、支气管的原因、临床表现和治疗。

掌握外耳道、鼻腔及咽部异物的原因、临床表现和治疗。

案例19-1

患儿，女性，5岁，因左耳疼痛家长带来就诊。患儿痛苦面容，左外耳道内靠近鼓膜处有一谷粒样物，追问病史，患儿于上午与父母下地时曾玩谷子，医生试图用耵聍钩取出异物，但患儿疼痛不合作。

问题：

1. 本案例该怎么处理？
2. 如果是其他异物又该怎么处理？

案例19-2

患儿，男性，5岁。于就诊前一天，误吸咬碎的花生米，当即剧烈呛咳，约10分钟后咳嗽缓解，但呼吸较粗。检查：患儿呼吸较急促，三凹征不明显，口唇颜色正常，无发绀。听诊，右肺呼吸音减弱。X线胸透，吸气时纵隔向右移动。

问题：

1. 患儿患什么病，诊断依据是什么？
2. 怎么治疗？

第1节　外耳道异物

外耳道异物多见于儿童，常因玩耍时常将小物体塞入耳内。成人多为挖耳或外伤时遗留小物体或昆虫侵入外耳道等。

【病因】　异物种类可分为：①动物性，如蚊子、飞蛾等；②植物性，如谷粒、豆类、小果核、草籽等；③非生物性，如石子、铁屑、玻璃珠、小纽扣等；④医源性异物，如纱条、棉球等。

【临床表现】　因异物大小、种类而异。

1. 无疼痛或稍感不适　小而光滑的异物如玻璃珠等可不引起症状或只稍感不适。

2. 剧烈耳痛伴噪声　蚊子、飞蛾等动物性异物可爬行骚动，引起剧烈耳痛、噪声，使患者惊恐不安，甚至损伤鼓膜。

3. 耳闷胀感、耳痛及听力下降　谷粒、豆类等植物性异物遇水膨胀，可阻塞外耳道引起上述症状。

4. 咳嗽或眩晕　异物刺激外耳道和鼓膜偶可引起。

【治疗】　根据异物性质、形状和位置不同，采取不同的取出方法。

1. 异物未越过外耳道峡部、未嵌顿于外耳道者　可用耵聍钩直接钩出。注意勿将异物推过外耳道峡部，以免增加取出难度。

2. 活动性昆虫类异物　可先用油类滴入外耳道内，或用浸有乙醚的棉球塞于外耳道数分钟，将昆虫淹死或麻醉后用镊子取出或冲洗排出。

3. 被水泡胀的谷类、豆类异物　可先用95%乙醇滴入外耳道，使其脱水收缩后再取出。

4. 异物较大，且在外耳道深部嵌顿较紧者　必须在局部麻醉或全身麻醉下取出异物。幼儿患者宜在短暂全身麻醉下取出异物，避免在清醒状态下取出异物时不合作，造成损伤或将异物推向深处。

5. 外耳道继发感染者　应先行抗感染治疗，待炎症消退后再取出异物，或取出异物后积极治疗外耳道炎。

此外，细小难取的异物可用水冲洗，石灰等化学物质可用棉签拭除。

案例19-1分析

1. 本案例外耳道异物是谷粒，先观察谷粒是否被水泡胀，如没有泡胀可用耵聍钩直接钩取异物，如果已泡胀，可先用95%乙醇滴入外耳道，使其脱水收缩后再用耵聍钩取出异物。该患儿谷粒虽小但位置较深，取异物时疼痛不合作，应在局部麻醉或全身麻醉下取出异物。

2. 出如果是活的昆虫类，先用油类滴入外耳道内，或用浸有乙醚的棉球塞于外耳道数分钟，将昆虫淹死或麻醉后取出；如果是较大异物在外耳道深部嵌顿较紧者，必须在局部麻醉或全身麻醉下取出异物。

第2节　鼻腔异物

【病因】

（1）儿童玩耍时可将豆类、果核、玻璃球、橡皮塞、纸卷、纽扣等塞入鼻孔内又难以排出，事后忘记，

以致造成鼻腔异物。

(2) 热带地区水蛭和昆虫较多，可爬入露宿者鼻内。

(3) 外伤时石块、木块、弹片、枪弹等可经创口进入鼻腔、鼻窦。

(4) 医源性异物：医务人员粗心大意，将纱条、棉片或器械断端等遗留在鼻腔或鼻窦内。

【临床表现】　鼻腔异物常停留在固有鼻腔的前下方，因异物种类、大小、形状、所在部位、刺激性强弱、存留时间的不同，而有不同的症状。

1. 鼻阻塞　症状随异物大小而异，异物越大，鼻阻塞的症状也越重。

2. 流脓涕伴恶臭味　异物停留时间较长，特别是植物性异物、医源性异物刺激鼻黏膜，可引起鼻炎、鼻窦炎，患者一般表现为流脓涕，同时伴有恶臭味。

3. 鼻出血　异物导致黏膜炎性溃烂或者直接刺破黏膜，可引起鼻出血，严重者可引起大出血。

4. 贫血和营养不良　儿童鼻腔异物引起的长期流涕和鼻出血，长期水蛭寄生鼻腔，均可导致贫血和营养不良。

5. 头痛、神经痛、视力障碍等　外伤性异物因位置较深，除有出血症状外，还可引起头痛、神经痛、视力障碍等情况。

【诊断】　对有明确的异物史，根据症状及检查所见，诊断多不困难。对儿童主诉单侧性流脓涕且伴有恶臭者，要首先考虑鼻腔异物。如异物存留过久，需用探针辅助检查。对金属异物，应行 X 线定位诊断，必要时可行 CT 检查。

【治疗】　可根据异物大小、形状、部位和性质的不同，采取不同的取出方法。

(1) 纸团、纱布、棉花之类可用鼻腔异物钳或枪状镊夹取。

(2) 圆滑性异物如玻璃球、钢珠、豆子等须用钩状或环状器械，轻轻从前鼻孔进入，绕至异物后方再向前钩出，绝不要用镊子夹取，因为在用镊子夹取时容易造成滑脱，反而把异物推向鼻咽有误吸入气管的危险。

(3) 动物性异物须先用 1% 丁卡因将其麻醉后，再用鼻钳取出。

(4) 对较大的异物，应充分麻醉或全麻下，将异物破碎后取出，或行鼻侧切开术取出。

【预防】　教育儿童不要将玩物塞入鼻内；医务人员取鼻腔填塞物后，应仔细检查鼻腔，以免遗留；加强安全生产，杜绝爆炸事故。

第 3 节　咽　异　物

【病因】

(1) 多因仓促进食或进食时注意力不集中，将鱼刺、肉骨、果核等咽下。

(2) 儿童嬉戏时，将放入口中的小玩具、硬币等咽下。

(3) 睡眠、昏迷或酒醉时发生误咽(如将脱落的义齿咽下)。

(4) 企图自杀的人，有意吞入异物。

【临床表现】

1. 咽部有异物刺激感或疼痛　其部位大多比较固定，吞咽时症状明显。

2. 血性唾液　如刺破黏膜可见少量血液。

3. 吞咽及呼吸困难　较大异物存留喉咽可引起吞咽及呼吸困难。

4. 异物存留部位　异物大多存留在扁桃体窝内、舌根、会厌谷、梨状窝等处。有时呕吐或呛咳而将食物、药片等挤入鼻咽部。

【诊断】　经询问病史、口咽视诊、鼻咽镜检查及间接喉镜检查，一般能做出咽异物诊断，X 线摄片可发现不透 X 线的异物的大小、形态和位置。

【治疗】　口咽部异物如鱼刺、竹签、瓜子壳等，可用镊子夹出。舌根、会厌谷、梨状窝等处异物，可在间接或直接喉镜下用咽异物钳取出。对已经感染者，可先用抗生素控制感染后，再取出异物。异物穿入咽壁并发咽后或咽旁脓肿者，可选择经口或颈侧切开排脓，同时取出异物，再抗感染治疗。

第 4 节　喉、气管及支气管异物

喉、气管及支气管异物是耳鼻咽喉科急诊，多发生在 5 岁以下幼儿，尤以男孩多见，抢救不当或异物较大者，可因窒息而立即死亡。若异物长期存留在支气管，则可引起肺部并发症。

【病因】

(1) 儿童在进食或口含异物玩耍时，因受惊吓、跌倒、哭、笑等原因常误将口内异物吸入呼吸道内。

(2) 成人不良的工作习惯，如口内含小钉、别针等作业，尤其是仰头作业、谈笑或不慎跌倒时，将异物误吸入呼吸道内。

(3) 全身麻醉或昏迷患者，如护理不当，可将异物误吸入呼吸道内。

(4) 医源性异物，鼻腔异物取出不当，咽喉滴药时注射针头脱落也可落入呼吸道内。

常见异物有扁骨、骨刺、花生米、豆子、瓜子、回形针、订书钉等。

【临床表现】　随患者年龄、异物性质及存留部位不同而有不同症状。

1. 喉腔异物　较大的异物梗阻在声门裂，可因喉阻塞及喉痉挛立即造成窒息；小异物可引起剧烈呛咳、声嘶、疼痛及呼吸困难。异物多嵌顿在声门裂、喉室或声门下,尖锐异物可刺入会厌或杓区。

2. 气管异物　异物吸入气管经过喉部时,会突然剧烈咳嗽、憋气、呼吸困难,吸入气管后异物贴附在气管壁,症状暂时缓解。当轻而光滑异物(如瓜子等)随气流撞击声门下时,可出现阵发性呛咳,同时在环状软骨部有撞击感。如异物较大,阻塞气管或气管隆凸时可发生窒息。当异物部分阻塞气管腔时,气流通过变窄的气道可发出哮鸣音。

3. 支气管异物　早期症状与气管异物相似。异物进入支气管后,因活动减少,咳嗽症状可稍减轻;但若为植物性异物,支气管炎症多较明显,常有发热、咳嗽、痰多的症状。如一侧支气管异物,多无明显呼吸困难;双侧支气管都有异物时,可出现呼吸困难。肺部听诊时,常有肺气肿、肺不张表现,病侧呼吸音减轻或消失,伴肺炎时可闻及湿啰音。

4. 并发症　喉、气管及支气管异物阻塞气道影响通气时,由于缺氧使肺循环的阻力增加,心脏负担加重而并发心力衰竭,表现为烦躁不安、呼吸困难加重、面色苍白或发绀、心率加快、肝增大等。阻塞性肺气肿明显或剧烈咳嗽时,可使细支气管或肺浅表组织破裂,发生气胸、纵隔或皮下气肿。局部感染可引起肺炎或肺脓肿。

【诊断】

1. 异物吸入史　仔细询问患者是否有异物吸入史是诊断的重要依据。有少数患者异物史不明确。典型的喉、气管及支气管异物患者在异物呛入呼吸道时,均伴有剧烈咳嗽、憋气,呼吸困难等症状。若有突然发生而又久治不愈的咳喘伴有或不伴有发热、憋气,或者反复发生的支气管肺炎的患者,尤其是儿童,应考虑异物的可能。

2. 体格检查　全身检查应注意有无呼吸困难及心力衰竭情况。胸部听诊及触诊,活动性气管异物在咳嗽或呼气末期可有拍击声,肺部听诊可闻及喘鸣音。支气管异物可有肺炎、肺不张、肺气肿的体征。两侧胸部应仔细进行对比。

3. X线检查

(1) 不透光的异物,胸部X线摄片可以确定异物位置、大小及形状。

(2) 对于透光性支气管异物,可根据其阻塞程度不同而产生的肺气肿或肺不张等体征,行胸部X线检查常有助于诊断。

4. 喉镜检查　间接喉镜或直接喉镜可见喉部异物,声门下异物常呈前后位。

5. 支气管镜检查　经过上述检查仍不能明确诊断,而临床又怀疑有气管、支气管异物时,可考虑行支气管镜检查。

【治疗】　呼吸道异物是危及生命的急症,应及时诊断,尽早取出,以保持呼吸道通畅,并防止窒息及其他并发症的发生。必要时可在心电监护下及时取出异物。

1. 喉异物　尽早在直接喉镜下取出异物,如呼吸困难明显,估计一时难以在直接喉镜下取出时,应先行紧急气管切开,待呼吸困难缓解后,再在直接喉镜下取出,或直接从气管切开处向上取出声门下较大异物。在取喉部异物时,应同时配好支气管镜、气管异物钳和吸引器,便于术中异物落入气管时使用。如喉部异物伴严重呼吸困难甚至窒息者,可行环甲膜切开。

2. 气管及支气管异物

(1) 经直接喉镜异物取出术:适用于气管内活动的异物(如瓜子等),又称“守株待兔”法。

链 接

守株待兔法

对于气管内活动的异物可在直接喉镜下,将异物钳伸入到声门下张开钳口,等待呼气末异物撞入钳口时,收紧钳口将异物取出。

(2) 经支气管镜异物取出术:直接喉镜下不能取出的气管异物及绝大多数支气管异物需经支气管镜取出。最好在全身麻醉下进行。

(3) 纤维支气管镜或电子支气管镜异物取出术:位于支气管深部的细小异物,由于硬质支气管镜不能窥视,可在纤维支气管镜或电子支气管镜下钳取。

(4) 开胸异物取出术:支气管镜下难以取出的较大、嵌顿支气管异物,必要时可考虑开胸术取出。

3. 术后处理　密切观察病情,应给予抗生素及糖皮质激素类药物,以控制感染及防止喉水肿发生。如术前、术后有其他并发症,应进行相应治疗。

【预防】　呼吸道异物是最常见的儿童急症,也是完全可预防的疾病。其预防要点:

(1) 避免给3~5岁以下幼儿吃花生、瓜子、豆类食物,不给能够进入口中、鼻孔的小玩具玩耍。

(2) 进食时不要嬉笑、哭闹、打骂,以免深呼吸时将异物误吸入气道。

(3) 教育幼儿不要口中含物玩耍,如发现应婉言劝说,使其吐出,不能用手指强行掏出,以免引起哭闹而吸入气道。成人要改正口中含物作业的不良习惯。

(4) 重视昏迷及全身麻醉患者的护理,防止呕吐物吸入下呼吸道,活动的义齿应取下。

案例19-2分析

1. 患儿诊断为右支气管异物。诊断依据是异物吸入史,体格检查呼吸急促,右肺呼吸音减弱,X线胸透,吸气时纵隔向右移动。

2. 在全身麻醉下经支气管镜或纤维支气管镜或电子支气管镜取出异物，难以取出的可开胸取出异物。

第5节 食管异物

【病因】

(1) 儿童多因口含玩物误吞或在玩耍、哭闹时将异物吞入。

(2) 成年人多因进食匆忙或注意力不集中，食物未经仔细咀嚼而咽下。

(3) 老年人牙齿脱落或使用义齿，咀嚼功能差，口内感觉不敏感，容易误吞异物。

(4) 睡眠、麻醉、昏迷、酒醉后可将义齿误咽入食管而形成食管异物。

(5) 食管本身疾病，如食管狭窄或食管癌，食物通过时容易受阻、嵌顿。

(6) 精神疾病患者或有自杀企图者，常将各种物品强行吞下而成为异物。

异物种类繁多，以动物性异物最常见，如鱼刺、鸭骨、肉块等；其次为金属类，如硬币、钢针等；此外，还有化学合成类及植物类，如义齿、塑料瓶塞、枣核等。

异物停留部位，最常见嵌顿于食管入口，其次为食管中段第2狭窄处，发生于下段者较少见。

【临床表现】

1. 吞咽困难　多由异物嵌顿所引起。病情较轻时仍可进食半流质，如异物较大或合并感染时，吞咽困难较明显，严重时饮水也感困难，小儿患者常有流涎症状。

2. 吞咽疼痛　异物较小或较圆钝时，常仅有梗阻感。尖锐的异物或继发感染时疼痛常较明显。异物嵌顿在食管上段时，疼痛部位常在颈根部或胸骨上窝处，嵌顿在食管中段的异物常伴有胸骨后疼痛。

3. 呼吸道症状　异物较大向前压迫气管后壁时，或异物位置较高，部分未进入食管而压迫喉部，尤其是幼儿患者，可出现呼吸困难，甚至有窒息的可能性。应及时处理，以保持呼吸道通畅。

4. 其他症状　异物损伤食管壁可呕出血液，中段尖锐异物刺破大血管，可造成致命性大出血；异物长期存留，可引起食管炎、食管穿孔、食管周围脓肿或纵隔脓肿等严重并发症。

【诊断】

1. 仔细询问病史　大多数患者有明确的异物误吞史。应仔细了解异物的大小、性质、形状、异物存留的时间及有无其他症状，以供进一步检查和治疗时参考。

2. 间接喉镜检查　异物位于食管上段，尤其有吞咽困难者，有时可在间接喉镜下见梨状窝积液。

3. X线检查　对X线可显影的异物，可摄颈、胸片定位；对X线不显影的异物，应行食管钡剂检查，骨刺类须吞服少量钡棉，以确定异物是否存在及存留的部位。

4. 食管镜检查　对少数异物史明确并有吞咽困难或吞咽疼痛等症状，但X线检查不能确诊，药物治疗后症状无明显改善者，应考虑行食管镜检查，发现异物及时取出。

【治疗】　一般情况下可经硬质食管镜取出异物。对某些小的尖锐异物，也可使用纤维食管镜或电子食管镜取异物。若全身情况差，伴高热、感染者，可先行补液、抗感染，待情况好转后再行取出术，术后再抗感染对症处理。有严重并发症者可协同胸外科协助处理。

【预防】

(1) 进食不宜过于匆忙，尤其吃带有骨刺类的食物时，不宜饭菜同口而咽，要仔细咀嚼将骨刺吐出，以防误咽。

(2) 老年人配戴有义齿和牙托的，进食尤其应注意，义齿应在睡眠前取下。全身麻醉或昏迷的患者如有义齿，应及时取出。

(3) 教育儿童改正口含物品玩耍的不良习惯。

(4) 异物误吞后，不要强行用吞饭团、馒头、食醋等方法企图将异物推下，应立即就医及时取出。

（柴其宇）

目标检测

一、填空题

1. 临床上以________及________异物最危险。
2. 活的昆虫在耳道内会有________伴________。
3. 耳部异物取出原则为圆形异物应________，活性昆虫应________，石灰等化学物质应________，难取的细小异物可________，异物进入中耳或不合作的儿童的耳道异物可________。
4. 鼻腔异物最常停留于________部位。
5. 食管异物最常存留的地方是________，其次是________。

二、选择题

1. 某6岁男孩将橡皮塞入鼻中，正确的治疗方法是(　　)
   A. 交替疗法　　B. 鼻腔冲洗
   C. 钳取或钩出异物　　D. 将异物推向咽部吐出
   E. 药物治疗
2. 下面哪个表现是声门区异物(　　)
   A. 轻咳
   B. 阵咳
   C. 喉痛，嘶哑，强烈咳嗽，呼吸困难
   D. 单纯呼吸困难

E. 气喘

3. 气管异物多发生于(　　)

A. 80%~90%发生在5岁以内

B. 发生在5岁以上

C. 发生在10岁以上

D. 发生在18岁以上

E. 发生在70岁以上

4. 关于呼吸道异物,哪一项是错误的(　　)

A. 病情严重时会发生心力衰竭

B. 有时会并发皮下气肿或纵隔气肿

C. 常有颈淋巴结肿大

D. 病程长者可有肺炎反复发作史

E. 应及时诊断,尽早取出

5. 某3岁小孩,将小豆子塞入外耳道玩耍,豆子肿胀卡在狭窄部,正确的取出方法是(　　)

A. 用镊子夹取

B. 用耵聍钩捣碎钩取

C. 全麻下外耳道切开取出

D. 先用95%乙醇滴入外耳道,待小豆子脱水后再用耵聍钩取出

E. 用棉签拭除

三、问答题

1. 外耳道进入昆虫为什么不能强行用耵聍钩取出?

2. 鼻腔内圆滑的异物为什么不能用镊子钳取?

3. 喉部异物有哪些临床表现?

4. 咽异物主要存留在什么地方?

第20章　耳鼻咽喉-头颈肿瘤

学习目标

了解颈部肿块病因和鉴别诊断。

理解耳鼻咽喉良性肿瘤的临床表现和护理要点、鼻咽癌、喉癌等恶性肿瘤的早期临床表现和护理要点。

头颈肿瘤以耳鼻咽喉肿瘤占多数，耳鼻咽喉的解剖复杂，部位隐蔽，检查诊断有一定特殊性，有时容易误诊或漏诊。肿瘤的种类繁多，其中常见的良性肿瘤有乳头状瘤、血管瘤、鼻咽纤维血管瘤，恶性肿瘤有鼻咽癌、喉癌、上颌窦癌等。

第1节　耳鼻咽喉良性肿瘤

一、乳头状瘤

乳头状瘤（papilloma）的发病原因尚不确定，可能与病毒感染、炎性刺激、内分泌障碍等因素有关，成人患者有恶变倾向。

外耳道软骨部的乳头状瘤，肿瘤较大充满外耳道时有阻塞感、痒感或听力下降，继发感染，则有耳痛、流脓；鼻部乳头状瘤可发生于鼻前庭、鼻腔及鼻窦，主要症状为鼻塞、流涕、涕中带血或反复鼻出血；咽部乳头状瘤多无明显症状，偶有咽干痒、异物感；喉部乳头状瘤可发生于任何年龄，10岁以下儿童更为多见，主要症状为进行性声音嘶哑，重者出现喉喘鸣和呼吸困难。

检查可见肿物单发或多发，淡红色、灰白色或红色，质软，呈乳头状、菜花状或桑葚状，触之质较软，易出血。

治疗以手术彻底切除为主，创面可给予激光气化、冷冻治疗，切除后局部涂鸦胆子油防复发。

二、血管瘤

血管瘤（hemangioma）是先天性良性肿瘤或血管畸形。按其临床特点和组织结构，可分为毛细血管瘤、海绵状血管瘤及蔓状血管瘤，前两种较多见。

耳部血管瘤多发生于耳郭，常为先天性，以蔓状血管瘤多见；鼻及鼻窦的血管瘤以海绵状血管瘤和毛细血管瘤为多见。临床主要症状为反复鼻出血和进行性鼻塞，不可轻易取活检，以免引起严重出血；咽部血管瘤多发生于口咽和舌根部，以毛细血管瘤多见，喉部海绵状血管瘤多发生于婴幼儿，多数无症状。

检查毛细血管瘤瘤体呈鲜红或紫红色，不高出皮肤表面，边界清。海绵状血管瘤瘤体呈暗红色，柔如海绵，不带蒂而分布于黏膜下，表面高低不平，呈青紫色，又称葡萄状血管瘤。

血管瘤的治疗可采取硬化剂注射、冷冻、激光或放射治疗，部分应手术切除；无症状者可暂不治疗。

三、鼻咽纤维血管瘤

鼻咽纤维血管瘤（angiofibroma of nasopharynx）又称"男性青春期出血性鼻咽纤维血管瘤"，常发生于男性青少年时期，为较常见的鼻咽部良性肿瘤，其病因不明。

临床表现取决于肿块的原发部位、大小、侵犯方向及有无并发症。主要症状表现为反复鼻出血及进行性鼻塞。鼻咽镜检查可见鼻咽部肿块，呈暗红色，表面光滑或有表浅溃疡及感染。应注意与鼻咽癌、出血性后鼻孔息肉相鉴别。由于此瘤极易出血，一般不做活检。X线平片及CT扫描有较大诊断价值，CT可显示肿块大小、位置和范围。

治疗以手术切除为主。

第2节　耳鼻咽喉恶性肿瘤

耳鼻咽喉的恶性肿瘤在头颈部恶性肿瘤中占多数，据国内资料统计，除颅内肿瘤外，头颈部恶性肿瘤，占全身恶性肿瘤的20%～30%，其中常见的有鼻咽癌、喉癌、上颌窦癌、甲状腺癌和口腔癌等。

一、上颌窦癌

上颌窦癌（carcinoma of maxillary sinus）为耳鼻咽喉科常见癌肿之一。好发年龄为40～60岁，其病变隐蔽，早期症状少，肿瘤又常在慢性炎症的基础上发生，所以患者常至晚期始来就诊或确诊，治疗效果差。

【临床表现】　早期症状不明显，可有面部麻木感、上颌牙痛、牙松动脱落，鼻腔有特殊臭味的血性分泌物等，肿瘤继续向周围组织浸润，进入鼻腔，出现进行性加重的鼻塞,侵犯鼻泪管时,可有溢泪症状,颈淋巴结转移则出现颈部肿块,晚期上颌窦癌常有剧烈疼痛,出现全身转移则有严重贫血,极度消瘦,可出现致死的大出血。

鼻腔检查发现中鼻道有血迹可能为其早期体征。肿瘤破坏上颌窦前壁可见面颊部隆起,皮下可触及界限不清、固定的肿块,晚期可出现溃烂;破坏下壁硬腭时,可见牙槽骨肿大及硬腭呈半圆形隆起,并可在隆起部穿破;破坏内壁即突破鼻腔外侧壁时,前鼻镜检查可见红色质脆的增生物,触之易出血;破坏上壁侵入眶内,可使眼球向上移位,累及眼外肌,出现眼球运动障碍及复视;破坏后壁侵入翼腭窝或颞下窝,累及咬肌或翼内肌,出现张口受限。

【诊断】 对40岁以上,有进行性鼻塞、血涕、一侧面部麻木者,应提高警惕,进行鼻窦内窥镜检查活检,辅助X线鼻窦摄片及碘油造影、CT或MRI扫描,必要时行上颌窦探查术等。

【治疗】 本病治疗一般先行下鼻道开窗后放疗或颈外动脉插管化疗,然后手术的综合治疗。

二、鼻 咽 癌

鼻咽癌(carcinoma of nasopharynx)为我国多见的恶性肿瘤之一,华南沿海地区发病率较高,男女之比为2~10∶1,发病年龄大多在30~60岁。由于鼻咽部隐蔽,且早期症状不明显,常易漏诊而延误治疗。

【病因】 目前病因尚不清楚,可能与下述因素有关:遗传因素、EB病毒感染和环境因素如多环烃类、亚硝胺类等化学物质摄入。

【病理】 最常发生于鼻咽顶后壁的顶部、侧壁的咽隐窝,以鳞癌多见。组织学分为高分化癌、低分化癌、未分化癌。

【临床表现】

1. 鼻部症状 回吸性血涕可能是最早的症状,当肿瘤增大堵塞鼻后孔则出现鼻塞,多为单侧性,若瘤体增大可致两侧鼻塞。

2. 耳部症状 肿瘤堵塞或压迫咽鼓管咽口可出现该侧听力减退、耳鸣或鼓室积液等。

3. 头痛 肿瘤破坏颅底,累及三叉神经引起头痛,早期为间歇性,部位不固定,晚期为持续性,部位固定。

4. 转移症状 颈淋巴结转移早期可出现。颈部肿块早期为单侧,逐渐发展为双侧,无痛、质硬,活动受限,迅速增大并固定。许多患者以颈上部肿块为首发症状,或唯一的症状而就诊。

颅内转移癌肿常经破裂孔侵入颅内,损伤Ⅱ、Ⅲ、Ⅳ、Ⅴ、Ⅵ颅神经,出现视力减退或失明、眼球运动障碍或固定、头痛、面部麻木、复视。颈部淋巴结转移肿块压迫穿出颅底的Ⅸ~Ⅻ颅神经,可发生软腭麻痹、吞咽困难、声音嘶哑、患侧舌肌麻痹萎缩,累及翼肌可致张口受限。

远处转移症状表现为晚期肿瘤转移至肺、肝、骨骼等处而出现相应症状。

【诊断】 有以下症状者,应考虑本病:①回吸血性涕;②单侧耳鸣和听力减退;③不明原因复视;④不明原因偏头痛;⑤颈侧上部、乳突下方、胸锁乳突肌上段前缘处有进行性肿大的无痛性肿块。

凡有上述症状以及单侧分泌性中耳炎久治不愈者,必须检查鼻咽部,发现可疑病变,应反复多点取病理活检。颅底X线摄片、CT及MRI扫描有助于明确诊断,EB病毒VCA-IgA抗体测定,可作为辅助诊断指标、普查筛选及治疗后随访监视的手段。

【治疗】 放射治疗为鼻咽癌首选治疗法,可同时辅助化疗、免疫治疗及中医中药疗法。

案例20-1

患者,男性,58岁。主诉:发现右颈部无痛性肿块5个月。患者于5个月前无意中发现右侧颈部无痛性肿,肿块进行性增大到外科就诊,诊断为颈部淋巴结炎,经抗炎治疗肿块无明显缩小,后外科行颈部肿物活检,病理结果为淋巴结转移癌,考虑来自鼻咽,遂转入耳鼻咽喉科。既往健康,无慢性病史。检查:体温36℃,脉搏82次/分,呼吸21次/分,血压120/80mmHg。发育营养中等,神志清醒。双肺未闻干湿啰音,心率120次/min,律齐,肝脾未及。鼻咽部检查见右咽侧后壁有一1cm×0.8cm肿物,略隆起,表面黏膜呈轻度充血状态,取活检,病理诊断为鼻咽高分化鳞癌。

患者入院后行放射治疗,放疗后辅助化疗及中医治疗。

三、喉 癌

喉癌(carcinoma of larynx)是耳鼻咽喉科比较常见的恶性肿瘤,发病率占全身癌肿1%~2%,好发年龄为50~70岁,男女之比约为8∶1。

【病因】 喉癌的病因目前尚不明确。现有资料证明长期过度的吸烟、饮酒、空气污染、病毒感染等因素可能与诱发喉癌有关。

【病理】 以鳞状上皮细胞癌占绝大多数,癌细胞的分化程度多数为高分化和中分化。声门区癌的分化程度较好,声门上区癌分化较差。

【临床分型及表现】 喉癌分为声门上癌、声门癌和声门下癌3型,最多见声门癌,其次为发生于会厌的喉面及室带的声门上癌。

声门上型早期可无症状或出现喉部异物感或不适感,稍晚出现喉痛、吞咽痛和咳痰带血丝;声门型早期出现声嘶,进行性加重,有时伴有咳嗽及少量带血丝痰;声门下型早期可无明显症状。晚期喉癌均可出现以及颈淋巴结转移性肿块,呼吸困难、声音嘶哑、喉体活动受限或固定等。

【诊断】　对40岁以上,原因不明的声音嘶哑者或有喉部不适,经两周以上治疗无好转者,应进行间接喉镜和纤维喉镜检查,发现可疑病变取活检明确诊断。X线摄片、CT扫描、MRI扫描有助诊断。

【治疗】　喉癌根据病变范围,可行喉部分切除术或全喉切除术,在彻底切除肿瘤的基础上,为保存喉的部分生理功能进行喉的功能重建,同时辅以放疗或化疗等综合治疗。

第3节　颈部肿块

颈部肿块较常见,由多种疾病所致,主要分为3大类,即炎性肿块、肿瘤及先天性肿块;其中以恶性肿瘤占多数,而恶性肿瘤又以淋巴结转移癌较多见。部位隐蔽的鼻咽、舌根、梨状窝等处的癌肿,常以颈淋巴结肿大为其首发症状,必须仔细检查才能找到原发癌。

【颈部的分区】　各种疾病出现颈部肿块均有其特点,按肿块的部位划区描述如下(图18-1)。

1. 舌骨上区　即颏下三角和下颌下三角区,多见于舌下腺和颌下腺的肿瘤和囊肿。

2. 舌骨下区　即颈动脉三角和肌三角,常见鼻咽癌淋巴结转移,其次为口咽、扁桃体和舌根部的癌转移。肌三角常见甲状腺腺瘤和甲状腺癌,其次为声门下癌和颈段食管癌向气管周围淋巴结转移。良性肿瘤中可见鳃裂囊肿、颈动脉球体瘤和神经膜瘤、甲状舌骨囊肿等。

3. 胸锁乳突肌区　该区上1/3的肿块,常为鼻咽癌转移;下1/3区的肿块,常为喉及下咽癌的转移,其次为甲状腺癌转移。

4. 颈外侧三角区　该区被肩胛舌骨肌分为上方的枕三角和下方的锁骨上窝。常见为喉、下咽癌及甲状腺癌转移。锁骨上窝的肿块,也可来自胸、腹部的癌转移。

【诊断】　首先区分炎性肿块、肿瘤和先天性肿块,后者少见,再区分良性还是恶性肿块。

1. 颈部炎性肿块的特点　急性炎症引起颈淋巴结肿大,常表现为局部红、肿、触痛显著,经抗生素治疗效果明显。慢性炎性肿块,多为颈淋巴结核,常有肺结核病史,病期较长,多数肿大淋巴结融合,软硬度不一,较大淋巴结与皮肤粘连,局部有触痛。

2. 颈部良性肿块特点　肿块发展慢,病程长,多为单发,与周围组织多无粘连,多数活动度良好。囊肿表现为肿块硬而光滑,局部皮肤正常,无触痛。

3. 颈部恶性肿块的特点　肿块发展快,病程短,肿大淋巴结为单个或多个,肿块硬而光滑,多与周围组织粘连,活动受限或固定(晚期);转移癌约有70%在头颈部可发现原发癌。

(薛正毅)

目标检测

选择题

1. 关于耳鼻咽喉乳头状瘤,正确的是(　　)
   A. 肿物淡红色或红色,呈乳头状
   B. 易出血
   C. 手术治疗效果好
   D. 可癌变
   E. 以上都是
2. 声门癌最早出现的症状(　　)
   A. 呼吸困难　　B. 咯血
   C. 喉痛　　D. 声音嘶哑
   E. 吞咽困难
3. 晚期喉癌治疗前的重要护理是(　　)
   A. 口腔护理　　B. 心理护理
   C. 呼吸困难护理　　D. 完善术前准备
   E. 流质饮食
4. 鼻咽癌确诊需(　　)
   A. 病理检查　　B. 临床表现
   C. 有颈部肿块　　D. CT检查
   E. 询问病史
5. 患者,男性,65岁。声音嘶哑四个月,呼吸困难7天,检查:左侧声带有乳头状肿物生长,病理活检为:喉鳞状细胞癌。患者情绪低落,拒绝治疗。该患者最主要的护理措施是(　　)
   A. 心理护理　　B. 饮食护理
   C. 呼吸困难护理　　D. 口腔护理
   E. 完善术前准备
6. 患者,男性,55岁。右侧颈部无痛性肿块进行性增大三个月。检查:右颈侧上部,乳突下方,胸锁乳突肌上段前缘处有一3cm×2cm肿块,无压痛,质韧,活动度不良。该患者最主要的护理措施是(　　)
   A. 心理护理　　B. 健康指导
   C. 颈部肿块病理活检　　D. 抗生素应用
   E. 饮食护理

第3篇 口腔科学

第21章 口腔颌面部应用解剖及生理

学习目标

了解口腔颌面部各组成结构的解剖特点和生理功能及相应的临床意义。

掌握牙齿的名称、记录方法、组织结构。

案例21-1

患者，男性，36岁。主诉：车祸伤2小时。现病史：患者因车祸伤及颅面部，有一过性昏迷病史，急诊检查发现颧部凹陷，眶周淤血，咬合正常，张口受限。既往史：健康。

问题：

1. 应首先做哪项辅助检查？

2. 在检查过程中发现患者出现张口受限，可能的原因是什么？

第1节 颌 面 部

一、颌 骨

1. 上颌骨(图21-1) 位于颜面中部，左右各一，互相对称，与邻骨连接构成颜面中部的支架。上颌骨解剖形态不规则，大致可分为一体和四突：上颌骨体内部为一空腔，即上颌窦，上颌窦底骨壁较薄，距离后牙牙根很近，后牙根尖部感染可向上蔓延造成牙源性上颌窦炎；四突分别为额突、颧突、腭突和牙槽突。上颌骨骨质疏松，血运极为丰富，骨折愈合较下颌骨迅速，但外伤后出血也较多，上颌骨与咀嚼功能关系密切，在承受咀嚼压力显著的部位，骨质增厚，有利于咀嚼压力传导至颅底，由此形成三对支柱均下起上颌骨牙槽突，上达颅底，即尖牙支柱、颧突支柱、翼突支柱。上颌骨主要维持颜面中部的外形并邻近颅脑。因此，骨折时常常影响眼、鼻、咬合和容貌，严重时可并发颅脑损伤与颅底骨折。

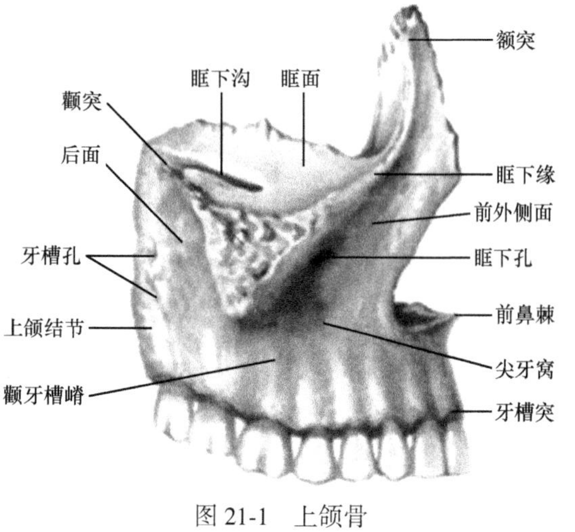

图21-1 上颌骨

2. 下颌骨(图21-2) 是颌面诸骨唯一能动者，分为水平部及垂直部，水平部称下颌体，垂直部称下颌支，两侧体部在正中联合呈马蹄形。下颌升支部上方有两个骨性突起，在后方者称为髁状突，在前方者称为喙突，两者之间的凹缘称为乙状切迹。升支部后缘与下颌骨下缘相交处称为下颌角，升支部内侧面中部有一个孔称下颌孔，此孔在下颌骨内向下向前延伸的管道，称下颌管。下颌管在第一、第二前磨牙牙根之间向外穿出一孔，称颏孔。下牙槽神经、血管从下颌孔进入下颌管向前走行，在颏孔处分出颏神经及血管。下颌骨骨质致密且血运较差。下颌骨为颌面诸骨中体积最大、面积最广、位置也最为突出者，在结构上存在较易发生骨折的部位如：正中联合、颏孔区、下颌角、髁突颈部。下颌骨有咀嚼肌群

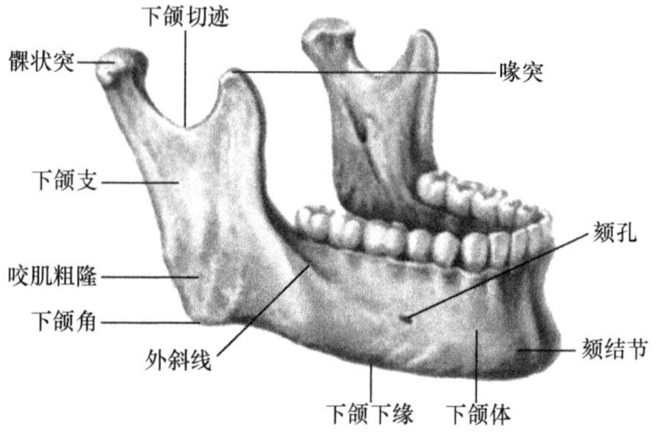

图21-2 下颌骨

附着,骨折时常受附着在骨块上的肌肉牵引方向和打击力方向的综合影响,造成骨折块移位,导致各种形式的咬合错乱。

案例21-1分析

1. 应做头部CT。

2. 颧骨骨折块内陷移位可压迫颞肌与咬肌并阻碍下颌骨喙突的运动,导致张口受限。

二、肌　　肉

颌面部肌肉因功能不同,可分为咀嚼肌群和表情肌群。

1. 表情肌　为扁而薄的皮肌,位置表浅,起自骨面或筋膜浅面,止于面部皮肤,主要分布于面部孔裂的周围,收缩力较弱。主要肌肉有眼轮匝肌、口轮匝肌、上唇方肌、额肌、笑肌、三角肌和颊肌等。当肌纤维收缩时,牵引额部、眼睑、口唇和颊部皮肤活动,显露各种表情,同时也部分参与咀嚼、吮吸、吞咽、呕吐、呼吸和言语。面部表情肌均由面神经支配运动,如果面神经受到损伤,则引起表情肌瘫痪,造成面部畸形。

2. 咀嚼肌　狭义的咀嚼肌系指咬肌、颞肌、翼内肌和翼外肌。广义的咀嚼肌还包括舌骨上肌群。咀嚼肌均为左右成对,分为闭口和开口两组肌群。闭口肌群又称升颌肌群,包括咬肌、颞肌和翼内肌;开口肌群又称降颌肌群,包括二腹肌、下颌舌骨肌、颏舌骨肌、翼外肌等。

三、血　　管

口腔颌面部的血液供应,主要来自颈外动脉的分支,即舌动脉、颌外动脉、颌内动脉及颞浅动脉。两侧的这些分支在口腔颌面部形成了密布的血管网和侧支循环,使口腔颌面部的血液供应丰富,因而其组织的再生和防御感染的能力均强,但是颌面部损伤和手术也易出血。

颌面部静脉系统较复杂且有变异,多与颅内海绵窦有直接或间接交通,静脉瓣发育不完善,少且薄弱,易使血液反流。因此,颌面部感染可循静脉途径向颅内扩散,引起海绵窦栓塞性静脉炎等严重的颅内并发症。

四、淋巴组织

口腔颌面部淋巴组织极其丰富,淋巴管成网状结构,收纳淋巴液,汇入淋巴结,构成了颌面部的重要防御系统。正常情况下,淋巴结与软组织硬度相似,一般不易扪及;当其收纳的范围有炎症或肿瘤转移时,相应淋巴结的大小和硬度则发生变化。

链　接

根据口腔、颌面、颈部淋巴结的所在部位和排列方向,可分为环行和纵行两大淋巴结群,即腮腺淋巴结、面淋巴结、下颌下淋巴结、颏下淋巴结、颈浅淋巴结群以及颈深淋巴结群。

正常淋巴结小而柔软,不易扪及。当颌面部发生炎症时,会引起该区域淋巴结肿大和疼痛。如肿瘤转移,则相应淋巴结会出现无痛性肿大。因此,了解淋巴结的位置及其收纳淋巴的范围,对疾病的诊断及治疗有重要意义

五、神　　经

口腔颌面部的运动神经主要是面神经,感觉神经主要是三叉神经。

1. 面神经　为第Ⅶ对脑神经。面神经出茎乳孔后向前穿过腮腺,在腮腺内分出5组分支,即颞支、颧支、颊支、下颌缘支及颈支。这些分支呈扇形分布于面部表情肌,支配面部表情肌的运动。面神经的损伤可能导致眼睑闭合不全、口角偏斜等面部畸形。

2. 三叉神经为混合性神经,是颌面部的感觉神经和咀嚼肌的运动神经。在半月神经节分出三大支,即眼神经、上颌神经和下颌神经。其上颌神经和下颌神经与口腔科关系密切。

(1) 上颌神经:由圆孔出颅,主要分支有上牙槽后神经、上牙槽中神经、上牙槽前神经、腭前神经、鼻腭神经及眶下神经。上牙槽后、中、前神经分布于上颌牙、牙槽骨及唇颊侧牙龈。腭前神经及鼻腭神经分布于上颌腭侧牙龈及黏膜。眶下神经分布于眶下部皮肤、上唇皮肤及黏膜。

(2) 下颌神经:主要分支有下牙槽神经、舌神经和颊神经。下牙槽神经经下颌孔入下颌管,在下颌骨内分出细支至牙槽骨及下颌牙。其终支出颏孔称为颏神经,分支布于切牙、尖牙、第一前磨牙的唇颊侧牙龈、黏膜以及颏部、下唇的皮肤。舌神经分布口腔底及舌前的黏膜,接受一般黏膜感觉。颊神经分布于下颌第二双尖牙、磨牙的颊侧牙龈及颊后部的黏膜与皮肤。

六、涎　　腺

口腔颌面部的涎腺组织由左右对称的腮腺、颌下腺和舌下腺三对大涎腺,以及遍布于唇、颊、腭、舌等处黏膜下的小涎腺构成,各有导管开口于口腔。

涎腺分泌出无色而黏稠的液体,进入口腔内则称为唾液,有湿润口腔、软化食物、初步消化、调节体液平衡与抑制细菌等作用。

第2节 口 腔

一、口腔的表面形态

口腔是消化道的起端，由唇、颊、腭、口底共同围成，借舌腭弓与咽腔分界（图21-3）。由牙齿、颌骨、唇、颊、腭、舌、口底和涎腺等组织器官所组成，具有摄食、吸吮、吞咽、味觉、消化、吞咽、语言以及辅助呼吸等生理功能。当上下颌牙齿咬合时，牙槽突与牙弓将口腔分为口腔前庭和固有口腔两个部分。

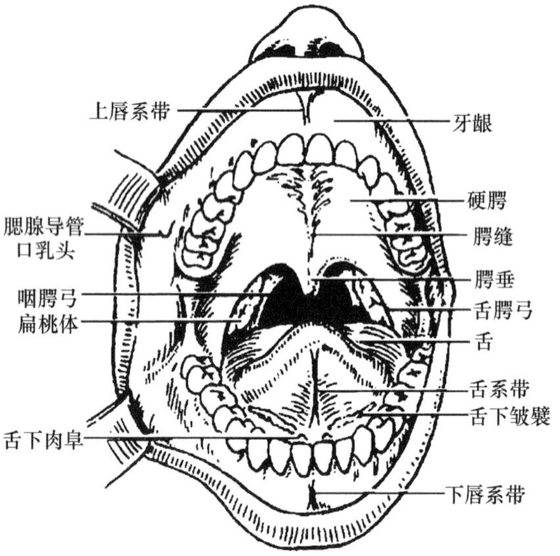

图21-3 口腔解剖示意图

1. 口腔前庭 是唇、颊与牙列、牙龈及牙槽骨弓之间的潜在腔隙。前庭的上下界为由唇颊移行至牙槽的黏膜穹隆部，称前庭沟或唇沟、颊沟。口内脓肿多在此切开引流；亦为拔牙术前浸润麻醉部位。与上颌第二磨牙相对的颊黏膜上的突起肉阜为腮腺导管开口处。当上下牙咬合时，口腔前庭可借最后磨牙远中面与固有口腔相通。牙关紧闭或颌间固定的患者可经此通道输入营养物质。口腔前庭具有临床意义的解剖标志有前庭沟、唇系带、颊系带、腮腺导管口等。

2. 固有口腔 是口腔的主要部分，其范围上为硬腭和软腭，下为舌和口底，前界和两侧界为上下牙弓，后界为咽门。牙、牙列、牙槽骨、牙龈、舌、腭、口底等组织器官的表面形态构成固有口腔的外表形态。

二、口腔的组织器官

1. 唇 分为上唇与下唇，其间为口裂，上下唇联合处构成口角。口角的正常位置约相当于尖牙与第一前磨牙之间。唇的上界为鼻底，两侧以鼻唇沟为界。

2. 颊 位于面部两侧，口腔前庭的外侧面，由皮肤、颊部表情肌、颊脂垫、颊肌和黏膜构成，组织松弛具有弹性。大张口时，因颊脂垫的衬托而使颊黏膜呈底在前方的三角形突起，其尖端称颊垫尖，临床上常将颊垫尖作为下牙槽神经麻醉进针的标志。

3. 舌 位于口腔底部。舌前2/3称舌体，舌后1/3为舌根，两者以人字沟为界。舌上面圆隆，称为舌背，遍布舌乳头，司味觉。舌下面称舌腹，舌腹部中线处黏膜皱襞称舌系带。舌运动灵活，具有协助咀嚼、搅拌、吞咽食物、感受味觉及辅助发音的功能。舌前2/3的感觉由三叉神经的舌神经支配，味觉由参与舌神经的鼓索味觉纤维支配；舌后1/3的感觉由舌咽神经支配，舌的运动由舌下神经支配。

4. 腭 将口腔与鼻腔、鼻咽部分隔开，构成口腔的上界。腭分为前2/3的硬腭及后1/3的软腭两部分。硬腭的骨质部分由两侧上颌骨的腭突和腭骨水平板组成，覆盖以致密的黏骨膜。正中线黏膜的纵行隆起称为腭中缝，其前端相当于切牙孔处的黏膜小隆起，称切牙乳头，是鼻腭神经阻滞麻醉进针的标志。腭大孔位于腭中缝至第二磨牙腭侧龈缘的中外1/3交界处，为阻滞麻醉的常用部位。软腭为可以活动的肌性部分，与硬腭相连续，后为游离缘称为腭垂（悬雍垂），在口腔面黏膜下含有大量腭腺，是肿瘤的高发区。正常情况下通过软腭和咽部的肌肉彼此协调运动，共同完成腭咽闭合，行使功能。

5. 口底 位于舌体之下、下颌舌骨肌和舌骨舌肌之上，周围被下颌骨体部所包绕。在舌腹正中可见舌系带，系带两侧各有一黏膜突起称舌下肉阜，为颌下腺导管开口处。舌下肉阜向后延伸，形成黏膜皱峭称舌下皱襞，为舌下腺导管开口。口底黏膜深面有舌下腺、颌下腺导管和舌神经、舌动脉走行，位置非常表浅，在口底进行各种外科操作时应注意保护这些重要的解剖结构，避免损伤。由于口底组织比较疏松，在外伤或感染时容易形成明显的血肿、水肿或脓肿，将舌推向上后方，造成呼吸困难或窒息。

6. 牙弓及咬合关系 牙齿按照一定规律排列在牙槽骨上，呈弓形，称牙弓或牙列。上、下颌牙列在咀嚼运动中发生相互接触的关系，称为咬合关系。当颌骨骨折错位时，常出现咬合紊乱、错位。因此，咬合关系可作为颌骨骨折的诊断、复位、固定的依据。

第3节 牙体牙周组织

一、牙形态及组织结构

1. 牙 从外观上看，牙由牙冠、牙根及牙颈三部分组成。由牙釉质覆盖，显露于口腔的部分称为牙冠;由牙骨质覆盖,埋于牙槽窝内的部分称牙根;牙冠与牙根交界处呈一弧形曲线,称为牙颈,又名颈缘或颈线。牙体内有一与牙体外形大致相似的空腔,为牙髓充满,称为牙髓腔。冠部称髓室,根部称根管,根管末端开口称根尖孔。

2. 牙冠的形态及牙根的数目　牙冠的形态与其功能相适应。如切牙牙冠的邻面观呈楔形,其主要功能为切割食物;尖牙牙冠呈锥形,以利穿刺和撕裂食物;前磨牙及磨牙𬌗面有尖、嵴、窝、沟等结构,主要用以研磨食物。

牙根形态与其稳固性密切相关。作用力较小的牙,多为单根,如切牙;尖牙因位于牙弓转弯处,受力较强,其牙根虽为单根,却长大粗壮;磨牙所受的力更大且方向更为复杂,故为多根牙且有分叉。

3. 牙的组织结构(图 21-4)　从牙的纵剖面观察,可见牙由釉质、牙本质、牙骨质 3 种钙化的硬组织及牙髓软组织四部分组成。

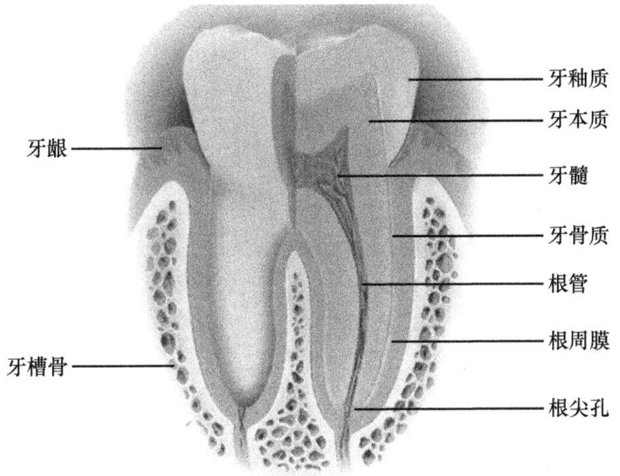

图 21-4　牙的组织结构示意图

(1) 牙釉质:位于牙冠表层,呈的半透明的白色,有光泽,是牙体组织中钙化程度最高、最坚硬的组织,对牙本质和牙髓起到很好的保护作用。

(2) 牙本质:构成牙的主体部分,位于牙釉质及牙骨质内层的淡黄色硬组织,质地不如牙釉质坚硬。内层有一容纳牙髓的空腔为牙髓腔。牙本质内有牙髓神经的末梢,当牙本质暴露时,能感受外界刺激产生酸痛反应。

(3) 牙骨质:是覆盖牙颈、牙根表层的淡黄色硬组织。其成分与骨组织相似。牙骨质借牙周膜将牙齿固定在牙槽窝中。

(4) 牙髓:是位于髓腔的疏松结缔组织,内含血管、神经、成纤维细胞与成牙本质细胞,主要功能是营养牙体组织,并能形成继发性牙本质,对牙起新陈代谢作用。牙髓神经只有痛觉感受器,对刺激敏感但无定位功能。

4. 牙周组织结构　牙周组织包括牙龈、牙周膜及牙槽骨,主要功能是保护与支持牙齿。

(1) 牙龈:附着在牙颈部与牙槽骨表面,是口腔黏膜组织的一部分,呈粉红色,坚韧而有弹性。两牙之间突起的牙龈称牙龈乳头。

(2) 牙周膜:为牙骨质与牙槽骨之间致密的结缔组织,其两端埋入牙槽骨和牙骨质中,使牙齿稳固在牙槽窝内。

(3) 牙槽骨:为颌骨包埋牙根的突出部分,又称牙槽突。其顶端游离缘称牙槽嵴,容纳牙根的凹窝称牙槽窝,是支持牙齿的重要组织。

二、乳牙与恒牙

1. 乳牙　婴儿出生后 6 个月左右,乳牙开始萌出,至 2 岁半左右,20 个乳牙陆续萌出。出生后 6 个月至 6 岁左右,口腔内只有乳牙,这段时期称为乳牙𬌗时期。乳牙在口腔内存在的时间,最短者为 5~6 年,最长者可达 10 年。

乳牙名称从中线起向两旁,分别为乳中切牙、乳侧切牙、乳尖牙、乳第一磨牙、乳第二磨牙。乳牙是儿童的主要咀嚼器官,对消化和吸收营养物质,刺激颌骨的正常发育及引导恒牙的正常萌出都极为重要。

2. 恒牙　是继乳牙脱落后的第二副牙列,如无疾患或意外损伤,一般不脱落,脱落后也再无牙齿萌出而替代之。恒牙自 6 岁左右开始萌出。近代人上、下颌骨有退化趋势,因此第三磨牙常埋伏、阻生甚或先天缺失。因此,口腔内常见恒牙数目可在 28~32 个之间。12 岁左右以后,乳牙已全部被恒牙所替代,称之为恒牙列时期。恒牙名称从中线到两侧分别为中切牙、侧切牙、尖牙、第一双尖牙(第一前磨牙)、第二双尖牙(第二前磨牙)、第一磨牙、第二磨牙、第三磨牙。

3. 牙位记录　为了简明地记录牙的名称和部位,常以"+"符号将上下牙弓分为四个区。符号中的水平线表𬌗平面,以划分上下颌;垂直线表示中线,以划分左右。例如,"∟"代表患者的左上颌区,乳牙的临床牙位有两种表示方法:一种是用罗马数字书写(图 21-5),另一种是用英文字母书写(图 21-6)分别表示如下。

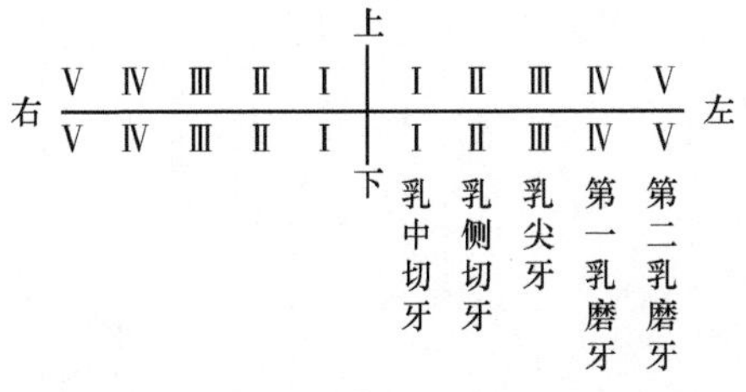

图 21-5　罗马数字书写乳牙牙位记录

					上						
右	E	D	C	B	A	A	B	C	D	E	左
	E	D	C	B	A	A	B	C	D	E	
					下	乳中切牙	乳侧切牙	乳尖牙	第一乳磨牙	第二乳磨牙	

图 21-6 英文字母书写乳牙牙位记录

恒牙的临床牙位用阿拉伯数字表示(图 21-7)。

									上								
右	8	7	6	5	4	3	2	1	1	2	3	4	5	6	7	8	左
	8	7	6	5	4	3	2	1	1	2	3	4	5	6	7	8	
								下	中切牙	侧切牙	尖牙	第一双尖	第二双尖	第一磨尖	第二磨尖	第三磨尖	

图 21-7 阿拉伯数字书写恒牙牙位记录

4. 乳牙与恒牙的替换 约 6 岁至 12 岁,乳牙逐渐脱落而为恒牙所替代,在此期内口腔里既有乳牙又有恒牙,称为替牙殆期,又称为混合牙列期。乳牙萌出的顺序依次为Ⅰ、Ⅱ、Ⅳ、Ⅲ、Ⅴ;恒牙的萌出顺序:上颌依次为6、1、2、4、3(5)、7,下颌依次为(6、1)、2、3、4、(5、7)。

牙萌出有以下几个特点:①按先后顺序萌出;②左右对称同期萌出;③下颌牙的萌出略早于上颌同名牙;④女性萌出的平均年龄早于男性。

(万澎波)

目标检测

选择题

1. 乳牙一般萌出顺序是(　　)
   A. Ⅰ→Ⅱ→Ⅲ→Ⅳ→Ⅴ　B. Ⅰ→Ⅱ→Ⅳ→Ⅲ→Ⅴ
   C. Ⅱ→Ⅰ→Ⅲ→Ⅳ→Ⅴ　D. Ⅱ→Ⅰ→Ⅴ→Ⅲ→Ⅳ
   E. Ⅰ→Ⅱ→Ⅳ→Ⅴ→Ⅲ
2. 下颌骨的薄弱部位不包括(　　)
   A. 正中联合　B. 颏孔区
   C. 下颌角　D. 乙状切迹
   E. 髁突颈部
3. 牙体组织中附着在牙根表面的硬组织是(　　)
   A. 牙骨质　B. 牙本质
   C. 牙釉质　D. 牙髓
   E. 以上都不是

第 22 章　口腔颌面部检查

学习目标

熟悉口腔颌面部检查。

掌握口腔常用检查器械用法。

案例 22-1

患者,男性,36 岁。进食时左侧颌下区肿胀疼痛,进食后数小时方可逐渐消退。颌下腺导管开口处红肿,轻压腺体导管口溢脓。

问题:

1. 应该怎样进行触诊检查?
2. 本病最可能的诊断是什么?

一、口腔颌面部一般检查

(一) 常用检查器械

口腔颌面部检查常用器械为口镜、探针、镊子(图 22-1)。

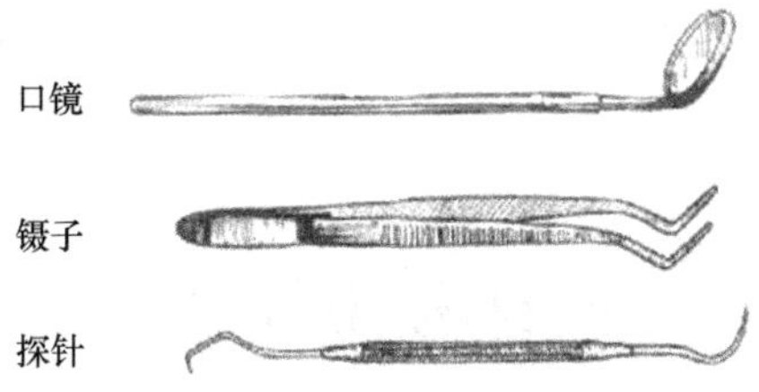

图 22-1　常用检查器械

1. 口镜　可牵拉唇、颊部和推压舌体以便于直接观察欲查部位。通过口镜可对上颌牙等难于直视的部位进行观察,还可用于聚集光线,增加欲查部位的亮度。

2. 探针　通过检查者探测时的手感检查牙齿各面的点、隙、裂、沟和龋洞等缺陷,结合患者的感觉发现牙齿表面敏感的范围和程度;粗略探测牙周袋深度;检查充填体有无悬突、与牙体的密合度及牙石分布情况;检查皮肤或黏膜的感觉。

3. 镊子　夹持物品,如夹运各种辅料、异物、小器械;也可夹持牙齿后检查其松动度;镊子柄可用做叩诊检查之用。

(二) 检查前准备

1. 环境的准备　口腔诊室应宽敞、明亮、通风,医疗用品摆放整洁有序,并按时定期消毒。

2. 医生的准备　一位洗手消毒、着装规范、整洁、精神饱满、态度热情、服务周到的医生会在患者心目中树立值得信任的第一印象,有利于建立良好医患关系,便于口腔检查和治疗。

3. 椅位的准备　患者取半卧位或平卧位,患者的头、颈和背部应在一条直线上,头部自然放在头托上,与术者的肘部在同一水平。检查上颌牙时,患者上颌𬌗平面与地面呈 45°~60°;检查下颌牙时,下颌𬌗平面与地面平行。灯光应照射在患者口腔欲检查的部位,以避免患者眼睛因强光照射引起的不适。检查过程中,医生要注意保持较舒展的坐姿,不能直视的部位要尽量利用口镜。

(三) 口腔检查

口腔检查应遵循由外及内、由前至后、由浅入深的顺序进行;并应行健、患两侧对比。

1. 口腔前庭检查　检查时可用口镜将唇颊部拉开,依次检查唇、颊、牙龈黏膜、唇颊前庭沟,并注意唇、颊系带的位置及腮腺导管口的情况。注意有无颜色异常、质地改变、瘘管、溃疡、伪膜、组织坏死或新生物,腮腺导管口有无红肿、溢脓等。

2. 牙及咬合检查　检查牙齿有无龋坏、缺损、探痛、叩痛及牙松动等。特别是有多个牙或成排牙的牙松动在临床上更有意义,说明颌骨的骨组织有广泛吸收破坏,这种情况多见于颌骨广泛性炎症或肿瘤等疾病。

牙齿松动度检查法:用镊子夹住前牙切端或抵住后牙咬合面的窝沟,做唇(颊)舌向、近远中向和上下向摇动牙齿,观察牙齿松动的程度。按松动程度轻重分为以下 3 度。

Ⅰ度松动:仅唇舌向或颊舌向一个方向松动;或松动幅度小于 1mm。

Ⅱ度松动:两个方向的松动,即除唇(颊)舌向松动外,近远中向也有松动;或松动幅度在 1~2mm。

Ⅲ度松动:三个方向的松动,即唇(颊)舌向、近远中向和垂直方向均有松动;或松动幅度大于 2mm。

检查咬合关系时,关键要判断咬合关系是否正常;咬合错畸形在临床上常与骨折、颌骨畸形、颌骨肿瘤以及颞下颌关节等病变有关。

检查张口度时以上下中切牙的切缘间之距离为标准,正常人的张口度大小约相当于自身的食、中、无名三指合拢时三指末节的宽度。临床上张口受限可分为以下4度。

轻度张口受限：上下切牙切缘间距仅可置入二横指，2～2.5cm。

中度张口受限：上下切牙切缘间距仅可置入一横指，1～2cm。

重度张口受限：上下切牙切缘间以内。距不到一横指，约1cm以内。

完全性张口受限：完全不能张口，也称牙关紧闭。

3. 固有口腔和口咽检查　固有口腔是指上下颌牙列和牙槽突的内侧面部分，顶部是硬腭，底部是舌和口底，后界通过咽门与口咽腔相通。重点是观察口咽部的黏膜有无充血、有无畸形缺损、肿胀、溃疡、组织坏死等病变；观察舌苔、舌形及舌体大小、有无舌运动受限、偏斜等异常现象，特别应注意舌系带附着位置是否正常。必要时也可对舌的味觉功能进行检查，可用甜、酸、苦、咸的液体滴在舌上以确定味觉是迟钝、丧失或是异常。检查唾液腺有无压痛、导管分泌物是否正常。还应检查软腭、咽侧活动度的检查，以判定有无肌肉瘫痪。在发音、吞咽、吹哨等功能活动中有无因腭咽闭合不全所发生的症状。对口咽部肿块性病变更应仔细检查其大小、形态、颜色、质地、动度，以辨别其性质。

链 接 »»

牙髓温度测试

牙髓温度测试法：牙髓有病变时，对冷热刺激可能表现敏感或迟钝，牙髓温度测试法须先测对照牙，再测患牙。

1. 准备工作首先向被检者说明检查目的和可能出现的感觉，并在有感觉时举手。检查可疑牙位之前，先测对侧或相邻的1～2颗牙，检查开始前将待测牙隔湿，擦干牙面，并放置吸唾器。

2. 冷诊法现在多采用冷水为刺激源。测试时，要从可疑牙后面的牙开始，以免干扰对可疑牙的判断。

3. 热诊法现在多采用热牙胶或加热的金属器械。检查时，先在被测牙的牙面上涂一层凡士林，以免牙胶黏于牙面。将牙胶棒的一端置于酒精灯上烤软但不冒烟，此时约65℃，然后将热牙胶置于可疑牙的唇（颊）面颈1/3或中1/3处，观察被检者的反应。患者可出现：正常、敏感、迟钝、无反应等情况。

（四）颌面部检查

颌面部检查内容主要包括表情与意识神态检查、颜面部外形与色泽检查、面部组织和器官检查等。通过视诊观察颌面部外形是否对称，有无肿块、畸形和组织缺损等。观察颞下颌关节活动时的张口度。观察皮肤、黏膜的颜色、光泽有无异常变化。触诊检查，可用单手触诊，也可双手分别在左右侧作对比检查，或双手分别在口内、外联合触诊检查。注意有无压痛、肿块等。如有肿块，应检查其大小、形态、硬度、部位深浅、有无粘连、波动等。对于骨肿块应注意骨质膨大或增生的范围，有无乒乓球样弹性感。外伤患者应检查有无骨折体征。

案例22-1分析

1. 从导管后部向前双手触诊。
2. 左颌下腺涎石并发颌下腺炎。

二、口腔颌面部辅助检查

1. 影像学检查　口腔颌面部影像学检查包括X线平片、口腔曲面断层全景片、造影片、CT、MRI等。其中，X线平片是最常用、最经济的检查手段。

2. 穿刺检查　对触诊有波动感或囊性肿块，通过穿刺抽吸肿块的内容物，了解内容物的颜色、透明度、黏稠度等性质，也可将抽出物做涂片检查或病理学检查，以便进一步确定其性质。

3. 活体组织检查　活体组织检查是指从病变部取一小块组织制成切片，在显微镜下观察细胞的形态和结构，以确定病变性质、肿瘤的类型及分化程度等。

4. 实验室检查　是对疾病检查的重要辅助手段，主要包括临床检验、生化检验、细菌及血清学检验等。口腔颌面部细菌学检验上除常规需氧菌的检验外，要重视对厌氧菌的检验；随着对有些疾病认识上的深化，与免疫有关的疾病则更应行免疫学检查。

（万澎波）

目标检测

选择题

1. 张口度的测量是指（　　）
   A. 上、下唇之间的距离
   B. 上、下前牙的切缘间之距
   C. 上、下中切牙的切缘间之距
   D. 上、下切牙之间的距离
   E. 上、下颌骨之间的距离
2. 正常张口度的简易测量（　　）
   A. 检查者食、中、无名指3指末节的宽度
   B. 检查者食、中、无名指3指中节的宽度
   C. 被检查者食、中、无名指3指末节的宽度
   D. 被检查者食、中、无名指3指中节的宽度
   E. 被检查者除拇指外的任意3指宽度
3. 上、下中切牙间距在1～2cm左右，称为（　　）
   A. 轻度张口受限　B. 中度张口受限
   C. 中重度张口受限　D. 重度张口受限
   E. 完全性张口受限

第 23 章　牙体硬组织疾病

学习目标

了解釉质发育不全、氟牙症及楔状缺损的临床表现。
掌握龋病的病因、临床表现及防治措施。

第 1 节　龋　　病

案例 23-1

患者,女性,45 岁。主诉:右下后牙冷热刺激痛 1 周。现病史:1 周前右下后牙出现进冷、热食痛,疼痛为一过性,刺激去除后疼痛消失,无自发痛及夜间痛。检查:6 远中邻面可探及一龋坏,质软,探针可插入,有酸痛,冷水测验(+),去除刺激,疼痛消失,无叩痛及松动,牙龈无红肿。既往史:健康。

问题:

该患者诊断是什么?有哪些诊断依据?

龋病(dental caries)是在以细菌为主的多种因素影响下,牙体硬组织发生的一种慢性进行性破坏性疾病。龋病是一种常见病、多发病,在人类所患的各种疾病中,患病率位居前列。龋病会破坏咀嚼器官的完整性,降低咀嚼功能。在儿童期可影响儿童牙颌发育。如进一步发展则可引起牙髓炎、根尖周炎等(图 23-1)。

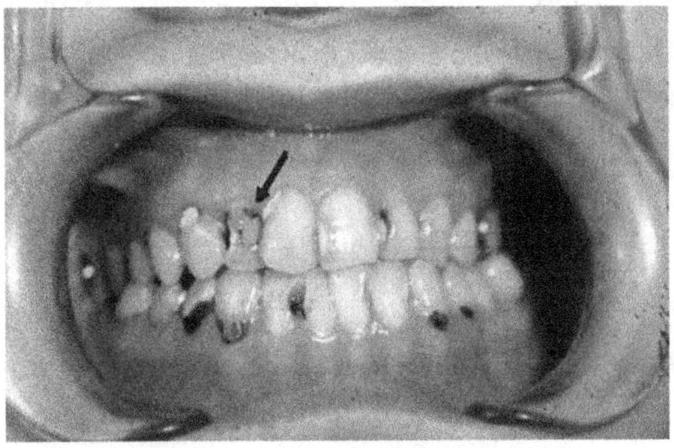

图 23-1　龋病

【病因】　龋病的病因经过人类长期的研究,发展成四联因素理论。致龋四联因素理论认为,细菌、食物、宿主和时间是形成龋齿不可缺少的因素。这四个因素缺少一个都不能形成龋病。现将四联因素(图 23-2)分述如下。

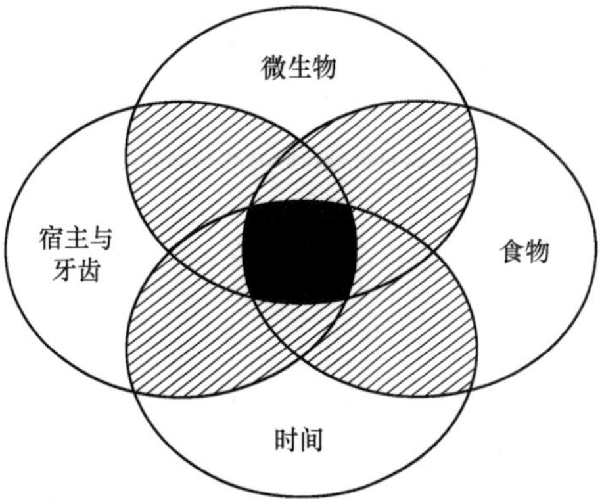

图 23-2　四联因素

1. 细菌因素　口腔中的主要致龋菌是变形链球菌,其次是乳酸杆菌和放线菌。细菌只有在形成牙菌斑之后才能致龋。这些细菌在牙菌斑内利用糖产酸,造成牙齿表面脱矿、破坏分解,最终形成龋洞。

2. 食物因素　食物在口腔内对龋病的发生起重要作用。特别是蔗糖等糖类食物,在口腔中可作为细菌分解产酸的底物。

3. 宿主因素　牙的形态、排列、结构、组成;唾液的分泌量;机体的全身状况等都与龋齿发病有关。

4. 时间因素　龋病发生的过程必须需要一定的时间。从菌斑的形成到其具备致龋力及从牙齿的脱矿到分解都需要一个过程。

【临床表现】　龋病的是牙体硬组织色泽、形态、质地的改变。龋病的分类方法很多,可以按龋病的病变程度、进展速度、解剖部位进行分类。本书主要介绍按病变程度分类的方法,即浅龋、中龋、深龋三个阶段。

1. 浅龋　龋坏程度仅限于牙釉质或牙骨质尚未达到牙本质。龋损部位脱钙、粗糙,初期可变色,呈白垩色、黄褐色或墨浸状的黑色。病变进一步发展则形成浅洞。探针检查时有粗糙感或能钩住探针尖端,无临床症状。

2. 中龋　病变进展到牙本质浅层。形成的龋洞内有黑色或棕色的龋坏牙本质,一般无临床症状,有时可出现对酸、甜、冷、热刺激的反应性疼痛,刺激去除后疼痛即消失。

3. 深龋　病变发展到牙本质深层,接近牙髓腔。检查可探及很深的龋洞,洞内有软化牙本质及食物残渣等。冷、热、酸、甜刺激和食物压迫都会引起疼痛反应，但刺激去除后疼痛立即消失。无自发痛。洞内如有较多的修复性牙本质形成，也可能不出现症状。

链 接

在恒牙列中，下颌第一磨牙患龋率最高，其次是下颌第二磨牙、以后依次是上颌第一磨牙、上颌第二磨牙，上颌切牙、上颌前磨牙、下颌前磨牙，尖牙和下颌切牙患龋率最低。乳牙列中，患龋率最高的是下颌第二乳磨牙，其次为上颌第二乳磨牙，以后依次是第一乳磨牙、上颌乳切牙和乳尖牙，下颌乳切牙患龋率最低。从牙的部位看，咬合面点隙、裂沟处是龋的好发部位，其次是邻面和牙颈部。

【治疗】

1. 治疗目的　终止病变的发展，保护牙髓，恢复牙体的形态和功能。

2. 治疗方法　龋病的治疗需根据龋坏的部位、程度、年龄等采取不同的方法。

(1) 保守治疗：早期釉质龋可采用药物疗法，再矿化疗法。少数大面积浅龋的乳牙可采用磨除法。

(2) 修复性治疗：有牙体组织缺损时，则应采用修复性治疗。这是治疗龋病最有效且应用最广泛的方法，即用手术的方法去除龋坏组织，制成一定的洞形，然后选用适宜的修复材料修复缺损部位，恢复牙的形态和功能。根据患牙部位和龋损类型，可选择不同的修复材料和方法。

案例 23-1 分析

该患者诊断是6深龋。诊断依据：远中邻面可探及一龋坏，质软，探针可插入，有酸痛，冷水测验(+)，去除刺激，疼痛消失，无叩痛及松动。其中探针可插住说明龋坏有一定深度，去除刺激，疼痛消失及现病史中的无自发痛及夜间痛排除了牙髓炎的可能，无叩痛排除了根尖周炎的可能。

第 2 节　釉质发育不全

釉质发育不全是指在发育过程中，由于全身的，局部的和遗传的因素影响，使釉质发育矿化发生障碍而遗留的永久性缺陷。

【临床表现】　轻度釉质发育不全仅表现为牙齿色泽和透明度的改变，呈白垩色或黄褐色。重度釉质发育不全牙齿呈棕褐色的带状、沟状和窝状的实质性缺损，缺损处光滑、质地坚硬。常发生在同一时期发育和萌出的牙上，具有规律性和对称性。

【预防与治疗】

1. 预防　要有效地预防本病发生，只有依靠妇幼保健工作。在孕妇和儿童时期，尤其在小儿出生后两年内，注意给予充分营养，加强预防全身疾病。

2. 治疗　轻度釉质发育不全，可不作处理。牙面有缺损者，用氟化钠涂擦，以预防龋病发生。缺损严重者，可选择合适材料充填。前牙病变影响美观者，可用光敏复合树脂或烤瓷冠等修复。

链 接

推断患牙致病因素作用的时期，例如：上、下颌第一磨牙牙尖与上中切牙、尖牙，下颌前牙切缘出现釉质发育不全，致病因素发生在1岁内。上侧切牙切缘出现釉质发育不全，致病因素发生在出生后第2年，上下颌前磨牙及上下颌第二磨牙受损，则致病因素发生在出生后2~3年。

第 3 节　氟　牙　症

氟牙症又称氟斑牙或斑釉牙，是指在牙发育时期摄入过量氟元素所引起的一种特殊型釉质发育不全，是地方性慢性氟中毒的一种突出表现。

【病因】　饮水中氟含量过高，是人体氟摄入量高的主要来源。高氟煤的使用也可以造成室内空气和烘烤中的食物和蔬菜的污染，长期食用污染的粮食和蔬菜，吸入污染的空气，也可以引起氟中毒。

链 接

一个人在六七岁之前（釉质发育矿化期）长期居住在饮水含氟量过高的地区，即使以后迁居到低氟区，也难以避免氟牙症的形成。相反，六七岁以后由低氟区搬到氟牙症流行的高氟区，则不罹患氟牙症。

【临床表现】　常发生在同一时期萌出的同名牙上，以恒牙为多见。患牙釉质表面有白垩色、褐色的横线或斑块。重者损害釉质呈实质性缺损。一般无自觉症状。发生在前牙者影响美观。

【预防与治疗】　氟牙症最根本的预防方法是改良水源，降低氟的摄入量。对着色较深的患牙，可用脱色法脱色。有实质缺损者，可用光敏复合树脂、烤瓷贴面或烤瓷牙修复。

第 4 节　楔 状 缺 损

楔状缺损是指牙的唇、颊面牙颈部硬组织发生缓慢磨耗所致的缺损，缺损常呈楔形（图 23-3）。

【病因】　不正确的刷牙方法，尤其是横刷法是发生楔状缺损的主要原因。牙颈部釉质牙骨质交界处的结构比较薄弱，易被磨去，有利于缺损的发生。口

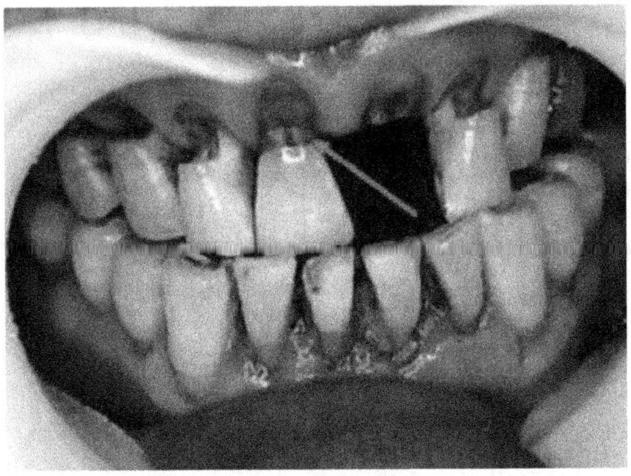

图 23-3　楔状缺损

腔内酸性物质可使牙硬组织脱矿，也与缺损形成有关。近来研究表明，颊侧牙颈部是𬌗力应力集中区，牙颈部牙体材料疲劳也与缺损发生有关。

【临床表现】　好发于前磨牙和前牙区。年龄越大，缺损愈严重。缺损表面光滑坚硬，边缘整齐，呈浅黄色或褐色。早期无自觉症状。缺损达牙本质，可出现牙本质过敏症状；深达髓腔时，可并发牙髓和根尖周病；严重缺损者，甚至发生牙冠折断。

【预防与治疗】　消除病因，纠正不正确的刷牙方法。缺损少且无牙本质过敏者，无需处理。有牙本质过敏者，可用脱敏疗法。缺损较大者，可做充填治疗。有牙髓炎、根尖周炎症状时，可做根管治疗。

附：充填术治疗操作

1. 目的　选用合适的材料充填牙体上龋坏组织去除后形成的洞形，以恢复牙体形态与功能。

2. 器具　综合治疗椅、手机、车针、手持切割器械、棉卷、吸唾器、橡皮障、成型片、成型片夹、楔子、调和板、调拌刀、充填器械、打磨器械、光固化机（光固化复合树脂充填采用）银汞合金调拌器、银汞合金输送器（银汞合金充填采用）。

3. 材料　窝洞消毒剂、垫底材料、充填材料。

4. 方法　用制洞器械去除龋坏组织、制备洞形后，进行窝洞的隔湿消毒，中龋和深龋垫底材料垫底，最终进行永久充填、磨光调𬌗。

5. 注意事项

（1）深龋备洞时动作要轻柔，避免穿髓。

（2）深龋敏感的患者应先采用安抚或间接盖髓处理后，再永久充填。

（马连会）

目标检测

一、名词解释

龋病　氟牙症

二、填空题

1. 致龋的四联因素是指________、________、________、________。

2. 口腔内主要的致龋菌有________、________、________。

三、选择题

1. 龋病是牙体硬组织发生的一种(　　)

A. 急性进行性破坏性疾病

B. 急性间歇性破坏性疾病

C. 慢性持续性破坏性疾病

D. 慢性间歇性破坏性疾病

E. 慢性进行性破坏性疾病

2. 窝沟龋中最多的致龋菌为(　　)

A. 放线菌　　B. 范永菌

C. 乳酸杆菌　　D. 血链球菌

E. 变形链球菌

第24章　牙髓炎和根尖周炎

学习目标

了解牙髓炎和根尖周炎的治疗方法。

掌握牙髓炎和根尖周炎的主要临床表现。

案例24-1

患者,男性,45岁。左下颌第一磨牙𬌗面深龋已久,近三天突感牙痛,阵发性加重,夜间加剧,今日跳痛难忍,温度诊结果热测剧痛,冷测缓解。

问题:

1. 该患者的诊断是什么?有哪些诊断依据?
2. 治疗的措施是什么?

案例24-2

某患者左上后牙肿痛3天,近1天来疼痛加剧,呈自发性、持续跳痛,不敢咬合来就诊。检查:左上第一磨牙龋深露髓,无探痛,温度检测无反应,松动Ⅰ°,叩诊(+++),患牙根尖部牙龈红肿,扪痛,局部淋巴结可触及、微痛。

问题:

1. 该患者的诊断是什么?有哪些诊断依据?
2. 治疗的措施是什么?

第1节　牙　髓　炎

牙髓炎(pulpitis)主要是细菌或化学药物和物理因素,经穿髓孔或牙本质小管刺激牙髓引起;创伤、牙周病也可引起牙髓炎。多继发于深龋。

【临床表现】　临床上常以牙髓炎的病理变化分为可复性牙髓炎和不可复性牙髓炎,不可复性牙髓炎包括急性牙髓炎和慢性牙髓炎。

1. 牙髓充血　又称可复性牙髓炎。牙髓充血是炎症的初期变化,但不一定发展成牙髓炎,若得到适宜的治疗,可恢复正常状态。当牙髓受到温度或化学刺激时立刻引起尖锐的疼痛,除去刺激后,疼痛很快缓解或延续数秒钟,但无自发痛。

2. 急性牙髓炎　发病急,以剧烈疼痛为主要症状,疼痛性质具有下列特点。

(1) 自发性阵发性疼痛:在无任何外界刺激的情况下,产生剧烈自发痛。疼痛呈阵发性,早期疼痛持续时间短,间歇时间长;晚期持续时间长,间歇时间短。

(2) 夜间痛加剧:疼痛往往在夜间发作或加剧,可能是因平卧后牙髓腔内压力增大所致。

(3) 温度刺激可加剧疼痛:冷、热刺激可激惹或加剧患牙疼痛。牙髓炎早期,对冷热刺激敏感;晚期出现牙髓化脓或部分坏死时,热刺激加剧疼痛,冷刺激反可缓解疼痛。

(4) 疼痛不定位:患者大多不能明确指出疼痛患牙,疼痛呈放射性(牵涉)痛。疼痛沿三叉神经分布放射至同侧上、下牙及头面部,但放散区一般不会发生在患牙的对侧。

3. 慢性牙髓炎　临床症状不典型。一般不发生剧烈的自发性痛,有时有轻微阵发性隐痛或钝痛;有的无明显自发痛或曾有过急性牙髓炎的病史。患者对温度改变、食物嵌塞等反应不一,有的不明显,有的则引起剧痛,并且疼痛在去除一定时间后才会消失。患牙可因炎症波及根尖周组织而出现咬合不适或轻度叩痛。探查洞底多不敏感,如已露髓,则探及时可出血并有剧痛。根据临床表现,慢性牙髓炎可分为慢性闭锁性牙髓炎、慢性增生性牙髓炎和慢性溃疡性牙髓炎。

【治疗】　牙髓炎治疗需特定的器械和专科训练,如活髓切断术、干髓术、牙髓摘除术、根管治疗等。对于疼痛剧烈的患者在应急处理疼痛后进行规范治疗。应急治疗方法如下。

1. 开髓止痛　开髓减压引流是急性牙髓炎最有效的止痛方法。方法是局麻下用牙钻快速穿通牙髓腔,以使牙髓腔内炎症渗出物引流而降低内压,无条件时可用挖匙或探针穿通牙髓腔,同时在龋洞内放置蘸有丁香油等止痛药物的小棉球以缓解疼痛。

2. 药物止痛　无条件开髓,可先去除洞内食物残渣和软化牙本质,然后将浸有丁香油酚、樟脑酚等止痛药液的小棉球放入洞内,同时可口服或注射止痛剂,能暂时缓解疼痛。

3. 针刺镇痛　针刺穴位可取得一定的镇痛效果。

4. 局麻止痛　注射部位和方法与拔牙相同,但不需麻醉舌侧或腭侧黏骨膜。

案例 24-1 分析

1. 该患者的诊断是左下颌第一磨牙急性化脓性牙髓炎。诊断依据：殆面深龋已久，近三天突感牙痛，阵发性加重，夜间加剧，今日跳痛难忍，温度诊结果热测剧痛，冷测缓解。其中深龋已久是牙髓炎发生的病因，突感牙痛，阵发性加重，夜间加剧，是急性牙髓炎的表现；今日跳痛难忍，温度诊结果热测剧痛，冷测缓解说明牙髓组织已经化脓，脓液使髓腔压力进一步增大，热胀冷缩，热测剧痛，冷测缓解。

2. 治疗的措施：患者首先应该进行应急处理，缓解疼痛；而后进行规范治疗。对急性化脓性牙髓炎最有效的应急处理措施是开髓减压，在疼痛缓解后，进行规范的根管治疗。

第2节　根尖周炎

根尖周炎（periapical periodontitis）是局限于牙齿根尖周围组织的炎症。多由于牙髓病的感染通过根尖孔扩散而来。牙周感染时，也可通过深牙周袋使感染侵入根尖周围组织引起。此外，牙外伤及根管治疗时化学药物使用不当也可引起根尖周炎。

【临床表现】

1. 急性根尖周炎　早期称为急性根尖周炎的浆液期，主要表现为牙齿自发性持续性钝痛，浮起感明显，叩痛明显，不敢咬合，患者多能明确指出患牙。浆液期短暂，很快发展为急性根尖周炎化脓期（又称急性牙槽脓肿）或慢性根尖周炎。急性化脓性根尖周炎脓液最初集聚在根尖部（称为根尖脓肿），有自发性持续性跳痛，不敢咬合，根尖部黏膜发红、扪痛但不肿胀。炎症进一步发展，脓液达到骨膜下（骨膜下脓肿），此时疼痛达到最高峰，黏膜红肿，扪之深部有波动感，牙松动，并伴有全身不适、体温升高、局部淋巴结肿大等症状，患者极度痛苦。脓液在骨膜下达到一定压力后穿破骨膜达到黏膜下，（黏膜下脓肿）此时组织张力减低，疼痛明显减轻，而黏膜处呈半球形隆起，易破溃，排脓后转为慢性炎症（图 24-1）。

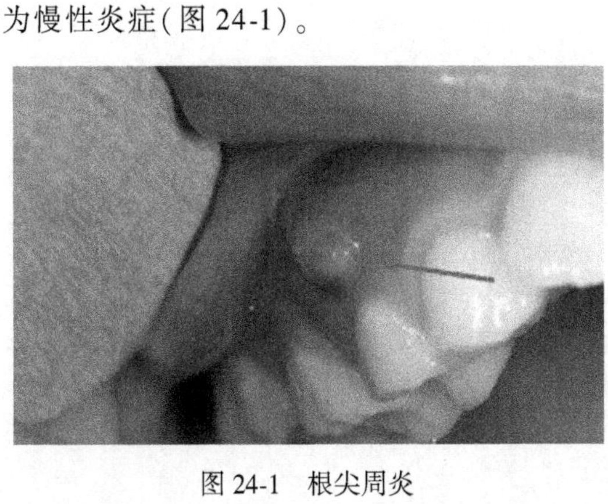

图 24-1　根尖周炎

2. 慢性根尖周炎　表现为慢性根尖脓肿，根尖肉芽肿或根尖囊肿。多无明显的自觉症状，有的只是在咀嚼时有不适感或轻微钝痛。自身抵抗力降低时可转化为急性根尖周炎，故患牙常有反复肿痛史。牙冠变色，轻度叩击痛。根尖部相对应的唇、颊侧牙龈表面可有经久不愈的瘘管口。X线检查可见患牙牙间隙增宽，根尖部牙槽骨有规则或不规则的吸收，呈稀疏的阴影。

【治疗】

1. 急性根尖周炎　首先应采取应急治疗措施以控制感染，消除疼痛。局部可开放髓腔使尖周渗出物通过根管引流以减轻根尖部压力，缓解疼痛。如已形成骨膜下或黏膜下脓肿，应及时将脓肿切开引流；全身可选用抗生素或清热解毒类中药。也可用理疗促进炎症消散。待急性期症状缓解后做严格而正规的根管治疗。

2. 慢性根尖周炎　除根管治疗外，可根据情况做根尖切除。如已无保留价值，则应拔除。

案例 24-2 分析

1. 该患者的诊断是左上第一磨牙急性根尖脓肿。诊断依据：呈自发性、持续跳痛，不敢咬合；检查：左上第一磨牙龋深露髓，无探痛，温度检测无反应，松动Ⅰ°，叩诊（+++），患牙根尖部牙龈红肿，扪痛，局部淋巴结可触及、微痛。其中左上第一磨牙龋深露髓，无探痛，温度检测无反应，说明牙髓已坏死，感染源的存在是发生根尖周炎的病因，同时排除牙髓炎的可能；呈自发性、持续跳痛，不敢咬合，叩诊（+++），说明疾病已经发展为急性化脓性根尖周炎；患牙根尖部牙龈红肿，扪痛，局部淋巴结可触及、微痛，这些说明脓液还集聚于根尖，未达到骨膜下，所以诊断是左上第一磨牙急性根尖脓肿。

2. 治疗措施：首先应采取应急治疗措施以控制感染，消除疼痛。局部可开放髓腔使尖周渗出物通过根管引流以减轻根尖部压力，缓解疼痛。全身可选用抗生素、磺胺类药物或清热解毒中药。也可用理疗促进炎症消散。待急性期症状缓解后做严格而正规的根管治疗。

附：根管治疗操作

1. 目的　利用机械和化学的方法彻底消除髓腔中的感染物质，经过严格的根管消毒，再用根管充填剂严密的封闭空的根管，以防止根尖周再感染，促进根尖病变的修复。

2. 器具　光滑针、拔髓针、根管扩大针、根管锉、充填器、根管消毒剂、根管充填糊剂、牙胶尖。

3. 方法　开髓并拔除牙髓后，进行根管预备，包括化学预备和机械预备两种。彻底去除根管内感染物质，扩通根管达根尖孔，根管封药进行严格的根管消毒。最终用根充糊剂和牙胶尖严密封闭根管。

4. 注意事项

(1) 根管预备一定要达到工作长度,也不能超出工作长度。

(2) 根管预备器械要逐号更换,不能跳号。

(3) 根管封药时间应根据不同的药品严格掌握。

(4) 根管充填要注意工作长度不要形成超填或欠填。

(马连会)

目标检测

一、填空题

1. ________、________是急性牙髓炎最有效的止痛方法。
2. 急性根尖周炎应急治疗的目的是________。

二、选择题

1. 牙髓充血区别于浆液性牙髓炎的特点是( )
   A. 无探痛　B. 无叩痛
   C. 无自发性痛　D. 无温度刺激痛
   E. 无化学刺激痛
2. 牙髓病最常见的是( )
   A. 牙髓充血　B. 牙髓炎
   C. 牙髓坏死　D. 牙髓钙变
   E. 牙内吸收
3. 引起根尖周病的原因主要是感染,感染源主要是( )
   A. 牙周膜炎　B. 牙周袋内容物
   C. 牙髓腔内容物　D. 血源性
   E. 腺源性
4. 根尖周炎疼痛最剧烈的阶段是( )
   A. 根尖脓肿　B. 骨膜下脓肿
   C. 黏膜下脓肿　D. 瘘管形成期
   E. 急性浆液期

第 25 章　牙周组织疾病

学习目标

熟悉牙周病的治疗措施。

掌握牙龈炎、牙周炎的临床表现。

案例 25-1

患者，男性，47 岁，因下颌牙龈刷牙时出血，下颌切牙、尖牙及前磨牙松动加重 1 周就诊。检查下颌可见：牙周布满牙石，牙龈肿胀，探之出血，牙周袋形成，有牙龈退缩现象。

问题：

1. 该患者诊断何病？
2. 给出什么局部治疗建议？

第 1 节　牙　龈　炎

牙龈炎是一组发生于牙龈组织的病变，包括牙龈组织的炎症及全身疾病在牙龈的表现。本书重点介绍最常见的慢性龈缘炎。

【病因】　牙菌斑是引起慢性龈缘炎的始动因子，其他如牙石、食物嵌塞、不良修复体等均可促使菌斑积聚，引发或加重牙龈的炎症。

【临床表现】　病损局限于游离龈和龈乳头。牙龈变为鲜红色或暗红色，炎症充血可波及附着龈；龈乳头圆钝肥大，点彩消失，表面光亮；质地松软，轻触即出血，患者常因刷牙或咬硬物出血而就诊；龈沟可加深达 3mm 以上，形成假性牙周袋。

【治疗】　首先要用洁治术彻底清除菌斑、牙石或软垢，纠正不良修复体等刺激因素，局部用 3%过氧化氢溶液或生理盐水冲洗后涂布 1%碘甘油，可用氯己定漱口剂含漱。注意口腔卫生，养成饭后漱口及刷牙的良好习惯，掌握正确的刷牙方法，可有效地预防牙龈炎的发生。

链 接

目前最常用的洁牙工具是超声波洁牙机，它是一种有效去除牙石的器械。该器械通过机头的超声振动，将牙石粉碎，这是与补牙钻洞的机头完全不同的，所以洁牙不会损伤牙面。但洁牙后牙齿的表面可能会有粗糙感，所以有的机器还带有抛光牙面的装置，或医生采用其他方法抛光牙面。

第 2 节　牙　周　炎

牙周炎（periodontitis）是发生在牙齿周围支持组织的慢性破坏性疾病。牙周炎是我国成人牙齿丧失的首位因素。牙周炎以慢性牙周炎最常见类型，此型约占牙周炎的 95%，本书重点介绍慢性牙周炎。

【病因】　一般在慢性龈缘炎的基础上发展而来，是多因素疾病，目前认为牙菌斑及其产物是最重要的局部因素，其他局部因素如牙石、食物嵌塞、咬合创伤、不良修复体等可促进菌斑堆积。一些全身促进因素如内分泌失调、免疫缺陷、精神压力、营养不良等可降低机体的防御体系，促进牙周炎的发生和发展。

【临床表现】　一般侵犯全口多数牙，少数患者仅发生于一组牙或个别牙。活动期与静止期交替进行，病程长达十余年或数十年。牙龈呈不同程度的慢性炎症，早期有牙周袋形成、牙槽骨吸收，无牙齿松动，晚期出现牙松动、咀嚼无力或疼痛。牙周炎晚期还会出现牙移位、食物嵌塞、𬌗创伤、牙根暴露、急性牙周脓肿、逆行性牙髓炎、口臭等伴发症状。

【治疗】

1. 局部治疗

（1）消除局部刺激因素：常采用洁牙术清除软垢、牙石、菌斑，消除咬合创伤，矫治食物嵌塞。

（2）清理病变牙周组织：洁治根面附着物的同时，根据情况行袋内刮治术以清除炎性肉芽组织，也可翻瓣刮治或做龈切术及引导性牙周组织再生术。

（3）固定松动牙：可用牙周夹板或不锈钢丝结扎等方法固定松动牙。

（4）拔牙：附着丧失严重，过于松动，无保留价值的牙齿可考虑拔除。

（5）局部药物治疗：可用碘甘油、碘酚涂入牙周袋，或用复方硼砂溶液、10%过氧化氢溶液等漱口。

2. 全身治疗　主要通过全身治疗，以增强机体的抵抗力，增加营养，改善代谢障碍，同时采取口服有效的抗生素控制牙周炎的急性发作。

链 接

牙龈炎和牙周炎是疾病的不同阶段，牙龈炎是早期病损，病变的部位比较表浅，如果能及时治疗则预后良好。如病情已发展至牙周炎，累及深层牙周组织，则破坏较重，若能早期发现和及时治疗，预后仍能较好；但若病情已发展成晚期牙周炎或全口牙已松动，则预后较差。

案例25-1分析

1. 根据下颌牙龈刷牙时出血，下颌切牙、尖牙及前磨牙松动加重一星期就诊。检查下颌可见：牙周布满牙石，牙龈肿胀，探之出血，牙周袋形成，有牙龈退缩现象，可诊断下颌牙为牙周炎。

2. 局部治疗建议：①消除局部刺激；②消除病变牙周组织；③固定松动牙；④拔牙。

局部药物治疗可用碘甘油、碘酚涂入牙周袋，或用复方硼砂溶液、10%过氧化氢溶液等漱口。

附：牙周洁治术的操作

1. 目的　去除牙周局部刺激（牙石、菌斑和软垢）消除局部炎症，促进牙周健康。

2. 器具　洁治器（手用洁治器、超声波洁牙机）、口腔综合治疗椅、橡皮杯或小毛刷、一次性口腔托盘、碘甘油、含漱剂。

3. 方法　含漱剂含漱后，用洁治器去除局部的刺激物，（可采用手用器械或超声波洁牙机）处理完成后检查是否有遗留并磨光牙面，最终清洗口腔，隔湿，在龈沟或牙周袋内上碘甘油。

4. 注意事项　带有心脏起搏器的患者禁用超声波洁牙机。

（马连会）

目标检测

一、填空题

1. 牙周组织包括________、________、________和________。
2. 牙周病具有部位特异性，最易受累的牙为________和________。
3. ________是牙周病最主要的病因，是始动因子。

二、选择题

1. 牙周炎最好发的牙位是(　　)
   A. 下颌切牙和上颌磨牙
   B. 上颌切牙和下颌磨牙
   C. 下颌切牙和下颌磨牙
   D. 上颌切牙和上颌磨牙
   E. 上颌切牙、上颌磨牙、上颌前磨牙
2. 生物学宽度由以下哪些结构组成(　　)
   A. 结合上皮的冠根向宽度+骨嵴顶冠方的结缔组织
   B. 结合上皮的冠根向宽度+龈沟深度
   C. 结合上皮宽度+龈沟深度+骨嵴顶冠方的结缔组织
   D. 探诊深度+骨嵴顶冠方的结缔组织
   E. 探诊深度+龈沟深度
3. 与牙周病的发生发展关系最密切的是(　　)
   A. 龈上菌斑　　B. 龈下菌斑
   C. 龈下非附着性菌斑　　D. 龈下附着性菌斑
   E. 牙石
4. 关于牙菌斑，以下描述哪一项是不正确的(　　)
   A. 牙面上食物残渣和细菌的混合性软性沉积物
   B. 细菌性 的生物膜，不能被水冲去
   C. 牙石或修复体表面的软而未矿化的细菌性群体
   D. 其细菌组成与其致病性密切相关
   E. 不同部位的菌斑，其细菌构成有很大差异
5. 与妊娠期龈炎的发生密切相关的是(　　)
   A. 伴放线杆菌　　B. 黏性放线菌
   C. 中间普菌　　D. 牙龈卟啉单胞菌
   E. 福赛拟杆菌

第 26 章　口腔常见黏膜病

学习目标

熟悉口腔黏膜常见的基本损害，艾滋病、梅毒的口腔表现。

掌握复发性阿弗他溃疡和口腔念珠菌病的临床特点，扁平苔藓、白斑等癌前病变的临床表现及预防。

案例 26-1

患者，女性，4 岁。突发双颊成簇针头大小的透明水疱 2 天。继发破溃 1 天，影响进食。4 天前曾有发热、头痛史。

问题：

1. 初步诊断是什么？
2. 致病因素可能是什么？

案例 26-2

患者，男性，50 岁，双颊黏膜粗糙感 1 个月，有时伴刺激痛。检查：双颊黏膜有网状白色条纹，右颊黏膜轻度充血。

问题：

1. 初步诊断是什么？
2. 致病因素可能是什么？

案例 26-3

患者，男性，37 岁，出现口腔溃疡 1 周，经检查舌背有一钱币大小的孤立溃疡，表面有棕色薄痂，触之有软骨样感觉。患者承认与另一梅毒患者有性接触史。

问题：

1. 该患者的病损属于什么疾病？
2. 常发生在感染后第几周？

口腔黏膜病是指发生在口腔黏膜与软组织上的类型各异、种类众多的疾病的总称。口腔黏膜病少数为单纯局部因素，多数与全身疾病有关，是某些全身疾病的先兆或系统疾病的口腔表征。主要临床表现为口腔黏膜的色泽、外形、完整性等发生改变。

第 1 节　复发性阿弗他溃疡

复发性阿弗他溃疡专指一类原因不明、具有周期性、反复发作但又有自限性的局限性口腔黏膜溃疡性损害。该病是口腔黏膜病中最常见的疾病，患病率居口腔黏膜病的首位。

【病因】　可能与下列因素有关。

（1）近年来大量研究认为，免疫因素是造成复发性阿弗他溃疡发生的关键因素。复发性阿弗他溃疡患者存在全身或局部免疫调节功能的紊乱，异常的免疫反应，导致局部组织坏死，溃疡形成。

（2）复发性阿弗他溃疡女性患者，其发病与女性激素的变动有着密切的关系，如往往在月经前发病，而妊娠期及哺乳期病情好转。

（3）复发性阿弗他溃疡在精神紧张、情绪波动、睡眠不佳等情况下好发。

（4）复发性阿弗他溃疡与胃溃疡、十二指肠溃疡、溃疡性结肠炎、局限性肠炎、肝炎、肝硬化、胆道疾病有密切关系。

（5）局部刺激也可引起口腔黏膜复发性阿弗他溃疡。

【临床表现】　多见青壮年，女性稍多于男性。发病初期病变部敏感或有烧灼感，以后出现充血，往往是针尖样大小或稍大的充血区，很快形成小溃疡，一般为 1～5 个，呈圆形、椭圆形或长条形，直径 2～4mm；周界清晰，溃疡呈浅在凹陷，周围红晕，表面覆盖浅黄色纤维素膜，边缘整齐，周围有红晕，基部不硬。经数日溃疡面假膜消失，出现新生上皮，溃疡底变平，疼痛减轻，渐趋愈合。复发性阿弗他溃疡具有自限性，病程 7～10 天，愈后不留瘢痕。愈合后，经过一定的间歇期又可在另一部位复发。

【诊断】　根据临床体征、复发性和自限性的病史规律，即可诊断。但对大而深且长期不愈的溃疡，应警惕癌肿，需尽早作活检明确诊断。复发性阿弗他溃疡要与手足口病和白塞综合征做鉴别诊断。

【治疗】　复发性阿弗他溃疡的治疗包括局部治疗和全身治疗。其治疗原则是消除致病因素，增强机体抗病能力，减轻局部症状，促进溃疡愈合。

1. 局部治疗　目的是保持口腔卫生，防止继发感染，消炎止痛，促进溃疡愈合。

（1）抗感染：含漱剂具有清洗、防腐、杀菌及收敛等作用。临床常用药物如口泰、0.02% 呋喃西林溶液、0.5%氯己定等含漱剂。

(2) 止痛:常用2%丁卡因液局部湿敷止痛。

(3) 散剂、软膏、药膜等的应用:散剂可覆盖在黏膜创面表面,起保护、收敛和消毒等作用。临床上常用:软膏,如溃疡膏等;药膜,如蜂胶口腔膜、氯己定药膜、利福平药膜等。

2. 全身治疗　在于提高机体状况,加强抗病能力,调整免疫功能,有利于促进溃疡愈合,巩固疗效,防止复发。口服维生素 B_1、B_2、C 等,以增强组织修复能力。对于复发频繁而间歇期短或症状比较突出的病例可采用免疫抑制剂或免疫增强剂等延长间歇期,减轻局部症状,促使溃疡愈合。临床上常用的全身治疗药物主要有泼尼松、地塞米松、丙种球蛋白等。

第2节　疱疹性口炎

疱疹性口炎也称单纯性疱疹,由疱疹病毒通过接触或口沫飞溅而传染。机体抵抗力下降或情绪紧张、疲劳、月经等情况时易发病,具有自限性和复发性。

【临床表现】　本病好发于6岁以下儿童,6个月以后的婴幼儿多为原发性。早期症状表现为痒刺痛或烧灼感,口腔黏膜上出现充血及针头样大小的水泡,单个散在和成族分布,数量不等,水疱极易破溃形成浅层溃疡,彼此融合,溃疡面覆有黄色假膜。患者口腔内剧痛、流涎、口臭、拒食、哭闹,有时病损可累及牙龈。颌下淋巴结肿大、触痛;如无继发感染,1周左右病情逐渐缓解,10天左右溃疡自行愈合且不留瘢痕。成人多复发,口腔黏膜与皮肤可同时或分别发生,损害范围比较局限,数量较少,全身反应轻,病程约1周。

【诊断】　根据起病急、明显的全身症状、口腔内出现成簇小水疱与溃疡等临床表现可作出诊断,但应注意与复发性阿弗他溃疡、多形性红斑、手足口病等相鉴别。

【治疗】　中医治疗以清热解毒为主。局部治疗可用消炎、止痛剂,但不能用激素。若发烧者,则降温,退热,并酌情补充液体,给维生素B、C和高热量易消化的流质饮食。注意保持口腔卫生,局部涂以四环素或金霉素糊剂,以防治继发感染,或以止痛漱口剂减轻疼痛。对于有皮肤损害的患者,以保持清洁为主,促使干燥结痂,若继发感染,可用消炎药物洗涤或局部涂搽。

案例26-1分析

1. 根据病史应诊断为原发性疱疹性口炎。
2. 致病因素可能是病毒感染。

第3节　口腔念珠菌病

【病因】　本病为白色念珠菌感染引起的口腔黏膜疾病,近年发病率呈上升趋势。雪口病是最常见的口腔念珠菌病。

【临床表现】　可发生于任何年龄的人,但以新生婴儿最多见,又称新生儿鹅口疮或雪口病。新生儿鹅口疮多在出生后2~8日内发生,起病较急,初起在婴幼儿唇、颊、舌、软硬腭及咽部黏膜上形成乳白色片状物,颇似奶块,但不易擦去,强行剥离,可见溢血糜烂面。病变周围黏膜可充血水肿。全身情况尚好,可有轻度体温高升,无明显疼痛,轻者不影响食欲,重者患儿有体温升高、哭闹、拒食等。

【诊断与鉴别诊断】　雪口病多见于婴幼儿,发病骤急,全身症状轻微,病损局部呈片状微凸的乳白绒膜等特点,或有长期使用抗生素的病史,涂片或培养查到白色念珠菌的孢子或菌丝等,不难确诊。如发生在咽峡部应与白喉相鉴别,后者灰白色假膜覆盖于扁桃体、腭弓或腭垂上,界限清楚,全身中毒症状明显,淋巴结肿大,假膜涂片或作细菌培养有白喉杆菌。

链接

念珠菌为单细胞真菌,寄生在口腔、消化道、阴道中,但一般不发病。只有在口腔生态环境变化,如口腔清洁卫生不良,全身慢性消耗性疾病,长期大量使用广谱抗生素,使体内菌群平衡失调时才大量繁殖而致病。婴儿雪口病多为分娩时产道念珠菌感染或母亲乳头及哺乳用具不洁所致。

【治疗】　白色念珠菌适于酸性环境生存,碱性环境可抑制其生长繁殖,常用4%碳酸氢钠(小苏打)溶液清洗口腔,再用1%甲紫或亚甲蓝涂擦。同时,应注意消毒母亲的乳房、餐具。病情严重者,口服制霉菌素,成人50万U每日3次,婴儿5万U每日3次。

第4节　口腔扁平苔藓

扁平苔藓是一种以丘疹损害为特点非感染性疾病。病损可同时或分别发生在皮肤和黏膜,损害表浅,病变可在口腔黏膜的任何部位发生。女性明显多于男性。好发年龄为中年人,口腔扁平苔藓是一种典型的慢性疾病。时发时愈,也可慢性迁延达20年以上。

【病因】　扁平苔藓是一种原因不明的非感染疾患。目前,一般认为发病可能与神经精神障碍、消化系统疾病、病毒、细菌或真菌感染以及内分泌紊乱等有关。近年来,有人认为可能是自身免疫疾病。

【临床表现】

1. 口腔表现　病损常对称分布,可发生于口腔之任何部位,以颊部为多见。病损表现为灰白色角化小丘疹,针尖大,丘疹连成细的白色线条,称为

Wickham纹，表面光滑，呈珠光色。白纹相互交织成网状、树枝状、斑块状、环状、条索状等多种形态。黏膜除白色Wickham纹外，还有红斑、萎缩、充血、糜烂、溃疡、水疱等多种损害互相重叠，或互相转变。该区黏膜的柔软性和弹性正常，但伴有粗糙、轻度刺激痛，部分患者有木涩感、烧灼感、虫爬发痒感。在黏膜充血糜烂时，遇冷热辛辣等刺激性食物时有敏感性疼痛。

2. 皮肤表现　扁平苔藓是根据皮肤损害的特点而命名的。扁平苔藓的典型皮肤病损表现为稍高出皮肤面的扁平丘疹，粟粒状或黄豆状，呈多角形，圆形或类圆形，周界清楚，触之感觉粗糙而干燥，表面可有蜡样光泽。丘疹表现为半透明角质薄膜，有蜡样光泽，白色小点和Wickham纹。丘疹融合时皮肤粗糙，丘疹之间见明显的皮肤皱纹，状似"苔藓"，瘙痒是皮肤损害的特点。

【诊断】　本病以中年女性多见，病损大多左右对称。由粟粒大小的白色或灰白色丘疹组成网状、环形、树枝状、斑块状病损，临床上最常见的类型为网纹。颊黏膜与前庭沟区的网纹状损害最易发生糜烂。必要时可进行组织活检确诊。

【治疗】　由于扁平苔藓病因不明，所以尚缺乏特效疗法。对扁平苔藓所采用的治疗方法包括建立良好口腔卫生习惯，去除病灶，治疗患牙；去除或更换能引起电位差的不良修复体；使用激素，调节免疫功能药物；使用维生素、镇静剂；心理治疗等。如若白细胞低下，应提高白细胞。病变区出现硬结、增厚或久溃不愈等可疑症状时，要及时做活组织检查，以防癌变。

案例26-2分析

1. 根据病史应诊断为扁平苔藓。
2. 致病因素可能是免疫因素、遗传因素、精神因素、内分泌因素。

第5节　白　　斑

【病因】　局部刺激因素在白斑的发病中具有很重要的作用，吸烟是普通的原因，且发病部位多与烟的刺激部位一致。其他如辛辣或过烫食物、残根残冠、错位牙、不良修复体、口腔内两种以上金属修复体产生的电位差等长期刺激也能引起白斑。全身因素如内分泌因素、真菌感染、复合维生素B与维生素A缺乏等，也与白斑有密切的关系。

【临床表现】　以中老年男性较多，白斑可发生于口腔黏膜任何部位，以颊黏膜口角区最常见。白色斑块平或稍高出黏膜表面，表面不粗糙或略粗糙，基底部柔软。随着病情发展，斑块增大、变厚、表面明显变白，有的病损区黏膜呈红色，上有白色或乳白色颗粒．形状不规则，大小不一。

1. 斑块状　口腔黏膜上出现白或灰白色的均质型较硬的斑块，质地紧密，损害形态与面积不等，轻度隆起或高低不平。

2. 颗粒状　口角区黏膜多见，呈红白相间，白斑区内有乳白色颗粒或结节突起，圆形。红色区为萎缩的赤斑，表面分布着粟粒大小、形态不规则的白色颗粒，易伴随皲裂、糜烂或溃疡，而疼痛明显。本型易癌变。

3. 皱纸状　多见于口底和舌腹，表现为稍高于黏膜如白色皱纸，基底柔软，患者仅有局部粗糙不适感。

4. 疣状　好发于牙龈。表现为乳白色不规则外形，稍高出黏膜面，出现大小不同的乳头状、粟粒状、米粒状突起，粗糙明显，常有皲裂、糜烂、溃疡，故出现疼痛，癌变率较高。

链接

白斑属于癌前病变，据WHO统计资料，白斑患者3%~5%发生癌变。有以下情况者癌变倾向较大，应严密观察，必要时可进行多次组织活检：①年龄，年龄较大，如60岁以上者；②性别，不吸烟的年轻女性患者；③部位，白斑位于舌缘、舌腹、口底以及口角部位；④吸烟，吸烟时间越长、吸烟量越多，则其恶变率愈高；⑤病理，伴有上皮异常增生者，程度越重者越易恶变，⑥类型，疣状、皱纸状或颗粒型或伴溃疡者易致癌变；⑦症状，有刺激性痛或自发性痛者；⑧时间，病变时间较长者。

第6节　艾滋病的口腔表现

艾滋病全称为获得性免疫缺陷综合征，由人类免疫缺陷病毒感染所致。本病的特点是，患者的细胞免疫功能严重缺陷，失去对外界感染的抵抗能力，容易发生条件性感染和少见的恶性肿瘤，最终死亡。传播途径为性传播、血液传播及母婴垂直传播。具有特征性口腔表现。

1. 口腔念珠菌病　假膜型白色念珠菌病与临床上所见鹅口疮相同，红斑型白色念珠菌病黏膜为红色，多发生在上腭及舌背的红色区域，可培养出白色念珠菌。

2. 口腔黏膜"毛状"白斑　主要在舌缘舌腹，多为双侧性，表现为舌黏膜上皮增厚而凸起，呈毛状突起的白色斑块，不能去除，一般无自觉症状。

3. 口腔疱疹　以单纯疱疹多见，病情重，病程长，反复发作，常伴有生殖器皮肤疱疹。

4. 龈炎和龈口炎　牙龈肿胀出血疼痛，常易伴坏死性龈炎或龈口炎。

5. 卡波齐肉瘤　上腭和牙龈多见，单个或多个红色、淡蓝色或紫色的斑块或肿块，损害为多中心性，可有分叶、溃烂或出血。

第7节 梅毒的口腔表现

梅毒是由梅毒螺旋体引起的一种慢性性病。初起时是全身性感染，可侵犯身体任何组织及器官，产生各种症状。根据传染的经过、临床特点和传染性等，可将其分为后天梅毒（一期梅毒、二期梅毒、三期梅毒）和先天梅素。各期梅毒和先天梅毒都有不同的口腔表征。

1. 一期梅毒　在舌和唇部发生梅毒下疳，开始为暗红色的圆形或椭圆形单个溃疡，直径可达1～2mm，指检时溃疡底部触及如硬币或软骨样，也称硬性下疳。相应部位淋巴结肿大，但无疼痛。病损表面可分离出梅毒螺旋体，有高度传染性。

2. 二期梅毒　梅毒黏膜斑是二期梅毒最常见的口腔损害，可发生在口腔黏膜的任何部位，以唇黏膜最多见，损害呈灰白色光亮而微隆的斑块，常为圆形、椭圆形或环形，易发生糜烂。糜烂面上有灰白色渗出。渗出液中有大量梅毒螺旋体，传染性很强。黏膜斑应与白色角化病、白斑、盘状红斑狼疮、药疹、扁平苔藓相鉴别。

3. 三期梅毒　为晚期病变，此期的口腔表现为橡胶肿。开始为肉芽组织增生，呈半圆形突起，硬如橡胶，然后溃破。橡胶肿常发生于上腭、舌背等处。在上腭可使骨质破坏而引起腭穿孔，在舌背可出现乳头萎缩，且常在萎缩的边缘并发舌背白色角化病或白斑。

4. 先天梅毒　口腔出现病损者多发生于2岁以后，称晚期先天梅毒。标志性损害有：哈钦森牙，这种切牙的切缘比牙颈部狭窄，切线中央有半月形缺陷，切牙之间有较大空隙；桑椹牙，恒磨牙𬌗面牙尖向中央靠拢，呈桑椹状或花蕾状，釉质呈多个不规则的小结节和坑窝凹陷，散在于近𬌗面处。

案例26-3分析

1. 该患者的病损属于一期梅毒损害。
2. 常发生在感染后第3周。

（叶文忠）

目标检测

选择题

1. 皮肤扁平苔藓损害主要表现为（　　）
   A. 网状型　B. 扁平丘疹　C. 环状型　D. 斑块型　E. 条纹型
2. 不会发生恶变的疾病有（　　）
   A. 白斑　B. 慢性盘状红斑狼疮　C. 扁平苔藓　D. 口腔红斑　E. 复发性阿弗他溃疡
3. 带状疱疹好发于多个年龄段的人除了（　　）
   A. 12岁以下的儿童　B. 60岁以上的老人　C. 恶性肿瘤患者　D. 大面积烧伤患者　E. 艾滋病患者
4. 梅毒的病原体是（　　）
   A. 奋森密螺旋体　B. 苍白螺旋体　C. 牙密螺旋体　D. 白色念珠菌　E. 核梭杆菌

第 27 章 口腔颌面部感染

学习目标

了解致病微生物、感染来源与扩散途径。

熟悉口腔颌面部间隙感染和面部疖痈。

掌握口腔颌面部感染与解剖生理特点的关系；智齿冠周炎的病因、临床表现及治疗。

案例 27-1

患者，男性，22 岁。因右侧后牙隐痛不适 4 天，右侧面部肿胀 2 天求诊。检查：右侧下颌角处肿胀明显，局部压痛，皮温升高，波动感不显，口内右下颌第三磨牙初萌牙尖，牙冠大部分被牙龈覆盖，龈瓣充血水肿，龈瓣下有脓液溢出。

问题：

1. 该患者应诊断为何种疾病？
2. 首先应该如何治疗？

案例 27-2

患者，男性，55 岁，因右上颌牙痛 3 天，右侧眼下、鼻侧肿胀一天而就诊。检查：右侧上颌尖牙远中深龋，探(-)，叩(++)，松动(-)，前庭沟肿胀变浅，同侧鼻侧、眶下区肿胀明显，局部皮温增高，压痛和波动感存在，眼裂变小。体温 40℃，食欲下降，精神委靡。

问题：

1. 该患者最有可能的诊断是什么？
2. 最可能的直接病因是什么？

案例 27-3

患者，男性，45 岁。上唇左侧剧烈肿痛 5 天。张口受限而致进食、言语困难 3 天，有畏寒、头痛，体温 39℃。检查见：左侧上唇有 1 个 2cm 直径的紫红色炎性浸润块，可见有多个黄白色脓头，并有脓血样分泌物溢出，中央区见多个蜂窝状腔洞。血常规检查白细胞和中性粒细胞数明显升高。

问题：

1. 该患者的诊断是什么？
2. 最应预防发生的并发症是什么？

第 1 节 口腔颌面部感染概述

口腔颌面部炎症是临床常见的感染性疾病之一。口腔颌面部由于其特有的解剖生理特点，当感染发生时，与机体的其他部位相比不仅具有感染的共性：红、肿、热、痛和功能障碍，还具有其特殊性。口腔颌面部感染的特点如下。

(1) 口腔是消化道和呼吸道的开放性起端，通过口腔和鼻腔与外界相通连，且颌面部存在许多窦腔等特殊的解剖结构，具有细菌微生物滋生繁殖所需的适宜温度和湿度。因此，当口腔颌面部的皮肤黏膜损伤开放后，极易遭受细菌等致病微生物的入侵。

(2) 牙源性炎症，如龋病、牙髓炎、根尖周炎、牙周病以及颜面部的疖痈等，均可扩散至颌骨及颌面部的蜂窝结缔组织。

(3) 颜面部和颌骨的周围存在诸多的含疏松结缔组织的潜在性间隙，相互通连，易于感染的扩散，并形成蜂窝织炎或间隙感染。

(4) 颌面部的血液循环丰富，具有较强的抗感染能力和修复能力。但鼻底至两侧口角区的静脉常缺少瓣膜，当肌肉收缩或挤压时，造成静脉血液反流，感染易于逆行性扩散至颅内，引起严重的并发症。

(5) 面颈部有丰富的淋巴结，口腔、颜面及上呼吸道感染，可顺相应淋巴引流途径扩散，发生区域性的淋巴结炎。特别是儿童淋巴结发育尚未完善，常易被细菌侵袭，发生淋巴结炎或突破形成结外蜂窝织炎。

口腔颌面部感染以化脓性感染多见，常见致病菌为金黄色葡萄球菌和溶血性链球菌。在口腔颌面部的化脓性感染中，还常常从脓液中分离培养出厌氧菌，以类杆菌属、梭杆菌属及消化链球菌属为主。口腔颌面部炎症多较表浅，可根据病史、临床症状，结合实验室检查进行诊断。必要时进行脓液涂片或脓、血液的细菌培养及药敏试验、X 线摄片，明确感染细菌种类和性质，确定感染的破坏范围及发展阶段。

口腔颌面部炎症的治疗要既注意局部治疗又要兼顾全身情况。一方面要消除致病菌和病灶以及发病的条件，控制致病菌的生长和扩散；另一方面要加强营养和支持，增强机体抵抗疾病的能力。

第 2 节 智齿冠周炎

【病因】 人类种系发生和演化过程中，随着食物的精细程度越来越高，带来咀嚼器官的退化，造成牙列与颌骨不协调。智齿是牙列中最后萌出的牙，因萌出位置不足，可导致程度不同的阻生。智齿在萌出过程中，在牙冠上方和周围有部分或全部龈瓣覆盖，形成与口腔相通的盲袋，盲袋内易储存食物残渣、唾液、细菌，在适宜的口腔温度和湿度环境中很容易滋生细菌，加之冠部牙龈常因咀嚼食物而损伤，形成溃疡。当全身抵抗力下降、局部细菌毒力增强时，可引起冠周炎的急性发作（图 27-1）。

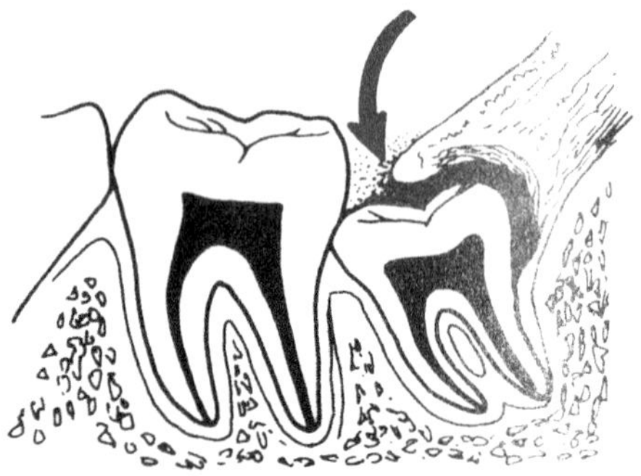

图 27-1 阻生牙引起的盲袋

链 接

如果冠周炎未被控制，炎症可直接蔓延或由淋巴管扩散，引起邻近组织器官或筋膜间隙的感染。常见的扩散症途径及并发症下：① 智齿冠周炎常向磨牙后区扩散，形成骨膜下脓肿，脓肿继续向外穿破，在咬肌前缘与颊肌后缘间的薄弱处扩散，形成皮下脓肿，当穿破皮肤后可形成经久不愈的面颊瘘；②炎症沿下颌骨外斜线向前扩散，在相当于下颌第一磨牙颊侧口腔前庭黏骨膜下形成脓肿，破溃后形成瘘管；③炎症沿下颌支外侧向后扩散，可引起嚼肌间隙蜂窝织炎或脓肿，并可导致下颌支外侧边缘性骨髓炎；④炎症沿下颌支内侧向后扩散，可引起翼颌间隙感染或脓肿，还可导致下颌支内侧的边缘性骨髓炎，如炎症继续从翼颌间隙向内扩散，可引起咽旁间隙感染或扁桃体周围脓肿；⑤炎症沿下颌支内侧面向下可扩散至舌下间隙、颌下间隙，形成颌下间隙感染甚至口底蜂窝织炎。

【临床表现】

1. 临床症状 智齿冠周炎常以急性炎症形式出现。急性智齿冠周炎的初期，一般全身无明显反应。患者自觉患侧磨牙后区胀痛不适，当进食咀嚼、吞咽、开口活动时，疼痛加重。如病情继续发展，局部可呈自发性跳痛或沿耳颞神经分布区出现反射性疼痛。若炎症侵及咀嚼肌时，可引起肌的反射性痉挛而出现不同程度的张口受限，甚至出现“牙关紧闭”，致使患者不能进食、咀嚼和吞咽。由于口腔不洁，患者常有明显的口臭，舌苔变厚，自觉龈袋处有咸味分泌物溢出。全身症状可渐趋明显，如不同程度的畏寒、发热、头痛、全身不适、食欲减退等表现。慢性冠周炎在临床上多无自觉症状，仅局部有时有轻度压痛。

2. 口腔检查 口腔局部检查，多数患者可见智齿萌出不全，如遇低位阻生或牙冠被肿胀的龈瓣全部覆盖时，需用探针探查方可在龈瓣下查出有阻生牙。急性智齿冠周炎冠周软组织及牙龈红肿明显，龈瓣边缘糜烂，有明显触痛，龈瓣内溢脓，病情严重者，牙龈肿胀可波及翼颌韧带和舌腭弓处的黏膜，有明显的开口困难。第二磨牙可有叩击痛，不能咀嚼食物。当化脓性炎症局限后，可形成冠周脓肿，有时可自行溃破。患侧颌下淋巴结肿胀、压痛。有时，第二磨牙远中颈部可因阻生牙等局部因素致形成龋坏，在检查时应多加注意，以免遗漏。

【治疗】 下颌智齿冠周炎早期诊断及时治疗是非常重要的。智齿冠周炎的治疗原则：急性期应以消炎、镇痛、切开引流、防止扩散以及增强全身抵抗力的治疗为主；慢性期应根据智齿的生长情况，可行龈瓣切除或阻生齿拔除术，以防止感染复发。

1. 全身治疗 全身抵抗力的下降常可诱发急性冠周炎，故应根据局部炎症及全身反应程度和有无其他并发症，选择抗菌药物及全身支持疗法。

2. 局部治疗 智齿冠周炎的局部冲洗是治疗的重点，每日龈盲袋冲洗涂药，患者可用温热盐水或其他含漱剂每日进食前后含漱，以保持口腔清洁。如已形成冠周脓肿，应及时切开排脓，放置引流条。

链 接

龈袋冲洗方法

冲洗前准备 5ml 弯形平头无菌注射器，分别抽取生理盐水、3%过氧化氢溶液，将弯针头插入龈袋深部，缓慢交替冲洗，至溢出液清亮为止。然后擦干冠周黏膜，用探针蘸碘甘油或少量碘酚液入龈袋内，每日 1 次，本法具有较好的消炎、镇痛、清洁作用，是治疗冠周炎的有效方法。

3. 病源牙处理 急性炎症消退后，对于下颌智齿牙位不正，无足够萌出位置，相对的上颌第三磨牙位置不正或已拔除者，为避免冠周炎的复发，均应尽早予以拔除。对有足够萌出位置且牙位正常的智牙，可在局麻下选用冠周龈瓣切除术，以免炎症复发，利于智齿的萌出。

案例 27-1 分析

1. 根据患者病史和临床检查，应诊断为：右下颌第三磨牙冠周炎。

2. 首先进行盲袋冲洗,全身使用抗生素控制炎症,急性炎症消退后,应拔除右下颌第三磨牙。

第三磨牙冠周炎指第三磨牙萌出不全或阻生时,牙冠周围软组织发生的炎症。临床上以下颌第三磨牙冠周炎多见,常见18~25岁的青年,又称智齿冠周炎。

第3节　口腔颌面部间隙感染

口腔颌面部间隙感染又称口腔颌面部蜂窝织炎,是口腔颌周组织、颜面及颈上部化脓性炎症的总称。化脓性炎症扩散到某一间隙而形成的炎症称为蜂窝织炎,如化脓仅局限于局部,则称为脓肿。

【病因】　口腔颌面部蜂窝织炎多数是需氧菌和厌氧菌的混合感染,也可为金黄色葡萄球菌、链球菌等引起的化脓性感染或厌氧菌等引起的腐败坏死性感染。常见的感染途径有以下5种。

1. 牙源性　病原菌通过病变牙或牙周组织进入体内发生感染者,称为牙源性感染。龋病、牙周病、智齿冠周炎均为临床常见病,故牙源性途径是口腔颌面部感染的主要来源。

2. 腺源性　常继发于淋巴结炎、扁桃体炎以及涎腺炎,多发于儿童。

3. 损伤性　继发于损伤后发生的感染。

4. 血源性　机体其他部位的化脓性病灶通过血液循环形成的口腔颌面部化脓性病变。

5. 医源性　医务人员行口腔颌面部检查或治疗时未严格遵守无菌技术造成的继发性感染称为医源性感染。

【临床表现】　病前有明显牙痛、牙周损害史,如为小儿可能有急性淋巴结炎史。局部患区有明显的红、肿、热、痛表现,脓肿形成后有跳痛,可扪及波动感,有不同程度的张口受限。由于间隙和解剖部位各异,以及感染来源和病原菌的不同,每个患者的局部及全身表现也各具特征。

1. 眶下间隙感染　感染多来自上颌尖牙及第一前磨牙的根尖化脓性炎症,较少来上唇底部与鼻侧的化脓性炎症。表现为眶下区软组织弥漫性水肿,鼻唇沟消失。脓肿形成后,眶下区可触及波动感,口腔前庭沟处常有明显肿胀、压痛。

2. 咬肌间隙感染　主要来自下颌智齿冠周炎,下颌磨牙的根尖周炎、牙槽脓肿,亦可因相邻间隙感染扩散波及,其临床特点是以下颌角为中心的咬肌区肿胀、变硬、压痛,伴有明显张口受限。由于咬肌肥厚坚实,脓肿形成后脓液难以自行溃破,不易触到波动感。常行穿刺检查确定脓肿是否形成。

3. 颌下间隙感染　牙源性感染主要来自下颌磨牙根尖周炎、智齿冠周炎或牙周炎;腺源性感染常继发于幼儿上呼吸道感染的颌下淋巴结炎。特点是下颌下区丰满,检查有明确边界的淋巴结肿大、压痛,有轻度的张口困难和吞咽疼痛。

4. 口底蜂窝织炎　根据病原菌种类的不同,口底蜂窝织炎可分为化脓性口底蜂窝织炎和腐败坏死性口底蜂窝织炎,后者又称卢德维希咽峡炎。口底蜂窝织炎的感染主要来自下颌牙的根尖周炎、牙周脓肿、骨膜下脓肿、冠周炎、颌骨骨髓炎的感染扩散,或下颌下腺炎、淋巴结炎、急性扁桃体炎,口底软组织和颌骨的损伤等。化脓性口底蜂窝织炎初期多在一侧颌下或舌下间隙,如炎症继续,可迅速扩散到口底其他间隙,呈现整个口底的弥漫性肿胀。腐败坏死性病原菌引起的口底蜂窝织炎,在口底肌肉深层发生广泛坏死、溶解,产生棕褐色坏死液体,病情发展快,肿胀范围广泛,颌周口底红肿坚硬如木板、剧痛,有时可扪及捻发音,口底黏膜高度水肿,舌体被抬高,舌运动受限引起语言不清、吞咽困难;如肿胀向后方发展可出现呼吸困难,严重者可出现三凹症,并有发生窒息的危险。口底蜂窝织炎常可出现严重并发症,如败血症、脓毒血症、纵隔炎等,如不及时治疗,可因窒息、败血症或感染性休克而死亡。

链接

切口应尽力选择在愈合后瘢痕隐蔽的位置,切口位置应在脓腔的低位,切口长度取决于脓肿部位的深浅与脓腔的大小,以使引流道短、通畅,容易维持。切口应顺皮纹方向切开,勿损伤重要解剖结构,如面神经、血管和涎腺导管等。眶下间隙感染在上颌前牙或双尖牙区的口腔前庭黏膜皱褶处作切口,横行切开黏骨膜直达骨面。咬肌间隙感染临床常用口外切口引流,从下颌支后缘绕过下颌角,距下颌下缘2cm处做弧形切口。颌下间隙感染在下颌骨体部下缘以下2cm作与下颌骨下缘平行切口。口底蜂窝织炎应作广泛性切开,其切口可在双侧颌下、颏下作与下颌骨相平行的“衣领”形或倒“T”形切口。

【治疗原则】

1. 全身治疗　应注意休息,加强营养,补充水分和多种维生素,注意维持水和电解质的平衡。并及时有针对性地给予抗菌药物,中药可应用清热解毒剂,如黄连解毒汤等。

2. 局部治疗　注意保持局部清洁,减少局部活动度,避免不良刺激。脓肿形成后应及时切开引流。在急性炎症控制后,尽早施行致病源和病灶的清除术。

案例27-2分析

1. 根据患者病史和临床检查,应诊断为:右侧眶下间隙感染。

2. 右上颌尖牙根尖周炎。

第4节 颌骨骨髓炎

颌骨骨髓炎是由于细菌感染以及物理或化学等因素引起的包括骨膜、骨密质和骨髓以及骨髓腔内的血管、神经等整个骨组织成分发生的炎症。祖国医学称“骨槽风”或“穿腮”。根据引起颌骨骨髓炎病因的不同,可分为化脓性颌骨骨髓炎、特异性颌骨骨髓炎、放射性颌骨骨髓炎和化学性颌骨骨髓炎。临床上以牙源性感染引起的化脓性颌骨骨髓炎最为多见。

【病因】 颌骨骨髓炎的病原菌主要是金黄色葡萄球菌,其次是溶血性链球菌,临床上常为混合性感染。临床上多见由牙源性感染引起,一般常见由急性根尖周围炎、牙周病、智齿冠周炎等引起,以及各种颌骨囊肿继发感染。口腔颌面部软组织损伤、开放性颌骨骨折等,均可使细菌直接侵入颌骨体内,引起损伤性颌骨骨髓炎。由败血症和脓毒血症引起的血源性颌骨骨髓炎较少见,主要发生于儿童。因下颌骨骨质致密,周围有致密筋膜及肥厚肌肉,当下颌骨感染后,脓液不易引流;下颌骨血运差,感染血管栓塞后,易有大块死骨形成。因此,下颌骨骨髓炎较上颌骨骨髓炎常见,病情也比上颌骨骨髓炎严重。

【临床表现】 根据感染的原因及病变特点,临床上将化脓性骨髓炎分为两种类型:即中央性颌骨骨髓炎及边缘性颌骨骨髓炎。

1. 中央性颌骨骨髓炎 多在急性化脓性根尖周炎及根尖脓肿的基础上发生。炎症向骨髓腔内发展,再由颌骨中央向外扩散,可累及骨皮质及骨膜。临床上又分为急性期与慢性期。

(1) 急性期:急性下颌骨骨髓炎的全身症状重,甚至出现中毒症状,如全身发热、寒战、疲倦无力、食欲不振,白细胞总数增高,中性多核细胞增多。局部有下唇麻木,剧烈跳痛,多数牙松动及叩痛明显。上颌骨骨髓炎的急性期,除病牙外,邻牙亦有叩痛和松动。病灶牙牙龈及龈沟处或腭部黏膜红肿、压痛。颜面部局限性肿胀,常见鼻唇沟消失变平。炎症波及上颌窦时,可见上颌窦炎的症状,有时患侧鼻腔溢脓。

(2) 慢性期:下颌骨骨髓炎主要诊断依据是全身症状轻。体温正常或仅有低热、机体呈慢性中毒消耗症状。病情发展缓慢,多有窦道存在和慢性长期溢脓。有时可见死骨排出或探及活动的死骨,严重者可发生病理性骨折。上颌骨骨髓炎除病灶牙及邻牙松动外,牙龈及面部皮肤可出现瘘孔排脓,全身症状不明显,进食、睡眠正常。

2. 边缘性颌骨骨髓炎 多数是由于牙源性炎症感染引起,主要为下颌智齿冠周炎。边缘性颌骨骨髓炎急性期的临床表现与间隙蜂窝织炎的表现相似。慢性期的临床表现主要是腮腺嚼肌区弥漫性常为无痛性、质地坚硬的肿胀,轻微压痛,无波动感;病程延续较长或反复发作;炎症侵犯嚼肌或翼内肌时张口受限明显、进食困难。一般全身症状不明显。慢性期X线可见颌骨皮质骨外有密度稍低的骨质增生,或有小死骨块,与周围骨质无明显分界。

【预防与治疗原则】

1. 急性颌骨骨髓炎的治疗 在炎症初期,应采取积极有效的治疗,控制感染的发展以控制炎症、建立引流、增强机体抵抗力为主。一旦判定骨髓腔内有化脓性病灶时,即应及早拔除病灶牙及相邻的松动牙。如经拔牙未达到引流目的,症状也不减轻时,则应选用凿骨开窗法,以达到充分排脓,迅速解除疼痛。

2. 慢性颌骨骨髓炎的治疗 保持瘘管引流通畅,增强营养。待病灶局限或死骨形成以后,应行死骨摘除及病灶刮治术。若死骨摘除可能引起颌骨病理性骨折时,应首先固定颌骨。对颌骨缺损过多、造成畸形、影响功能者应进行必要的整复。对边缘性骨髓炎,宜在药物治疗的同时刮除骨皮质外的增生骨。

第5节 颜面部疖痈

面部皮肤是人体毛囊及皮脂腺、汗腺最丰富的部位之一,又是人体暴露部分,接触外界尘土、污物、细菌机会多,易招致损伤。引起单一毛囊及其附件的急性化脓性炎症者称疖,其病变局限于皮肤浅层组织。痈是多个相邻的毛囊及其所属皮脂腺或汗腺的急性化脓性炎症。痈也可由一个疖的扩展或由多个疖融合而成。

【病因】 颜面部疖痈的病原菌主要是金黄色葡萄球菌。正常时,人体的毛囊及其附件内常有细菌存在,但只有在局部皮肤受到损伤或全身抵抗力下降时,细菌才开始活跃引起炎症。皮肤不洁或剃须等原因引起皮肤的损伤均可导致疖痈的发生;全身衰竭、患消耗性疾病或糖尿病的患者,也易发生疖痈。

【临床表现】

1. 疖 开始局部皮肤发痒或不适,继而皮肤上出现红、肿、热、痛小硬结,呈锥形隆起,顶部出现黄白色小脓头,周围组织红肿扩大,再经数日,脓头自行溃破,少量脓液或脓栓排出后,便能很快愈合。一般无全身症状,但如随意搔抓或挤压排脓、热敷、药物烧灼腐蚀以及不恰当的切开等,都可促使炎症扩散,特别是位于颜面危险三角区内者,甚至出现严重并发症。

2. 痈 好发于唇部(唇痈),上唇多于下唇,男性多于女性,唇痈多见于成年人及糖尿病患者。发病初期，唇部组织有紫红色浸润区，表面灼热，自觉疼痛；然后病变中央部有多个黄白色脓头，脓头周围皮肤逐渐坏死，坏死组织溶解排出后，可形成蜂窝状腔洞。唇痈患者全身中毒症状明显，如畏寒、高热、头痛、食欲减退、白细胞计数及中性粒细胞比例升高。患者因唇部极度肿胀、疼痛、张口受限而致进食、言语困难。由于痈肿常向深部扩展，侵及血管，易产生血栓性静脉炎，临床上因唇痈而并发败血症、脓毒血症、化脓性血栓性海绵窦炎。严重者，可导致中毒性休克，抢救不当，短期内即可死亡。

【治疗原则】

1. 局部治疗　宜保守，避免损伤，其中包括严禁挤压、挑刺、烧灼、热敷，以防止感染扩散。唇痈还应限制唇部活动，少讲话和进软食，休息时取半卧位。疖初起时可用2%碘酊涂查局部，每日1次，并保持局部清洁。痈的局部治疗宜用高渗盐水或含抗生素的盐水纱布局部持续湿敷，高渗盐水可使病变局限、软化，并有很好的提脓效果，脓污的高渗盐水纱布及时更换。如脓栓过于稠厚，可轻轻用镊子取出。湿敷宜持续至脓液消失，炎症趋于平复时始停止。只有形成明显脓肿时，才能轻巧地挑开引流。

2. 全身治疗　一般的疖无需全身治疗。但痈的全身反应较明显，应注意全身支持疗法，增强机体抗病能力，及时培养细菌做药物敏感试验，根据药物敏感试验，选用有效的抗生素，也可酌情用中药治疗。如果出现中毒休克、昏迷，同时并发肺脓肿时，必须正确处理原发病灶，采取积极有效的全身治疗措施，加强护理，可提高治愈率，降低死亡率。

案例27-3分析

1. 根据患者病史及临床检查，应首先诊断：唇痈。

2. 上唇处于危险三角内，应避免挤压，预防颅内海绵窦静脉炎。

（万澎波）

目标检测

一、选择题

1. 儿童颌面部感染最常见的是（　　）
   A. 牙源性感染　B. 腺源性感染
   C. 血源性感染　D. 面疖
   E. 结核
2. 以下哪一种感染应及早作广泛的切开引流（　　）
   A. 舌下间隙感染　B. 卢德维咽峡炎
   C. 颊间隙感染　D. 眶下间隙感染
   E. 翼颌间隙感染
3. 颌面部间隙感染的病原菌（　　）
   A. 以金黄色葡萄球菌为主
   B. 以溶血性链球菌为主
   C. 混合性细菌感染为主
   D. 厌氧菌感染为主
   E. 特异菌感染为主
4. 下列不属于智齿冠周炎症状的有（　　）
   A. 张口受限
   B. 磨牙后区肿胀
   C. 局部自发性跳痛，伴放射痛
   D. 下唇麻木感
   E. 全身不适、发热等
5. 颜面部疖痈受到不恰当处理常并发下列严重并发症，除了（　　）
   A. 脓毒血症　B. 脑膜炎
   C. 颅内出血　D. 败血症
   E. 脑脓肿

二、思考题

1. 口腔颌面部感染的特点是什么？
2. 下颌第三磨牙冠周炎的病因是什么？

第28章　口腔局部麻醉与拔牙术

学习目标

熟悉口腔局部麻醉与拔牙术的禁忌证、并发症的防治。

掌握口腔颌面外科局部麻醉的操作方法，局部麻醉并发症的防治。

案例28-1

患者，女性，22岁。因右下智齿低位埋伏阻生，要求拔除。

问题：

1. 为减少出血，保持术野清晰，常在麻药中加入什么？
2. 拔除该牙应麻醉的神经是同侧的吗？

案例28-2

患者，女性，24岁。左下智齿低位阻生，注射麻药后出现：头晕、胸闷、面色苍，脉快而弱，恶心、呼吸困难，血压下降，并有短暂意识丧失。

问题：

1. 该患者诊断是什么？
2. 针对上述情况应采取什么措施？

案例28-3

患者，女性，41岁。左上6残冠，平时易激动，怕热多汗，常感心慌，食量较大但消瘦，双眼稍前突，心率110次/分，颈部未见异常。

问题：

1. 此患者可能存在的全身疾病是什么？
2. 此患者患牙的正确处理是什么？

第1节　口腔局部麻醉

局部麻醉简称局麻，是指用局部麻醉药暂时阻断机体一定区域内神经末梢和纤维的感觉传导，从而使该区疼痛消失。局麻适用于一般的口腔颌面外科手术，特别是门诊手术。口腔局部麻醉常用的方法有表面麻醉、浸润麻醉和阻滞麻醉。

一、麻醉药物

1. 普鲁卡因　麻醉效果好，价格低廉，毒性和副作用小，是临床应用较广泛的一种局麻药物。本品的穿透性和弥散性差，故不适用于表面麻醉。应用时常加入少量肾上腺素，以减慢组织对普鲁卡因的吸收而延长麻醉作用的时间。普鲁卡因偶能产生过敏反应，目前已逐步弃用。

2. 利多卡因　常用浓度为1%～2%。利多卡因起效快持续时间长，有较强的组织穿透性和扩散性，并有抗室性心律失常作用，是口腔科临床应用最多的局麻药物。临床上主要以含肾上腺素的利多卡因行阻滞麻醉，延缓吸收而延长麻醉作用的时间，收缩血管使术区清晰，对心律失常患者常作为首选的局部麻醉药。

3. 布比卡因　麻醉维持时间为利多卡因的2倍，一般可达到6小时以上，麻醉强度为利多卡因的3～4倍。常用浓度为0.5%，适合费时较久的手术。术后镇痛时间也较长。

4. 丁卡因　穿透力强，临床上主要用作表面麻醉。麻醉作用较普鲁卡因强10～15倍，毒性较普鲁卡因大10～20倍。由于毒性大，一般不作浸润麻醉。即使用作表面麻醉，亦应注意剂量。

二、常用麻醉方法

1. 表面麻醉　亦称涂布麻醉，是将麻醉剂涂布或喷射于手术区表面，麻醉药物被吸收而使末梢神经麻痹，以达到痛觉消失的效果。本法适应于表浅的黏膜下脓肿切开引流，拔除松动的乳牙或恒牙，以及行气管内插管前的黏膜表面麻醉。常用的药物为1%～2%盐酸丁卡因。

2. 浸润麻醉　将局麻药液注入组织内，以作用于神经末梢，使之失去传导痛觉的能力而产生麻醉效果。常用于拔除上前牙、双尖牙和下切牙。

3. 阻滞麻醉　将局麻药液注射到神经干或其主要分支附近，以阻断神经末梢传入的刺激，使被阻滞的神经分布区域产生麻醉效果。进行阻滞麻醉时，必须熟悉口腔颌面局部解剖，掌握三叉神经的行径和分布，以及注射标志与有关解剖结构的关系。

案例28-1分析

1. 肾上腺素。
2. 下牙槽神经+颊神经+舌神经。

链接

上牙槽后神经阻滞麻醉法（上颌结节法）：患者头后仰，半张口，上颌殆平面与地面呈45°，从上颌第2磨牙远中颊侧前庭沟处进针，注射器与上颌牙体长轴呈45°，刺入进针点向后上方推进，使针尖沿上颌结节弧形骨面向后、上、内方向滑动，深约2cm，回吸无血，注入麻药2ml。针尖在进针过程中要始终紧贴骨面，注意刺入不可超过2.5cm，以免刺破翼静脉丛引起血肿。

下牙槽、舌、颊神经一次阻滞麻醉：患者大张口，下颌殆平面与地面平行，注射器置于对侧口角、两双尖牙之间，进针点在翼下颌皱襞中点前方约3mm，由进针点刺入，注射器高于下牙殆平面1cm并与之平行。缓慢进针1.5~2cm直达下颌升支内侧骨面，回吸无血后注入麻醉剂2ml，麻醉下牙槽神经，然后退针1cm注射麻药1ml，麻醉舌神经，针退至黏膜下注麻药1ml麻醉颊神经。

三、局部麻醉并发症及其防治

（一）晕厥

晕厥是一种突发晕厥性、暂时性意识丧失。可因恐惧、饥饿、疲劳及全身健康差、疼痛以及体位不良引起。

临床表现：前驱症状有头晕、胸闷、面色苍白、全身冷汗、四肢厥冷无力、脉快而弱、恶心、呼吸困难。重者可有短暂意识丧失。

防治原则：做好术前检查及思想工作，消除紧张情绪，避免在空腹时进行手术。一旦发生晕厥，应立即停止注射，迅速放平座椅，置患者头低位；松解衣领，保持呼吸通畅；芳香氨酒精或氨水刺激呼吸。

（二）中毒

当单位时间内进入血循环的局麻药量超过分解速度时，血内浓度升高，达到一定的浓度时就会出现中毒症状或过量反应。

中毒反应可归纳为兴奋型与抑制型两类。兴奋型表现为烦躁不安、颤抖、恶心、气急、多汗、血压上升，严重者出现全身抽搐、缺氧、发绀；抑制型上述症状多不明显，迅速出现脉搏细弱、血压下降、神志不清，随即呼吸、心跳停止。临床上发生麻醉药中毒，常因用药量或单位时间内注射药量过大，或局麻药直接注入血管而造成。

防治原则：用药前应了解其毒性大小及一次最大用药量。要坚持回抽无血，再缓慢注射麻药。一旦发生中毒反应，应立即停止注射麻醉药。中毒轻微者，置患者于平卧位，松解颈部衣扣，使呼吸畅通。待麻药在体内分解后症状可自行缓解。重者采取吸氧、补液、抗惊厥、应用激素及升压药等抢救措施。

案例28-2分析

1. 根据上述症状可诊断为晕厥。

2. 应采取：输氧、迅速放平椅位、氨水刺激呼吸、针刺人中穴。

第2节 拔 牙 术

一、牙拔除术的基本知识

1. 适应证

（1）不能治疗的龋齿、残冠、残根和Ⅲ度松动、影响咀嚼功能的牙齿。

（2）乳牙滞留影响恒牙萌出，或因乳牙根尖有炎症不能控制。

（3）反复引起冠周炎或引起邻牙龋坏的阻生牙。

（4）错位牙、融合牙、多生牙，骨折线上的感染牙及久治不愈的病灶牙。

（5）因正畸治疗需要进行减数的牙；因义齿修复需要应拔除的牙。

2. 禁忌证

（1）血液系统疾病：如血友病、血小板减少性紫癜、再生障碍性贫血、白血病等，拔牙后可能会出现出血不止及引起败血症等严重并发症，通常应避免拔牙，尤其是在条件较差的基层医院。如必须拔除时，应控制病情，术的作好应急准备，如输血、抗感染等。

（2）心血管系统疾病：一般高血压、心脏病患者可以拔牙，术前1小时给予镇静剂，麻醉剂中不加肾上腺素。重症高血压、心力衰竭、心肌梗死、心绞痛发作频繁等情况不宜拔牙。

（3）糖尿病：一般不作复杂拔牙手术，但血糖经控制后可以拔牙，术后必须用抗生素预防感染。Ⅲ度松动牙可以适当放宽。

（4）牙源性炎症急性期：复杂阻生牙的拔除，由于创伤大，有可能使炎症扩散，应先控制炎症。腐败坏死性龈炎，急性传染性口炎，应暂缓拔牙。

（5）月经期与妊娠月经期：此期拔牙有可能发生代偿性出血，一般认为应暂缓拔牙。但必要时，急需的简单拔牙仍可进行，但要注意防止出血。妊娠期拔牙在孕后4~6月进行，否则易引起流产或早产；拔牙时应解除病者顾虑及恐惧，麻药中不加肾上腺素。

（6）严重的慢性病：如肾衰竭、活动性肺结核、肝功能损害严重、重症甲状腺功能亢进等患者不宜拔牙。口腔恶性肿瘤病灶区的牙不宜拔除。

二、术前准备

1. 术前检查　明确拔牙原因、数目、部位，详细询问病史，细心核对牙位、数目，排除拔牙禁忌证，必要时作各种必要的补充检查或X线摄片等。

2. 患者思想准备　重视患者精神和情绪上的准备，进行必要的解释，消除顾虑，减轻畏惧情绪，获得患者同意后才能进行拔牙术。

3. 患者和术者的准备　患者取坐位,拔上颌牙时,头后仰,上颌殆平面与地面约呈45°,患牙与术者肩部同高。拔下牙时,下颌殆平面与地平面平行,患牙与术者肘关节平齐。术者洗手消毒。

4. 术区消毒　用1∶5000高锰酸钾溶液漱口,术区及麻醉注射区2%碘酊消毒。复杂技牙应洁治,口外消毒。

5. 器械准备　主要器械为牙钳、牙挺、牙龈分离器。辅助器械常用手术刀、刮匙、骨凿、骨锤、咬骨钳及缝合器械,均应煮沸消毒或高压灭菌消毒。总之,应根据手术准备相应的器械。

三、拔牙的基本步骤

1. 拔牙区　用1%碘酊消毒、麻醉。

2. 分离牙龈　用牙龈分离器沿龈缘插入龈沟内直抵牙槽嵴,紧贴牙颈部表面并环绕牙颈部滑动,先分离唇颊和舌侧,然后分离邻面,切断附着于牙颈部表面的牙龈纤维。

3. 挺松牙齿　将牙挺插入牙的近中面与颊面交界处,与根面平行,挺刃的凹面紧贴牙根,必须以手指保护,以防牙挺滑脱,使用牙挺通过楔力、杠杆、旋转3种力量将牙齿松动或挺出。

4. 安放牙钳　正确选用牙钳,将钳喙分别安放于患牙的唇(颊)舌(腭)侧,钳喙的纵轴与牙长轴平行。安放牙钳时钳喙内侧凹面紧贴牙面,沿牙冠滑入龈沟,稍用力压向牙槽嵴,然后握紧钳柄将牙夹牢,再次核对牙位,并确定钳喙在拔除患牙时不会损伤邻牙。

5. 拔除病牙　在拔牙过程中用力方向为摇动、旋转、牵引3个动作互相结合,连贯完成。

6. 拔牙创口的处理　牙齿拔除后,应检查牙根是否完整,有无缺损或断根,发现有断根应及时取出;检查牙龈有无撕裂 如有撕裂,应立即缝合防止出血。同时清理牙槽窝,修整牙槽骨,牙槽窝复位。创口上横过牙槽嵴,放置纱布卷或棉球。

四、拔牙后注意事项

(1) 嘱患者咬紧纱卷30分钟后吐出,若出血较多时可延长至1小时,但不能留置时间过长,以免腐臭,增加感染和出血的机会。

(2) 拔牙当天勿漱口刷牙,以免冲掉血凝块,影响伤口愈合;次日可刷牙,但勿伤及创口。

(3) 拔牙后24小时内,唾液中混有淡红色血水是正常现象;若创口有血块或鲜红血液流出,必须立即复诊。

(4) 拔牙后不要用舌舔吸伤口或反复吮吸,以免由于口腔负压增加破坏血凝块而造成出血。

(5) 拔牙后2小时可进温、凉、软食或流食;不宜吃太热、太硬的食物,不饮酒,不用患侧咀嚼,以免造成出血。

(6) 嘱患者术后若有明显的大出血,疼痛、肿胀、发热、开口困难等症状,应及时复诊,不要延误。

(7) 伤口有缝线者,嘱术后4~5天拆线。

(8) 炎症期拔牙,应酌情给予抗生素及止痛药,以控制感染。

案例28-3分析

1. 根据上述症状患者可能患有甲状腺功能亢进。
2. 延期拔除,内科治疗。

(叶文忠)

目标检测

一、选择题

1. 下列局部麻醉药中表面麻醉作用最强的是(　　)
   A. 2%盐酸丁卡因　　B. 4%盐酸可卡因
   C. 0.5%盐酸达克罗宁　　D. 0.5%布比卡因
   E. 2%利多卡因
2. 在口内行浸润麻醉时,药物通常注入(　　)
   A. 牙龈表面　　B. 牙龈深面
   C. 牙龈乳头上　　D. 固有膜上
   E. 口腔前庭沟黏膜下层内
3. 冠周炎冲洗净并擦干后,局部常涂以何种药物(　　)
   A. 红汞　　B. 甲紫
   C. 碘甘油或碘酚　　D. 樟脑酚
   E. 高锰酸钾
4. 阻滞麻醉在推注麻药前必须做的是(　　)
   A. 问患者是否疼痛
   B. 确定进针点是否正确
   C. 检查麻醉药药名
   D. 检查针管内麻醉剂是否足量
   E. 回抽有无回血

二、简答题

简述拔牙后注意事项。

第29章 口腔颌面部损伤

学习目标

理解口腔颌面部损伤的特点，口腔颌面部损伤的急救处理原则。

掌握牙及牙槽骨损伤的诊断和处理方法。

案例29-1

某颌面外伤患者，经检查发现外耳道流血性液体，渐转清亮液体。

问题：

1. 该液体很可能是什么？
2. 对哪类脑损伤有诊断意义？

案例29-2

某患者被他人拳击伤及上中切牙，自觉患牙伸长和松动并有咬合痛，检查见上中切牙无明显移位，叩(+)~(++)，Ⅱ度松动。

问题：

1. 此患者应诊断是什么？
2. 若根尖片表明，右上中切牙已存在明显移位，未见牙折，应采用的治疗方法是什么？

第1节 口腔颌面部损伤的特点及急救

一、口腔颌面部损伤的特点

(1) 口腔颌面部血运丰富，组织的抗感染与再生修复能力强，创口易于愈合。因此，伤后48小时甚至更久的创口，只要没有明显的化脓感染，在清创后仍可作初期缝合。另一方面，由于血循环丰富，伤后出血较多或易形成血肿。组织水肿反应快而重，如口底、舌根或颌下等部位损伤，可因水肿、血肿而影响呼吸道通畅，甚至引起窒息。

(2) 口腔受到外力打击时，除牙可发生折断外，折断的牙碎块还可穿入周围组织内，增加组织的损伤，并可将牙上附着的结石和细菌等带入深部组织，引起创口感染。颌骨骨折线上的牙齿，可导致骨组织感染或影响骨折的愈合。颌骨骨折移位时，则引起咬合关系错乱，是诊断颌骨骨折的主要体征。另一方面，治疗牙、牙槽骨或颌骨损伤时，常需利用牙作结扎固定的基牙，而恢复正常的咬合关系又是治疗颌骨骨折的重要标准。

(3) 口腔颌面部上接颅脑，易并颅脑损伤，如并发颅底骨折、脑震荡、脑挫伤、颅内血肿等，颅底骨折时可有脑脊液由鼻孔或外耳道流出。使伤情加重常危及患者生命，给颌面创伤的诊治工作带来困难。

(4) 口腔颌面部腔窦多，有口腔、鼻腔、鼻旁窦及眼眶等，为微生物隐蔽场所，伤后易形成感染。在清创处理时，应尽早关闭与这些腔窦相通的创口，以减少感染的机会。

(5) 口腔颌面部有涎腺、面神经及三叉神经分布，损伤后造成涎瘘、面瘫、感觉麻木。在诊治颌面部损伤时，应注意这些特有结构是否合并损伤，并及时正确处理。

(6) 口腔颌面部在呼吸道上端，损伤后可血肿、水肿、组织移位、舌后坠、血凝块和分泌物的阻塞而影响呼吸道通畅，甚至发生窒息。因此，救治伤员时，应注意保持呼吸道通畅，防止窒息。

(7) 口腔颌面部是消化道入口，颌面损伤影响进食和口腔卫生，需选用适当的饮食和喂食方法，以维持伤员的营养。进食后应清洗口腔并保持口腔卫生，预防创口感染。

二、口腔颌面部损伤的急救处理

(一) 窒息的急救处理

1. 窒息的原因　窒息是颌面部严重损伤后的并发症，可分为阻塞性窒息和吸入性窒息两大类。

(1) 阻塞性窒息：异物阻塞(血凝块、游离组织块、呕吐物、碎骨片、游离组织块等)，组织移位(舌后坠、上颌骨块后下方移位)，肿胀压迫(口底、舌根、咽腔周围组织水肿或血肿)均可造成阻塞性窒息。

(2) 吸入性窒息：主要见于意识障碍或昏迷患者，吞咽及咳嗽反射消失，如果体位不当，直接将血液、唾液、呕吐物或其他异物吸入气管、支气管或肺泡内而引起窒息。

2. 窒息的临床表现　窒息的前驱症状为伤员烦躁不安、出汗、面色苍白、口唇发绀、鼻翼扇动和呼吸困难。严重者在呼吸时锁骨上窝、剑突下、肋间隙及上腹内陷(三凹症状)。晚期出现脉弱、脉快、血压下降、瞳孔散大，最后完全窒息，引起死亡。

3. 窒息的急救处理　窒息急救的关键是早期发

现，及时正确处理。患者一旦出现窒息症状，应立即将患者头部放低取头侧位，判明窒息原因，分秒必争，立即进行抢救。

(1) 阻塞性窒息的急救：如因异物阻塞，迅速用手指或器材掏出或用吸引器清除口、鼻腔及咽喉部堵塞物；如舌后坠应迅速将舌牵出解除窒息，并在舌体中线用粗丝线贯穿缝合固定于口腔外，持续牵拉舌体；如因上颌骨骨折块下垂移位，应在清理口腔内异物后，在清除异物后，用压舌板或筷子、铅笔横放于上颌双尖牙𬌗面下，将上颌骨及骨折块托起，用绷带固定于头上；对因咽部肿胀压迫呼吸道的伤员，可经口或鼻插入通气导管，以解除窒息。

(2) 吸入性窒息的急救：应立即行气管切开术，切开后，通过气管套管，迅速吸出气管内异物，恢复呼吸道通畅。

(二) 出血的急救处理

口腔颌面部损伤由于血供丰富，一般出血较多。出血的急救，要根据损伤的部位、出血的来源和程度(动脉、静脉或毛细血管)及现场条件采用相应的止血方法。

1. 指压止血法　将出血部位主要动脉的近心端用示指或拇指压迫在骨面上，适用于出血较多的紧急情况，作为暂时止血，然后再改用其他方法作进一步止血。如额部、头顶、前额部出血，可压迫耳屏前的颞浅动脉。颜面出血，可压迫下颌角前切迹处的颌外动脉。

2. 包扎止血法　一般用于较小的动脉出血。可先将软组织复位，用消毒纱布覆盖伤口，再用绷带行加压包扎。包扎时，应注意防止骨折端过度移位或压迫呼吸道。

3. 填塞止血法　用于狭窄而深在的伤口，尤其骨腔、窦腔内的出血，可用无菌纱条加压填塞于伤口内，再用绷带行加压包扎。在颈部或口底创口内填塞纱布时，应注意保持呼吸道通畅，防止发生窒息。

4. 结扎止血　对开放性伤口是最常用而可靠的止血方法。如条件许可，可直接钳夹结扎伤口内活动出血的血管。在紧急情况下，也可先用止血钳夹住血管断端，连同止血钳一起妥善包扎后转送。颌面部严重出血，如局部不能妥善止血时，需结扎患侧颈外动脉。

5. 药物止血　适用于毛细血管渗血和小静脉出血。局部使用的止血药有各种中药止血粉、止血纱布及明胶海绵等。使用时可将药物直接置于出血处，然后外加干纱布加压包扎。全身使用的止血药物如维生素K、酚磺乙胺、卡巴克洛等。

(三) 休克的急救处理

口腔颌面部严重的复合伤，可因出血或创伤导致休克，主要为创伤性休克和失血性休克两种。休克治疗的目的是恢复组织灌流量。创伤性休克的处理原则为安静、镇痛、止血和补液，可用药物协助恢复和维持血压。失血性休克的处理原则为补充血容量，必要时可快速输血或动脉输血。

(四) 伴发颅脑损伤的急救处理

由于口腔颌面部与颅脑邻近，颌面伤员伴发颅脑损伤的比例较大。凡有颅脑损伤的患者，应卧床休息，减少搬动，暂停不急需的检查或手术。严密观察其神志、脉搏、呼吸、血压及瞳孔的变化。如鼻或外耳道有脑脊液外流时，应保持局部清洁，禁止作耳、鼻内填塞与冲洗，以免引起颅内感染。

链接

在治疗颅脑损伤时，对于昏迷的伤员，应特别注意呼吸道通畅，防止误吸和窒息的发生。对烦躁不安的伤员，可给予适量镇静剂，但禁用吗啡，以免抑制呼吸，影响瞳孔变化以及引起呕吐、增加颅内压等不良反应。对于有脑水肿、颅内压升高的伤员，应控制入水量，常用20%甘露醇，静脉推注或静脉滴注，每次剂量1~2mg/kg体重，每6~12小时1次，以减轻脑水肿，降低颅内压。如长时间应用脱水药，应同时补钾，并适当补钠。

(五) 防止感染

口腔颌面部的开放性创面，常被细菌、泥土、沙石等污染，易致感染而增加损伤的复杂性和严重性。防治感染也是急救中的重要问题。对开放性创口，在有条件时，应尽早进行清创缝合术；无清创条件时，应尽早包扎创口，以避免继续污染。伤后应及早使用磺胺类药物或广谱抗生素。为了预防破伤风，伤后应及时注射破伤风抗毒素血清。

(六) 包扎和护送

1. 包扎　正确完好的包扎是颌面部损伤急救的重要措施之一，有压迫止血，使骨折初步复位，减少骨折端的摩擦，保护创面减少污染、止痛，缩小创面减少唾液外流等作用。常用包扎方法有“十字绷带交叉包扎法”和“四头带包扎法”。包扎颌面部时应注意不要压迫颈部，以免影响呼吸。

2. 护送　现场急救后，应迅速安全运送。途中应随时观察伤员全身情况的变化，注意保持呼吸道通畅，防止窒息和休克的发生。昏迷患者可采用俯卧位，并将额部垫高，使口鼻悬空，有利于唾液外流和防止舌后坠。一般伤员可以侧卧位或头侧向位，避免血凝块及分泌物堆积在口咽部。

第2节　口腔颌面部软组织损伤

口腔颌面部软组织损伤占颌面损伤首位，可单独发生，或与颌面骨骨折同时发生。通常根据体表组织有无开放性创口，分为闭合性损伤和开放性损伤两大类。

闭合性损伤(又称挫伤)局部表现为肿胀、疼痛和皮肤变色。挫伤治疗原则是止血,镇痛,防止感染和恢复功能。早期应酌情采用冷敷或绷带加压包扎止血,出血停止后,可改用热敷、理疗,以促进血肿吸收;对于较大血肿,止血后应在严密消毒下穿刺抽吸血液,再加压包扎。

开放性损伤有皮肤或黏膜伤口并与深层组织相通的损伤。开放性损伤无论伤情轻重,都有感染的威胁,应及时予以清创术。首先彻底清洗伤口,然后用2%碘酊消毒皮肤、铺巾。术中尽量保留可存活的组织,对破碎的创缘略加修整,大部游离组织亦尽量保留,以免增加颌面部的畸形。颌面部血运丰富,再生愈合能力强,即使在伤后24~48小时之内,均可在清创后行严密缝合;如超过48小时或已有明显感染及坏死的组织,需切除,但不应切除过多,尤其对黏膜和皮肤要尽量保留。

链 接 >>>

颊部贯通伤治疗原则是应尽早关闭贯通伤口和消灭创面。无组织缺损者,应将黏膜、肌肉、皮肤分层对位缝合;颊部全层组织有较大缺损者,应将创缘的皮肤与口腔黏膜相对缝合,消灭创面,所遗留的洞穿缺损,可在后期作整复治疗。舌外伤的处理要注意保持舌的纵长度,切勿将舌尖弯向后折转缝合。缝合时,应用粗线深缝合,在距创缘5mm以上处进针,以免撕裂。腺体损伤清创后应逐层严密缝合,局部加压包扎,应用抑制唾液分泌药物,以防涎瘘发生。如腮腺导管断裂,可在清创后行导管端端吻合术。

第3节　口腔颌面部硬组织损伤

一、牙和牙槽突损伤

(一) 牙损伤

牙损伤较常见,可以单独发生,也可以和颌面其他损伤同时发生。前牙因位置较突出,容易受到损伤。牙损伤可分为牙挫伤、牙脱位及牙折三类。

1. 牙挫伤　主要是直接或间接的外力作用使牙周膜和牙髓受损伤。主要特点是牙周膜和牙髓受损而产生充血、水肿。临床表现为受伤牙松动、疼痛、伸长,有牙周膜炎甚至牙髓炎的表现。

2. 牙脱位　较大的外力撞击,可使牙脱位,牙脱位时局部牙龈有撕裂和红肿,或并发牙槽突骨折。根据损伤程度,可分为部分脱位和完全脱位两类。临床可见牙在牙槽窝中的位置有明显的改变或脱落。部分脱位的牙常有松动、伸长、移位和疼痛,并妨碍咬合;向深部嵌入者,牙冠外露部分变短,其位置低于咬合平面。完全脱位者牙已脱离了牙槽窝,或仅有软组织相连,甚至完全离体。

3. 牙折　可分为冠折、根折和冠根联合折。冠折未穿髓者仅有不同程度感觉过敏,穿髓者有剧烈疼痛。根折有明显松动和压痛。

链 接 >>>

轻度牙挫伤可不处理,重者应避免用患牙咀嚼食物,适当调磨对殆牙。有明显松动的患牙可作牙间结扎固定。牙折断时应尽量保存患牙,根据不同类型分别做脱敏治疗、根管治疗、冠修复等,仅对不能保留的折断牙予以拔除。牙脱位的治疗以尽量保存牙为原则,对部分脱位的牙齿,应将牙恢复到正常位置,并结扎固定3周左右。完全牙脱位者应尽早施行牙再植术。如牙髓已坏死,患牙应做根管治疗后再植。伴有牙槽突骨折时,首先牙槽骨复位,然后牙弓夹板固定。

(二) 牙槽突骨折

牙槽突骨折是外力直接作用于牙槽突所致。多见于上颌前牙区。可以单独发生,也可与颌面部其他损伤同时发生。临床上,牙槽突骨折常伴有唇和牙龈的肿胀和撕裂伤。骨折片有明显的移动度,摇动损伤区某一牙时,可见邻近数牙及骨折片随之移动。骨折片可移位,引起咬合错乱。牙槽突骨折时常有牙折或牙脱位。

牙槽突骨折的治疗,首先应将移位的牙槽骨恢复到正常的解剖位置,在复位后选用牙弓夹板结扎固定,如复位困难,也可作牵引复位固定。

(三) 牙和牙槽突损伤后的护理

首先应注意口腔卫生护理,坚持刷牙,用氯己定溶液或呋喃西林溶液漱口,同时配合医生将松动牙齿准确复位,妥善固定。

案例29-2分析

1. 根据临床表现,该病例的临床诊断属于上颌中切牙挫伤。
2. 局麻下将患牙复位,再与邻牙固定。

二、颌骨骨折

颌骨骨折包括上颌骨骨折和下颌骨骨折,分为开放性骨折和闭合性骨折。上颌骨骨折分为三型,即Le Fort Ⅰ型骨折(低位骨折)、Le Fort Ⅱ型骨折(中位骨折)、Le Fort Ⅲ型骨折(高位骨折);下颌骨发生骨折的部位常与解剖结构有关,如正中联合部、颏孔区、下颌角区及髁突颈部等为骨折好发部位。

【临床表现】　颌骨骨折有一般骨折的共性,如疼痛、肿胀、移位、功能障碍等;但由于颌骨在解剖和生理上的特点,其临床表现和处理原则有其特殊性。上颌骨上无强大的咀嚼肌附着,故骨折块多随外力的方向而发生移位,或因重力而下垂。一般常出现后下方向移位。下颌骨骨折后,骨折段常因暴力的方向与肌肉牵拉发生明显移位。颌骨骨折段移位必然引起咬合关系错乱。当上颌骨骨折侵及眶壁时,引起眼球移位或眼部神经、肌肉损伤,可出现复视、视觉障碍甚至失明。上颌骨骨折时较常发生颅脑损伤或颅底骨折,出现脑脊液漏等。颌骨骨折以后,可由于疼痛、骨折片移位或颞下颌关节损伤等原因而使张口受限。下颌骨骨折时,对张口运动的影响就更大。

链 接

Le Fort Ⅰ型骨折:又称上颌骨低位骨折或水平骨折。骨折线从梨状孔下方、牙槽突及上颌结节上方向两侧水平延伸至翼突。Le Fort Ⅱ型骨折:又称上颌骨中位骨折或锥形骨折,骨折线自鼻额缝向两侧横过鼻梁、眶内侧壁、眶底,然后通过颧骨下方或颧上颌缝至翼突,有时可波及筛窦达颅前窝,出现脑脊液鼻漏。

Le Fort Ⅲ型骨折:又称上颌骨高位骨折或颧弓上骨折。骨折线自鼻额缝向两侧横过鼻梁、眶部,经颧骨和颧弓上方,向后达翼突,形成颅面分离,使面中部凹陷、变长。此型骨折多伴有颅底骨折或颅脑损伤,出现耳、鼻出血或脑脊液漏。

【治疗原则】 颌骨骨折治疗原则是尽早进行复位和固定,恢复正常咬合关系与咀嚼功能,同时注意整体与局部的关系,首先处理颅脑损伤、窒息、出血和休克等全身情况,待全身情况稳定后,再进行清创复位固定,为防止感染要及时给予抗生素。同时加强营养、增强全身抵抗力,为骨折的愈合创造良好条件。

一般情况下,下颌骨骨折应以上颌骨作为复位、固定的基础,而上颌骨骨折则应以颅面骨为复位、固定的基础。颌骨骨折常用的复位方法有3种:手法复位、牵引复位、手术切开复位。骨折复位要有可靠的固定,它是骨折断端进行正常愈合的重要条件,骨折复位后的固定方法有单颌牙弓夹板固定法、颌间结扎固定法、坚强内固定、颅颌固定法等。下颌骨骨折一般应固定4周左右,上颌骨骨折可固定3周左右。

案例 29-1 分析

1. 脑脊液。
2. 颅中窝骨折。

第4节 口腔颌面部损伤的护理

一、口腔清洁护理

颌间固定术后,患者不能张口运动,口腔自洁作用差,因此做好口腔护理对预防口腔感染、促进骨折愈合相当重要。护士应用生理盐水、氯化锌溶液或0.1%氯己定溶液等擦洗患者口腔各部位,每天2次。

二、局部观察

口腔护理时应注意牙弓夹板结扎丝有无脱落及断开移位、有无刺伤牙龈黏膜、咬合关系有无异常;局部伤口有无感染、肿胀或长期有渗出物。

三、饮食护理

营养的饮食及进食方法,可改善患者的营养状况,提高机体免疫功能和整体机能,减少并发症,促进疾病痊愈。应指导患者进食高蛋白、高热量、高维生素的流质和半流质。

四、全身观察

应随时注意患者生命体征变化,如发现危急情况及时告知医生予以处理

(叶文忠)

目标检测

一、选择题

1. 治疗颌骨骨折的基本标准是( )
   A. 解剖复位 B. 恢复原有的咬合关系
   C. 达到理想的咬合关系 D. 保证良好的咀嚼功能
   E. 保证良好的语言功能
2. 下列何种骨折最易伴发颅脑损伤( )
   A. 下颌骨骨折
   B. 鼻骨骨折
   C. 上颌骨 Le Fort Ⅰ型骨折
   D. 颧骨颧弓骨折
   E. 上颌骨 Le Fort Ⅲ型骨折
3. 牙槽突骨折常见于下述何种部位( )
   A. 上颌前部 B. 下颌前部
   C. 上颌前磨牙区 D. 下颌前磨牙区
   E. 上颌磨牙区
4. 牙槽突骨折,其主要临床特征是( )
   A. 牙龈撕裂 B. 牙龈出血肿胀
   C. 牙齿脱落 D. 牙冠折断
   E. 摇动一个牙时,邻近数个牙随之活动
5. 诊断颌骨骨折的主要依据是( )
   A. 局部肿胀 B. 压痛
   C. 牙龈撕裂 D. 咬合关系错乱
   E. 牙松动

二、简答题

1. 简述口腔颌面部损伤所引起窒息的临床表现?
2. 简述颌骨骨折的常用固定方法?

第30章 口腔颌面部肿瘤

学习目标

熟悉常见良性肿瘤、恶性肿瘤的治疗原则。

掌握口腔颌面部肿瘤的基本概念、诊断。

案例 30-1

患者,女性,55岁。右耳垂下无痛性肿块逐渐缓慢长大6年。触诊肿块界线清楚,活动,约4cm×5cm大小,表面呈结节状,中等硬度,与皮肤无粘连。

问题:

1. 该病最可能的诊断是什么?

2. 如果肿块近期生长加速,并出现疼痛、瘤体固定等征象,则考虑诊断是什么?

案例 30-2

患者,女性,25岁。左耳垂下有时大时小的肿块6年。无自觉症状。检查见:耳垂下可见1个4cm×4cm×4cm的肿物,表面皮肤正常但稍偏蓝色,边界不清,质软,可被压缩,头低位时肿块膨大,头回复正常位时肿块亦回复原状。

问题:

1. 临床初步诊断是什么?

2. 穿刺的内容物是什么?

案例 30-3

患者,男性,60岁。左下第1磨牙度松动,局部牙龈呈菜花状增生,X线片显示局部骨质虫蚀样破坏。

问题:

1. 临床初步诊断是什么?

2. 关于左下第一磨牙是什么?

肿瘤是人体组织细胞由于内外致病因素长期作用,使细胞的遗传物质(脱氧核糖核酸)产生突变,对细胞的生长和分裂失去控制,而发生异常增生和功能失调,所造成的一种疾病,是常见病、多发病。尤其恶性肿瘤,是严重威胁生命的一种疾病。近年来,医学领域中肿瘤的预防、诊断、治疗等越来越受到重视,口腔颌面部肿瘤(包括囊肿等瘤样病变)以良性病变较多,牙源性、涎腺来源的肿瘤占很大比例。口腔颌面部肿瘤约占全身肿瘤的8.2%。在全身肿瘤中,良性与恶性的比例约为1∶1,而口腔颌面部肿瘤,一般良性比恶性为多。而良性者又以牙源性及上皮源性多见。口腔颌面部恶性肿瘤则以上皮组织来源最多,尤其是鳞状上皮细胞癌最为常见。

第1节 良性肿瘤

良性肿瘤和恶性肿瘤的区别是相对的,口腔颌面部良性肿瘤以牙源性肿瘤及上皮组织肿瘤为多见,如成釉细胞瘤、多形性腺瘤等,其次为间叶组织肿瘤,如管型瘤、纤维瘤等。

一、涎腺多形性腺瘤

多形性腺瘤是涎腺中最常见的肿瘤,以腮腺居多。肿瘤组织内含有肿瘤性上皮组织、黏液样组织或软骨样组织,组织病理形态呈多形性,故又名混合瘤。其生物学特性与一般良性肿瘤不同,包膜常不完整,肿瘤细胞有浸润性生长、侵犯被膜或被膜以外的组织,带有恶性倾向,故该瘤属"临界瘤"。

【临床表现】 多见于40岁左右,女性多于男性。肿瘤多呈无痛、缓慢生长肿块,无任何自觉症状。发生于腮腺者多以耳垂为中心生长,界限清楚,质地中等,扪诊呈结节状,一般可活动。当肿瘤突然生长加速,并伴有疼痛、面神经麻痹等症状时,应考虑有恶变可能。

由于肿瘤具有多中心性生长特点,在肿瘤包膜外常易残留肿瘤组织。多形性腺瘤手术治疗的原则是沿肿瘤包膜以外的正常组织处切除。腮腺混合瘤手术,一般应作保留面神经的腮腺摘除或浅叶切除;颌下腺混合瘤应同时摘除颌下腺;小涎腺肿瘤应距边缘0.5cm正常组织内切除肿瘤。

【治疗原则】 为手术切除,应在肿瘤包膜外正常组织处切除。肿瘤位于腮腺浅叶,一般做肿瘤及浅叶切除;肿瘤位于腮腺后下极,可采用肿瘤及周围正常腺体组织区域性切除;肿瘤位于腮腺深叶,需做肿瘤及全腮腺的切除,手术均应保留面神经。颌下腺多形性腺瘤,应连同颌下腺完整切除。

案例 30-1 分析

1. 考虑患者的病史与临床检查,应诊断为:腮腺混合瘤。

2. 根据近期肿瘤变化,应诊断为:混合瘤恶变。

二、成釉细胞瘤

成釉细胞瘤为颌骨中心性上皮肿瘤，在牙源性肿瘤中较为常见。表现近似于牙胚发育中的成釉器，生物学行为有局部浸润性，多发生于青壮年，成釉细胞瘤有局部侵袭性生长特性，手术不彻底容易复发，还可能恶变，属“临界瘤”。

【临床表现】 生长缓慢，病程较长，下颌骨磨牙区及升支为好发部位。常表现为无痛性、渐进性颌骨膨大，多向唇颊侧发展。骨质受压则吸收变薄，压之有乒乓球样感，穿刺可抽出黄色、黄褐色液体，其内含胆固醇结晶。肿瘤侵犯牙槽突时，可出现牙槽骨吸收，牙齿移位、松动和脱落。肿瘤表面常见有对殆牙的压痕，如果咀嚼时发生溃疡，可发生继发性感染而化脓、溃烂、疼痛。肿瘤压迫下牙槽神经可有下唇麻木。骨质破坏较多时，还可能发生病理性骨折。X线片表现为骨组织被肿瘤所代替，骨质膨胀吸收，呈现出肿瘤的透光阴影。如肿瘤生长突然加速并伴有溃疡、疼痛、出血等症状时，要高度怀疑有恶变。

【治疗原则】 主要为外科手术治疗。因成釉细胞瘤有局部浸润周围骨质的特点，需将肿瘤周围的骨质至少在0.5cm处切除，以防复发。对较小的肿瘤可行下颌骨方块切除，以保存下颌骨的连续性；对较大的肿瘤应将病变的颌骨整块切除，并立即植骨以维持颌骨外形及功能。

三、血　管　瘤

血管瘤包括先天性血管良性肿瘤和血管畸形。多见于出生时或出生后不久。发生于口腔颌面部的血管瘤约占全身血管瘤65%，其中大多数发生于颜面部皮肤、皮下组织及口腔黏膜。

【临床表现】 按病损的形态学进行分类，一般可分为毛细血管瘤、海绵状血管瘤及蔓状血管瘤3种。其中以毛细血管瘤和海绵状血管瘤比较常见。

1. 毛细血管瘤　多发于颜面部皮肤，是由大量错杂交织的扩张的毛细血管构成，肿瘤呈鲜红或紫红色界限清楚。又分为两种类型：一类称葡萄酒斑状血管瘤，病变与皮肤表面平，周界清楚，外形不规则，大小不一。以手指压迫病变，表面颜色可褪去，解除压力后，即恢复原有大小及色泽。另一类称杨梅状血管瘤，病变突起于皮肤，表面高低不平，状似杨梅。

2. 海绵状血管瘤　可发生于口腔颌面部的任何部位，是由衬有内皮细胞的无数血窦所组成。肿瘤边界边界不清楚，扪之柔软似海绵可压缩，有时可扪到静脉石。当头低位时，肿瘤则充血膨大；恢复正常位置后，肿块亦随之缩小，恢复原状，此称为体位移动试验阳性。穿刺可吸出可凝固的血液。

3. 蔓状血管瘤　由血管壁显著扩张的静脉与动脉吻合而成，又称为先天性动静脉瘘。蔓状血管瘤多见于成年人，幼儿少见。肿瘤高起呈念珠状，表面温度高于正常皮肤。扪诊有搏动感，听诊有吹风样杂音。肿瘤可侵犯骨质，外伤或感染可引起大出血。穿刺可抽出动脉血。

【治疗原则】 应根据肿瘤类型、位置及患者年龄等因素来决定。目前的治疗方案有外科切除、激光治疗、硬化剂注射、放射治疗、低温治疗等，一般采用综合疗法。对婴幼儿呈生长相对稳定的血管瘤可考虑暂观察，当发展迅速时，应及时给予治疗。

案例30-2分析

1. 考虑患者的病史与临床检查，应诊断为：海绵状血管瘤。

2. 可凝固的血液。

第2节　恶性肿瘤

在我国，口腔颌面部的恶性肿瘤以癌为最常见，其中80%以上为鳞状细胞癌，其次为腺性上皮癌及未分化癌。本节仅介绍口腔常见的舌癌和牙龈癌。

链接

黏膜的癌前病损（白斑、红斑、糜烂型扁平苔藓等）可以演变为口腔癌。为了预防口腔癌的发生，口腔内的慢性炎症、吸烟等不良刺激以及锐利牙尖、残根、残冠，不良修复体等长期机械损伤均可成为促癌因素，发生相应部位组织的癌变。

一、舌　　癌

舌癌是最常见的口腔癌，男性多于女性，多数为鳞癌，好发于舌前2/3。

【临床表现】 多发生于舌缘，其次为舌尖、舌背及舌根等处，常为溃疡型或浸润型。恶性程度较高，生长快，浸润性较强。早期出现疼痛与块状硬结，中央溃疡，随着舌癌迅速生长并向周围及深部组织浸润，常波及舌肌，致舌运动受限，发生语音、进食及吞咽障碍。晚期舌癌可蔓延至口底及下颌骨，使全舌固定；向后发展可以侵犯腭舌弓及扁桃体。舌癌常发生早期颈淋巴结转移。

【治疗原则】 应以综合疗法为主。为了保存舌的功能，术前先用放射治疗或化学药物治疗，再施行原发灶切除术和颈淋巴清扫术。舌癌晚期应首选手术治疗，对波及口底及下颌骨的舌癌，应施行一侧舌、下颌骨及颈淋巴联合清扫术，若对侧有转移时，应行双侧颈淋巴清扫术。

二、牙 龈 癌

【临床表现】 下牙龈较上牙龈为多。男性多于女性。牙龈癌多为分化度较高的鳞状细胞癌,生长较慢,表现为溃疡型或外生型,以溃疡型为最多见。早期向牙槽突及颌骨浸润,使骨质破坏,X线表现为虫蚀状不规则吸收,引起牙松动和疼痛。上牙龈癌可侵入上颌窦及腭部;下牙龈癌可侵及口底及颊部。下牙龈癌比上牙龈癌淋巴结转移早,多转移到患侧下颌及颏下淋巴结。

【治疗原则】 以外科手术为主。下牙龈癌通常应在病变外1cm以上的颌骨做方块切除,同时作同侧淋巴清扫的联合根治术。上牙龈癌应作上颌骨次全切除,如已波及上颌窦内,可考虑将一侧上颌骨全切除,切除后的缺损可用修复体整复。颈淋巴结在触及肿大、可疑转移时始作清扫术。

【恶性肿瘤的护理】 恶性肿瘤手术切除范围广,常影响机体或肿瘤所在器官的正常功能,术后应帮助患者重建机体功能,如语言训练。晚期恶性肿瘤患者的恐惧、可表现为衰弱、疼痛、厌食等,给患者造成很大痛苦。随着机体功能逐渐衰退,患者可能放弃本来的活动,而形成恶性循环。如病情许可,应鼓励患者尽可能起床活动,不要过早地卧床不起。对长久受压之处可用气垫或棉垫,并经常局部按摩,保持皮肤清洁干燥,做好癌症患者疼痛的护理,克服对疼痛的恐惧心理是减轻痛苦,提高生存质量的最现实问题,按规定用药的同时,应鼓励患者放松大脑,解除对癌痛的畏惧心理。

案例30-3分析

1. 考虑患者病史、临床检查,应诊断为:左下第一磨牙牙龈癌。

2. 牙龈癌浸润生长,应将左下第一磨牙与病灶一并扩大切除。

(万澎波)

目标检测

一、选择题

1. 最常见的口腔癌是(　　)
   A. 舌癌　　B. 牙龈癌
   C. 颊癌　　D. 唇癌
   E. 口底癌
2. 体位试验阳性的肿瘤是(　　)
   A. 血管瘤　　B. 牙龈瘤
   C. 角化囊肿　　D. 成釉细胞瘤
   E. 神经鞘瘤

二、思考题

1. 简述恶性肿瘤的生物学行为及临床特征。
2. 简述成釉细胞瘤的临床表现及其治疗原则。

第31章 先天性唇裂与腭裂

学习目标

了解唇裂和腭裂的分类、畸形特点。

熟悉唇、腭裂术前术后护理。

案例31-1

患儿,女性,1个月。出生后即发现左上唇、腭部裂开。检查见左上红唇至鼻底完全裂开,口腔内见左上牙槽嵴至悬雍垂的整个腭部裂开,口腔与鼻腔相通。对该患儿采用唇腭裂序列治疗。

问题:

1. 唇裂修复术的时间是什么?
2. 腭裂修复术的时间是什么?

案例31-2

患者,男性,4岁。生后即被发现腭部裂开,检查见悬雍垂、软腭及部分硬腭裂开,牙槽嵴完整。

问题:

1. 该患儿的诊断是什么?
2. 腭裂修复术后,语音功能恢复正常的必要条件是什么?

先天性唇腭裂是口腔颌面部最常见的先天畸形。唇腭裂发生的原因是多因素的,大量的研究结果表明,可能的因素有遗传因素、营养因素、感染和损伤、内分泌的影响、药物因素、烟酒因素等。

第1节 唇　　裂

【临床分类】 唇裂是口腔颌面部最常见的先天性畸形,常与腭裂伴发。

1. 临床上,根据裂隙部位可将唇裂分为以下几类。

(1) 单侧唇裂:不完全唇裂(Ⅰ度或Ⅱ度唇裂)、完全唇裂(Ⅲ度唇裂)。

(2) 双侧唇裂:不完全唇裂、完全唇裂、混合型唇裂(一侧完全、另一侧不完)。

2. 根据裂隙的程度可分为以下几类。

Ⅰ度唇裂:仅限于红唇部的裂开。

Ⅱ度唇裂:上唇部分裂开,但未裂至鼻底。

Ⅲ度唇裂:整个上唇至鼻底完全裂开(图31-1)。

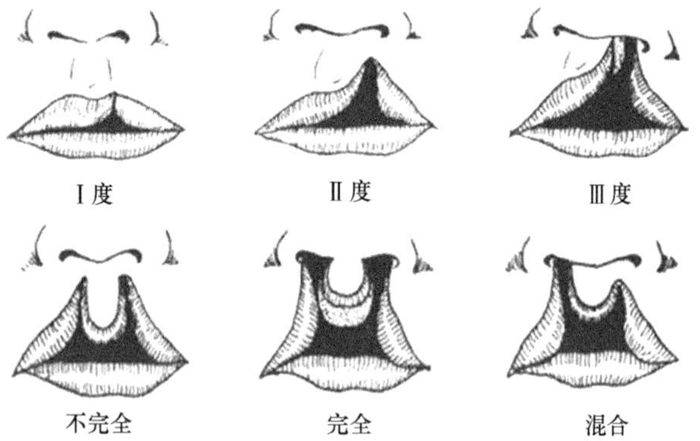

图31-1 唇裂的分类

【治疗】 多数人认为,单侧唇裂修复术最适合的时间是3~6个月,双侧唇裂修复术则在出生后6~12个月进行。唇裂手术年龄有提前的倾向。此外,手术年龄还应该依据患儿全身健康情况及生长发育情况而定。

1. 唇裂术前护理要点

(1) 术前3天应开始练习用汤匙或滴管喂饲流质或母乳,以便术后患儿能适应这种进食方式。

(2) 术前1天作局部皮肤的准备。可用肥皂水清洗上、下唇及鼻部,并用生理盐水擦洗口腔;如系成人,应剪除鼻毛及剃须、洁牙、清除病灶,并用含漱剂漱口。

(3) 手术尽量在上午进行,婴幼儿应在术前4小时给予10%葡萄糖液口服或进食糖水100~150ml。

(4) 术前30分钟注射阿托品,成人可注射苯巴比妥钠或其他镇痛、镇静剂。

2. 唇裂术后护理要点

(1) 患儿在术后全麻未醒前,应使其平卧,将头偏向一侧,以免误吸。

(2) 患儿全麻清醒后,应约束双手活动,以免自行损伤或污染创口。唇部创口不用任何敷料包扎,以避免鼻腔分泌物积储在敷料中污染伤口。每日可以4%硼酸乙醇清洗创口,保持创口清洁;但切忌用力拭擦创口。如创口表面已形成血痂,可用过氧化氢液、生理盐水清洗,以防痂下感染。

(3) 全麻患儿清醒后4小时,可给予少量流食或母乳;应用滴管或小汤匙喂饲。

(4) 为预防感染,术后应给予适量抗生素,并观察有无不良反应。

(5) 正常愈合的创口,可在术后5~7天拆线。口内的缝线可稍晚拆除或任其自行脱落,特别是不合作的幼儿,无需强行拆除。

(6) 如使用唇弓至少应在10天后去除。在使用唇弓期间,应注意观察皮肤对胶布有无过敏反应和皮肤压伤,如有发生应即时拆除。

(7) 术后或拆线后,均应嘱咐家属防止碰撞唇部,以免创口裂开。

案例31-1分析

1. 唇裂修复术的时间是3~6个月。
2. 腭裂修复术的时间是1~2岁。

第2节　腭　　裂

【腭裂分类】

Ⅰ度　指腭垂裂。

Ⅱ度　指软腭和部分硬腭裂开。

Ⅲ度　指全腭裂开,由腭垂到切牙区,包括牙槽突裂,常与唇裂伴发。

【临床表现】　腭裂可单独发生也可与唇裂同时伴发。若患者仅为软腭裂,则主要表现为腭裂语音。若患者腭裂不仅有软组织畸形,同时伴有骨组织畸形,患者临床表现有吸吮困难、进食呛咳及语言障碍,又因颌骨发育不良而常导致面中部塌陷,严重者呈蝶形脸,咬合错乱,并由此造成患者的心理障碍。

【治疗原则】　施行腭裂手术的年龄,应根据技术条件,最小年龄可在2~3岁,亦可在6~10岁,腭裂的治疗应采取综合序列治疗的原则来恢复腭部的解剖形态和生理功能,重建良好腭咽闭合和获得正常语音。

腭裂术后护理要点如下。

1. 按全身麻醉术后护理　腭裂手术后,需待患儿清醒后才可拔除气管内插管,体位宜平卧,头侧位或头低位,以便口内血液、唾液流出,并防止呕吐物误吸。患者清醒后注意观察呼吸情况及创口有无出血。

2. 饮食护理　患者完全清醒4小时后,可喂少量糖水,观察30分钟,没有呕吐时可进流食。流食维持至术后2~3周,半流食1周,术后1月可进普食。

3. 用药监护　腭裂术后应常规应用抗生素3~5天,预防创口感染;核对给药途径、药名、数量,并观察有无不良反应。

4. 术后换药　术后保持口腔卫生和创口清洁,第6天开始换药,用生理盐水清洗口腔和创口,以后每日或隔日换药1次。术后8~10天可抽除硬腭两侧松弛切口内所填塞的碘仿油纱条。术后2周拆除腭部创口缝线。

5. 术后语言训练　先天性腭裂修复后3~4周,可初步训练闭气、吸气促进腭咽闭合自如,矫正异常的唇、舌及下颌运动,逐步改进和恢复正常发音。最好由从事该项的专业人员持久地进行训练和矫治。无此条件时,患儿家后要与医务人员配合,耐心地矫正一个个发不清楚的音质。可采用学吹口琴、吹肥皂泡等方法,练习腭咽闭合,继而按顺序练习拼音及读书讲话。

案例31-2分析

1. 先天性不完全性腭裂。
2. 发音时能形成良好的腭咽闭合功能。

(叶文忠)

目标检测

一、选择题

1. 唇裂手术患儿在全麻清醒后几小时可进流汁(　　)

A. 清醒后即可　　B. 1小时

C. 2小时　　D. 3小时

E. 4小时

2. 唇裂术后拆线的时间(　　)

A. 3天　　B. 4天

C. 7天　　D. 10天

E. 14天

3. 腭裂术后几周可进普食(　　)

A. 1周后　　B. 2周后

C. 3周后　　D. 4周后

E. 5周后

二、思考题

简述唇、腭裂术前术后护理要点。

第32章　口腔预防保健

学习目标

了解牙周病三级预防的原则。

熟悉窝沟封闭的方法。

掌握保持口腔卫生及刷牙的基本方法。

第1节　口 腔 卫 生

口腔卫生的重点在于控制菌斑、消除软垢和食物残渣，增强生理刺激，以使口腔有一个清洁健康的良好环境，从而达到发挥其功能、增强口腔健康的目的。菌斑控制的方法分为机械性菌斑控制和化学性菌斑控制两大类。机械性措施包括刷牙、牙签、牙线、牙间隙刷、口腔冲洗器、牙龈按摩器、龈上洁治术与跟面平整术等。化学措施是在机械措施的基础上利用化学药物控制菌斑。本书重点介绍刷牙、牙签的使用这两种大众广泛应用的保持口腔清洁的方法。

一、刷　　牙

（一）牙刷的选择

牙刷种类很多，选择牙刷主要考虑以下因素：①根据自己口腔内牙齿排列情况，选择大小、形状、刷毛软硬适中的牙刷；②根据特殊需要选择，如戴矫治器的患者应选择专用牙刷；刷牙不勤或有残疾者，可选用电动牙刷。

目前，国内外专业人员推荐的牙刷设计标准为：牙刷头短而窄，在口腔内运转灵活，刷毛为在直径0.20mm以下的优质软尼龙丝、刷毛毛端磨圆、毛束呈柱状。

（二）牙膏的选择

牙膏的主要成分有摩擦剂、洁净剂、润湿剂、胶粘剂、防腐剂、甜味剂等。目前，我国使用的牙膏分普通牙膏、含氟牙膏、药物牙膏三大类。含氟和药物牙膏是在普通牙膏基础上加入氟化物和一定药物，以期预防龋病和牙周病。应根据个人口腔卫生需要进行选择。但长期使用药物牙膏，还会干扰口腔生态平衡，导致菌群失调，应予以重视。

（三）刷牙方法

刷牙是保持口腔卫生的有效方法，但如刷牙方法不当，常会对牙体牙周组织造成损伤。如横刷法常导致牙龈萎缩，牙颈暴露或形成楔状缺损，应予纠正。

巴斯刷牙法又称水平颤动法，是预防牙周病最好的刷牙方法，是将刷毛与牙面呈45°指向根尖方向，轻按压龈-牙交界区，使部分刷毛进入龈沟和邻间隙，用轻柔的压力做近远中向短距离（1mm）颤动10次，将牙刷移至下一组邻牙，注意要有重叠区域，避免遗漏，直至所有牙齿唇舌面全部刷洗；刷洗𬌗面时，略施压，使毛尖达到点隙窝沟，作前后方向颤动10次（前牙舌腭面牙弓狭窄，可将牙刷竖放，对着牙长轴做短距离颤动）。

横颤竖向移动刷牙法是水平颤动法与竖刷法的结合，即在刷毛水平颤动后顺牙间隙向冠方拂刷。这样既按摩牙龈、去除龈沟内菌斑，又能加强牙间隙部位的护理。

（四）刷牙次数与时间

最好在餐后和睡前各刷牙一次。如果不能达到这一标准，至少应做到早、晚各刷牙一次，每次进食后漱口。同时注意刷牙质量，每次刷牙要达到3分钟，且一定要把三个牙面全刷到。

链 接

牙刷的保管

对牙刷的细菌培养发现，牙刷使用超过1个月（包括健康人和患者），在牙刷的刷头上定有大量的白色念珠菌、溶血性链球菌等。这些细菌可通过直接吞咽或破损的口腔黏膜及龋洞侵入人体导致各种疾病。刷牙后，牙刷刷毛间往往粘有食物残渣，同时，也有许多细菌附着在上面。因此，刷牙后要用清水反复冲洗牙刷，甩干水分，置于通风处，牙刷应每人一把，以防疾病交叉感染。经常保持牙刷的清洁卫生很重要，建议牙刷用到一定程度就要更换，时间一般为3个月左右。

二、牙　　签

使用牙签清洁口腔是人类古老的一种习惯，作为辅助刷牙的一种洁齿方法使用恰当可起到清洁牙间隙，按摩牙龈的作用。一般仅在牙龈乳头退缩或牙周治疗后牙间隙增大时使用。如使用不当或不适应时使用，会造成牙周损伤。

（一）牙签的种类

常用的牙签有木质、橡胶和塑料等类型，以木质牙签的使用较经济和普遍。较佳的牙签,其横断面应呈扁圆形或三角楔形,表面光滑无毛刺,质硬而不易折断。

(二)牙签的使用

将牙签尖端指向殆方,以45°滑行进入牙间隙,向殆方剔起或作颊舌向穿刺动作,不可垂直插入牙间隙之间,以免刺伤软组织,牙签侧面摩擦牙面,清除邻面菌斑和嵌塞食物,然后漱口。

第2节　龋病的预防措施和方法

一、龋病的三级预防

(一)一级预防

1. 促进口腔健康　普及口腔健康教育,制定营养摄取计划,定期口腔检查。

2. 实行特殊防护措施　在口腔专业医生指导下,合理使用各种氟化物防龋措施,进行窝沟封闭,应用防龋涂料等。

(二)二级防护

早期诊断和早期治疗,包括定期检查、X线片等辅助诊断,在检查诊断基础上做早期充填治疗。

(三)三级预防

1. 防治龋病的并发症　对龋病引起的牙髓及根尖周的牙进行牙体牙髓治疗以保护自然牙列,阻止炎症向牙槽骨、颌骨深部扩展。对于严重破坏的残冠残根应拔除,防止牙槽脓肿与颌面化脓感染以及全身感染。

2. 康复　修复牙体组织的残损和牙的缺失,以修复牙颌系统的生理功能,保持身体的健康。

二、龋病的预防方法

(一)牙菌斑的控制

控制菌斑包括控制菌斑的数量、滞留时间、致龋菌的毒性作用。主要方法如下。

1. 机械法清除菌斑　指用牙刷、牙膏、牙线、牙间清洁器等保健用品,清除口腔内牙菌斑。

2. 化学方法　经常使用氯己定(洗必泰)含漱剂漱口,可以达到有效抑菌作用,但长期使用会出现舌背及牙着色的问题,因而使用范围受到限制。

(二)糖代用品

蔗糖的致龋性最强,但从营养及经济角度考虑,目前尚无一种糖代用品可以完全替代蔗糖,只能起到限制蔗糖使用的辅助作用,如山梨醇、甘露醇、木糖醇等可使致龋菌的葡聚糖产生减少。

(三)增强牙齿抗龋能力

氟防龋主要指公共饮水氟化措施和含氟牙膏的应用推广,另外还有激光防龋。

链接 >>>

幼儿使用含氟牙膏需注意一些问题。研究表明,儿童在使用牙膏时经常会吞食一部分,为身体所吸收,其吞咽量可达27%。经常过多使用含氟牙膏的儿童有患氟牙症的可能,故6岁以下儿童应慎用含氟牙膏。儿童使用牙膏时用量应少,约为黄豆粒大小或挤出5mm。饮水中氟含量过高,有氟病流行的地区,7岁以下儿童不推荐使用含氟牙膏。

第3节　牙周病的三级预防

牙周病的预防非常的重要,其主要目的是消除致病的始动因子(即牙菌斑)及促进疾病发展的危险因素。

预防牙周病应从以下几个方面着手:①以健康教育为基础,增强个体对牙周病预防意识,提高自我口腔保健和维护牙周健康的能力;②养成良好的口腔卫生习惯,去除致病微生物,使牙周支持组织免遭破坏;③提高宿主抵抗力,保持生理和心理健康;④维持牙周治疗效果。

1979年,Grant、Stem和Eventt提出了牙周病的三级预防。

一、一级预防

一级预防指在牙周组织受到损害之前防止致病因素的侵袭,或致病因素已侵袭,但尚未引起牙周病损之前立即将其去除。一级预防目的有两个方面:①减少人群中牙周病新病例的发生,主要是对大众进行口腔健康教育和指导,最终达到清除菌斑和其他刺激因子的目的;②帮助人们建立良好的口腔卫生习惯,掌握正确的刷牙方法,同时提高宿主的抗病能力。因此,牙周病的一级预防就是把口腔卫生知识传播给大众,使他们自觉地执行各种家庭口腔卫生措施,并定期进行口腔保健,维护口腔健康。

二、二级预防

二级预防旨在早期发现,早期诊断,早期治疗,减轻已发生牙周病的严重程度,控制其发展。此阶段应采取专业洁治,去除菌斑和牙石,控制其进一步发展。采取X线检查法定期追踪观察牙槽骨情况,根据具体情况采取适当的治疗,如洁治、根面平整或手术治疗等。去除促进牙周病发展的刺激因素,如去除不良修复体、治疗食物嵌塞、充填邻面龋坏等,使牙周组织的健康状况得到显著改善。二级预防的效果是在一级预防基础上取得的,其远期效果与患者是否能长期坚持各种预防措施有关。

三、三级预防

三级预防旨在用各种药物和牙周手术方面最大限度地治愈牙周组织病损，防止功能障碍，以义齿修复缺失牙，改善美观、重建功能，并通过随访、精神疗法和口腔健康地维护，维持其疗效，预防复发。同时，还应治疗相关的全身性疾病，如糖尿病、血液病等，增强牙周组织的抵抗力。

第4节 口腔健康教育

口腔健康是整体健康的组成部分。1981 年，WHO 制订的口腔健康标准是"牙清洁、无龋洞、无疼痛感，牙龈颜色正常、无出血现象"。

一、口腔健康教育的目的

口腔健康教育是以教育的手段促使人们主动采取有利于口腔健康的行为，如通过有效的口腔健康教育计划或教育活动调动人们的积极性，通过信息传播、口腔教育咨询等方式促进人们行为的矫正，以达到建立口腔健康行为的目的。

二、口腔健康教育的原则

1. 口腔健康教育应列入基本健康教育　口腔是全身的一部分，口腔健康是全身健康的重要保障。学校健康教育应有口腔健康内容；家长应有口腔保健的知识和口腔健康教育的意识；社会团体应以人群为对象逐步建立口腔卫生保健体系，达到口腔健康教育广覆盖。

2. 口腔健康教育内容、形式合理　内容应有准确性、应体现最新科学成果，对人群与疾病应有较强的针对性。设计还应有趣味性、思想性和艺术性，要适合不同年龄组的社会心理要求。可采用多种形式进行，如通过文字、语言、借助影音设备等。

3. 口腔健康教育应根据实际情况逐步推进　口腔健康教育应符合当地文化、教育、经济发展状况与患病情况，这样才能将有限的资源分配到优先应解决的问题上来，逐步推进口腔健康教育步伐，提高大众口腔健康水平。

三、口腔健康教育的方法

1. 个别交谈　就口腔健康问题与患者、亲友、保健人员等进行交谈、讨论。

2. 组织小型讨论会　如座谈会、专家讨论会、专题讨论会等。

3. 借助大众传播渠道　如网络、报刊、杂志、广播影视、橱窗等。

4. 其他　还有组织社区活动等。

第5节 老年口腔病的防治

人口老龄化冲击着全球。据统计，我国在 20 世纪 90 年代末期 60 岁以上人口超过 1.1 亿，正以年平均 3%的速度递增，因此，老年口腔健康已成为当今重要课题。

一、老年人口腔疾病的流行情况

与老年人有关的口腔疾病主要是牙齿缺失、龋齿和牙周病。

1. 牙列完整与缺失情况　从健康角度看，缺失牙占到全口牙的 25%以上（7～8 颗）时，就会影响到咀嚼功能，从而影响到食物的消化与吸收。据 1995 年全国口腔健康抽样调查表明，65～74 岁老年人无牙颌百分数城市为 9.67%，农村为 12.19%，合计 10.51%；有完整牙列的占 11%；3%的老年人口腔内不足 15 颗牙齿。

2. 龋病的发展状况　1995 年全国口腔健康抽样调查表明，我国 65～74 岁老年人的患龋率为 64.75%，其中以根面龋患病情况更为显著，这主要与老年人牙龈退缩、根面暴露、口腔卫生状况不良有关。

3. 牙周病的发展情况　1995 年全国口腔健康抽样调查表明，牙周炎的患病率随着年龄的增长而增高，65～74 岁老年人牙龈出血的检出率为 13.92%，牙周炎的患病率为 22.4%。

二、老年人口腔健康保健的方法

老年人口腔健康的目标：至少保持 20 颗功能牙，或通过最低限度的修复，尽可能维持最基本的口腔功能。

老年口腔卫生保健具体内容如下。

1. 提高自我口腔保健能力　综合老年人的心理特点，开展各种健康教育，消除一些不正确的旧观念，如"人老要掉牙"，指导老年人学会正确的刷牙方法，使用牙间隙刷、牙线、牙签等补充刷牙不足之处；适当补充氟化物；配合使用传统医学的口腔保健操，如叩齿、鼓漱、运舌等。

链接 >>>

义齿的保护

每餐之后都需刷净义齿（俗称假牙），睡前摘下义齿浸泡于清水之中，以防变形；已经修复的义齿也要定期检查，及时修改调整。常用义齿清洁方法有：牙刷刷洗、义齿清洁剂浸泡、微波或臭氧消毒等。

2. 纠正不良的口腔习惯和生活方式 如饮酒、吸烟、偏侧咀嚼等都不利于口腔健康,应及早纠正。

3. 合理膳食 大多数专家认为,老年人需要的热量、蛋白质比青少年少,但对钙、铁等矿物质及维生素需要量则随着年龄增长而应增加。因此,应根据医生的建议选择适合的食品,多吃新鲜蔬菜、水果与粗纤维食物,合理安排膳食,保持良好的饮食习惯。

4. 修复口腔基本功能 由专业人员帮助完成牙周洁治、龋齿治疗,对缺失牙及时修复,减轻余留牙的咀嚼负担,恢复口腔的基本功能。

5. 定期口腔健康检查 至少1年1次,有条件的最好每3个月检查一次,发现问题,及时处理。

附:龋病的预防应用的治疗操作——窝沟封闭

1. 目的 在颌面、颊面或舌面的点隙裂沟涂布一层黏性树脂,从而保护牙釉质不受细菌及代谢产物侵蚀,达到预防龋病发生的目的。

2. 器具 口腔综合治疗椅、橡皮杯或小毛刷、一次性口腔托盘、咬合纸、光固化封闭材料还要用光固化机。

3. 材料 清洁剂、酸蚀剂、窝沟封闭剂。

4. 方法 用低速手机装好小毛刷(或橡皮杯)蘸取适量清洁剂刷洗牙面及窝沟后,把牙面冲洗干净,吹干,酸蚀,恒牙酸蚀20~30秒,乳牙酸蚀约60秒,而后对酸蚀部位彻底冲洗干燥,涂布窝沟封闭剂,固化,最终进行检查,了解固化程度,与牙面的粘结情况,有无气泡、高点等。

5. 注意事项

(1) 不能用含有油脂的清洗剂或过细磨料,可使用浮石粉或不含氟的牙膏作为清洗剂。

(2) 封闭后应定期(3个月、半年或1年)复查。

(马连会)

目标检测

简答题

1. 简述龋病三级预防的主要内容。
2. 简述巴斯刷牙法的操作方法。

参考文献

陈谦明 . 2008. 口腔黏膜病学 . 第 3 版 . 北京:人民卫生出版社

陈燕燕 . 2006. 眼耳鼻咽喉口腔科护理学 . 第 2 版 . 北京:人民卫生出版社

葛坚 . 2002. 眼科学 . 北京:人民卫生出版社

黄洪章 . 2001. 现代口腔颌面外科学 . 北京:科学技术文献出版社

黄兆选,汪吉宝 . 2000. 实用耳鼻咽喉科学 . 北京:人民卫生出版社

惠延年 . 2005. 眼科学 . 第 6 版 . 北京:人民卫生出版社

李凤鸣 . 1996. 眼科全书 . 北京:人民卫生出版社

李美玉 . 2003. 眼科学 . 北京:北京大学医学出版社

李新春 . 2004. 五官科学 . 北京:科学出版社

李耀峰 . 2008. 口腔预防保健基础 . 第 2 版 . 北京:人民卫生出版社

廖树森 . 2002. 五官科学 . 第 3 版 . 北京:人民卫生出版社

刘英奇,赵亮 . 1996. 现代眼科学 . 北京:科学技术出版社

牛东平 . 2009. 口腔内科学 . 第 3 版 . 北京:人民卫生出版社

皮昕 . 2007. 口腔解剖生理学 . 第 6 版 . 北京:人民卫生出版社

邱蔚六 . 2008. 口腔颌面外科学 . 第 6 版 . 北京:人民卫生出版社

任重 . 2002. 眼耳鼻喉口腔科护理学 . 北京:人民卫生出版社

苏启明 . 2001. 眼耳鼻咽喉口腔科学 . 第 4 版 . 北京:人民卫生出版社

孙慧敏 . 2001. 教您爱护眼睛 . 天津:天津科技翻译出版公司

王斌全 . 2010. 眼耳鼻喉口腔科学 . 第 6 版 . 北京:人民卫生出版社

王光霁 . 2005. 视光学基础 . 北京:高等教育出版社

吴博亚 . 2000. 五官科学 . 第 3 版 . 北京:人民卫生出版社

徐树华 . 2003. 五官科学 . 北京:科学出版社

徐树华 . 2008. 五官科学 . 第 2 版 . 北京:科学出版社

张龙禄 . 2000. 五官科护理学 . 第 2 版 . 北京:人民卫生出版社

赵堪兴,杨培增 . 2010. 眼科学 . 第 7 版 . 北京:人民卫生出版社

赵堪兴 . 2008. 眼科学 . 北京:人民卫生出版社

五官科学教学基本要求

教学内容	教学要求		
	了解	理解	掌握
一、眼的应用解剖与生理			
(一) 眼球的应用解剖及生理			√
(二) 视路的应用解剖及生理	√		
(三) 眼附属器的应用解剖及生理		√	
(四) 眼的血液供应及神经支配		√	
二、眼科常用检查法			
(一) 视功能检查			√
(二) 眼各部检查			√
(三) 眼科特殊检查		√	
三、眼睑与泪器疾病			
(一) 眼睑疾病	√		
(二) 泪器疾病			√
四、结膜病			
(一) 结膜炎概述	√		
(二) 沙眼		√	
(三) 细菌性结膜炎			√
(四) 病毒性结膜炎			√
(五) 变态反应性结膜炎	√		
(六) 翼状胬肉	√		
五、角膜、巩膜病			
(一) 角膜炎概述	√		
(二) 细菌性角膜溃疡			√
(三) 单纯疱疹病毒性角膜炎			√
(四) 角膜软化症		√	
(五) 巩膜炎		√	
六、白内障和玻璃体混浊			
(一) 白内障概述		√	
(二) 年龄相关性白内障			√
(三) 先天性白内障		√	
(四) 其他类型白内障		√	
(五) 玻璃体混浊	√		
七、青光眼			
(一) 青光眼概述	√		
(二) 原发性青光眼			√
(三) 继发性青光眼		√	
(四) 先天性青光眼		√	
八、葡萄膜疾病			
(一) 葡萄膜炎概述		√	
(二) 急性虹膜睫状体炎			√
(三) 交感性眼炎			√
九、视网膜和视神经病			
(一) 视网膜及视神经疾病概述		√	
(二) 视网膜血管病			√
(三) 中心性浆液性脉络膜视网膜病变			√
(四) 视网膜脱离			√
(五) 视神经病变		√	
十、屈光不正及眼外肌疾病			
(一) 眼的屈光与调节		√	
(二) 近视眼			√
(三) 远视		√	
(四) 散光		√	
(五) 老视	√		
(六) 斜视			√
十一、眼外伤			
(一) 眼外伤概述		√	
(二) 眼表面异物			√
(三) 眼挫伤			√
(四) 眼球穿通伤			√
(五) 眼部化学烧伤			√
(六) 眼部辐射性损伤		√	
十二、眼眶疾病与眼部肿瘤			
(一) 眼眶蜂窝织炎			√
(二) 眼部肿瘤		√	
十三、防盲治盲		√	
十四、耳鼻咽喉气管支气管食管的应用解剖与生理			
(一) 鼻的应用解剖与生理			√
(二) 咽的应用解剖与生理			√
(三) 喉的应用解剖与生理			√
(四) 耳的应用解剖与生理			√
(五) 气管、支气管的应用解剖与生理		√	
(六) 食管的应用解剖与生理		√	

续表

教学内容	教学要求		
	了解	理解	掌握
十五、耳鼻咽喉常用检查法			
（一）耳鼻咽喉检查			√
（二）鼻部检查			√
（三）咽喉部检查			√
（四）耳部检查			√
（五）气管、支气管及食管检查	√		
（六）耳鼻咽喉科特殊检查	√		
十六、鼻部疾病			
（一）急性鼻炎		√	
（二）慢性鼻炎			√
（三）变应性鼻炎	√		
（四）急性化脓性鼻窦炎			√
（五）慢性化脓性鼻窦炎			√
（六）鼻息肉	√		
（七）鼻外伤			√
（八）鼻出血			√
十七、咽喉部疾病			
（一）急性咽炎			√
（二）慢性咽炎			√
（三）急性扁桃体炎			√
（四）慢性扁桃体炎			√
（五）阻塞性睡眠呼吸暂停（低通气）综合征		√	
（六）急性会厌炎	√		
（七）急性喉炎			√
（八）喉阻塞			√
十八、耳部疾病			
（一）外耳疾病			√
（二）中耳疾病			√
（三）化脓性中耳炎的并发症			√
（四）内耳疾病		√	
十九、耳鼻咽喉、气管、支气管及食管异物			
（一）外耳道异物		√	
（二）鼻腔异物		√	
（三）咽异物			√
（四）喉、气管及支气管异物			√
（五）食管异物		√	
二十、耳鼻咽喉-头颈肿瘤			
（一）耳鼻咽喉良性肿瘤		√	
（二）耳鼻咽喉恶性肿瘤		√	
（三）颈部肿块	√		
二十一、口腔颌面部应用解剖及生理			
（一）颌面部		√	
（二）口腔		√	
（三）牙体牙周组织			√
二十二、口腔颌面部检查			√

教学内容	教学要求		
	了解	理解	掌握
二十三、牙体硬组织疾病			
（一）龋病			√
（二）釉质发育不全		√	
（三）氟牙症		√	
（四）楔状缺损		√	
二十四、牙髓炎和根尖周炎			
（一）牙髓炎			√
（二）根尖周炎			√
二十五、牙周组织疾病			
（一）牙龈炎			√
（二）牙周炎			√
二十六、口腔常见黏膜病			
（一）复发性阿弗他溃疡			√
（二）疱疹性口炎			√
（三）口腔念珠菌病			√
（四）口腔扁平苔癣	√		
（五）白斑	√		
（六）艾滋病的口腔表现		√	
（七）梅毒的口腔表现		√	
二十七、口腔颌面部感染			
（一）口腔颌面部感染概述		√	
（二）智齿冠周炎			√
（三）口腔颌面部间隙感染	√		
（四）颌骨骨髓炎		√	
（五）颜面部疖痈		√	
二十八、口腔局部麻醉与拔牙术			
（一）口腔局部麻醉			√
（二）拔牙术			√
二十九、口腔颌面部损伤			
（一）口腔颌面部损伤的特点及急救			√
（二）口腔颌面部软组织损伤		√	
（三）口腔颌面部硬组织损伤		√	
（四）口腔颌面部损伤的护理	√		
三十、口腔颌面部肿瘤			
（一）良性肿瘤		√	
（三）恶性肿瘤		√	
三十一、先天性唇裂与腭裂			
（一）唇裂	√		
（二）腭裂	√		
三十二、口腔预防保健			
（一）口腔卫生		√	
（二）龋病的预防措施和方法			√
（三）牙周病的三级预防			√
（四）口腔健康教育		√	
（五）老年口腔病的防治		√	

学时分配表

序号	教学内容	学时数		
		理论	实践	总计
1	眼的应用解剖与生理	2		2
2	眼科常用检查法		2	2
3	眼睑与泪器疾病	1		1
4	结膜病	1	1	2
5	角膜、巩膜病	1	1	2
6	白内障和玻璃体混浊	1		1
7	青光眼	2		2
8	葡萄膜疾病	1		1
9	视网膜和视神经病	1		1
10	屈光不正及眼外肌疾病	2		2
11	眼外伤	1		1
12	眼眶疾病与眼部肿瘤	1	1	2
13	防盲治盲	1		1
14	耳鼻咽喉气管支气管食管的应用解剖与生理	2		2
15	耳鼻咽喉常用检查法		4	4
16	鼻部疾病	3	1	4
17	咽喉部疾病	3	1	4
18	耳部疾病	1	1	2
19	耳鼻咽喉、气管、支气管及食管异物	1		1
20	耳鼻咽喉-头颈肿瘤	2		2
21	口腔颌面部应用解剖及生理	2		2
22	口腔颌面部检查		2	2
23	牙体硬组织疾病		1	1
24	牙髓炎和根尖周炎	1		1
25	牙周组织疾病	1		1
26	口腔常见黏膜病		1	1
27	口腔颌面部感染	1		1
28	口腔局部麻醉与拔牙术		1	1
29	口腔颌面部损伤	1		1
30	口腔颌面部肿瘤	1		1
31	先天性唇裂与腭裂	1		1
32	口腔预防保健		1	1
合计		36	18	54

目标检测选择题参考答案

第 1 章　眼的应用解剖与生理

1.C　2.A　3.A　4.A　5.E

第 2 章　眼科常用检查法

1.E　2.A　3.D　4.B　5.D　6.A　7.E　8.B

第 3 章　眼睑与泪器疾病

1.C　2.D　3.A　4.B　5.C　6.C　7.D

第 4 章　结膜病

1.B　2.D　3.B　4.B　5.D　6.D　7.C　8.B
9.A　10.B　11.E

第 5 章　角膜、巩膜病

1.C　2.D　3.C　4.D　5.C　6.C　7.B　8.D
9.C　10.D

第 6 章　白内障和玻璃体混浊

1.C　2.B　3.C　4.D　5.C　6.E　7.D

第 7 章　青光眼

1.A　2.C　3.B　4.B　5.B　6.C　7.A　8.E
9.A　10.B

第 8 章　葡萄膜疾病

1.C　2.B　3.A

第 9 章　视网膜和视神经病

1.A　2.C　3.C　4.D

第 10 章　屈光不正及眼外肌疾病

1.D　2.C　3.C　4.D　5.C

第 11 章　眼外伤

1.D　2.B　3.C

第 14 章　耳鼻咽喉气管支气管食管的应用解剖与生理

1.C　2.B　3.D　4.B　5.A　6.D　7.A　8.C

第 15 章　耳鼻咽喉常用检查法

1.C　2.B　3.E　4.E　5.D　6.A

第 16 章　鼻部疾病

1.D　2.D　3.C　4.A　5.C　6.D　7.B　8.A

第 17 章　咽喉部疾病

1.C　2.E　3.D　4.D　5.D　6.B　7.D　8.C

第 18 章　耳部疾病

1.A　2.D　3.D　4.B　5.B　6.B

第 19 章　耳鼻咽喉、气管、支气管及食管异物

1.C　2.C　3.A　4.C　5.D

第 20 章　耳鼻咽喉-头颈肿瘤

1.E　2.D　3.C　4.A　5.C　6.E

第 21 章　口腔颌面部应用解剖及生理

1.B　2.D　3.A

第 22 章　口腔颌面部检查

1.C　2.C　3.B

第 23 章　牙体硬组织疾病

1.E　2.E

第 24 章　牙髓炎和根尖周炎

1.C　2.B　3.C　4.B

第 25 章　牙周组织疾病

1.A　2.A　3.C　4. A　5.C

第 26 章　口腔常见黏膜病

1.B　2.E　3.B　4.B

第 27 章　口腔颌面部感染

1.B　2.B　3.C　4.D　5.C

第 28 章　口腔局部麻醉与拔牙术

1.A　2.E　3.C　4.E

第 29 章　口腔颌面部损伤

1.B　2.E　3.A　4.E　5.D

第 30 章　口腔颌面部肿瘤

1.A　2.A

第 31 章　先天性唇裂与腭裂

1.E　2.C　3.D